简读中国史

张宏杰 著

③

朝贡圈

传统中国的世界秩序

CTS 岳麓書社·长沙 博集天卷 CS-BOOKY

目录

Contents

第二编 亚朝贡体系

序章

朝贡秩序下的“美丽旧世界”

一

1687年，一艘朝鲜船从济州岛前往汉城，不幸因风暴而失事。船上的朝鲜人在海上漂流了几十天，在水尽粮绝近乎绝望之际，终于望见一个岛屿。

这显然是一个异国的岛屿。岛上的人看见失事船，向他们大声呼喊，但是这些声音在朝鲜人听来如同禽鸟鸣叫：“互相叫噪，不得解听，有同禽鸟之声，莫知所以。”[1]

不过朝鲜人并不惊慌，他们拿起纸笔，写下几行汉字，拿给对方看。朝鲜人相信，在这个世界上，任何识字的人都懂汉语，只要有纸和笔，与任何不同国家的人都可以交流。果然，双方顺利地开始了“笔谈”：

> 我以文字书示曰：“我等是朝鲜国人也，因商贩驾船出海，忽逢大风漂到于此，不知贵国是何地方耶？”彼人亦书示云：“此地乃安南国会安府地方耳。”[2]

[1]《金大璜漂海日录》，转引自陆小燕《17世纪朝鲜人赵完璧和金大璜的安南之旅》，《海交史研究》2021年第4期。

[2]同上。

通过“笔谈”，朝鲜人得知，原来这里是几千里之外的安南国会安府。越南[1]人把朝鲜难民接到岸上，加以救助，后来又帮助他们回到了朝鲜。

如同拉丁语曾是欧洲的通用语言一样，在传统时代，汉语就是东亚文化圈的统一书面语言。在朝鲜、越南、日本、琉球，每一个读书人都认识汉字。东亚国家之间的交往，不论是民间还是官方，一般都使用汉语。今天留存下来的朝鲜和日本、越南、琉球等国之间的国书，几乎全部以典雅的汉语写成。

即使是与那些“非儒教”的国家——比如暹罗（泰国）、爪哇、苏木都剌等——交往时，这几个东亚国家也都使用汉语。琉球曾是东南亚海上贸易的一个中心，日本冲绳至今存有一部重要的外交档案，叫《历代宝案》，从中我们可以看到1424—1867年，琉球王国与爪哇、旧港、巡达（顺塔）、满剌加（马六甲）、大泥等东南亚国家交往时，使用的都是中文。比如琉球人在1510年前往暹罗贸易时所持的汉字执照：

> 琉球国中山王尚真为进贡等事切照。
>
> 本国产物稀少，缺乏贡物，深为未便。为此今遣正使勿顿之玖、通事梁敏等坐驾宁字号海船一只，装载磁（瓷）器等物前往暹罗国，出产地面，两平收买苏木胡椒等物回国预备下年进贡大明天朝。[2]

大意是：琉球国中山王尚真因为进贡等事宜致信贵国。因为我国产物稀少，缺乏给天朝进贡的贡物，所以，特派遣正使勿顿之玖、翻译梁敏等人，驾驶宁字号海船一只，装载瓷器等货物，前往暹罗国，以公平的价格购买苏木、胡椒等货物，以备明年进贡给大明天朝。

这份文件及相关资料告诉我们，琉球以向中国朝贡为理由，积极展开与各国的国际贸易。它会派出船队，将从中国获得的瓷器、漆器、布料、

---

[1]为了简便，本书将历史上不同时期的越南统以“越南”指代。

[2]冲绳县历代宝案编集委员会：《历代宝案》校订本，第2册，卷42，冲绳县立图书馆史料编集室，1992，第594页。转引自吴浩宇《琉球〈历代宝案〉之研究》，硕士学位论文，福建师范大学世界史（专业），2016，第30页。

纺织品、文具等货物销往东南亚诸国，从东南亚采购苏木、胡椒、香料、玛瑙、象牙等，再进贡给中国，从二者的价格差中获得巨大的利润。[1]

二

除了共同的语言外，以中国为中心的东亚文化圈还有另一个共同标准，那就是时间。中国、朝鲜、越南、琉球之间的往来公文，所署的都是中国皇帝的年号纪年。朝鲜国王对内发布的文告，上面署的也都是中国的年号纪年，比如“万历某年某月”。

在清代，朝鲜每年都要派“历咨官”在十月一日前抵达北京，以便及时领取下一年的宪书，在新年前赶回朝鲜，不耽误第二年使用：“向来朝鲜国系遣使臣先期赴京，于十月朔日，祇（祗）领宪书。”[2]

琉球由于距离太远，在更换宪书一事上要比朝鲜费事一些。琉球使臣虽然也在十月份就到达中国，但是要到第二年的四月左右才能回到琉球。这样一来，琉球国头四个月就没有新宪书可用。因此中国“特批”琉球可以参照中国历法，先行造出一份日历，在国内暂时使用几个月，等中国颁发的宪书到达后再将其取代。

之所以如此费事，而不能用本国日历径直取代中国日历，是因为颁行宪书，是宗主国中国的特权，别的国家决不可擅自行事。这叫作“奉中国之正朔”。“正”是指正月，“朔”是指每个月的初一。孔颖达说：正谓年始，

[1]除了暹罗之外，琉球前往旧港、满剌加、安南、巡达、大泥等国家所持执照，也都与此类似，文件开头都会说明，因为“本国产物稀少，缺乏贡物，深为未便”，所以才要展开贸易。打着这样“高大上”的旗号，是为了方便贸易进行。

[2]《高宗实录》卷一三四四，收入《清实录》第二十五册，中华书局，1986，影印本，第1219页。领取宪书，有专门的礼仪。史料记载：“礼部预取钦天监时宪书，函封钤印讫，颂朔。翼日设案于仪制司堂上正中，会同四译馆大使，引朝鲜国陪臣服本国公服入仪制司。郎中公服就案坐，吏奉时宪书置于案，赞礼者一人立于案右，赞进，大使引陪臣诣案前。赞跪，陪臣跪。赞受朔，吏奉时宪书授陪臣。陪臣恭受，兴，退。乃归报朝鲜国王。王朝服祇受如礼，遂颁布于其国人。”（《钦定四库全书荟要·钦定大清通礼》，吉林出版集团有限责任公司，2005，第344页）

朔谓月初。在传统中国的观念中，时间标准要由天子来确定，使用谁的纪年，就意味着服从谁的统治。因此中原王朝改朝换代之后第一件事，就是“改正朔”，更换新的历法。在同一个王朝内，每更换一个皇帝，也要换一个新的年号。这些都要及时传达到天下各国，以便共同遵守和使用。郑和下西洋的时候，就带着几百部《大统历》，向每个国家颁发。“所至颁中华正朔，宣敷文教，俾天子生灵，旁达于无外”[1]。

因此琉球在自己所造的日历封面上，专门印着一段话：“琉球国司宪书官，谨奉教令印造选日通书，权行国中，以俟天朝颁赐宪书。”[2]此举虽然费事，却是“共得凛遵一王之正朔，是千亿万年尊王向化之义也”[3]。也就是尊中国为正统的重要标志。

越南也遇到过类似的问题，即因为距离较远，每年十月初一领取日历，返国时已经过了新年。所以乾隆皇帝专门安排礼部每年将二十本宪书发往广西，越南人到镇南关领取即可，“无庸该国遣使赴京，以示体恤”[4]。

因此，东亚各国虽然相隔千里万里，却可以在同一个时间欢庆新年，过端午和中秋，各国统治者按照同一份日历来举行籍田礼，各国农民也依照同一套节气来决定各自的耕种与收获日期。

---

[1]南京图书馆藏清佚名《明史稿》“郑和传”，转引自纪念伟大航海家郑和下西洋580周年筹备委员会、中国航海史研究会编《郑和下西洋》，人民交通出版社，1985，第132页。

[2]周煌：《琉球国志略》，陈占彪校，商务印书馆，2020，第120页。

[3]同上。

[4]《高宗实录》卷一三四四，收入《清实录》第二十五册，第1219页。1833年，由于交通延误，礼部印刷的宪书没有及时送到广西，广西巡抚于是与越南商量，是否可以将广西本地刊刻的“地方版”宪书颁发给越南，等“中央版”到了再换，结果遭到了越南的拒绝。（参见何新华：《最后的天朝：清代朝贡制度研究》，人民出版社，2012，第15页）

三

除了共同的语言标准、时间标准，东亚及部分东南亚世界还拥有共同的政治标准。

在这个世界里，有一位地位至高无上的“共主”，那就是中国的皇帝。他至少在名义上是这个世界的主宰，是“君”。其他国家的统治者在他面前是“臣”，最高只能称王。而且只有经过中国皇帝的册封手续，他们才能正式登上王位。只有中国皇帝可以自称“朕”，其他国家的统治者只能自称“予”或“寡躬”。中国皇帝可以被称为“陛下”“万岁”，其他国家的国王只能被尊为“殿下”“千岁”。只有中国的首都可以称“京师”，属国的首都只能称“王城”。中国的中央可以设六部，其他国家则不能设部，只能设曹。比如朝鲜只能设吏、户、礼、兵、刑、工六曹。

中国皇帝发给各国国王的公文，是以上对下的“谕旨”，各国国王呈给中国皇帝的公文，则是以下对上的“表文”。至于各国之间的公文往来，则采用“咨文”这一平行体裁。也就是说，除了中国这个高高在上的天朝之外，其他国家的地位是平等的。

但是平等之中又有细微的差别。中国的王爵分为亲王、郡王两级。按规定，藩属国王的地位低于中国的亲王，相当于郡王爵位。但是为了笼络朝鲜、琉球与安南等几个特别恭顺的朝贡国，中国会在某些方面给予特殊待遇。比如明朝赐给朝鲜国王李芳远的金印，是按“三寸五分”的尺寸规格铸造的，这个规格小于中国亲王的三寸六分，大于郡王的三寸四分，以示其地位介于中国亲王和郡王之间，用以“荣宠之”。有时候，藩属国王犯了错误，级别也会降低。比如嘉靖二十年（1541），明朝曾削去“安南国王”的王号，降其为从二品的“安南都统使”。[1]

---

[1]黎朝于万历二十一年（1593）复辟，冯克宽来北京为黎氏重新求取安南国王封号。朝鲜国王使者和安南都统使使者的政治身份是难以等同的。因此李睟光在诗词酬唱、答问中处处流露出对安南的轻视以及文化上的不认可。（参见陆小燕、叶少飞：《万历二十五年朝鲜安南使臣诗文问答析论》，《域外汉籍研究集刊》2014年第1期）

四

两千多年来，东亚文化圈之所以能如此整齐划一、井井有条，是因为这个世界有一套独特的礼仪制度，叫作“朝贡”。

各藩属国每年或每隔几年，要派出使臣，带着大批精美的礼品来到中国首都，向中国皇帝行五拜三叩或者三跪九叩大礼，并献上表示祝贺和臣服之意的表文。中国皇帝则赐给他们的国王和大臣们价值不菲的冠服、瓷器、丝绸和书籍，告诫他们要恪守藩国本分，替他管理好世界的各个角落，让天下共享升平之福。

通过这套朝贡体系，各国与中国之间保持着频繁的交往，中国式的政治体系和文化观念被慢慢传播，这个原本风俗、语言各异的世界，在千余年间被逐渐编织成了拥有统一文字、统一价值观的“文明”世界。

在世界上其他地区冲突不断、战乱不休的时候，朝贡秩序下的世界却相对和平安定。高程认为，古代东亚地区在绝大多数时间里处于有序状态，不像同时期的欧洲那样频繁地爆发战争和冲突。他把这种状态称为“中华帝国治下的和平（Pax Sinica）”。[1]

不过，对于这个“美丽旧世界”，很多读者的了解往往停留在表面，或者说，解读的角度是单向且单一的。和大部分事情一样，朝贡世界的“表”和“里”，“名”与“实”，是有很大差别的。杨联陞说：“中国的世界秩序常被描述为一个以中国为中心的等级秩序……然而，对整个中国历史加以观察，即可发现这个多面向的以中国为中心的世界秩序，是在不同的时间，由许多真假程度不同，有时甚至子虚乌有的‘事实’构建的一个神话。”[2]

如同旧式大宅门里经常上演着不为外人所知的明争暗斗一样，朝贡秩序下的“美丽旧世界”的风平浪静的表象下其实也经常波涛汹涌，一元化的体系之

---

[1]高程：《区域公共产品供求关系与地区秩序及其变迁——以东亚秩序的演化路径为案例》，《世界经济与政治》2012年第11期。

[2]Line-sheng Yang，“Historical Notes on the Chinese World Order，” in John K. Fairbank，ed.，*The Chinese World Order*，p.20，转引自任晓《论东亚“共生体系”原理——对外关系思想和制度研究之一》，《世界经济与政治》2013年第7期。

中实际上又并存着多个中心，恭顺与臣服的背后，经常隐藏着野心和计算。如果我们沿着朝贡这条线深入历史，就会发现，真相远比我们印象中的要复杂得多。因此，了解朝贡制度的“表”和“里”，“名”与“实”，是我们认识中国史和东亚史的一个关键。

第一编 朝贡的九种类型

在『国际关系血缘化』的背景下，所谓『朝贡』，就如同晚辈带着贺礼，定期来给大家长拜年、贺节、过生日，天朝上国作为天下的家长，自然不能占后辈的便宜，要回赠给他们厚厚的红包，而且红包的金额要比晚辈贺礼的价值更高，以此来表明在这个过程中，天朝只是欣赏属国的恭顺，并不想对其进行经济榨取。

第一章
朝贡圈里的模范生：朝鲜的“思明”与“仇清”

第一节　“朝鲜，中国之孝子也”

一

中国读者印象中的万历，大抵是一个昏君，以二十余年不上朝，纵情于“酒色财气”而闻名。他还是一个肥胖症患者。据说他走路时，要太监给他抬着肚子缓缓前行。他给太后请安，则要“膝行前进”。

然而，在朝鲜史籍中，他却是一个罕见的明君。万历一登基，朝鲜人对他的印象就很好。万历二年（1574），朝鲜使臣许篈出使中国，见到了年仅十二岁的万历皇帝。他发现小皇帝长得比同年龄的孩子高大壮实，说话中气十足。回国后他描述小万历的外表说：“今日臣等望见天威甚迩，龙颜壮大，语声铿锵。”[1]

“龙颜壮大”，意思是说小皇帝身体健壮，“语声铿锵”，是指小皇帝声音洪亮，看起来小皇帝有一副相当不错的有为之君的底子。

在他眼中，小万历皇帝不但长得健硕，还勤政好学，是一个完美的君王

[1]许篈：《燕行录全集》卷六《朝天记》，转引自杨昕、朴莲顺《朝鲜使臣笔下的明代万历皇帝形象》，《东疆学刊》2015年第3期。

模范：

> 因闻皇上讲学之勤，三六九日，则无不视朝，其余日则虽寒暑之极，不辍经筵。……虚心好问，而圣学日进于高明。……圣年才至十二，而君德已著如此，若于后日长进不已，则四海万姓之得受其福者。[1]

也就是说，十二岁的小皇帝非常勤奋，除了上朝日之外，每天都要上课，不论天气多么恶劣，从不停止。学习时虚心好问，学业进展很快。看来一定会成为一代明君，让四海之人，包括朝鲜人得到恩泽。

此时正当万历登基之初，尚未亲政，还没有显露出怠政的倾向，朝鲜人如此评价也属正常。然而到了万历二十年（1592），万历皇帝已经滑入消极怠工的泥潭，以至御史冯从吾上疏批评他“郊庙不亲，朝讲不御，章奏留中不发”[2]（不祭祀天地祖宗，不上朝，不处理公务）的时候，在朝鲜人的记载中，万历仍然是一个勤奋的皇帝。《朝鲜王朝实录》记载，万历十九年（1591），朝鲜使臣到中国汇报朝鲜与日本的关系，万历亲自接见，和使臣谈了很多话，显示出对朝鲜安危的深切关怀：“帝出御皇极殿，引使慰谕勤恳，赏赉加厚，降敕奖论。皇帝久不御朝，外国使臣亲承临问，前所未有也。”[3]

也就是说，皇帝在皇极殿接见使臣，很诚恳地说了很多劝慰的话，赏赐了很多东西。皇帝已经很久不上朝了，亲自接见外国使臣，是前所未有的举动。

朝鲜人记载，在壬辰战争当中，万历皇帝的表现更是尽职尽责，朝鲜请兵请饷，无不立应。他曾下令“凡涉及东征之事，俱可不时入奏”[4]。只要是关乎朝鲜的事，不管什么时候，都可以马上汇报。“闻其时以朝鲜事入奏，则虽

---

[1]许篈：《燕行录全集》卷六《朝天记》，转引自杨昕、朴莲顺《朝鲜使臣笔下的明代万历皇帝形象》。

[2]张廷玉等撰《明史》第五册，岳麓书社，1996，第3537页。

[3]《宣祖昭敬大王实录一》，收入吴晗辑《朝鲜李朝实录中的中国史料》二，中华书局，1980，第1541页。

[4]《李朝宣祖实录》卷一〇九，转引自王非《明代援朝御倭战争与朝鲜的“再造之恩”意识》，硕士学位论文，延边大学专门史（专业），2005，第46页。

中夜必起而行之。其至诚救恤之事，至今传说。”[1]即使是半夜接到朝鲜的战报，也马上起来办公，简直可以说是“旰食宵衣”了。

万历皇帝临终前，朝鲜使臣李廷龟出使中国，恰好见证了皇帝归天这一历史性时刻。李廷龟记载，万历皇帝临死前，还牢牢掌控着国家事务，特别是关心着小邦朝鲜。从皇帝寝室走出来的太监对朝鲜使臣说，“皇上自昨夕症势危重，闭眼不开”[2]。在这种情况下，他仍然坚持听取太监朗读朝鲜国书，已经不能说话，但仍然“颔可”，同意给朝鲜国正式回复。

使臣记载说，万历皇帝在遗嘱中也提到了朝鲜。

> 二十一日，放御医，皇帝御弘德殿，引接阁老方从哲、英国公张惟贤、兵部尚书黄嘉善、吏部尚书周嘉谟等八人，将手指面，教各臣看一看病至如此，又虑忧东事。方从哲等奏用人发帑等事。皇上将手连握数次，不久断气。[3]

万历已经不行了，宣八位大臣进殿，一方面告诉大家，病已至此，药已无效，另一方面又对朝鲜问题表示忧虑。方从哲等汇报了财政问题。万历不久就断气了。

在朝鲜人心目中，万历皇帝一直是一个勤政的、英明的皇帝，一位值得尊敬的长者。原因非常简单：万历对他们有再造之恩。

二

明代的中朝关系，是东亚历史上宗藩关系的典范。用朝鲜人的话来说，

---

[1]《李朝肃宗实录》，转引自王非《明代援朝御倭战争与朝鲜的“再造之恩”意识》，第55页。

[2]李廷龟：《燕行录全集》卷一一《庚申朝天纪事》，转引自杨昕、朴莲顺《朝鲜使臣笔下的明代万历皇帝形象》。

[3]同上。

朝鲜与大明的关系，就像儿子与父母的关系。中国是一位慈母，朝鲜紧靠着中国，如同婴儿被母亲抱在怀里，有恃而无恐，特别安心：“惟我列圣际会皇明，明德恤小，地育天涵，数千里封域，如赤子之在慈母怀中，恃以无恐。”[1]

朝鲜第十四代国王（宣祖）李昖说：“设使以外国言之，中国父母也。我国与日本同是外国也，如子也。以言其父母之于子，则我国孝子也，日本贼子也。”[2]

就是说，朝鲜和日本都是中华文明的受益者，按儒家伦理来讲，都是中国的儿子。不过朝鲜是孝顺的儿子，而日本对中国不够恭顺，是乱臣贼子。

确实，朝鲜王朝在建立之初，就表现出对大明十足的恭顺。

朝鲜国号本来叫“高丽”，大明王朝建立之后，高丽王朝接受册封，成为明朝的属国。不过到了1392年，一个叫李成桂的权臣推翻了高丽王朝，建立了新的政权。

篡位易姓，这在儒家文化中是逆天大罪。因此开朝立代之后，李成桂小心翼翼，不敢称王，只称“权知高丽国事”，就是“临时代理”高丽国务。他三次派使臣到中国来，向明太祖朱元璋呈上奏章，解释前高丽国王品行如何恶劣，高丽国内百姓如何拥戴他李成桂，他如何迫不得已，才主掌了国政：“臣素无才德，辞至再三，而迫于众情，未获逃避。惊惶战栗，不知所措。伏望皇帝陛下以乾坤之量、日月之名（明），察众志之不可违、微臣之不获已，裁自圣心，以定民志。”[3]

甚至新朝的国号，他自己也不敢定。他献上“和宁”“朝鲜”两个备选方案，请朱元璋来替他确定：“臣窃思惟，有国立号诚非小臣所敢擅便，谨将‘朝鲜’‘和宁’等号闻达天聪，伏望取自圣裁。”明太祖为他圈定了“朝

[1]《李朝仁祖实录》卷四三，转引自王非《明代援朝御倭战争与朝鲜的“再造之恩”意识》，第16页。

[2]《李朝宣祖实录》卷三七，转引自杨雨蕾《燕行与中朝文化关系》，上海辞书出版社，2011，第209页。

[3]《李朝太祖实录》卷一，转引自杨雨蕾《燕行与中朝文化关系》，第21页。

鲜”二字。[1]

虽然李成桂如此小心谨慎，但是朱元璋对这个“以下犯上”的篡位者一直没给好脸色。国号虽然被批准，但朱元璋并没有赐给李成桂“国王”之号。李成桂原来叫“权知高丽国事”，改国号后叫“权知朝鲜国事”[2]，一直是代理国王，到死也没能转正。朱元璋敲打他说：“以小事大，事事都要至诚，直直正正。日头那（哪）里起那里落？天下只是一个日头，慢不得日头。”[3]你要老老实实，要知道太阳从哪里升起，哪里落下。要认识到天底下只有我这一个太阳。还嘱咐他“自今以后，慎守封疆，毋生谲诈”[4]。老老实实待在朝鲜，不要跟我耍什么花枪。

事实证明，李成桂及其后代的忠诚经受住了考验，有明一朝，朝鲜对明朝恭行“事大”原则，世代遵行不悖。在明代的朝贡国家中，朝鲜使臣是来得最多的，除了大明朝廷规定的一年固定的三次朝贡外，还有相当多不定期的使团来朝。“每岁圣节、正旦、皇太子千秋节，皆遣使奉表朝贺，贡方物，其余庆慰谢恩无常期。若朝廷有大事，则遣使颁诏于其国，国王请封，亦遣使行礼，其岁时朝贡，视诸国最为恭慎。”[5]有事没事就跑来一趟，在朝贡国中最为恭顺谨慎，对自己的职责一丝不苟。“愿言修职责，万世奉皇明”[6]。

更为可贵的是，朝鲜之所以如此“恭谨”，并不是如其他国家那样，贪图朝贡贸易的利润，而是因为它学习中国文化最得精髓，发自内心地认同朝贡体

---

[1]张立宪主编《读库1802》，新星出版社，2018，第170页。

[2]一直到李成桂儿子一代，朝鲜国主才被明朝册封为国王（建文三年事）。朝鲜史官对李成桂屡上书明帝国“跑官”一事，丝毫没有羞耻之感，反而谓之“我太祖有百折不挠之毅”。（参见赵恺《东海博弈：明帝国与日本的三百年战史：1369-1681》，团结出版社，2016，第80页）

[3]《李朝太祖实录》卷一一，转引自浙江大学汉语史研究中心编《汉语史学报（第9辑）》，上海教育出版社，2010，第231页。

[4]《李朝太祖实录》卷二，转引自杨雨蕾《燕行与中朝文化关系》，第21页。

[5]申时行：《大明会典》卷一〇五《主客清吏司·朝贡朝鲜》，转引自王臻《清朝兴起时期中朝政治秩序变迁研究》，商务印书馆，2017，第32页。

[6]权近：《阳村集》卷一《李氏语异》，转引自刘小朦《皇明异典：明中期传奉医官的身份、迁转与政治文化》，《历史研究》2017年第3期。

系背后的儒家伦理。

朝贡制度有两个理论基础：第一个是地理理论。中国古代的学者们认为，中国位于大地的中央，中国人接受的是天地的“正气”，产生了高度文明，因此是天朝上国。其他民族接受的是天地的“偏气”，比较落后，是蛮夷之邦。

这一观点在唐代的大学者杜佑的名著《通典》中表达得非常清楚：“覆载之内，日月所临，华夏居土中，生物受气正。其人性和而才惠，其地产厚而类繁，所以诞生圣贤……君臣长幼之序立，五常十伦之教备……其地偏，其气梗，不生圣哲……”[1]

大意是说，穹顶之下，日月所照，唯中华位于大地中央，所以中国接受了天地的正气。中国人的性情好，聪明智慧，大地物产也丰富，所以才出现了三皇五帝、孔孟这样的圣贤。君君臣臣，父父子子，一切整齐有序。而中国的周边国家和民族就不行了，因为他们住的地方太偏，只能接受天地之偏气，气脉不通，所以生不出圣贤和聪明的人来，必须接受中国的教化，向中国学习。

第二个理论是儒家伦理，也就是“事大字小”之义。儒家政治伦理强调家族内长幼有序，尊卑有份，而国际秩序也要模仿家族伦理，小国要以恭谨的态度侍奉大国，而大国则要以仁义的原则对待小国。《汉晋春秋》说：“圣人称有君臣然后有上下礼义，是故大必字小，小必事大，然后上下安服……”[2]有了君臣之义，才有了上下之分，大国要善待小国，小国要侍奉大国，这样上下相安，关系才能稳定。

所以中国周边的国家应该尊中国为上国，“奉正朔”“求册封”“定名分”，取得中国的承认，恪守藩封，替天子做屏藩。而中国作为宗主国，也应该向天下万国传播礼乐文明，必要时保护朝贡国的安全。

对于这两种理论，朝鲜都是全心全意地接受和认同的。朝鲜著名学者洪大

[1]杜佑撰《通典》卷一八五《边防序》，中华书局，1988，第4979-4980页。

[2]陈寿撰《三国志》卷四八《吴书·孙皓传》，裴松之注，中华书局，1982，第1163页。

容（1731—1783）也明确说过："我东之为夷，地界然矣，亦何必讳哉？"[1]我们朝鲜处于大地之偏处，所以天生就是蛮夷，这没什么可讳言的。

很多朝鲜士人发自内心地仰慕中华文明。朝鲜著名诗人柳梦寅曾经出使明朝，一路的所见所闻，让他感慨大发，写成了六首诗歌，每一首的第一句都是"东国之人愿往生"，也就是说，作为一个朝鲜人，我想下辈子投生在中国。六首诗的前五首分别描述了中国的疆域之广，语言之清，衣服之美，民物之醇明，官员之尊荣：

> 东国之人愿往生，中原区内极宽平。
> 天皇大界人皇世，万里长河千里垧。
> ……
> 东国之人愿往生，中原言语是真声。
> 街谈霏屑皆文字，孩语翻澜自浊清。
> ……
> 东国之人愿往生，中原衣服动光晶。
> 齐纨蜀锦开筒出，野草江花耀眼明。
> ……
> 东国之人愿往生，中原民物总醇明。
> 收将河岳扶舆气，养得寰区荦落英。
> ……
> 东国之人愿往生，中原官爵最多荣。
> 连云华构弥街陌，列屋娇儿拥管笙。
> ……

最后一首，他总结说：

---

[1]洪大容：《湛轩书》内集卷三《又答直斋书》，韩国文集丛刊248，民族文化推进会，2000，第67页。转引自王元周《论"朝鲜中华主义"的实与虚》，《史学集刊》2009年第3期。

东国之人愿往生，燕都万事胜王京。……
唯希百百千千劫，长作华人住大明。[1]

朝鲜人说，中国和朝鲜有“君臣之分，如天尊地卑之不可紊也，则事大之礼，固不可以不谨矣。大小之势，如白黑之不可以相混也，则事大之礼，亦不容于不谨矣。”[2]中国是君，朝鲜是臣，中国是天，朝鲜是地，因此朝鲜要丝毫不打折扣地对中国行事大之礼。这是朝鲜文化人的典型态度。

朝鲜王朝著名的学者李滉，在致日本将军的书信中，也从这个理论出发，劝日本老老实实向中国朝贡。他说：“天无二日，民无二王，春秋大一统者，天地之常经，古今之通义也。大明为天下宗主，海隅日出，罔不臣服，亦贵国之世修朝贡者矣。”[3]天无二日，民无二主，天下应该大一统，所以我们各国都应该团结在大明的周围，向它表示臣服。

所以在所有朝贡国中，朝鲜人的心态是最真诚的。朝鲜自视“奉大明正朔二百年，朝贡以时，输荒服款，诚七十州忠贞弥笃，文章礼乐用夏变夷，声教衣冠由近及远，盖东方君子之国”[4]。这段话大意是，朝鲜两百多年一直认真地向中国朝贡，非常忠诚；也因此深受中国文化影响，用中国文化取代了原来的蛮夷文化，成为文明国家，才被称为“东方君子之国”。

这种思想的影响如此深远，直到中华民国成立，一些朝鲜学者仍然坚信中华秩序是最理想的天下秩序。柳麟锡（1842—1915）在《与中华国政府》中称：“夫大天之下，大地之上，有曰中国，乃天地中间极文明，好风水，人于

[1]柳梦寅：《於于集·朝天录·独乐寺施诗六首》，转引自雷霆《柳梦寅〈朝天录〉“明朝完美化”认知论析》，《东疆学刊》2020年第1期。

[2]卞季良：《春亭集》卷六《永乐十三年六月封事谨事大》，转引自孙卫国《大明旗号与小中华意识》，商务印书馆，2007，第58页。

[3]李滉著、贾顺先主编《退溪全书今注今释》第二册，四川大学出版社，1993，第438页。

[4]宋应昌撰《经略复国要编》，郑洁西、张颖点校，浙江大学出版社，2020，第64页，

是乎禀天地之正气，受天地之中理，国于是乎先开鸿蒙肇判之初。”[1]中国是大地上唯一受天地之正气的国家，所以文明开化最早。他希望能够重新确立以中国为中心的大一统的局面，以实现世界的和平和安定。[2]

三

与此相对应的是，明朝对朝鲜也有一份发自内心的“字小之仁”。

中原王朝历来就待朝鲜与其他国家不同。唐宋诸朝都认为，朝鲜本是“箕子之邦”，所以有礼乐文化的根子，与中国最相近，非其他野蛮民族可比。

明代也是如此。朱元璋说：“今高丽去中国稍近，人知经史文物礼乐，略似中国，非他邦之比……”[3]所以在外交大典上，朝鲜的使臣通常都是排在使臣队伍的第一名。其他国家的使臣到了中国，要见皇帝一面很难，即使在行“朝天”之礼时，也只能站在殿前广场之上，根本看不到殿中的皇帝长什么样。而朝鲜使臣来了之后一般都可以觐见皇帝，近距离得睹“天颜”，这是其他国家的使臣无法得到的优待和幸福。

明朝和朝鲜的朝贡贸易方式也与众不同。大明王朝以“厚往薄来”政策笼络大部分朝贡国，对他们的贡品，一部分给以大量的“回赐”，另一部分则以极高的价格收买，他们才能满意。

只有对朝鲜不是这样。对朝鲜的贡品，明朝都是“不收买、不给值

[1]柳麟锡：《毅庵集》卷二五《与中华国政府》上册，转引自王元周《论“朝鲜中华主义”的实与虚》。

[2]柳麟锡：《毅庵集》卷五一《宇宙问答》，转引自王元周《论“朝鲜中华主义”的实与虚》。另一位朝鲜学者李承熙（1847-1916）则表示赞同康有为的儒教改革，希望中国能借此恢复中华礼乐文物典章制度，为世界万国包括朝鲜树立典范。

[3]《明太祖实录》卷七六，转引自李国祥主编；杨昶副主编；王玉德、汤建英、孙湘云等编《明实录类纂（涉外史料卷）》，武汉出版社，1991，第85页。

的”[1]，并不给钱，只给回赐。这才符合朝贡制度的本意。朝贡制度的本质是把国家之间的关系伦理化，也就是说，晚辈来拜年，拿点烟酒点心，长辈当然不会跟他当面算账，按价付款。

“厚往薄来”政策的一个后果是吸引各国过于频繁地来到中国朝贡，还有很多商团冒充贡使到中国来骗钱。因此朱元璋不得不建立“勘合制度”，也就是“许可证制度”，以此限制朝贡国进贡的次数。使臣只有拿着许可证，验明真伪，才能进入中国。

但只有朝鲜并不适用于“勘合制度”。因为朝鲜“虽属外服，实则同于内藩”[2]，明朝对朝鲜朝贡不加限制。[3]朝鲜使臣有事可以随时来，中国对他们随时加以招待。[4]虽然朝鲜使团在朝贡过程中也会进行一些贸易[5]，但是和其他国家的使团比起来相当节制，没有给中朝关系带来太多困扰。

所以明朝与朝鲜的关系，达到了宗主国与属国关系的理想境界，成为东亚宗藩体制的模范代表。

四

明代中朝关系这个和谐乐章的最高潮，是壬辰朝鲜战争。

1592年丰臣秀吉入侵朝鲜，朝鲜国王仓皇逃离国都，丧失了保家卫国的信心，请求“内附”，也就是放弃朝鲜，投奔中国，成为中国官僚体系中的一员。平日以怠惰政务著称的万历皇帝挺身而出，毅然决定出兵朝鲜。

虽然按照朝贡体制的原则，宗主国有保护藩属国的责任，但是在历史上中国帮助属国复国的事例并不多见。仅以有明一代而言，1511年，满剌加国被

---

[1]侯馥中：《明代中国与朝鲜贸易研究》，博士学位论文，山东大学专门史（专业），2009，第143页。

[2]侯馥中：《明代中国与朝鲜贸易研究》，第32页。

[3]虽然洪武时期有三年一贡的规定，但朝鲜并不遵守，仍保持至少一年三使的常贡，明朝也不刻意阻止。（侯馥中：《明代中国与朝鲜贸易研究》，第143页。）

[4]朝鲜使臣手中拿着的是中国内地官员出差时用的“符验”。

[5]有公贸易、私贸易、潜贸易等多种类型。

葡萄牙灭国，成为明代中国失去的第一个属国。满剌加使臣也曾经跑到北京，请兵救援，但明廷最终只不过口头抗议了一下，没有做出实际行动。

之所以动口而不动手，当然是因为动手成本太高。然而朝鲜有难，明王朝却不惜代价救援。这固然有“保朝鲜就是保大明”的国防上的现实考虑，更有基于朝鲜恪守属国义务的道义原因。朝鲜对大明的忠诚非他国可比，大明对朝鲜的关爱，自然也不能同于一般。兵部尚书石星谈到出兵朝鲜的理由时就说，“朝鲜素称礼义，侔擬（拟）中华，首尾二百年，恭慎无他，以是祖宗朝，优礼朝鲜，不与他外藩比”。[1]朝鲜素称礼仪之邦，二百年间，一直恭谨，绝无二心，所以我朝一直都优待它，不同于对待一般藩邦。万历皇帝也说，“朕念朝鲜，世称恭顺，适遭困厄，岂宜坐观”[2]。朝鲜一直如此恭顺，现在遇到入侵，我们怎么能坐视不管。[3]

为帮朝鲜保住社稷，大明两度出兵，靡费千万，竭天下之力。明朝为朝鲜提供的帮助，比较公认的有两个数字，一是费帑金七百余万[4]，二是动员四五十万人。战后明朝对朝鲜未提出任何经济补偿要求。为了朝鲜战争，明朝不得不大肆搜刮，搞得民穷财尽，掏空了家底，无力镇压满族的崛起。所以也有一个说法，是“明亡于万历”，或“明亡于朝鲜”。

因为万历对朝鲜这种特殊的“偏爱”，以至明朝有人嘲讽说，万历是高丽

---

[1]《寄斋史草》下“壬辰日录三、八月”条，转引自北京大学韩国学研究中心编《韩国学论文集（第8辑）》，民族出版社，1999，第136页。

[2]《明神宗实录》卷三三四，“中研院”历史语言研究所，1962，第6179页。

[3]朝鲜一直担心日本和明朝瓜分朝鲜，又担心明朝吞并自己。但是万历一再向朝鲜保证，一旦朝鲜“力能自立，官兵即当撤还。天朝不利一民一土”。（《明神宗实录》卷三〇七，第5741页）战争结束后，明朝迅速从朝鲜撤军。“庶不负扶危字小之仁矣”（《明神宗实录》卷三二九，第6089页）。

[4]据时人估计“朝鲜用兵首尾七年，约费饷银五百八十二万二千余两，又地亩米豆援兵等饷约费银二百余万两。”［《明经世文编》卷四四四，转引自黄天华《中国财政制度史》（第3卷），上海人民出版社，2017，第1905页］另有记载，仅在再战阶段邢阶出任经略的四年间，就“用饷银八百余万两，军资不与焉”（《武备志》卷二三九《占度载·度·四夷十七》，转引自万明《万历援朝之战与明后期政治态势》，《中国史研究》2001年第2期）。这大约相当于万历时全国两年的田赋收入。

的皇帝，不是中国的皇帝。朝鲜官员曾经对朝鲜国王汇报说：“中朝之人，有指皇上为高丽皇帝者矣。”[1]

壬辰战争强化了朝鲜人对明王朝，特别是对万历皇帝的感恩心理。这是朝鲜史料中万历皇帝的形象非常正面的主要原因。

第二节　朝鲜的北伐计划

一

壬辰朝鲜战争严重损害了明朝和朝鲜的国力。明朝无力再顾及边防建设，朝鲜更是全国残破。努尔哈赤充分利用这个时机发展自己，并在1619年萨尔浒一战中击败明军，这标志着一个强大的东北亚政权正式登上了历史舞台。1627年，为了防止明朝以朝鲜为基地抄自己的后路，后金出征朝鲜，意欲先剪除明朝的这根枝叶，再图明朝。朝鲜史籍将这场战争称为“丁卯胡乱”。朝鲜战败，不得不与后金议和。

军事上虽然失败，但是在政治上，朝鲜仍不屈服。后金除了要求朝鲜交纳贡物外，还要求朝鲜断绝与明朝的宗藩关系，正式奉后金为宗主国。朝鲜对这一条坚决不从，说这是“大义所系，断不可许”[2]。朝鲜人对后金将领说，明朝对朝鲜的“壬辰拯济之恩，尤不可忘也。”[3]朝鲜国王李倧认为：“鄙邦之于明朝，君臣分义甚重，若贵国要我负明，则宁以国毙，断不敢从。”[4]这是天

---

[1]《李朝宣祖实录》卷一〇九，转引自王非《明代援朝御倭战争与朝鲜的“再造之恩”意识》，第46页。

[2]《仁祖大王实录二》，收入吴晗辑《朝鲜李朝实录中的中国史料》八，中华书局，1980，第3301页。

[3]同上书，第3206页。

[4]《太宗实录》卷一三，收入《清实录》第二册，中华书局，1985，影印本，第183页。

在上地在下一般的道理，是国家存在的道义基础，因此宁可亡国也不能答应。

后金将领听了倒也非常感动，他们认为朝鲜这个国家非常仗义，值得尊重，因此转与朝鲜约为兄弟之邦。[1]

“丁卯胡乱”发生之后，双方虽然签订了和约，但朝鲜与后金因为礼仪方面的问题仍然多次发生冲突。后金要求朝鲜在国书上使用自己的年号，朝鲜坚决不同意，因为藩属国只能使用宗主国的年号。后来双方各退一步，商定来往文书不写年号。天聪五年（明崇祯四年，1631），皇太极计划进攻明朝，向朝鲜借调兵船。朝鲜国王理直气壮地表示拒绝，说：“明国犹吾父也。助人攻吾父之国，可乎？船殆不可藉也。”[2]怎么能借武器给人去攻打自己的父亲？船当然不能借。后金也无可奈何。

天聪十年（1636）二月，准备称帝的皇太极派遣使臣来朝鲜通报。朝鲜国王拒不接见使团，也不接受其公文。后金使团愤然离开汉城，结果沿途朝鲜百姓“观者塞路，群童或掷瓦砾以辱之”[3]。皇太极举办称帝大典时，朝鲜使臣罗德宪、李廓拒不跪拜，双方发生撕扯，朝鲜人仍不屈服。

皇太极称帝后率领十二万大军，再次出征朝鲜，首队前锋兵仅仅十二天便抵达朝鲜京城，这就是朝鲜历史上著名的“丙子之役”。

这一次朝鲜已经没有任何和皇太极讨价还价的资本了。仁祖国王不得不屈膝投降，他脱去王服，改穿青衣，徒步前往清营，对皇太极行三跪九叩之礼，伏地请罪。[4]

皇太极再次提出，朝鲜须断绝与明朝的宗藩关系，转以清王朝为宗主：“当去明国之年号，绝明国之交往，献纳明国所与之诰命册印；躬来朝谒，尔

---

[1]仁祖率领群臣和后金代表南木太等八大臣在江华岛焚书盟誓。

[2]赵尔巽等撰《清史稿》卷五二六《朝鲜传》，中华书局，1977，第14578页。

[3]《仁祖大王实录五》，收入吴晗辑《朝鲜李朝实录中的中国史料》八，第3550页。

[4]仁祖国王投降的表文写得极其卑躬屈膝：“小邦获戾大国，自速兵祸，……如蒙念丁卯誓天之约，恤小邦生灵之命，容令小邦改图自新，则小邦之洗心从事，自今日始矣。”（《仁祖大王实录五》，第3580-3581页）小国有错，得罪了大国。如能蒙您宽宥，以后我们会洗心革面，改过自新，彻底服从。

以长子并再令一子为质。……从此一应文移，奉大清国之正朔。”[1]

这一次朝鲜全盘接受，双方正式建立了朝贡关系。原来的宗主国从此成了属国，而属国成了宗主国，真如成语所说，“冠履倒置”。我们可以想象，在朝鲜人心目中，这是多么难以承受的屈辱。因此仁祖国王李倧在向清朝称臣后，每“语及皇明，至于呜咽不能言”[2]。

国王可以忍辱偷生，但是素来笃信儒家纲常的朝鲜士人和百姓却心怀不满。官员李仁居等人公开批评仁祖国王所作所为，是天地神人之所共愤，而“百姓皆思中国”[3]。仁祖二十二年（1644），青原府院君沈器远等人发动政变，要推翻仁祖的统治，另立一个有骨气的君主，来“拒斥清人，日月重光”，并决定“事成即用崇祯年号，书示八方”。[4]此次叛乱虽然最终被镇压，但朝鲜的人心向背一目了然。

二

就在朝鲜八道纷纷骚动，试图推翻不忠于大明的国王，重新归附大明之际，1644年，明朝最后一任皇帝崇祯上吊自杀，大明覆亡了。

“丙子之役”中朝鲜国王的投降其实并没有令朝鲜人完全绝望。他们相信强大的大明王朝早晚有一天会打败女真人，再次拯救朝鲜于水火之中。然而，这一次朝鲜人却有了世界末日、神州陆沉的感觉。在朝鲜人看来，昔日的中华帝国在剃发易服之后，已经沦为夷狄之邦，“天下腥膻”了。天空中已经没有太阳，世界陷入黑暗，朝鲜朝野上下无不惊心，“虽舆台下贱，莫不惊骇陨泪”。[5]

不过，太阳落下之后，倒更显出东方爝火的明亮。朝鲜从此独自撑起了文

[1]《太宗实录》卷三三，收入《清实录》第二册，第430页。

[2]《孝宗实录》，收入吴晗辑《朝鲜李朝实录中的中国史料》八，第3798页。

[3]《仁祖大王实录七》，收入吴晗辑《朝鲜李朝实录中的中国史料》八，第3724页。

[4]同上书，第3722-3724页。

[5]同上书，第3728页。

明的火炬。

朴趾源说：

> 清人入主中国而先王之制度变而为胡，环东土数千里划江而为国，独守先王之制度，是明室犹存于鸭水以东也。[1]

清人入主中原后，中国就变成了胡人之国。好在朝鲜划江而治，还独守着中华制度，因此大明王朝还没有完全灭亡，部分还存在于鸭绿江以东。

后来，朝鲜士人尹愭（1741—1826）在一篇名为《东方疆域》的策论中说："昔日东方之称以'小中华'者，以其有'大中华'也；而今其大者，非复旧时疆域矣。地维沦陷，山川变易，曾无一片读《春秋》之地，而吾东方三百六十州之疆域，盖无非中华之衣冠谣俗，则优优乎大哉，奚可以小云乎哉？"[2]以前朝鲜被称为"小中华"，是因为身边有"大中华"。现在大中华已经不再是中华，完全沦陷了。而我朝鲜仍然保持着中华衣冠制度，自然就可以去掉"小"，可以堂堂正正地自称大中华了。

既然已经是独存的"中华"，就要承担起"中华"的使命，要让天地重光，日月再升。朝鲜人从此开始了反清复明的努力。

三

最早提出"复明"的是仁祖国王的儿子孝宗国王。

1637年，根据"丙子之役"中的约定，朝鲜需要把两位王子送到沈阳当人质，以确保和约履行。后来成为孝宗国王的李淏和哥哥世子李溰一起，来到中国东北。他们一到沈阳就被软禁在馆舍之中，不得自由出入。当时"沈阳年

---

[1]朴趾源：《热河日记·渡江录》，转引自北京大学韩国学研究中心编《韩国学论文集（第6辑）》，新华出版社，1997，第116页。

[2]尹愭撰《无名子集·文稿》册八《东方疆域》，转引自彭卫民《朱熹〈家礼〉思想的朝鲜化》，巴蜀书社，2019，第47页。

饥谷贵，难于接济”[1]。“沈阳馆中上下人员艰苦万状。”[2]堂堂王子，“衣服居处，有同戍卒”。[3]

八年质子生活，让李淏备感屈辱，对清朝恨之入骨，还在沈阳的时候，他就写下了“我愿长驱百万兵，秋风雄阵九连城”的“反诗”[4]。

与李淏不同的是，他的哥哥李湦在沈阳期间，却逐渐心向清朝。史载“世子既久处沈阳，一听清人所为，出入于田猎戎马之间”[5]。他经常和清人一起骑马打猎，玩得很开心。顺治元年（1644），他还随多尔衮入关，参加了顺治皇帝在北京天坛举行的登基仪式。他欣赏满族人的朝气和魄力，坚信明亡清兴是不可更改的历史大势，对清王朝表现出鲜明的好感。[6]

1645年，李湦返回汉城。朝鲜的大臣们观察他的言行，认为他已经“变心”，不再忠于故明，因此通过宫人在饵饼中下毒，把他毒杀了，对外则称其“病亡”。不久李淏回到朝鲜，成为新的朝鲜世子，并因其坚定的反清态度受

---

[1]《昭显沈阳日记》（一），载林基中编《燕行录全集》卷二四，韩国东国大学校出版部，2001，第461-462页。转引自朱诚如、白文煜主编；李理、姜相顺分册主编《清朝前史（第四卷）》，辽宁师范大学出版社，2016，第135页。

[2]《仁祖大王实录六》，收入吴晗辑《朝鲜李朝实录中的中国史料》八，第3623页。

[3]《李朝仁祖实录》卷四〇，转引自刁书仁《李朝孝宗“反清复明”活动及其影响——兼论东亚“华夷秩序”的裂变》，《社会科学战线》2010年第5期。

[4]李淏：《失题》，收入列圣御制撰集厅编《列圣御制》卷八，转引自丁晨楠《海东五百年：朝鲜王朝（1392-1910）兴衰史》，漓江出版社，2021，第197页。

[5]《仁祖大王实录七》，收入吴晗辑《朝鲜李朝实录中的中国史料》八，第3747-3748页。

[6]仁祖国王对世子与清朝的关系充满疑虑，甚至询问大臣：“今闻九王（多尔衮）年少刚愎，其意何可测也。前则待世子太薄，而今乃太厚云，予不能无疑焉。”（《仁祖大王实录七》，收入吴晗辑《朝鲜李朝实录中的中国史料》八，第3719页。）多尔衮到底是什么意思？他对我的世子以前太坏，现在太好，让我不能不生疑心。

到朝鲜人的普遍支持。[1]

李淏即位后不久，就启动了他的反清复明蓝图。他首先大力清洗朝廷中的亲清派，重用“复明”派。朝鲜一代名臣宋时烈当时在故里隐居，“开门授徒，阐明程朱之学。又以扶世道，淑人心，伸大义于天下为己任”[2]。因为钦佩他对“大义”的阐发，孝宗九年（清顺治十五年，1658），李淏请他出山。孝宗十年（1659）三月十一日，孝宗屏退诸臣，与宋时烈单独讨论北伐计划。他说“胡无百年之运”，“彼虏有必亡之势”，所以他决计北伐。他问宋时烈，朝鲜如果“养精炮十万，爱恤如子，皆为敢死之卒；然后俟其有衅，出其不意，直抵关外，则中原义士豪杰，岂无响应者”？[3]

如果朝鲜训练十万纪律严明的精兵，出其不意地出兵中国东北，杀到山海关外，中原的那些义士豪杰们，会起来响应吗？

宋时烈虽然尊崇“大义”，但并不是一个天真的理想主义者。他有着基本的现实感，因此不得不给孝宗泼了一瓢冷水：“诸葛亮尚不能有成，乃曰难平者事，万一蹉跌，有覆亡之祸，则奈何！”[4]

这样的战争实在没有把握，即使是诸葛亮复生，也不见得能成功。一旦失败，则朝鲜必亡，所以您一定要三思而后行。

孝宗却固执己见。他说：“予非以予才能办此事也，只以天理人心之所不

---

[1]1646年（日本正保三年），一队日本使臣到达朝鲜东莱府，对李朝官员说，日本想“假途朝鲜”，“赴援南京”，和南明一起夹攻清军。虽然当初壬辰之变发生时，日本就是打着假道朝鲜进攻大明的旗号，但李淏对这一次日本人借路的请求仍然立刻同意。日本使臣担心朝鲜无力供应日本大军，说“朝鲜兵火之余，连岁饥馑，而途路险远，师行甚难”。朝鲜使者却慨然说：“邻国之道，岂以假道为惮。”朝鲜人无论多么困难，都准备承担这个光荣的责任。可惜日本最终没有出兵，朝鲜空欢喜了一场。（《李朝仁祖实录》卷四七，转引自刁书仁《李朝孝宗“反清复明”活动及其影响》）

[2]《显宗改修实录》，收入吴晗辑《朝鲜李朝实录中的中国史料》九，中华书局，1980，第3864页。

[3]同上书，第3865页。

[4]同上。

可已者，岂可以才不逮而自画不为哉。”[1]又说：“以大志举大事，岂可保其万全也！大义既明，则覆亡何愧，益有光于天下万世也。且天意有在，予以为似无覆亡之虞也。”[2]

这等壮举，当然不可能没有丝毫风险。但只求合于义理，即便朝鲜因此覆亡，也无愧于天下万世。

为了实行自己的北伐计划，孝宗开始大力扩军，把禁军由600名增加到1000名，并全部改编为骑兵；又将驻都城汉城的御营厅军由7000人增加到21 000人，增加了大炮攻坚部队。[3]如果孝宗再多活些年，赶上“三藩之乱”，他可能真的会兴兵北伐，跃马辽河。可惜当年他就去世了，这一计划也随之成为泡影。

四

孝宗国王去世之后十五年，即1674年，李朝沉寂已久的北伐之议突然再次响起，原因是吴三桂起兵反清了。

吴三桂攻势凌厉，长江以南各省迅速沦陷，北方的清军主力不得不南下平叛，东北大地因此“不事武备，辽沈千里，了无操弓骑马者”[4]。

朝鲜官员尹镌上疏刚即位不久的肃宗，“吴起于西，孔连于南，獶（鞑）伺于北，郑窥于东……天下之大势可知也已”[5]，吴三桂起兵于西部，孔有德等（应该是指三藩中其他二藩）响应于南方，蒙古势力窥伺于北边，郑氏集团在东边虎视眈眈，清朝的大势已去。在这种情况下，如果朝鲜起兵，清朝真的会陷入“四面楚歌”之中。因此他认为朝鲜必须马上北伐，并渡海联系郑氏集团。

然而肃宗此时年仅十四岁，年纪太小，又刚刚即位，没有这个气魄。在

[1]宋时烈：《宋子大全 · 杂著 · 宋书拾遗》第七卷，转引自郑惠先《明清鼎革——朝鲜与日本的反应》，硕士学位论文，东北师范大学世界史（专业），2017，第24页。

[2]《显宗改修实录》，收入吴晗辑《朝鲜李朝实录中的中国史料》九，第3865页。

[3]杨昭全：《朝鲜汉文学史》（第二卷），吉林人民出版社，2020，第491-492页。

[4]《显宗改修实录》，收入吴晗辑《朝鲜李朝实录中的中国史料》九，第3865页。

[5]同上书，第3991页。

朝鲜君臣的犹豫之中，1681年，清军攻克昆明，“三藩之乱”以清朝获胜告终。[1]

五

清王朝建立之后，朝鲜人虽然被迫按例进贡，但在内心深处，对这个新王朝充满了鄙夷。

按朝贡体制的要求，朝鲜王朝在公开的文件中当然要使用清朝年号，但是私下里并没有人使用清朝年号。[2]康熙年间，有一个叫金寿弘的朝鲜武官在书信中不小心用了康熙的年号，结果落下了终身的耻辱：“其（金寿弘）贻宋时烈论礼书头书康熙四年。凡官文书外，虽下贱无书清国年号者，寿弘独书之。又于祭其祖尚容祝文，欲书康熙，一门惊骇，谓之家贼。”[3]

也就是说，金寿弘在写给大儒宋时烈的一封信中，开头写了“康熙四年”（1665）几个字。朝鲜除了官方文书外，即使在社会下层也没有人用清朝年号。金寿弘因此被人送了一个绰号，叫“康熙公”，家里人也说他是“家贼”。再加上其他因素，他后来备受政治打压，以至为人“贱弃”“唾骂”，削去官籍。[4]

---

[1]然而朝鲜民间的北伐梦并没有终结。直到晚清，还有朝鲜的儒生主张对清朝进行北伐，比如吕圭信（？-1903）在清朝末期曾向朝鲜政府提出过北伐建议，“为此四处奔走，联络同志，参与组织秘密结社，事情败露后被流放到平安道的深山之中，仍念念不忘北伐，每天研读兵书和算学”。（王元周：《论“朝鲜中华主义”的实与虚》，《史学集刊》2009年第3期）

[2]除了不用清朝年号，朝鲜国王也不用清朝所赐的谥号。虽然朝鲜仍依例遣人至北京，告讣请谥，但实际上并不用清朝赐的谥号。其只是将清朝所颁谥号合书一册，藏于春秋馆，以备查阅，防备与清交往时引起对方怀疑。（胡婷：《康雍乾时期清与朝鲜关系研究——以朝鲜王朝对华观演变为中心》，硕士学位论文，陕西师范大学中国史（专业），2016，第22页）

[3]《肃宗实录一》，收入吴晗辑《朝鲜李朝实录中的中国史料》十，中华书局，1980，第4014页。

[4]马睿：《李氏朝鲜君臣眼中的康熙帝与雍正帝》，硕士学位论文，辽宁师范大学中国古代史（专业），2010，第25页。

不用清朝年号用什么呢？用明朝年号，或者干支纪年。[1]朝鲜孝宗、肃宗陵碑都书“有明朝鲜国某某大王”，年号则用“皇明崇祯纪元后百三十年”或“皇明崇祯纪元后三乙亥”的样式。一直到清朝后期，郭钟锡（1846—1919）仍然说，朝鲜“天地为大明天地，日月为大明日月，山河区域为大明山河区域”[2]。之所以这么说，是因为朝鲜的制度和文化是大明所赋予的：“方皇猷御极，车书礼乐，典章文物，固已协万邦、光四表而格上下矣。天地所囿，日月所悬，山河区域之所包，被服谣俗之所及，动植群生之所自乐，夫何往而非大明也！”[3]即便在明朝灭亡后二百四十多年，依然可“唤我作大明人”。[4]

所以直到清末，有的朝鲜人在写作时仍然使用崇祯年号，复旦大学图书馆所藏的一本朝鲜汉文书籍《骆村朴先生遗稿》，题跋中就有“崇祯纪元后五丙戌”（1886）的字样。[5]

第三节　大报坛

一

在朝鲜王宫的后苑当中，曾经有一座高大的方形祭坛，形制庄严，建筑精

---

[1]朝鲜的《仁祖大王实录》在明亡前用崇祯年号，明亡后用干支纪年和国王在位纪年。仁祖之后的历代朝鲜国王实录，只书干支纪年与国王在位纪年。乾隆年间出使中国的朝鲜外交官朴趾源在他的出使日记《热河日记》的结尾，所署的纪年就不是乾隆四十八年（1783），而是“崇祯百五十六年癸卯。”

[2]郭钟锡：《俛宇先生文集》卷一四一《某里纪行录跋》，转引自孙卫国《大明旗号与小中华意识》，第83页。

[3]同上。

[4]同上。

[5]甚至到了1914年，即中华民国期间，仍有朝鲜人执着地使用崇祯年号。韩国首尔大学藏有《天台续游录》，其中有一个叫梁会源的人，在1914年留下的题跋中写着“崇祯后五甲寅”。

美。它是朝鲜境内最大的祭坛，比社稷坛还要高一尺，名叫“大报坛”。这座祭坛，是朝鲜国王用来祭祀明朝皇帝的。

如前所述，在吴三桂起兵之时，肃宗国王因为年纪太小，没敢出兵。事后他一直深怀悔愧，他曾对大臣们说：“予岂无雪耻愤惋之心哉！为其势之不敌，尤为恨叹。”[1]我难道没有雪耻之心吗？只是因为实力不足，实在可恨可叹。

肃宗三十年（1704），正是明朝灭亡六十周年。这一年的开头，肃宗感慨地同大臣们谈起亡明之事，“今年即甲申也。大明以是岁三月亡”。[2]

这一年三月十九日，也就是崇祯皇帝殉国六十周年之际，肃宗举行了一次盛大的仪式，亲自祭祀崇祯。为祭祀所作的祭文开篇说：“崇祯七十七年，岁次甲申，三月庚子朔，十九日戊午，朝鲜国王臣李焞，敢昭告于大明毅宗烈皇帝。”后文又说：“虏乘其衅，据我中原，礼乐衣冠，尽污腥膻，凡在迩遐，冤愤靡穷。而其深痛，莫最小邦。”[3]也就是说，胡虏乘机占据了中原，中原礼乐之制被破坏无遗，天下各地之人无不悲愤，而内心最痛的，是我们小邦朝鲜。

肃宗读完此文，痛哭失声，群臣见状，也都很悲伤。“上呜咽不自胜，侍臣莫不感怆”。[4]

二

这一年九月，肃宗开始和大臣们商量，怎么制度化地祭祀朝鲜的恩人，也

[1]《肃宗实录一》，收入吴晗辑《朝鲜李朝实录中的中国史料》十，第4018页。

[2]随着时间的推移，有些朝鲜的臣子已经渐渐淡忘了明朝的大恩，奏章当中已经见不到追思明朝恩德的言辞了。想到这里，肃宗相当不满。他说，为大明复仇雪耻，当然不是一朝一夕的事，但是奏章之中，连表达这种志向的慷慨之言都见不到，可见人们的健忘。因此值此一甲子到来之时，他倍感怆然：“到今年纪愈久，世道愈下，复仇雪耻，固非朝夕所可期，而至于疏章间慷慨之言，亦未有闻，已至于寝远寝忘之域，予尝慨然。今逢周甲，一倍感怆矣。”（《肃宗实录二》，收入吴晗辑《朝鲜李朝实录中的中国史料》十，第4215页）

[3]《肃宗实录二》，收入吴晗辑《朝鲜李朝实录中的中国史料》十，第4220页。

[4]同上书，第4221页。

就是大明的万历皇帝。

前面我们提到，人们论及明史有一个说法，叫“明亡于朝鲜”。这句话，连朝鲜人也认同。肃宗就感慨地说：“神宗（万历）皇帝于我国有万世不忘之功矣。当壬辰板荡之日，苟非神宗皇帝动天下之兵，则我邦其何以再造而得有今日乎？皇朝之速亡，未必不由于东征。而我国小力弱，既不能复仇雪耻，弘光南渡之后，亦漠然不知其存亡。每念至此，未尝不慨恨也。”[1]

万历皇帝对我国的大恩，万世不能忘。如果不是他举全国之力用兵，我国能有今天吗？明朝那么快就灭亡了，未必不是由于帮助我们而消耗了国力。我国国小力弱，当时不能为大明复仇。后来对南明的命运，也漠然不关心。每想及此，实在令人感慨痛恨！[2]

肃宗认为，朝鲜连昆虫草木，都承受着大明神宗万历皇帝再造之恩，却没有任何报答，这份内疚折磨得他良心不安，所以他提出要建立一座宗庙来祭祀万历皇帝。在南明灭亡前，朝鲜并没有必要祭祀明朝皇帝，因为南明皇帝才是明朝真正的子孙。现在南明也灭亡了，只有朝鲜能承继大明正统，所谓“大明一脉，偏寄我东”[3]。朝鲜人不祭祀，谁来祭祀？难道让大明皇帝的灵魂在另一个世界得不到任何供养吗？

对国王的想法，大部分大臣表示反对，反对的理由，不是不应该感戴大明皇恩，而是朝鲜国王没有祭祀的资格，“你不配”。

为什么不配呢？因为按照儒家礼法，“父不祭于支庶之家，王不祭于下土诸侯”[4]。只有法定的继承人即嫡子才能祭祀父亲，所以诸侯没有资格祭祀天

[1]《肃宗实录二》，收入吴晗辑《朝鲜李朝实录中的中国史料》十，第4126页。

[2]康熙六年，也就是朝鲜显宗八年（1667），有一艘中国船漂泊到了朝鲜。船上人自称是大明福建省的官商，船上还携带着写有“永历二十一年”字样的宪书。此事在朝鲜朝野引起了巨大震动，朝鲜人第一次真切感受到南明政权的存在。宋时烈闻讯写诗说：“忽得皇家信，退如父母回。奢天存汉历，圣德必重恢。喜极睢先泪，伤深骨肉摧”，“皇家消息廿年余，今日初闻泪满裾”。［成海应：《丁未传信录》，转引自郭雪《清初朝鲜的汉人漂流民政策研究（1641-1689）》，硕士学位论文，东北师范大学中国史（专业），2021，第51页］

[3]孙卫国：《大明旗号与小中华意识》，第120页。

[4]《肃宗实录二》，收入吴晗辑《朝鲜李朝实录中的中国史料》十，第4224页。

子。藩属国的君主祭祀中国皇帝是“僭越”，古无此礼。“诸侯祭天子，于礼为僭。”[1]

但是，也有一些大臣支持国王的提议。他们说，“君臣”“父子”之义相同，大明皇帝已经没有了子孙，朝鲜国王就可以承担起祭祀的任务。“今既无子孙之祀，则以旧臣而祀旧君，亦何所不可哉！”[2]

肃宗接受了这一理论，并力排众议，决定修建祭祀万历的宗庙。但是紧接着，下一个问题出现了：如果建宗庙的话，万历皇帝的宗庙和朝鲜自己的宗庙，二者之间的关系怎么摆？

朝鲜如果建造万历的宗庙，“则事体当加隆于宗庙，如处所、时享、乐章等仪文，节节难便”[3]。也就是说，肯定要建得比自己的宗庙级别高，规模大。但是到底高多少，大多少？小国朝鲜没有经验。儒家极度重视礼仪制度，不能有半点错谬，祭祀时的各种典礼，也要重新通盘安排考虑，这是一件非常难以操作的事。

于是，有一些大臣建议，不建庙，建坛。“坛”本来是用来祭祀天地日月的，比庙的级别高，明朝皇帝是天子，在朝鲜看来是和天神一样的存在，可以用坛来祭祀。这样既实现了崇祀万历的目的，又避免了礼节上的难题。

肃宗接受了这个意见，于是命汉城府在王宫后苑修筑祭坛，定名为“大报坛”。[4]其形制仿照朝鲜的社稷坛，而规制更大。“有壝有墙，墙高四尺，比社坛加高一尺，方广二十五尺，四面皆为九级，壝墙四面皆三十七尺”[5]。比社稷坛高一尺，祭物品式，遵用明朝之制，祭器依《大明集礼》图式。

---

[1]《肃宗实录二》，收入吴晗辑《朝鲜李朝实录中的中国史料》十，第4224页。“但念庙而享之，于礼为僭，况仪文之窒碍”（《李朝肃宗实录》卷三九，转引自孙卫国《大明旗号与小中华意识》，第123页）。不但从原则上讲是“僭越”，在礼仪细节上也有诸多为难之处。

[2]《李朝肃宗实录》卷三九，转引自孙卫国《大明旗号与小中华意识》，第124页。

[3]同上书，第123页。

[4]为什么建坛于后苑？这是为了避人耳目，便于国王祭祀。“自坛所筑外墙，以防行人俯视。”用高墙围起来，防止别人看见。（《肃宗实录二》，收入吴晗辑《朝鲜李朝实录中的中国史料》十，第4235页）

[5]《肃宗实录二》，收入吴晗辑《朝鲜李朝实录中的中国史料》十，第4235页。

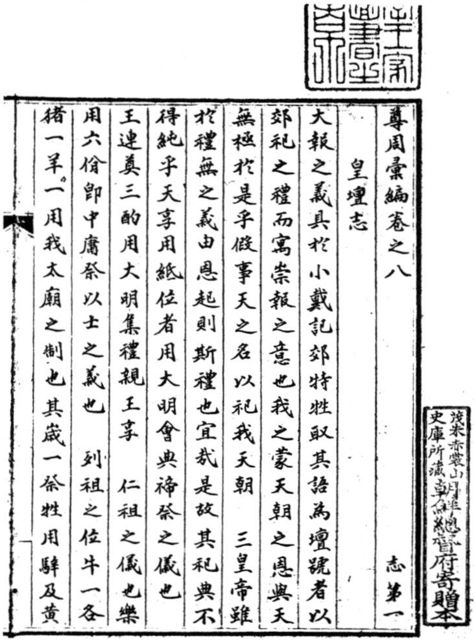

《尊周汇编·皇坛制》

“大报”是什么意思呢？这个词出于《礼记·郊特牲》：“大报天而主日也”，“万物本乎天，人本乎祖，此所以配上帝也。郊之祭也，大报本反始也”。[1]因此“大报”意即如同尊崇皇天太阳一样尊崇神宗万历皇帝，报本反始，“不忘根本”。

朝鲜官员李畬说：

> 大报坛之设，不以庙而坛，岁一献享者，盖仿郊天之义，其礼至尊至严，不可与常祀以时节行事者比论也。[2]

朝鲜王朝的祭祀有大祀、中祀、小祀之分。大报坛被列为大祀，是朝鲜最

[1]丁鼎作：《战国礼俗生活志》，黑龙江人民出版社，2021，第242-243页。

[2]《肃宗实录四》，收入吴晗辑《朝鲜李朝实录中的中国史料》十，第4313页。

重要、地位最高的祭祀，一年一祭，年年举行。李畬说，一年一次，正表明其至尊无上，如同祭天，不可与寻常祭祀相比。

肃宗三十年秋，大报坛破土动工，年底建成。肃宗三十一年（1705）崇祯殉国日前，肃宗在大报坛首次亲祭神宗皇帝。终于完成了自己多年的心愿，肃宗不胜欣悦，遂于祭毕挥毫作诗道：

昔被隆恩铭在肺，今瞻神座涕沾巾。
追思岂但微诚寓，切愿宁陵圣志遵！[1]

肃宗说："年年祭享，自当与国同存矣。"[2]只要朝鲜存在，祭祀就会进行下去。

三

从此之后，在大报坛祭祀万历皇帝成为定制。朝鲜君臣对这个祭祀非常虔诚。国王每次都要先斋戒数日，以示诚心。

虽然"思明"之心炽烈，但是在现实生活中，朝鲜却不得不对清王朝执"事大之礼"，经常接待清朝使臣。如果清朝使臣抵达朝鲜的日期是在祭祀日前后，朝鲜就会更改祭祀时间。或者提前到大报坛举行典礼，或者在接见之后，隔上一段时间，再举行祭祀。这就好比一个女人被一个不喜欢的男人玷污之后，不会马上就见自己的心上人。

乾隆初年，清朝修成《明史》，并颁给朝鲜。1749年（乾隆十四年，朝鲜英祖二十五年）朝鲜官员黄景源向英祖（即英宗）国王奏报了《明史·朝鲜列传》当中的一则记载：当初"丙子胡乱"之时，崇祯皇帝听说朝鲜国王被后

---

[1]《肃宗实录二》，收入吴晗辑《朝鲜李朝实录中的中国史料》十，第4240页。
[2]《李朝肃宗实录》卷四一，转引自孙卫国《大明旗号与小中华意识》，第127页。

金军队围困，曾命总兵陈洪范调集“各镇舟师赴援”[1]，后来听说朝鲜已经投降才作罢。事后崇祯不仅没有责怪朝鲜投降，反而责备中国军队救援太慢。

英祖听闻这段历史，大为震动。他说，“清兵满辽阳，流贼遍中原，然犹欲涉海出师，远救属国，中夜念此，不觉泪下”。[2]在内忧外困中的崇祯，还要救援朝鲜，半夜想到这一段历史，不觉潸然泪下。他随后发布命令，将崇祯皇帝的灵位也搬上了祭坛，与万历一起接受祭祀。

又过了十天，英祖又提出一个新想法，将明太祖朱元璋的灵位也请上大报坛，一体祭祀。

不料这个想法遭到了群臣的集体反对，理由是“大报坛”的主题是祭祀朝鲜的恩人，明太祖并无救援朝鲜的恩德，与“大报”之意不符。

英祖与众臣进行了激烈的辩论，他强调朝鲜的国号是明太祖赐予的，这就是对朝鲜的“大造之恩”。但大臣们认为这个理由过于牵强，仍然反对。

连遭两次反对，英祖国王心绪难平。这一天夜里二更，他睡不着觉，遂再次召见群臣。大臣们从热被窝里被叫起来，齐集王宫，发现国王坐在集瑞门门口。英祖对大家说，我在寝宫之中怎么也睡不着，只好跑这儿来坐着。“予不安正寝，出坐此门。”[3]

国王命一名儒臣当众念诵乃父肃宗所作的四首歌颂明太祖夫妇的御制诗：

天生圣主济苍生，嘉瑞同符夹马营。手提三尺草莱起，扫尽腥尘寰宇清。

长孙同德汗青誉，朝罢深宫赖挟助。仓卒军中频忍饥，备尝艰险少宁处。

高皇锡我朝鲜号，祸惨龙蛇孰再造？侯度恪谨三百年，如天圣德若何报！

---

[1]《英宗实录二》，收入吴晗辑《朝鲜李朝实录中的中国史料》十一，中华书局，1980，第4544页。

[2]同上书，第4545页。

[3]同上书，第4549页。

> 忍道孤城月晕年，自兹不得更朝天！痛哉申年已周六，故国无人荐豆笾。[1]

英祖一边听人朗诵诗歌，一边“拱手俯伏，流涕良久”，说“予不忠不孝人也”。[2]自己是不忠不孝之人，未能继承肃宗奉祀明太祖的遗志。

英祖深更半夜搬出了先王的御制诗，并且用眼泪做武器，群臣只好屈服。大报坛最终形成了明太祖、明神宗、崇祯帝三皇并享的格局。[3]

英祖四十六年（1770）闰五月乙卯（初十）是明太祖朱元璋的忌辰。这一天，英祖亲祭明太祖。

> 天未明，上行礼，礼讫，仍俯伏不起。时风雨骤至，洒及御袍，诸大臣力请还内，不许。至日出始起。[4]

天还未明，国王就到祭坛行礼，礼毕，仍然伏在地上不肯起来。当时突然刮起大风，下起雨来，淋湿了国王的衣袍。群臣力劝国王回到宫中，国王不同意，一直在地上伏到日出时才起来。

英祖一生写过多首《忆皇恩》，以表达其感念之心。比如英祖四十九年（1773）写的这首：

> 忆皇恩，忆皇恩，受命朝鲜是皇恩；
> 忆皇恩，忆皇恩，九章八音是皇恩；
> 忆皇恩，忆皇恩，特定宗系是皇恩；
> 忆皇恩，忆皇恩，再造藩邦是皇恩；
> 忆皇恩，忆皇恩，命将东援是皇恩；

[1]《英宗实录二》，收入吴晗辑《朝鲜李朝实录中的中国史料》十一，第4549页。
[2]同上。
[3]明太祖位在西，明神宗位在中，崇祯帝位在东，皆坐北朝南。
[4]《英宗实录二》，收入吴晗辑《朝鲜李朝实录中的中国史料》十一，第4603页。

忆皇恩，忆皇恩，慰谕颁历是皇恩；
忆皇恩，忆皇恩，粤昔国初受皇恩；
忆皇恩，忆皇恩，海东草木受皇恩；
忆皇恩，忆皇恩，光国志庆受皇恩；
忆皇恩，忆皇恩，宗社再安受皇恩；
忆皇恩，忆皇恩，小邦亦微受皇恩；
忆皇恩，忆皇恩，永诵风泉受皇恩；
忆皇恩，忆皇恩，瞻彼中州心掩抑；
忆皇恩，忆皇恩，何时河清胆欲坠；
忆皇恩，忆皇恩，壹隅海东有大明；
忆皇恩，忆皇恩，北苑一坛奉三皇；
忆皇恩，忆皇恩，躬见肄仪若亲行；
忆皇恩，忆皇恩，何时报心千亿；
忆皇恩，忆皇恩，何时谢怀百万。[1]

诗中叙述明朝对朝鲜所施的历次皇恩，比如赐号朝鲜、颁历赐乐、改定宗系、命将东援、再造藩邦，表明感恩思报的志向万年不移。

吴庆元在《小华外史》中说：

兴废系乎天时，义理根乎人心，故天时或与人违，而义理无时可熄。今此中国之沦为夷狄，天时之舛也。尊周而攘夷，内华而外夷，人心之正也。今自永历壬寅，皇统虽绝，其后四年已有我东建庙之议。遂设坛而祀三皇，三皇陟降洋洋在上。於（于）是乎已晦之日月复明于一隅青邱，既绝之皇统长存于数尺崇坛。则天意人心不归于此，而将奚适也！[2]

[1]英祖：《御制忆皇恩》，时当“岁皇朝崇祯戊辰纪元后三癸巳，即阼四十九年春三月壬辰日敬书”，见《大明遗民史》，（韩国）保景文化社，1989，第398-402页。
[2]吴庆元：《小华外史》卷七下册，朝鲜研究保护会，1914，第200页。

也就是说，天地之运导致中华沦为了夷狄，但是义理之火永远不会熄灭。大报坛就是朝鲜保存中华正统的标志。

在肃宗国王以下，历代朝鲜国王每年都亲自祭祀大报坛，从来没有中断过，直到1894年中日甲午战争爆发。

甲午战争中中国战败，导致中国和朝鲜的宗藩关系彻底断绝。战后不久，“大韩帝国”在日本的扶持下建立，“大韩皇帝”不再亲祭大报坛。不过“帝国”仍然没有忘了明朝的恩情，仍定期派遣官员代替“皇帝”到大报坛行礼。

随着日本侵朝行动的一步步深入，大报坛的历史终于画上了句号。1905年，日本强行将朝鲜变为日本的保护国。1908年7月28日，“大韩帝国”的末代君主“纯宗皇帝”发布敕令《关于享祀厘正之件》，正式停止了大报坛的祭祀。从开始到废止，大明皇帝的灵魂在天上享受了朝鲜204年的祭祀。

第二章
恭顺的背后：琉球国为什么来朝贡

第一节　最恭顺的属国

一

父母对孩子们难免会有所偏爱，中国对属国们也并非一视同仁。

在众多藩属之中，琉球是天朝中国的“最小偏怜”之国。之所以“偏怜”，不仅是因为它“最小”，更因为它在朝贡国中，表现一直非常“恭顺”。明代《万历野获编》说：“本朝入贡诸国，惟琉球……最恭顺，朝廷礼之亦迥异他夷。”[1]清朝的道光皇帝则称，“琉球臣服天朝，最称恭顺”。[2]翻开明清两朝实录，“琉球事我，尤为恭顺”[3]，“该国王等素称恭顺”[4]，“小心恭顺”[5]等词句不一而足。

具体怎么个恭顺法呢？首先是“表文”质量高。

定义中国与另一个国家是不是朝贡关系，关键是看两项，一个是表文，一

[1]沈德符撰《万历野获编》，中华书局，1959，第781页。

[2]中国第一历史档案馆编《鸦片战争档案史料七》，天津古籍出版社，1992，第759页。

[3]戴逸、李文海主编《清通鉴17》，山西人民出版社，1999，第7495页。

[4]《高宗纯皇帝实录》，收入《清实录》第十四册，中华书局，1986，影印本，第463页。

[5]周煌：《琉球国志略》，陈占彪校，商务印书馆，2020，第261页。

个是贡品，也就是“方物”。《入贡通例》说：“顺治元年定，外国朝贡，以表文、方物为凭。”[1]

而“表文”比“方物”更重要。比如雍正六年（1728），雍正帝批准琉球国不必进贡贡品，但表文不能免除。

“表文”之所以重要，是因为它是“君臣关系”的明确表达。所谓“表文”，是臣下写给君主的一种文书，著名的有诸葛亮的《出师表》。给中国皇帝奉上表文，自然是自居臣属无疑。

我们不妨来看一份琉球国王的进贡表文：

琉球国中山王臣尚穆诚惶诚恐、稽首顿首、谨奉表上言，伏以圣德覃敷万国，永沾同轨同文之化，皇仁广被、八埏咸肃，悉臣悉主之仪，来集彤庭，效三呼以称颂；班联璐砌，齐九叩以拜扬。庆洽寰区，欢腾海表。

钦惟皇帝陛下，虑周万物、道贯百王，总揽四方声灵，溢乎宇内；裁成中外德教，沛于海隅。臣穆世守藩封，代供贡职、倾心向归，颂德竭诚，谨遣陪臣向崇猷、蔡懿等虔效芹私，少申葵向，伏愿乾纲独秉、泰运长亨、率土为家，虽治而能求治，普天在闼，已安而愈勤安。将见玉烛调辉，与天同长、地同久；金瓯永固，如川方至、日方升矣。

臣穆无任瞻天仰圣、激切屏营之至，谨奉表进贡以闻。

乾隆二十九年十一月十一日

琉球国中山王臣尚穆谨上表[2]

属国写给天朝的表文格式，和国内臣子写给皇帝的奏折是完全一样的。表文的开头一般是“某某国某某王臣某某诚欢诚忭（或诚惶诚恐）、稽首顿首上言”，其中“臣”字要写得小一号，偏右书写，以示自卑之意。遇到“皇帝、上谕、旨、御”等字样，则必须抬格书写，以示尊崇。

至于表文内容，一言以蔽之，就是对皇帝的恭维。具体来说，一是颂扬天

[1]梁廷枏撰《海国四说》，中华书局，1993，第165页。
[2]中国第一历史档案馆编《清代琉球国王表奏文书选录》，黄山书社，1997，第374页。

朝的伟大，二是强调属国的感恩和忠诚。要评选古今中外最夸张、最肉麻又最典雅、最精致的恭维，自非这类表文莫属。琉球国的这道表文，用古老的四六骈文写成，对仗工整，声调铿锵，文笔娴熟，辞藻华丽，极尽歌功颂德之能事。读起来确实十分“恭顺”，充满“诚悃”。[1]

人口稀少、文化落后的琉球，怎么能写出这样典雅的表文呢?

因为这个小国对朝贡事宜特别重视，专门养着一批文人学士，负责表文写作及其他朝贡事宜。明代的陈侃在《使琉球录》中说，琉球国的官制很简略，大部分文官都是专为朝贡一事而设的：“若大夫、长史、通事等官，则专司朝贡之事，设有定员而为文职者也。”[2]

二

琉球除了表文写得好，接待工作也非常到位。在各个属国中，琉球国对中国使臣的接待最为小心周到。

如果你阅读关于朝贡关系的传统文献，可能经常会看到一个词——“天使”。不要误会，这个“天使”和上帝没有任何关系，是指“天子的使节”。按朝贡体制，属国国王只有得到中国册封，才算合法。因此中国经常向属国派出“天使”，进行册封、宣诏等事宜。康熙元年（1662），清王朝遣使赴琉

---

[1]还可以再看一份《谢恩表》：琉球国中山王尚敬诚惶诚恐稽首顿首上言。伏以帝德遍乾坤，中外睹协和之盛，皇恩弥宇宙，遐迩承熙皞之隆。辑班五瑞，百辟咸瞻，有道圣人玉帛万方，八荒共仰太平天子，普天庆溢，率土欢腾。恭惟皇帝陛下，道隆尧舜，功迈汤文，大德日新，继百王之道统，覃恩时懋，绍千圣之心传，物阜民康，欣逢圣世明良之会，时雍俗美，喜际熙朝泰运之期，四海遍沐仁风，八埏深沾怿泽。

臣敬僻处海隅，荷沐天眷，虽竭诚而拜颂，实仰报而无从。谨遣陪臣毛鸿基、郑秉彝等恭赍短疏，聊申谢悃。伏愿仁恩逾广，德泽弥深，西被流沙而东渐渤海，醴泉与芝草俱生，南距五岭而北暨三涂，瑞凤共祥麟皆集，则躬桓蒲谷，觇亿万年有道之长，而玉帛车书，亘千百世无疆之祚矣。臣敬无任瞻天仰圣，激切屏营之至。谨奉表称谢以闻。

雍正六年十一月初十日琉球国中山王臣上京谨上表。（《明清史料（庚编）》上册，转引自李云泉《万邦来朝：朝贡制度史论》，新华出版社，2014，第124页）

[2]胡沧泽：《海洋中国与福建》，黑龙江人民出版社，2010，第192页。

球，册封国王尚质。使臣张学礼在回忆录中记载了琉球是如何接待的。

张学礼说，当他们经过一个多月的航行，于康熙二年（1663）到达那霸港时，发现众多琉球官民早早地就等在海边。望见使臣的船只，他们就开始鸣放礼炮并奏乐，为天使们举行盛大的欢迎仪式："法司等官来迎，士民欢阗，金鼓不绝。"[1]

举行册封典礼当天，琉球国王尚质穿着清朝赐予的朝服，亲自出都城三里来迎接天使。见面的第一件事，是对带着圣旨的使节行三跪九叩礼："王出城三里，至守礼坊下，具朝服，行九叩礼。"[2]

进了王宫，国王把圣旨小心翼翼地供奉起来，再一次跪下行三跪九叩礼："至中山殿前，将敕印供奉，行九叩礼。"[3]

接着，清朝官员站着宣读圣旨，尚质跪着听宣，听完之后，再次行三跪九叩礼："付官张宿耀上左台宣读。王跪听，宣毕，……王收受，行九叩礼。"[4]

国王拜完圣旨，琉球官员们轮班进谒天使。按体制规定，琉球官员要对中国使臣三叩头，而中国使臣只用站着或者坐着，作揖或拱手作答："法司王舅、紫金大夫、紫巾官为一班，一跪三叩头，天使立受，揖答之。耳目官、正议大夫、中议大夫为一班，一跪三叩头，天使立受，拱手答之。那霸官、长史、遏闼理官、都通事为一班，一跪三叩头，天使坐受，抗手答之。"[5]

从国王到大臣，琉球全国上下对天使奉若神明。明代的使臣陈侃记载，他住进天使馆后，国王对他"礼无不肃，用无不周。……每三日遣大臣一员问安。"[6]每三天专门派一位官员前来问安。国王和使臣说话时，总是自称"予小子"，非常谦卑。

明代中国使团人数通常为三百人左右，在琉球一待就是半年。按成例，

[1]张学礼：《使琉球纪·说铃之一》，中华书局，1985，第4页。
[2]同上。
[3]同上。
[4]同上。
[5]周煌：《琉球国志略》，第211页。
[6]陈侃：《使琉球录·使事纪略》，收入《续修四库全书本·史部·地理类》第742册，上海古籍出版社，2002，第508页。

国王要为他们举行七次盛宴款待，名目分别是迎风宴、事竣宴、中秋宴、重阳宴、冬至宴、饯别宴和登舟宴，每次宴会花钱都如沙似海。此外按惯例，还要送给天使很重的“陋规”，以求他“上天言好事”。比如万历三十五年（1607）使臣夏子阳和王士祯册封琉球回来汇报：“册封琉球，事竣将行，国王馈宴金及诸代仪者，人各黄金六斤。二臣固却不受也。至是，王遣其舅毛凤仪及正议大夫阮国等，再赍原金，疏言二臣衔命远使，亲督造舟，三年劳瘁于闽中，万里间关于海外，勤劳辛苦，倍逾昔日。小国荒凉，宴款之际，所代黄金各九十六两，世缘为例。”[1]

册封完毕将要返国的时候，琉球国王给使臣每人黄金六斤，使臣坚辞不受。但是国王又派他的舅舅毛凤仪及大臣阮国等再次送来，说两位使臣远渡重洋前来，实在是辛苦了，必须收下。因为致送黄金，是历代成例。

从以上记载我们可以想见，接待“天使”一事，会对小国琉球形成多么大的财政压力。事实上，每次册封之前，琉球国都要提前数年筹措接待经费。“本国将有册封大典，其欢待册使之需，固属莫大之费。”[2]有时因为财政紧张，不得不号召举国同力，实行募捐：“为了筹措包括册封使一行接待费用在内的册封费用，实行了奖励民间捐献的办法。”[3]

为了做好天使的接待工作，琉球政府每次都会专门成立七个衙门。一是负责安排中国使团住宿事宜的馆务司；二是负责装潢“天使馆”的承应所；三是负责给使团供应肉食的掌牲所；四是负责米、菜、酒食供应的供应所；五是负责使臣在琉期间七次宴会的理宴司；六是负责文件书信往来的书简司；七是负责收购使团所带货物的评价司。每个司正式工作人员额定为二十四人。这七个衙门纯为迎接贡使而设，天使团到达前一两年成立，接待工作结束即行取消。

天使到来之前，琉球国王还会展开首都的市容市貌大整顿，其内容不光是

[1]《明神宗实录》卷四三八，“中研院”历史语言研究所，1962，第8292页。
[2]《球阳》卷二一，转引自西里喜行《清末中琉日关系史研究》上册，胡连成等译，社会科学文献出版社，2010，第72页。
[3]同上。

要大规模清扫街道，粉刷墙壁，还要整顿娱乐业，取缔红灯区。“（琉球人）认为如果让娼妓与册封使一行进行接触，将会有所冒犯”[1]，于是强制驱逐中国人可能到达区域的所有妓女，把她们强行迁移到边远海岛。不过，琉球人心很细，他们又觉得“娼妓迁走之后，那些宽阔的房屋若没有人住，反倒会引起册封使一行的怀疑，于是就……把那些已经空无一人的娼妓房屋分给一般士民居住，令其管理这些房屋”。[2]

可见形象工程不但是古已有之，而且遍及中外。把工作细化到这样的程度，琉球确实当得起“恭顺”二字了。

第二节　琉球为什么恭顺

一

琉球本是中国东南海中一个“至小至贫”的小国。清代外交官何如璋说，“琉球国为中国洋面一小岛，地势狭小，物产浇薄”[3]，张之洞则称之为“寥寥荒岛”[4]。

确实，琉球国最大的海岛，面积也不过一千多平方公里，人口稀少[5]，物

[1]西里喜行：《清末中琉日关系史研究》上册，第249页。

[2]同上。

[3]俞政：《何如璋传》，南京大学出版社，1991，第33页。

[4]《张之洞奏邦交宜审缓急折》，载《李鸿章全集9 · 奏议九》，安徽教育出版社，2008，第205页。

[5]据日本人伊地知贞馨的说法，直到乾隆时期，琉球最大的那霸岛上也才不过几千户人家。伊地知贞馨于1877年出版的《冲绳志》附录有《那霸杂咏》，其中一首有着“全岛人家三千户”之句。（第五届中琉历史关系学术会议筹备委员会编《第五届中琉历史关系学术会议论文集》，福建教育出版社，1996，第15页）

产也不丰富。虽然风景秀美[1]，但土地非常贫瘠。使臣陈侃记载琉球“林木朴楸不茂密，厥田沙砾，不肥饶，是以五谷虽生，而不见其繁硕也”[2]，农作物长势都不旺。连动物都很少，“无熊罴豺狼虎豹猛兽……亦鲜鹅鸭，莺燕鹳鹊之族俱无，鸟惟乌鸦麻雀而已”。[3]另一位使臣郭汝霖则记载，琉球“多沙石，土薄瘠”，连这里的牛羊鸡猪都比中国的瘦小，“牛羊鸡豚之类多瘦削而不堪用”。[4]

所以琉球百姓的生活非常艰辛，“民贫而俭”。富贵人家不过才有两三间瓦房，大部分人都住茅屋，“富室贵家，仅有瓦屋二三间；其余则茅茨、土阶，不胜风雨飘摇之患。”[5]老百姓每天只吃一到两餐，甚至成年累月吃不到肉食，“牲虽贱，人有终岁不获食者”[6]。

这样一个贫弱的小国，为什么愿意投入如此巨大的人力物力接待天朝使臣呢？

因为各有所需。

二

琉球首次出现在汉语记载当中，是隋代的事。隋大业三年（607），好大喜功的隋炀帝命一位名叫朱宽的将军“入海求访异俗”，朱宽“因到流求

---

[1]晚清第一次来到这个岛屿国家的美国军人描述说：“从海上看，岛屿的海岸碧绿而优美，富有变化的树林和新鲜翠绿的田野。雨让风景的颜色更加地明亮，这使我回忆起最美丽的英国风光。”林贞贞：《佩里舰队与琉球开国研究》，硕士学位论文，福建师范大学世界史（专业），2013，第23页。

[2]陈侃：《使琉球录》，转引自曲金良主编《中国海洋文化研究（第6卷）》，海洋出版社，2009，第73页。

[3]陈侃：《使琉球录》，转引自谢必震《中国与琉球》，厦门大学出版社，1996，第110-111页。

[4]郭汝霖、李际春编《重编使琉球录》，转引自谢必震《中国与琉球》，第27页。

[5]陈侃：《使琉球录》，转引自胡沧泽《海洋中国与福建》，黑龙江人民出版社，2010，第191页。

[6]陈侃：《使琉球录》，转引自谢必震《中国与琉球》，第110页。

国”。很多史学家认为，这个流求就是后来的“琉球”。但因言语不通，朱宽唯“掠一人而返”，这是关于中国与琉球产生关系的最早记录。

兴师动众只带回了一个人，这个结果让隋炀帝不满。几年后，隋炀帝派兵“浮海击之”，“进至其都……焚其宫室，虏其男女数千人，载军实而还。自尔遂绝。”[1]一战而灭之。

大国身边的小国，命运就是这样不可测：大国君主的一次情绪波动，就可以决定它的兴灭。好在这个岛国过于弱小，除了好奇心强烈的隋炀帝，后代中原王朝的皇帝都对它提不起兴趣。《隋书》以后，中国史书很少再谈到流求之事。《元史·瑠求传》说：“瑠求，在外夷最小而险者也。汉、唐以来，史所不载，近代诸蕃市舶不闻至其国。”[2]

直到大明王朝建立，天朝上国才又对这个小小的岛国重新开始感兴趣。

我们知道，朱元璋在中国历代皇帝当中出身最为低微。登基之后，怀有严重自卑心理的他花了很大力气招徕各国进贡，营造万国来朝的氛围，来向国内臣民彰显自己统治的合法性。

在向各国派出使节的同时，朱元璋没有忘了小小的琉球。洪武五年（1372），朱元璋派出的使节抵达琉球，所携带的诏书全文如下：

> 昔帝王之治天下，凡日月所照，无有远迩，一视同仁，故中国奠安，四夷得所，非有意于臣服之也。自元政不纲，天下兵争者十有七年。朕起布衣，开基江左，命将四征不庭。西平汉主陈友谅，东缚吴王张士诚，南平闽越，戡定巴蜀，北清幽燕，奠安华夏，复我中国之旧疆。朕为臣民推戴，即皇帝位，定有天下之号曰大明，建元洪武。是用遣使外夷，播告朕意。使者所至，蛮夷酋长称臣入贡，惟尔琉球在中国东南，远处海外，未及报知。兹特遣使往谕，尔其知之。[3]

---

[1]魏徵等撰《隋书》卷八一《流求国传》，中华书局，1973，第1825页。
[2]宋濂等撰《元史》卷二一〇《瑠求传》，中华书局，1976，第4667页。
[3]《明太祖实录》卷七一，“中研院”历史语言研究所，1962，第1317页。

唐宋以来，因为海道远险，国家弱小，琉球在中原皇帝的眼中，一直都是一个可有可无的存在。中华帝国周围诸国大都被纳入朝贡体系，只有琉球被排除在外。但是朱元璋独具慧眼，发现了这个小国的价值。虽然急于以万方来朝来强化其统治的合法性，但是朱元璋生性多疑，在招徕“外国”的同时又对它们深怀戒惧之心。因为中华文化圈的很多成员，包括汉化最深的朝鲜、越南，在历史上都和中国发生过激烈的战争，和它们走得太近，对天朝的安全不见得是好事。只有琉球，既弱小又不接壤，可以任由天朝抚爱，却不会对天朝的安全构成威胁。因此琉球成了朱元璋的最佳选择，朱元璋决定要把中琉关系打造成大明宗藩关系的样板。

接到朱元璋的诏书，琉球统治者也非常惊喜，没想到竟然得到天朝大皇帝的垂顾。与庞大的大陆交往，琉球并不惧怕，因为与大陆的恰到好处的距离，不光让朱元璋感觉舒服，也让琉球人感觉笃定。他们清楚遥远的距离，加上本国的穷困，使朱元璋不会有兴趣兴师前来。琉球人放心大胆、兴高采烈，甚至有点“受宠若惊”地成了天朝上国的藩属。

三

确定了朝贡关系后，琉球迅即开展了火热的朝贡活动。

按照字面上的理解，所谓朝贡，就是向天朝进献点自己的土产，让天朝皇帝尝尝鲜。琉球物产贫乏，只需贡献三两样特产就可以了。就像刘姥姥进大观园，只需要用麻袋装点倭瓜、豆角就行了。

但是琉球人并不满足于这样，他们送到天朝来的东西，品种丰富，数量众多。

琉球国都进献了些什么呢？

按《中山世鉴》记载，琉球的贡物包括：

> 马、刀、金银酒海、金银粉匣、玛瑙、象牙、螺壳、海巴、棹子扇、泥金扇、生红铜、锡、生熟夏布、牛皮、降香、速香、檀香、木香、

黄熟香、苏木、乌木、胡椒、硫磺（黄）、磨刀石。[1]

这个名单中的马、牛皮、磨刀石以及螺壳，确系琉球土产。但是此外的大部分物品，比如苏木，胡椒，黄熟、降、檀诸香，以及象牙及精制刀具，显然不属于琉球所有。事实上，琉球贡物中的苏木、胡椒、香料以及象牙来自东南亚诸国，而刀具中的大部分则来自日本。这在中国史书中载有明证。如正统六年（1441），“琉球国通事沈志良、使者阿普斯古驾船载瓷器等物往爪哇国买胡椒、苏木等物”[2]。弘治十七年（1504），“琉球国遣人往满剌加国收买贡物，遭风未回，致失二年一贡之期”[3]。使臣张学礼也说琉球不产好刀，“其烟、刀、纸张、折扇、漆器之类，皆来自日本”[4]。

看起来小国琉球对“事大”一事真是太过热心和恳切，以至费尽气力去买来自己本来没有的东西急巴巴地进贡天朝。这是不是有点傻？

其实正相反。

虽然按理说，在朝贡体系当中，贡物应该是朝贡国心甘情愿献给天朝，不要求任何回报的，但是天朝上国历来非常“讲究”，对朝贡国基本都采取“厚往薄来”政策。这就好比贾母送给刘姥姥的东西，应该比刘姥姥带来的值钱，或者晚辈来拜年时，长辈给的红包价值要高于晚辈手里拎的脑白金或者蜂王浆一样。所谓“厚往薄来”，就是当朝贡国前来进贡时，中华帝国对它们的赏赐往往比它们进贡的东西要多，以此来表明天朝只是欣赏它们的恭顺，并不想占它们的便宜。

出身贫民的朱元璋非常小气，他登基后制定了中国历史上最低的官俸标准，史称“明官俸最薄”[5]，但是他在对待属国上却比历代的君主都要大方。

上谓礼部臣曰：“诸蛮夷酋长来朝，涉履山海，动经数万里。彼既

[1]《中山世鉴》，载周煌：《琉球国志略》，第60页。
[2]《明英宗实录》卷八六，“中研院”历史语言研究所，1962，第1729页。
[3]《明孝宗实录》卷二一八，“中研院”历史语言研究所，1962，第4109页。
[4]《中山纪略》，载张学礼：《使琉球纪·说铃之一》，第9页。
[5]赵翼：《廿二史札记校正》卷三二《明官俸最薄》，中华书局，2013，第750页。

慕义来归，则赉予之物宜厚，以示朝廷怀柔之意。”[1]

所以朝贡国进献的这些贡物，天朝绝不会白要。

朝贡国所进贡的贡品，通常分成两部分。第一部分是直接进献给皇帝的，叫“正贡”。对这部分物品，明朝“厚往薄来”的方式是给予“赏”，即所谓“有贡则赏”，以表彰它们的恭顺。不光是赏给朝贡国的国王，大臣也有份，所赏之物都价值不菲。[2]比如成化七年（1471），天朝赐给琉球中山王尚圆的礼品名单如下：

皮弁冠服一副、玉圭一枝、青搭护一件、七旒皂绉纱皮弁冠一顶、白素中单一件、棕色妆花锦绶一件。

五章绢纱皮弁服一套、纱帽一顶、大红素皮弁服一件、棕色素蔽膝一件、绿贴里一件、大红素苎丝舄一双、棕色妆花佩带一条、常服罗一套、棕色素前后裳一件、金相犀带一条、素柏株绿一匹、织金胸背麒麟大红一匹、素黑绿一匹、素青一匹、母矾红平罗销金云包袱四条。

暗骨朵云莺晋绿一匹、白毯绿一十匹、大红织金胸背麒麟圆领一件、织金胸背白泽大红一匹、红白素大带一条。

织金胸背狮子大红一匹。[3]

据洪武十六年（1383）的记载，给王舅的赏赐则是“彩段（缎）四表里、罗四匹、纱帽一顶、鈒花金带一条、织金纻丝衣一套、靴袜各一双”；对于长史、使者，“每员彩段二表里、折钞绵布二匹”；对通事，“每员彩段一

[1]《明太祖实录》卷一五四，第2401-2402页。

[2]朱棣篡位成功后，派宦官黄俨前往朝鲜行赏，赏赐朝鲜国王的物品，尽皆珍宝，其中有“冠服一副，五色珊瑚旒珠并胆珠166颗，金事件一副共80个件，金条13条，锦缎、纻丝、纱罗16匹”，另对王妃、王父皆有丰厚赏物。（参见李云泉：《万邦来朝》，第88页）

[3]《历代宝案》第一集卷一，转引自谢必震《明清中琉航海贸易研究》，海洋出版社，2004，第5页。

表里、折钞绵布二匹”；至于从人，也“每名折钞绵布二匹”。[1]

这些东西比国王的“正贡”的价值通常要高出许多。

除了直接送给皇帝的“正贡”，朝贡使团还带有“附进贡物”或“附进货物”，数量通常非常大。对于“附进货物”，明朝政府要“酬其价值”，也就是要按货付款。不但会给钱，而且给的要高出市价很多。多到什么程度呢？以龙涎香为例，据相关史料记载，此物“货于苏门答剌（今印尼苏门答腊岛北部）之市……一斤该……中国铜钱九千个”[2]，一斤合九贯钱。而据《大明会典》的记载，朝廷给大部分朝贡国的价钱是每斤四十八贯。也就是说，高出市价四倍有余。[3]

而朝廷给琉球贡品的价钱更高。既然要选择琉球来打造藩邦模版，就要让琉球人发自内心地感恩戴德。所以明朝给弱小的琉球附进贡物的定价比其他朝贡国还要高出数倍。比如进口锡的价钱，每斤不过五百文，朝廷给琉球的却是八贯，高出市价十五倍。正常进口苏木是每斤五百文，朝廷给琉球的是十贯，高出市价十九倍。胡椒在产地每斤不过十九文，运到中国后的市价是每斤三贯，而朝廷给琉球的价钱是三十贯，是市价的十倍，是产地价的一百六十倍。[4]

给付这些钱的时候，明朝一小部分是用铜钱和宝钞，大部分则是使用实物，主要是精美的丝绸和瓷器，称为“回赐”。琉球接到这些在海外市场最受欢迎的物品之后，一般都会贩卖于他国，以获厚利。特别是丝绸，“若番船不通，则无丝可织，每百斤值银五六百两，取去者其价十倍”[5]。

因此向天朝进贡，从商业角度看是一本万利的。

---

[1]陈梦雷编纂《古今图书集成 42 方舆汇编边裔典》，广陵书社，2011，第316页。

[2]费信：《筹海图编》，转引自谢必震《明清中琉航海贸易研究》，第138页。

[3]个别时候，比如嘉靖三十四年（1555）朝廷给出的价格甚至高达“每斤银一千二百两”，即一千二百贯，高出市场价格一百三十余倍之多。（参见谢必震：《明清中琉航海贸易研究》，第138页）

[4]李云泉：《万邦来朝》，第84页。由于番秤与明代官秤不同，胡椒价格，琉球为每三百二十斤六贯，明代为三百二十斤九百六十贯，所以有一百六十倍价差。

[5]胡宗宪：《筹海图编》卷二，转引自谢必震《中国与琉球》，第226页。

四

除了能把贡物换个好价钱之外，朝贡国还能从大明王朝获得很多其他利益。比如使臣在中国受到的接待也非常细致周到。

欧洲各国的惯例是出使的费用由出使国自己负担，而中国皇帝历来认为前来朝贡的人全都是国家的客人。所以从踏上中国土地的那一刻起，各国贡使吃喝花用都不用出一文钱，全部由天朝上国承包了。

每当琉球国使臣抵达福建海岸，福建省官员都要按惯例备办“箩桶杠索”等物，将“贡物”搬运到岸上，送进仓库，还要“拨吏一名，会同左右中三卫官兵，每夜提铃巡逻防守方物”[1]。

福建省还要专门派官员和兵丁全程护送琉球使臣进京，所经各省、府、县，当地官员均需迎送入境和出境，安置住宿、供应膳食，并将接待的情况奏报给中央政府，不得有半点的闪失。

据《大明会典》，琉球贡使到达北京后，由光禄寺依例供给丰富的饮食和日常生活用品。供应标准，据清朝顺治七年（1650）规定：“琉球国入贡，陪臣、王舅，日给鹅一，鸡一，猪肉三斤，菽乳二斤，各种菜三斤，酒二瓶，清酱、酱各六两，香油六钱，花椒一钱，盐一两，茶一两；正议大夫，日给鸡一，猪肉三斤，菽乳一斤八两，菜二斤，酒一瓶，清酱、酱各四两，香油四钱，花椒八分，盐一两，茶六钱；四节官，都通事官，各日给鸡一，猪肉二斤，菽乳一斤，菜一斤，酒一瓶，清酱、酱各四两，香油四钱，花椒五分，盐一两，茶五钱……”[2]

除了好吃好喝好招待，中国通常还会专门组织旅游，带领使臣们浏览京中名胜，让他们开开眼界，见识一下天朝上国的风光。

因此，有生之年能来中国一趟，对外国使臣来说，实在是一件太幸福的事了。

---

[1]李庆新：《明代海外贸易制度》，社会科学文献出版社，2007，第78页。
[2]《礼部则例》，转引自谢必震《明清中琉航海贸易研究》，第150页。

五

“厚往薄来”政策形成了巨大的吸引力。数倍、数十倍的暴利驱使周边国家争先恐后前来进贡。更有甚者，还有海外商人三五成群凑到一起，花钱找个懂中文的人写一道表文，就冒充贡使跑来上贡，骗走无数钱财。比如洪武七年（1374），暹罗商人沙里拔冒称是本国国王令其同奈思里侪剌悉识一起来进贡，因为装得不像，被朝廷识破。[1]

虽然好面子，但是朱元璋毕竟并不傻。进贡国干柴烈火似的热情烤得他承受不住，不得不采取限制措施。第一是限制朝贡次数。朱元璋下诏说，各国进贡不要太频繁：“入贡既频，劳费太甚，朕不欲也。令遵古典而行，不必频烦，其移文使诸国知之。”[2]他按照远近亲疏，给朝贡国发下规定，有的国家十年一次，有的三年一次，有的两年一次。

第二是限制朝贡使团的规模，规定每个国家进贡船只的数量，比如“不得过三船”“每船不得过百人”之类的，防止它们携带太多贡品。

第三，对贡使们发给执照，以鉴别真伪。朱元璋规定了“勘合”制度，所谓“勘合”，有如先秦的虎符，就是一张文件，中间盖上骑缝章，然后一撕为二，中国和朝贡国各持一半。进贡之人只有手持半张“勘合”，与中国官方保留的半张对得上，才算验明正身，才能上岸。

但是这些限制措施效果并不明显。各国大都不遵守贡期，关于朝贡规模的规定，各国也从未严格执行过，一般来说各国带来的货物量总是大大超出中国的要求。

朱元璋生性苛细而强悍，他的命令在国内是绝不容许臣下挑战的。但是对于这些不守规定的贡使，朱元璋却怎么也拉不下脸来。为什么呢？因为中国有句古训：“伸手不打笑脸人。”使臣已经到达，明朝一般也不会撕破脸把他们赶回去，只能硬着头皮，予以接待。

明王朝的正规财政汲取能力并不强，财政收入本不充足，又大量地通过

---

[1]《明太祖实录》卷八八，第1564页。

[2]同上书，第1565页。

朝贡体系流失。大明皇宫之内各国进贡的香料和土产堆积如山，国库却没有现金，只好把胡椒等香料发给百官，充抵工资。

第三节　被惯坏的孩子

一

除了各朝贡国都可以享受到的几种好处，琉球在与中国的交往中，还有自己额外的收获。

琉球虽然是一个岛国，但是航海技术十分落后，甚至在很长的历史时期内只会扎筏子，不会驶船："不驾舟楫，惟缚竹筏。"[1]这也是以前历朝它无法加入朝贡贸易圈的一个重要原因。

明太祖既然要把琉球打造成模范藩属，就要负责解决这个技术性问题。一开始，朱元璋赐给琉球很多大船，专门用来朝贡。明代中期，琉球曾称"钦蒙圣恩宠爱小邦，怀柔远人。今照得装载贡物船只一节，必先洪武永乐年间数有三十号船……"[2]由此判断，洪武永乐年间明朝赐予琉球的海船多达三十艘。

洪武二十九年（1396），朱元璋又"赐闽中舟工三十六户，以便贡使往来"[3]。也就是把善于驾船的"闽人三十六姓"发往琉球，帮助琉球造船，这大大推动了琉球航海技术的发展。

虽然学会了造船，但是造船毕竟不如要船。琉球仍然经常以船只损坏为由，向天朝开口要船。

---

[1]陈侃：《使琉球录·群书质异》，收入黄润华、薛英编《国家图书馆藏琉球资料汇编》上，北京图书馆出版社，2000，第54页。

[2]《历代宝案》第一集，《那霸市史·资料编》第一卷四，转引自徐斌《明清士大夫与琉球》，海洋出版社，2011，第32页。

[3]张廷玉等撰《明史》卷三二三《琉球传》，中华书局，1974，第8362页。

比如洪熙元年（1425），琉球使臣说，他们进贡的船使用年头太多，严重损坏，“海舟经年，被海风坏”。要求皇帝赐他们一条船让他们顺利回国，以后就用这条船来进贡。“乞赐一舟归国，且便朝贡。”[1]

大明历代皇帝看待弱小的琉球，都如同家长对待家中最小的孩子一样，经常疼爱有加，破格照顾，有求必应。刚刚登基的宣德皇帝痛快地答应了，“宣宗命工部给之”[2]。

七年之后的宣德七年（1432），他们如法炮制，又要走一条大船：“王遣漫泰来结制等入贡，漫泰来结制具呈言，来舟损坏，乞赐一舟归，宣宗命工部给之。”[3]

正统四年（1439），琉球国中山王尚巴志又上奏：“本国自洪武迄今恭事朝廷，数荷列圣悯念给赐海舟载运。近使者巴鲁等贡方物赴京，舟为海风所坏，缘小邦物料工力俱少，不能成舟，乞赐一海舟付巴鲁等领回，以供往来朝贡。……上命福建三司于见存海舟内择一以赐。”[4]

正统九年（1444），“使臣梁回奏乞给海舟一，以便岁时朝贡，英宗给之”。[5]

再后来，中国不光要替琉球造船，还要替琉球修船。成化九年（1473），琉球使臣“武实复奏，国王尝遣人往满剌加国收买贡物，被风坏舡，漂至广东。有司转送福建，俟臣等同还，乞自备工料修舡回国，许之。”[6]

成化二十年（1484），“琉球国中山王尚真奏，永乐年间所赐船破坏已尽，今止存其三，乞自备物料于福建补造。下礼部复奏，宜听补造其一，从之”[7]……

这种情况一直持续到清朝。康熙四十一年（1702），皇帝命令浙江巡抚

[1]《中山世谱》卷四，转引自谢必震《中国与琉球》，第272页。
[2]同上。
[3]同上。
[4]《明英宗实录》卷五七，“中研院”历史语言研究所，1962，第1103页。
[5]《中山世谱》卷五，转引自谢必震《中国与琉球》，第272页。
[6]《明宪宗实录》卷一一五，“中研院”历史语言研究所，1962，第2225页。
[7]《明宪宗实录》卷二五〇，第4234页。

赵申乔：“琉球国……船只损坏，人被溺伤，皆因修造不坚所致。嗣后琉球贡使回国时，该督抚须验视船只，务令坚固，以副朕矜恤远人之意。”[1]

就这样，琉球不仅从中国获得了先进的造船及航海技术，还得到明清政府赐给的许多性能优良的大型海船，以及修船服务，大大提升了航海能力。

二

除了官方通过进贡获得巨大好处，琉球的普通商人也善于创造机会，增加与中国的贸易量。清代琉球商人发明的一种特殊贸易方式是“漂着”。

所谓“漂着”，是指船只在海上遇险，漂流靠岸。清代中期以前，琉球民间船只确实偶有因为风暴被刮到中国海边的情况。“民间琉球船只漂流到清国的次数，康熙朝61年17次，雍正朝13年间9次，乾隆朝60年间79次，这3朝130余年间105件次，年均‘漂着’次数接近1次。”然而，到了晚清，这个数字却急剧上升。“仅嘉庆朝25年间即达68次，道光朝30年间急增到101次。嘉庆、道光朝的55年间共达169次，年均发生3次多‘漂着’事件。”[2]

清代海洋气候并没有发生明显变化，为什么海难突然成倍增加呢？原因很简单，很多琉球商人采取伪装遭遇海难的方式前来贸易，以换取中国政府的补贴。原来，清朝政府规定，“发给漂流到清国沿岸的琉球人的抚恤银以及从漂流地到福州的护送费用，在福州逗留期间的生活费，全部由清国方面负担。不仅如此，清国方面还要为清国自己收购的漂流船上的货物及漂流船回国之际所购物品采取免税措施，这样一来，琉球船的漂流次数越是增加，清国当局的财政负担就会越发增大。”[3]因此很多人通过伪装遭遇海难的方式发了大财：“漂流到清国的琉球船中，如嘉庆十四年马文彪等漂流船的事例，靠卖掉船舶及船上货物的时价交易，赚到了‘银一万六百七十两’”，“经常伴随着某种

[1]《圣祖实录》（三），收入《清实录》第六册，中华书局，1985，影印本，第126页。
[2]西里喜行：《清末中琉日关系史研究》上册，第57页。
[3]同上书，第57-58页。

贸易活动的例子，也不在少数”。[1]

三

在朝贡贸易巨大利益的推动下，每个国家都想着尽可能多地拜访中国。在这些不断突破规定前来进贡的国家当中，琉球是最会找理由的一个。明王朝谕令（琉球）二年一贡，这已经是给予朝贡国的最优待遇了，但是琉球人从来没有认真执行过，一年通常要来两三回。他们成天竖着耳朵，打听大明王朝有什么事，一有动静就赶紧派人来叩头，因此琉球遣使名目特别繁多，在《明实录》中，琉球朝贡事有进贡、补贡、贺正旦、谢恩、贺登基、进香、告讣、请赐冠服、迎册封、派遣留学生等等，数不胜数。琉球使臣们不请自来，但是手里总是拿着极为恭顺典雅的表文，将他们违规的理由讲得冠冕堂皇，比如听说上国有喜事，不胜“踊跃欢忭”，很长时间没有来上国，“不胜瞻恋之至”……明朝皇帝们被搞得十分厌烦，却拿这个执拗的小国没有任何办法：“一岁常再贡、三贡。天朝虽厌其烦，不能却也。”[2]

到了清朝，琉球编造理由的本事更加炉火纯青。

大清取代大明之后，继承前明定例，顺治十一年（1654）起规定琉球贡期为二年一贡。到了晚清，以节俭闻名的道光皇帝以“和其他朝贡国统一贡期，并减少琉球国的负担”为由，在道光十九年（1839）宣布将琉球的两年一贡改成了四年一贡。

看到皇帝的这道诏书，琉球人（其实主要是琉球人背后的日本人，至于为什么是“琉球人背后的日本人”，下文将会述及）一下子慌了。他们匆匆派出了一批“请愿特使”前往中国，请求恢复两年一贡的规定。他们说，琉球之所以坚持两年一贡，主要理由有四：

一是如果改为四年一贡，大大减少了他们“沐圣朝之德化”的机会，不利于琉球国的道德文化建设。二是琉球国的气候规律已经受进贡活动的影响。

[1]西里喜行：《清末中琉日关系史研究》上册，第57页。

[2]龙文彬撰《明会要》卷七七，中华书局，1956，第1503页。

琉球地处海上，最怕风灾。大风经常刮坏庄稼。但也奇怪，只要是进贡之年，琉球就风调雨顺，即使有大风，也不会吹倒庄稼，相反倒像是给庄稼施了某种“气化肥料”，越吹庄稼就长得越好，农业越丰收。他们分析，这是受“贡风”的恩惠。“琉球地处海边，最患多风，惟朝贡以时，则风调雨顺。每值贡年，纵有多风，不特无碍田畴，而且岁必大熟，谓之贡风。”[1]因此四年一贡，将导致琉球粮食减产，问题非常严重。三是四年一贡将导致他们不能及时收到天朝颁发的宪书，这样一来全国人民将无法安排日常生活，特别是农民无法处理“农桑杂务”。四是琉球国王热爱皇帝想念皇帝，因为无法亲自去朝见皇帝，完全依靠每一次贡使替他见到“天颜”，回来转述，来缓解自己“思慕”皇帝之饥渴。如果贡期调整，国王的相思病会越发严重。[2]

除了这些光明正大的理由，他们还大力行贿京中官员帮他们活动。“琉球特使向邦正等人利用活动资金，……成功地使其采取了妥当的对策。当然在此期间，他们投入了相当大的‘遣银’（贿赂金）。”[3]

琉球人十分熟悉中国政治潜规则，他们的贿赂和公关工作非常有效。他们的“恭顺”再一次感动了皇帝。道光皇帝发下上谕说：“吴文镕奏有一折，吁请琉球国遣使来闽，照旧间年进贡。……情辞极真挚，著如所请行。”[4]批准了琉球恢复原有贡期的要求。

四

因此，历代中国皇帝对待琉球，如同父母对待最可爱也最淘气的孩子，不管他怎么嬉闹，就是发不起脾气来。

然而正如受溺爱的孩子往往并不感念父母的养育之恩一样，中央王朝的特

---

[1]中国第一历史档案馆编《清代中琉关系档案选编》，中华书局，1993，第812页。

[2]西里喜行：《清末中琉日关系史研究》上册，第75页。

[3]同上书，第77页。

[4]道光二十年十一月戊申《上谕》，转引自西里喜行《清末中琉日关系史研究》上册，第77页。

殊关照并没有让琉球人对皇帝产生发自内心的感激。相反，这个小国的脾气被惯得越来越坏，越来越不好伺候了。

明王朝的朝贡制度，不光给中央财政造成巨大压力，也给地方政府造成了沉重负担。永乐二十二年（1424），礼科给事中黄骥曾经进言："贡无虚月，缘路军民递送一里，不下三四十人，俟候于官，累月经时，防废农务，莫斯为甚。"[1]也就是说，各国贡使来得太频繁，平均每里地中方要安排三四十人专门为他们服务，贡路上的老百姓都荒废了农活，被政府征发来给贡使运货，经年累月，荒废农时。

黄骥还说："（贡使）所至之处，势如风火，叱辱驿官，鞭挞民夫。官民以为朝廷方招怀远人，无敢与其为，骚扰不可胜言。"[2]

也就是说，贡使所到之处，势如风火，辱骂驿站官员，鞭打中国百姓。中国官民知道接待贡使是政治任务，不敢表示不满，但是时间长了这样的骚扰实在受不了了。

琉球人正是这样。他们频繁进贡，每一次中方都要兴师动众地正式接待。琉球人虽然在表文中表现得非常恭顺，但是现实生活中对中国官员和百姓态度却十分恶劣。他们动不动就以耽误贡期贡物将要损坏等为由，百般刁难中方接待人员，要求这样伺候，那样供给，甚至动不动就打骂运送货物的中国人。地方官因为怕皇帝不高兴，也只能忍气吞声。

正统四年（1439），巡按福建监察御史成规向皇帝抱怨说："琉球国往来使臣俱于福州停住，馆谷之需，所费不赀。比者，通事林惠、郑长所带番梢人从二百余人，除日给廪米之外，其茶、盐、醯、酱等物，出于里甲，相沿已有常例。乃故行刁蹬，勒折铜钱，及今未半年，已用铜钱七十九万六千九百有余，按数取足，稍或稽缓，辄肆詈殴。"[3]

琉球的这两位贡使，竟然带来了"番梢人从二百余人"。这些人名义上是贡船上的工作人员和贡使的随从，实际上是一群私商。虽然好吃好喝好招待，

[1]《明仁宗实录》卷五上，"中研院"历史语言研究所，1962，第160-161页。
[2]同上书，第161页。
[3]《明英宗实录》卷五八，"中研院"历史语言研究所，1962，第1114页。

但是他们还是故意勒索，不到半年，就用掉了七十九万余钱。要是给得慢点，动辄挨骂挨打。

可是对于中方官员的这些抱怨，明代皇帝们一般都不以为然。他们处理对外关系，从来都是大处落墨，不计小得小失。虽然御史成规所说的证据确凿，但是明英宗“以远人姑示优容，但令移文戒谕之”[1]，只是批评教育一下了事。

五

天朝的纵容让琉球使节在中国的胡作非为愈演愈烈，直到酿成杀人大案。

成化十年，也就是1474年的6月8日，琉球进贡船上的几名值班人员，乘夜晚上岸，杀害了福州府怀安县的村民陈二官夫妇，放火烧毁他们的房屋，将家财、牲畜等掠走。[2]“（琉球）贡使至福建，杀怀安民夫妇二人，焚屋劫财，捕之不获”。[3]

闹出了这样的人命大案，大明皇帝终于震怒了，朝廷要求琉球方面要严惩杀人凶犯和使臣蔡璋。第二年即成化十一年（1475），朝廷还对琉球重申“二年一贡，毋过百人”的规定，要求琉球严格遵守，不得再频繁进贡，以示惩罚。[4]

但是琉球拒不执行。他们习惯了和天朝“死皮赖脸”。我们从琉球《蔡氏家谱》看，琉球国王并没有对蔡璋进行严厉处罚，甚至还让他参与了成化十二年（1476）、成化十九年（1483）的朝贡之事。[5]在贡期问题上，他们也反复纠缠，“（成化）十三年（1477），使臣来，复请比年一贡，不许。明年四

[1]《明英宗实录》卷五八，第1115页。

[2]冲绳县历代宝案编集委员会：《历代宝案》第一册第十七卷，冲绳县立图书馆史料编集室，1992，第615页。

[3]张廷玉等撰《明史》卷三二三《琉球传》，第8365页。

[4]同上。

[5]曹晗露：《琉球王国时期久米村的变迁》，硕士学位论文，福建师范大学世界史（专业），2012，第37页。

月，（琉球）王卒，世子尚真来告丧，乞嗣爵，复请比年一贡”[1]，多次要求增加进贡频次。

这次，大明朝廷没有答应，坚定地加以拒绝。

直到成化十八年（1482），琉球仍然反复纠缠此事。“琉球国中山王尚真复乞不时进贡，不许。尚真屡上疏，至是复请，称以小事大，如子事父，礼部言其意，实假进贡以规市贩之利，宜不听其所请。上赐敕谕之曰：朝廷定尔国二年一贡之例，事已具前敕，兹不再言。但臣之事君，遵君之敕可也，屡违敕奏扰，可乎？子之事父，奉父之命可也，屡方命陈渎，可乎？”[2]

也就是说，琉球国王尚真还是反复要求上贡，并且说琉球以小国侍奉大国，如同儿子侍奉父亲，如果见不着父亲，心里实在想得慌。

虽然这道表文写得可怜巴巴，但是大明皇帝没再心软。明宪宗发下诏书，不留情面地批责琉球说：“我让你二年一贡，说了多少回了，你还是这样纠缠。你说你对我就像儿子对父亲一样。那么父亲已经反复和你说了多少回的事，你就是不听，这是儿子对父亲的态度吗？”

看到明宪宗真生了气，琉球国才不再提比年一贡的事情了。

六

在宗藩体制的庇护下，琉球抓住明朝实行海禁民间不能进行贸易的机会，以朝贡贸易为依托，异军突起，迅速填补了郑和下西洋停止后明朝与东南亚各国直接贸易的空白，一跃而成为东南亚一个最有活力的贸易中介国。“自十四世纪晚期至十六世纪，琉球成为东亚海域最为活跃的商贸国家和转口贸易中心，并通过其中介贸易形成了一个经济交流活跃的海洋网络”，“创造了一段辉煌的海外贸易史”。[3]《明史》记载的亚洲诸国正式朝贡次数，日本十九

---

[1]张廷玉等撰《明史》卷三二三《琉球传》，第8366页。

[2]《明宪宗实录》卷二二六，第3878页。

[3]朱法武：《外力冲击下的中琉封贡关系研究》，博士学位论文，山东大学中外关系史（专业），2010，第24页。

次，朝鲜三十次，爪哇三十七次，安南八十九次，而琉球一国即一百七十一次（实际次数还远多于这个数字），几乎近于各国的总和。

琉球因此被称为“万国津梁”，也就是天下万国之间交往的桥梁。琉球至今仍存有一座铸造于1458年的“万国津梁钟”，原本悬挂在琉球王国首里城正殿门前，今天保存在冲绳县立博物馆。上面的铭文说：

> 琉球国者，南海胜地，而钟三韩之秀，以大明为辅车，以日域为唇齿，在此二中间涌出之蓬莱岛也。以舟楫为万国之津梁。[1]

这段文字既说明了琉球王国在东亚海域当中的重要位置，更说明了它在东亚贸易网络当中的枢纽地位。

有明一代，琉球船只在朝鲜、日本、暹罗、北大年、安南、吕宋、苏门答腊、爪哇、旧港、满剌加等国家和地区之间穿梭如织，每次来中国朝贡时，那些从东南亚和日本买来的香料、胡椒、象牙、屏风、腰刀都会赚上数倍十数倍甚至数十倍的暴利。走时带走大量包括丝绸、药材和瓷器等在内的赏赐品，转卖到暹罗、安南等国家，又可以大赚一笔。原本贫瘠落后的琉球可谓一夜暴富。

在明朝的使臣队伍中，朝鲜一般都列在第一名，琉球通常排在第二。在使臣回国之后，朝鲜国王经常会关切地问起“中国之待我国，视琉球如何”[2]？朝鲜使臣每每不无妒忌地说，中国对待朝鲜不能与对待琉球国相比。葡萄牙人皮莱斯也说，琉球人的阔绰程度已在中国人之上。

除了经济上的收获之外，琉球在文化上的收获同样巨大。琉球原本在文化上非常落后，“无文字，不知节朔；视月盈亏以知时，视草荣枯以计岁”，甚至吃饭的时候都“食用手，无匙箸”。[3]农业生产还停留在用石头、木头做农

[1]井上清：《日本历史》上，天津市历史研究所译校，天津人民出版社，1974，第247页。
[2]《朝鲜王朝宣祖实录》卷一九，转引自李蒙蒙《壬辰倭乱前夕朝鲜王朝对明、日交往政策的“摇摆性”（1587-1592年）》，硕士学位论文，暨南大学中国史（专业），2015，第13页。
[3]陈侃：《使琉球录·群书质异》，收入黄润华、薛英编《国家图书馆藏琉球资料汇编》上，第54-55页。

具的阶段。

朝贡使团频繁到访中国，册封使团也多次来到琉球，琉球多次向中国派出留学生，中国文化稳定地影响着琉球，慢慢地改变着琉球的政治制度和社会面貌。朱元璋赐予琉球的“闽人三十六姓”直接将中国的风俗和文化带到琉球，《琉球国由来记》记载，“从此本国重师尊儒，始节音乐，不异中国”，“中山文风真从此兴”。[1]

在中国文化的影响下，琉球文明化的进程不断加快，所谓“改粗鄙之俗为儒雅之风”[2]，“中山之民物皆易而为衣冠礼义之乡”[3]。因此中国的明朝时期也成了琉球历史上的黄金时代。

第四节　风云突变

一

可惜，琉球史上的这个黄金时代没有持续下去。因为琉球身边不光有一个庞大的中国，还有一个野心勃勃的日本。

从建文时期起，日本也加入了向明朝朝贡的行列，通过朝贡贸易，日本人轻轻松松地获得了丰厚的利润。比如日本所进贡的腰刀，每把市价最多三贯，但是宣德八年（1433）明朝给日本的定价是每把十贯。日本人于是向中国贩入大量腰刀，景泰四年（1453）一次朝贡，贡品中仅腰刀一项即多达

[1]谢必震：《中国与琉球》，第273页。

[2]潘相著，常德市人民政府地方志办公室编校《清乾隆〈琉球入学见闻录〉校注》，方志出版社，2017，第311页。

[3]明天顺七年（1463）册封使潘荣所著《中山八景记》，转引自陈自强《明清时期闽南海洋文化概论》，鹭江出版社，2012，第227页。

9483把。[1]

然而日本人在朝贡队伍中态度最为桀骜，也最难于管理。嘉靖二年（1523），日本两个地方诸侯为了争夺进贡利润，派出了两拨朝贡使团来到中国。他们在宁波发生冲突，不但相互杀戮，还在回国途中大肆烧杀抢掳，由"贡使"一变为赤裸裸的"倭寇"，明朝只好派兵镇压，备倭都指挥刘锦、千户张镗等明朝官兵皆战死。浙中大震，史称"争贡之役"。

明朝"震怒"，宣布断绝与日本的贸易关系。

失掉进贡资格的损失当然是非常巨大的。日本人不甘心眼睁睁看着其他国家吞食厚利而自己一无所获。他们灵机一动，把眼睛盯在了将国际贸易做得风生水起的琉球身上。

他们决心采取一种特殊的隐蔽方式，继续与明王朝的贸易。[2]

1609年（万历三十七年），日本萨摩藩以琉球对日本国不恭敬为由，大举出兵入侵琉球。长年不修武备的琉球无法抵抗训练有素的萨摩军队，迅速溃败，国王尚宁被俘，押往江户。

按照以往的历史规律，这场东亚式战争的结局应当是国王尚宁被杀，琉球被灭。

然而事态的进展大大出乎琉球人的意料。尚宁到了日本之后，居然受到德川幕府的隆重款待。幕府将军德川秀忠设宴招待尚宁，在席间慷慨地表示，他不但要把尚宁放归琉球继续当他的国王，并且要担保尚氏一姓世世代代永为琉球之主。

当然，日本如此慷慨大度不是没有条件的。在被放归之前，尚宁被迫与萨摩藩签订了如下一通效忠誓文：

---

[1]李云泉：《万邦来朝》，第70页。

[2]对于中琉之间的朝贡关系，日本早有垂涎之意。嘉靖年间（1522-1566）中日朝贡贸易断绝之后，日本更想借琉球作为中日通商贸易的基地。万历三十四年（1606）岛津义久曾非常明确地向琉球国王提起过此事。他致信琉球国王，信中称："中华与日本不通商舶者，三十余年于今矣。我将军（德川家康）忧之之余，欲使家久与贵国相谈，而年年来商舶于贵国，而大明与日本商贾，通货财之有无。"木宫泰彦：《日中文化交流史》，胡锡年译，商务印书馆，1980，第624页。

> 琉球自古为萨州岛津氏之附庸，故而太守让位之时，舣船奉祝，或时以使者、使僧，献纳隔邦之方物，其礼仪终无怠矣。尤在太阁秀吉之时，被定置附于萨州，有相勤诸役之旨，虽无其疑，但远国之故，不能相达右之法度，多罪多罪。因兹琉球国被破，且复寄身于贵国，永止归乡之思，宛如鸟在笼中。然有家久公之哀怜，匪啻遂归乡之志，且割诸岛以赐我。如此之厚恩，当何以奉谢之哉。世世代代对萨州之君，不可有丝毫疏远之意。子孙传让，不可忘却此一灵社誓文，厚恩之旨，可令相传。以往所定之法度，不可违乱……[1]

除了这道文书外，萨摩藩还强迫琉球签订了十五条规章，即所谓《掟十五条》（“掟”在日文中有“天定”“规定”之意，原多指某个村落社会的内部规定）。这十五条译文如下：

> 1．除萨摩之令外，不得向中国购物；
> 2．非官者，虽门第渊源也不可予禄；
> 3．不可予婢妾以禄；
> 4．不得私约主从；
> 5．不可多建寺院；
> 6．不持萨摩印契的商人不得市易；
> 7．不可将琉球人贩卖至日本；
> 8．按日本所定缴纳年贡和公物；
> 9．未经三司官不得任用官员；
> 10．禁止强买强卖；
> 11．禁止斗殴；
> 12．町人百姓除履行规定的诸役外，有非理征收者，可告发至萨摩府；

[1]《仲原善忠选集》上卷，转引自米庆余《琉球历史研究》，天津人民出版社，1998，第72页。

13．不可从琉球向他国派遣商船；

14．不得使用日本外的斗升；

15．禁止博弈非僻之事。[1]

二

这两份文件意味着琉球已经失去了部分自主权。

在政治地位上，琉球被日本人定位为日本国的二级附属，也就是萨摩藩的附属，“被定置附于萨州”。1636年，日本幕府规定，琉球国王在发往日本的官方文书上不得使用“中山王”的称号，必须改用“琉球国司”。这就形成了日本人认为的“幕府将军—萨摩藩主—琉球国司”的三级主从关系。

按照日本人的说法，琉球从此进入了“两属”时代。确实，在向中国称臣的同时，琉球每年也需要数次遣使至萨摩藩，最多时达一年九次。萨摩藩比照中国在福州设的琉球馆，也设置了自己的琉球馆，专门用于接待琉球使者和留学生，以加强日本对琉球的文化影响。此外，琉球还经常派遣使节前往日本谒见幕府将军，这一举动被称为“上江户”。在谒见将军时，担任正使的琉球王子要行“九拜”大礼。而日本也模仿中国，对琉球进行册封。日本人特别要求，琉球使者在拜见萨摩藩藩主时，要身着汉式冠服。[2]“上江户”时琉球使臣还要带一个乐团，以“唐音”进行演唱，目的是突出“异国情调”，体验“上国”式的心理满足。

由此可见，日本与琉球的关系，一定程度上模仿自中国的朝贡体系。但与中国不同的是，日本人通过《掟十五条》，试图对琉球实施更为直接的控制。

---

[1]陈小法：《琉球“己酉倭乱”与明代东亚局势推演之研究——兼论琉球的历史归属》，《浙江社会科学》2015年第11期。

[2]1790年（日本宽政二年）出版的《琉球人大行列记》中记载，正使、副使都着“唐之衣冠也”，赞议官、仪卫正等人都着“琉球衣冠也”，也就是琉球使者必须穿有别于日式服装的异国服装。

中国对琉球的内政，历来非常尊重，通常不加干涉。而如果《掟十五条》要求被全面执行，琉球内政方方面面都要受日本的影响。在人事上，日本的萨摩藩可以决定琉球王位的继承和摄政三司官的任免。琉球王子及三司官之子需要被送至萨摩藩做人质。萨摩藩在琉球还设置了“萨摩假屋”，负责此一机构的日本官员称为“琉球在番奉行”。其主要职责是传达萨摩藩的命令，监督琉球王府的政务。

在经济上，日本则对琉球强行征收贡赋。[1]随着《掟十五条》的签署，萨摩藩在琉球开展检地工作。万历三十九年（1611），根据检地记录，萨摩藩规定了琉球每年应向其纳税的额度：

> 六千石的贡米、芭蕉布三千石（段）、琉球上等布六千段、下等布一万段、唐芋一千三百斤、绵子三贯（每贯十石）、棕榈绳一百捆、牛皮两百张、黑网一百条、席三千八百张……[2]

琉球向日本的这些贡献，基本上属于有去无回，并没有什么“厚往薄来”。

三

事情发展到这个程度，琉球已近乎成了日本的“掌中之物”。

然而日本人却要求琉球在世界上，特别是在中国面前必须伪装成一个独立自主的国家。

萨摩规定，琉球人在与中国的交往中，丝毫不得吐露自己被日本人影响和控制的事实：“琉球入于鹿儿岛之手一事，对唐禁止谈论。关于此点，琉球万

---

[1]《掟十五条》还规定琉球必须使用日本的度量衡，度量衡的统一，使萨摩商人更容易进入琉球市场。

[2]刘晓露：《1609年萨琉之役及其影响研究》，硕士学位论文，福建师范大学世界史（专业），2012，第27页。

事善否，对唐人丝毫不得吐露。”[1]

日本人特别命令，禁止琉球人模仿日本的发型和服装：“生于琉球国者，不得蓄留日本式须发，不得更著日本人衣裳，既已为者，当即时停止。有违此旨令模仿日本人之样子者，在调查之后，自然将科以罪行。”[2]

萨摩要求，中国册封使团到达琉球时，琉球人不得使用日本货币。首里或者那霸附近的村落禁止使用用日文书写的布告牌。另外日本年号、日本名字、日本歌也禁止使用。琉球人家里的日本书籍、器具，琉球宫殿和寺庙中的日式匾额等所有日本风格的物品都要掩藏起来，不得被中国人发现。

为什么要这样呢？

因为日本控制琉球的主要目的，是要借琉球的外壳来开展对华贸易。《掟十五条》规定琉球必须先得到萨摩藩的许可，才能与中国进行贸易，琉球到明朝请封、谢恩、进贡都要经日本同意。这就变相剥夺了琉球的贸易权。日本人计划攫取琉球从朝贡贸易中所获得的巨额利润，这只有在琉球仍然保持独立国家面貌的前提下才会实现。

四

一开始，日本人的计谋并没有顺利得逞。

虽然日本费尽心思极力掩盖它对琉球的侵略，但是纸里包不住火。日本侵入琉球的消息，三年后还是为明朝军事部门所知。

《明神宗实录》万历四十年（1612）记载：

> 浙江总兵官杨崇业奏：侦报倭情言，探得日本以三千人入琉球，执中山王，迁其宗器。三十七、八两年，叠遣贡使，实怀窥窃。[3]

[1]喜舍场一隆：《近世萨琉关系の一面》，《琉球大学法文学部纪要》（社会篇）1971年第15号。

[2]喜舍场一隆：《近世期冲绳の对外隐蔽主义政策》，《海事史研究》1971年第16号。

[3]《明神宗实录》卷四九六，“中研院”历史语言研究所，1962，第9342-9343页。

根据这份奏报来看，明廷这一消息来自明朝专门侦探日本军情的情报人员。虽然缺乏具体细节，但是琉球为日本影响和控制已经毫无疑问。

万历四十年七月初七日，福建巡抚又发来奏报，称琉球国使臣向他汇报，被日本劫持的琉球国王已经被遣还，但近期琉球朝贡与以往比大为异常，时间、内容、人员都有不同。因此请朝廷警惕戒备：

> 琉球国夷使柏寿、陈华等，执本国咨文言，王已归国，特遣修贡。臣等窃见，琉球列在藩属，固已有年。但迩来奄奄不振，被系日本。即令纵归，其不足为国明矣。况在人股掌之上，宁保无阴阳其间。且今来船只，方抵海坛，突然登陆。又闻已入泉境，忽尔扬帆出海。去来倏忽，迹大可疑。……贡之尚方有常物，何以突增日本等物于硫磺、马布之外？贡之赍进有常额，何以人伴多至百有余名？此其情态，已非平日恭顺之意，况又有倭夷为之驱哉！[1]

也就是说，琉球国派遣使臣告知，他们的国王已经从日本回国，特来进贡。我们认为，琉球虽然长期是大明的藩属，但是近些年来国力衰弱，已经为日本所系。即使国王被放回来，也已经不足以称为一个国家。处于日本的股掌之上，难保日本人没什么阴谋。这次前来进贡的船只，航向不定，非常可疑。特别是使团抵达福建后，不服从中方的盘查检验；进贡物品中，夹有大量日本货品；使团人数超过以往，且有日本人混迹其中。中琉贸易显然已经被日本控制。

大明朝野因此一片哗然。关于是否救援琉球、限制朝贡、加强海防，在朝中引发一场剧烈争论。

万历四十年八月初六日，兵部官员上疏，明确指出，日本侵入琉球的动机，就是借琉球的名义来进贡："三十七年三月，倭入琉球，虏其中山王以归。……数十年来，倭所垂涎者，贡耳。故既收琉球，复纵中山王归国，以为

---

[1]《明神宗实录》卷四九七，第9363-9364页。

通贡之路。彼意，我必不入倭之贡，而必不逆琉球之贡。……福建军门，应遣熟知夷情者，入海诇探中山王归国否。如中山王仍有其国，则二百年之封贡，犹知戴我。如制其国中者倭也，则闽乃与浙东宁区定海、舟山、昌国等耳，我之备倭，当又有处矣。”[1]

也就是说，万历三十七年，日本入侵琉球，将琉球国王俘虏到日本，动机就是垂涎琉球的朝贡资格。日本人知道，明朝不会恢复和日本的朝贡贸易，但是不会拒绝琉球进贡。因此收取琉球却不灭其国，只是为了开辟一条新的通贡之路而已。所以应该由福建军方派人渡海去侦察琉球实情。如果琉球国王仍能实际控制这个国家，则中琉关系还可以维持。如果日本人已经实际控制了琉球，那么福建和浙江东部沿海地区要高度戒备，对日对琉的方针，都要有所变化。

由此可见，明朝军事部门对这件事情的信息掌握得相当充分，分析也是切中情理的。[2]

那么到底如何应对呢？按照朝贡体系的伦理要求，宗主国有兴灭继绝的义

---

[1]《明神宗实录》卷四九八，第9385-9387页。

[2]来自海外的消息证明了这一点。万历四十二年（1614）五月十日，朝鲜国王向明廷汇报日本近期情况，其中提到琉球已被日本灭国：“马岛倭年来仍乞通市，屡要添舡，倚挟日本，借称，关白遣臣，要到王京，亲纳礼物，受赏开市，间以琉球被灭，萨摩兵强，夸诩显示陵逼之意。”（《明神宗实录》卷五二〇，第9804页）

“己酉倭乱”经由邸报系统传开之后，甚至引起了广大在野士绅的热议。比如出生于浙江嘉兴的文人兼画家李日华在与友人的一次闲聊中，谈到了当时日本、琉球之事：“[万历三十九年（1611）正月]四日，海盐乔令君来顾。谈日本并琉球事，言中朝既累世受其朝贡，不宜置之不理。即力不暇勤兵，亦宜于海岛附近处稍安插之，令奉宗庙血食，以俟琉球臣民之忠义兴复者，而为之策应。是在督责闽广二抚臣，不宜噤不发声，使远夷谓中国不足倚也。”（李日华：《味水轩日记》，上海远东出版社，1996，第104页）李日华与朋友认为，中国对日本吞并琉球之事不应置之不理，即使不出兵救援，也应让琉球国王暂在中国避难，以图复国之日里外策应。此时的闽广大臣，尤其应该表态，否则中国将丧失在属国中的地位。

在毗邻琉球的福建一带，这个话题更是热门，以至在各级科举考试中也屡屡作为试题，考察应试者的时务应对知识。明代王在晋的《海防纂要》，就收录了一份万历四十年福建武举科目的策问试卷，答卷名曰《宣谕琉球议》，要求考生就如何处理当时的琉球封贡问题提出自己的看法。（陈小法：《琉球“己酉倭乱”与明代东亚局势推演之研究》）

务，琉球既被日本侵略并控制，明王朝应该派兵救援。但是明朝海洋意识一贯淡薄，况且经过万历三大征后，国力已经耗尽，实际上已经处于爱莫能助的地步了。

明朝君臣反复商议，最后决定采取天朝上国一贯的拖延和模糊策略："琉球情形叵测，宜绝之便。但彼名为进贡，而我遽阻回，则彼得为辞，恐非柔远之体。请谕彼国新经残破，当厚自缮聚，候十年之后，物力稍充，然后复修贡职未晚。见今贡物，著巡抚衙门查，系倭产者，悉携归国，系出若国者，姑准收解。其来贡国人，照旧给赏，即便回国，不必入朝，以省跋涉劳苦。"[1]

也就是说，现在如果马上拒绝琉球来贡，有失天朝怀柔之体，恐为不当。所以，将琉球的贡期由原来的两年一贡改为十年一贡。

表面上看，中国此举是体谅琉球初经战祸的艰难困境，让它休养生息，实际上则是要限制日本从朝贡贸易中牟利的机会。徐斌说，明王朝以这种模糊策略，逃避了作为宗主国为属国讨回公道的义务。[2]

五

日本人发现自己失算了，但是仍然不屈不挠。他们了解明朝统治者们的脾气，相信只要不停地软磨硬泡，就有一天可能达到目的。所以虽然朝廷命琉球十年一贡，日本控制下的琉球却"明年修贡如故，又明年再贡"[3]，一再主动上贡，屡遭拒绝而毫不退让。

终于，日本的努力渐渐取得成效。十来年后，明王朝发现日本人并没有把琉球国完全日本化，琉球国至少在表面上仍然保持了独立国家的面貌。天启三年（1623），魏忠贤掌握下的大明王朝经不住琉球的苦苦哀求，决定调整贡期："旧制，琉球二年一贡，后为倭寇所破，改期十年。今其国休养未久，暂

[1]《明神宗实录》卷五〇一，第9498-9499页。

[2]徐斌：《明清士大夫与琉球》，第123页。

[3]张廷玉等撰《明史》卷三二三《琉球传》，第8369页。

拟五年一贡，俟新王册封更议。”[1]从十年一贡改成了五年一贡。

到了崇祯二年（1629），明王朝已接近末路，内忧外患之下的末代皇帝崇祯已经没条件在朝贡国之间挑三拣四，为了争取更多的国际支持，他慨然同意恢复琉球两年一贡的定制。日本人欣喜不已。他们计划的以琉球为中介的中日贸易终于全面兴起。

被日本控制后，琉球与中国的贸易也完全由日本主导。日本为琉球提供贸易所需的资本，称为“渡唐银”，数量是每条进贡船只13 400两。“每当琉球入贡中国，岛津氏即提供给琉球一定的贸易资本——‘渡唐银’和部分的日本货物，令其到中国贸易。而琉球国代其贩回的中国货物，需交由岛津氏转销日本各地。”[2]琉球使团只能贩卖萨摩藩允许的商品。为了防止琉球暗中走私，隐藏收入，萨摩藩还向姑米岛、马齿岛派遣武士，监视进贡船只的人员、商品及其数量。

现代“冲绳学之父”伊波普猷将琉球比喻为日本的“鸬鹚”，意思是它辛苦捕到的鱼大部分归主人日本所得。

琉球不只是鸬鹚，还是间谍。琉球在朝贡过程中还负有一个重要的任务，那就是替日本收集中国的情报。琉球每次遣使到中国后，都要派出报事官前往日本，日本人称其为“唐之首尾御使者”，向萨摩藩汇报自己获得的中国情报，萨摩藩再将其汇报给江户幕府。[3]

自1609年起至1879年止，在这长达270年的时间里，琉球王国一方面向萨摩“遣使贡物”，一方面又向明、清两朝请封，日本史学界将琉球的这段时期称为“两属时代”。

---

[1]张廷玉等撰《明史》卷三二三《琉球传》，第8369页。

[2]谢必震：《明清中琉航海贸易研究》，第106-107页。

[3]王宏志主编《翻译史研究（2014）》，复旦大学出版社，2015，第120页。

第五节　康熙皇帝的误会

一

就在日本人自以为得计的时候，中国风云突变：农民起义的烈火焚毁了大明王朝，大清挥师入关，与南明争夺天下。

在中国历史上，外交上的大幅退让往往是因为内政上的自顾不暇。不甘败亡的南明小朝廷和刚刚建立的清王朝为了确立自己的正统地位，展开了对琉球的争夺，争相向琉球发出诏书。南明不再费心追究琉球和日本关系的真相，只要琉球能来进贡，已经别无他求。而清朝呢，根本没听说过琉球被日本控制这回事，只知道远方海上有这么个国家，历来对中原王朝恭顺有加。我现在成了大陆新主，琉球理所应当将对明朝的效忠转向我。

琉球如何选择呢？

一开始，它对旧主表现出令人感动的忠诚，虽然朝贡对象从大明变成了只剩半壁江山的南明，但是琉球仍然两年至少前往一次，从不缺少。《明史》因此评论琉球“虔事天朝，为外藩最”[1]。

当然，琉球人保持“忠诚”的一个主要原因是他们沿用的航海路线图只能抵达中国福建，而福建一直在南明的控制之下。

1646年，清军终于攻入福州，他们在这里发现了琉球使者。虽然是第一次见到留着奇怪发式的满族人，但是琉球使臣毫不惊慌。他们顺从地剃去头发，编上辫子，跟着清军北上，来到北京，给顺治皇帝磕了头。尤其令人惊讶的是，他们觐见顺治的时候，手里居然持着写给大清的国书！

出使南明的琉球使臣身上怎么会带着给大清的国书呢？

原来，从1633年也就是崇祯六年起，琉球使者携带的国书，其实只是印着玺印的一张白纸。日本方面指示使臣，可以根据形势的变化向任何中国统治

[1]张廷玉等撰《明史》卷三二三《琉球传》，第8370页。

者叩头，只要能把所带的货物卖出高价就行。

清王朝对琉球使臣的到来非常重视，给予高度礼遇。不久又派遣通事谢必振和琉球使臣一起前往琉球进行宣谕，要求琉球终结与任何残明势力的关系，接受自己的册封："朕抚定中原，视天下为一家，念尔琉球，自古以来世世臣事中国，遣使朝贡，业有往例。今故遣人敕谕尔国，若能顺天循理，可将故明所给封诰、印敕遣使赍送来京，朕亦照旧封锡。"[1]

明清之变给中国的另一个藩属朝鲜造成了极大的精神困扰。朝鲜人内心深处长期抗拒他们认为是蛮夷的清朝统治者，在向清朝称臣多年后，还暗暗采用明朝年号，甚至一度认真谋划兴兵北上，替大明报仇。虽然两次被满族军队征服，但朝鲜在与清朝方面的斗争中坚持着最后的底线：不能放弃中华衣冠，绝不剃发易服。但是同属最"恭顺"属国之列的琉球从来没有经过这样的心理斗争。在清朝使臣到达琉球之前，日本人给琉球发下指示，如果清朝使臣要求琉球人剃发易服，那就剃发易服，不必纠结。不过清朝统治者没有计划让这个遥远的岛国上面的居民剃发，琉球和朝鲜一样，得以保持传统的衣冠。

二

明清易代之际，日本人一直密切关注着中国的局势。他们尽一切可能收集中国的情报，以决定自己的对策。

琉球使臣回国后，琉球方面立刻派人将使臣在中国的所见所闻，以及清朝使者在琉球期间的一举一动汇报给萨摩藩。萨摩藩又将这些内容制成报告书，连同顺治帝招抚谕旨的抄件及琉球的回文，一并送往江户幕府。

经过紧锣密鼓地商议，日本人决定，琉球还是暂时与南明和清朝双方都保持着接触，因为虽然清王朝定鼎中原是大概率的事情，但是现在还无法排除南明复国的可能："本次鞑靼人攻入唐国，占领大半江山。如若投向鞑靼顺治皇帝，自琉球派遣庆贺使者，其后唐国复国之时，则无颜以对；以现今局势来看，如若顺治平定乱局，今不作回应，届时亦是难处。难以偏向一方，故需兼

---

[1]《世祖实录》卷三二，收入《清实录》第三册，中华书局，1985，影印本，第267页。

顾彼此双方。”[1]

直到顺治十年（1653），清朝的统治看起来已经彻底牢固，不会再出现反复，日本才决定让琉球向清王朝正式进贡。1653年，琉球国王尚质派遣王舅马宗毅等赴北京贡方物、献表文，交出明朝所赐敕书、印信。清朝随后同意琉球按明时故例“二年一贡”，琉球正式成为大清王朝的藩属。

三

大清王朝与琉球的君臣关系就这样顺利地建立起来了。正如明代的皇帝们对琉球进行特殊照顾一样，有清一代，皇帝们对琉球仍然宠爱如故，其中康熙皇帝对琉球最为关照，在位时期针对琉球颁布了很多特殊的优惠政策。

康熙对琉球的特别好感，起因于三藩之乱中的一件特殊事件。

康熙十二年（1673），平西王吴三桂在云南举兵叛乱，另两位藩王耿精忠和尚之信也分别在福建、广东呼应，史称“三藩之乱”，一时四方震动，人心动摇。清军东征西讨，顾此失彼。康熙皇帝也方寸大乱。

占据了福建的耿精忠想拉拢琉球来壮大自己的势力，因此在康熙十五年（1676）派遣部下陈应昌前往琉球，要求琉球称臣并提供军用物资硫黄。陈应昌宣称，现在三藩军队势如破竹，节节胜利，清王朝的统治将要结束，琉球最明智的做法是马上改弦易辙。

琉球迅速将陈应昌到来之事向萨摩藩通报，日本人分析局势后，仍然决定采取骑墙政策，命琉球先送给陈应昌一批硫黄再说。

然而，陈应昌乘船将硫黄运回福建之时，发现耿精忠已经被擒，大势已去，赶紧将硫黄投入大海。上岸之后，他向清军承认前往琉球是为了索要硫黄，但是他坚称琉球拒绝了他的要求，所以船上一无所有。陈应昌这样说，当然不是为了帮琉球卸责，而是为了减轻自己可能受到的惩罚。

---

[1]《列朝制度》卷二一，第1228号，藩法研究会编《藩法集 8 鹿儿岛藩上》，创文社，1969，第356页，转引自仲光亮《日本江户幕府搜集中国情报研究》，博士学位论文，山东大学中外关系史（专业），2015，第200页。

清军将领把此事上奏给了朝廷，身处忧煎中的康熙皇帝非常感动。没想到小国琉球立场如此坚定，在如此混乱的局势之下，仍然对我朝忠贞不二。

康熙皇帝后来多次提起这件事。比如康熙二十二年（1683）他说："当闽疆反侧，海寇陆梁之际，笃守臣节，恭顺弥昭，克殚忠诚，深可嘉尚。"康熙二十七年（1688）又说："吴三桂、耿精忠谋叛之时，安南归吴三桂，琉球则耿王遣使招之，终不肯服，而克笃忠诚，恪恭藩职……"[1]

他宣布对琉球的忠贞进行表彰：第一，增加对琉球国王的赏赐缎匹数目，以表彰国王个人。第二，允许琉球将进贡人数增至二百人，对接贡船实行免税政策，让琉球获得更大经济利益。第三，同意琉球依照明朝之例，派遣官生子弟，到中国国子监读书。

从康熙朝开始，琉球就成为大清王朝心目中最忠诚的属国。据郑梁生统计，在清朝藩属国之中，琉球所获赏赐数量仅次于朝鲜，远多于安南、暹罗诸国。值得注意的，一是琉球的国家规模远小于朝鲜，二是琉球贡使所携带的所有附载方物都享受免税优惠，而朝鲜只减免本国物品，其余附载货品都要课税。可见，清朝给琉球的实惠远在朝鲜之上。[2]

没有多少人知道，琉球得到清王朝对如此厚待，仅仅是因为一次误会。

第六节　清人为什么没能发现琉球两属

一

虽然清代皇帝给了琉球大量经济实惠，但是琉球人所获无多。晚清时期

---

[1]《中山世谱·正卷》卷八，收入横山重编《琉球史料丛书》第四册，东京美术，1972，第124-125页。

[2]尤淑君：《明末清初琉球的朝贡贸易与其多重认同观的形成》，《世界历史》2015年第3期。

到达琉球的美国人报告说，“这些赏赐品中最好的部分都落到了萨摩和日本手中。……作为萨摩控制下的一片属地，琉球必须向萨摩缴纳赋税，这使得琉球多年来一直背负着沉重的负担”[1]。在明代极盛一时的琉球，到了清代已经每况愈下。虽然与中国的贸易仍然可以获取暴利，但是这些利润基本都被萨摩重重盘剥而去。周煌在《琉球国志略》中甚至称琉球是中国诸多属国中最贫穷的一个。他说：“东瀛之岛，如暹罗、苏门、满喇加、高句丽、爪哇、日本、交趾、占城等国凡十数，而琉球最贫。”[2]

康熙五十八年（1719），清朝的册封使来到琉球，带来两千多贯货物，可以由琉球人买下。可琉球人左凑右凑，一共只有五百贯钱，最后连男女老少的簪子和家中的铜锡物件都凑起来，总算又凑足了一百贯，可见曾经以“万国津梁”自诩的琉球王国，已经衰落到了什么程度。它依偎于中日两个大国之间，艰难地寻觅着夹缝中的生存之道。

二

清代琉球的外交呈现出两种趋势：一方面，琉球与清朝之间的外交关系保持得很好，两国交往频繁，礼乐不绝；另一方面，琉球在政治经济文化方面的日本化也日益加深。奇怪的是，这两种趋势竟然非常和谐，互不冲突。

由于日本的长期影响，到了乾隆晚期，日语已经成为琉球下层民众经常使用的语言，并且在官方文书中也开始大量使用。同时，琉球的流通货币也早已经变成了日本钱，日本在琉球的影响已经无处不在。

然而这一切都没有被清王朝发现。有清一代，清王朝曾八次派遣使团出使琉球去册封琉球国王，每一次使团在琉球一待就是几个月，然而他们对琉球的“两属”一直一无所知。

乾隆时期，曾任琉球官生汉语教习的潘相在《琉球入学见闻录》中称赞琉

---

[1]修斌、刘啸虎：《〈日本远征记〉所见琉球的国际地位——兼论琉球与日本、中国之关系》，载修斌主编《海大日本研究（第4辑）》，中国海洋大学出版社，2014，第74页。
[2]周煌：《琉球国志略》，第197页。

球国“自明初始通朝贡，遣子入学，渐染华风，稍变旧习。……其国之政俗，沐浴圣化，烝烝然日进于雅，视朝鲜国，殆弗让焉”[1]。教化者高高在上、洋洋自得的姿态非常明显，对日本在琉球的鲜明存在毫无察觉。

这是为什么呢?

一方面是日本人的隐蔽工作做得到位。

如前所述，日本人一直要求琉球把被日本控制当成最高国家机密，不得透露给中国。当中国使节一到，“萨摩假屋”官员以及其他在琉球的日本人都会隐藏到北部运天港一带，以免被中国人发现。

日本人规定，使节逗留期间，琉球人不能谈论与日本有关的话题。在萨摩藩的指令下，琉球还制订了专门应对中国使臣询问的解答样板，让琉球人背诵，以防他们和中国使臣聊天时露出马脚。

那霸市历史博物馆所藏同治五年（1866）写本《条款官话》，就是问答样板之一。

根据这本书的内容，如果册封使问：

> 琉球原来穷苦，册封费用备办辛苦么?

那么应该回答：

> 荷蒙皇上、钦差封王的大典，又蒙两位大人的恩德。万物自然丰登，不到辛苦。这是上下臣民原来所望的。[2]

这样中国使臣听了才高兴。

如果册封使听到一些关于琉球和日本关系的传言，这样问：

---

[1]黄润华、薛英编《国家图书馆藏琉球资料汇编》下，北京图书馆出版社，2000，第273-274页。

[2]《条款官话》，载高津孝、陈捷主编《琉球王国汉文文献集成》第三十五册，复旦大学出版社，2012，第37页。

我听见西洋的人说你们琉球服从日本，是真的么？

标准回答是：

不是这样的，我们敝国地方褊小，物件不多，原来替那日本属岛度佳喇人结交通商买办，进贡物件又是买的日用物件。那度佳喇的人在日本收买那些东西，卖给敝国。想必那西洋的人看得这个举动，就说琉球在那日本的所管。我们敝国原来天朝的藩国，世世荷蒙封王。此恩此德，讲不尽的。哪有忘恩负义，服从日本的道理。[1]

这里的"度佳喇"，又称宝岛，依照《条款官话》的说法，是日本和琉球之间贩卖丝与纺织品换回银两的地方。

日本人心细如发，不放过任何一个细节。萨摩还编纂了《唐漂着船心得》《对唐人对答心得》，让出海的琉球人背诵下来。这样，琉球船只如果遇到海难漂流到中国沿海，就可以以此应对中国讯问。日本人要求琉球海员在上岸前要把所有有日本年号、日本人名字的货物扔进海里，在回答中国官员讯问时绝不能透露萨摩和琉球的关系。

1853年，美国远征军将军佩里率舰队第一次来到琉球。在与琉球人打交道的过程中，美国人发现他们异常地拘谨小心："岛上来人在船上做客时，恪守礼节，稳重端庄，即使出于好奇心四处打量也做得极有分寸，拘谨老实得甚至有些可笑……"[2]美国人向琉球人询问任何事情，琉球人都摇首不答，以致美国人将琉球理解为一个"警察国家"，以为琉球百姓是因为身边遍布密探、随时面临被告密的风险而人人自危。其实琉球当局历来一直命令琉球人不得擅

[1]《条款官话》，载高津孝、陈捷主编《琉球王国汉文文献集成》第三十五册，第32-33页。

[2]卫斐列：《卫三畏生平及书信——一位美国来华传教士的心路历程》，顾钧、江莉译，广西师范大学出版社，2004，第110页。

自与外国人接触，“保密观念”从上层到底层，已经深入琉球人心。这是清王朝长期被日本人欺骗的原因之一。

另一个原因，是清朝使臣在琉球的关注重点，并不在了解琉球的信息。

清朝的册封使节到琉球，只是为了完成政治使命。虽然每一次使臣回国后，都会按例写出使琉球笔记，并献给朝廷，但是他们记述的重点，只在于描述册封、谕祭典礼过程的隆重顺利，琉球人的感恩戴德以及所谓祥瑞之事。比如张学礼《使琉球记》说册封礼时，“倾国聚观，不啻数万，欢声若雷”[1]。汪楫《中山沿革志》更说册封典礼后出现祯祥：“先是国久不雨，册封后大雨如注。”[2]李鼎元《使琉球记》则说谕祭之时，“球人观者，弥山匝地，男子跪于道左，女子聚立远观”，真是“通国臣民欢跃”。[3]琉球国的真实情况，本不是朝廷关注的内容。

完成了册封任务之后，使臣们虽然也在琉球游山玩水，并且吟诗作文进行记录，但是诗文内容只是文人雅士的熟词套语和惯常感慨。这些士大夫的头脑早已经被格式化，他们心中的世界图景是固化的。他们真心认为中国所有海外属国都倾心向化，一门心思恭顺天朝，不怀疑有其他可能。

因此姚文栋在《译琉球小志并补遗》一文中如此批评清王朝的册封制度：

“余览毕（指《琉球小志并补遗》，该书为康乾盛世时日本人所著）慨然叹曰：‘琉球素称稽古右文之邦，曩时策遣使至其国者，非翰詹，科道，则必门下中书，翩翩羽仪，不乏贤哲者；而记载所及，求如此之条分缕析以考其山川形状者，绝不可得。无他，驰虚声不求实事，虽多亦奚以为！’”[4]

也就是说，历代册封之臣，虽然多有才人哲士，但是记载的内容，缺少考察山川地理形势等实质内容，都是无用的虚套。

当然，由于日本人的势力是如此无处不在，因此不可能完全不被一些使臣注意到。比如徐葆光于康熙五十八年（1719）出使琉球，逗留八个月回国后

[1]冯尔康：《清代社会日常生活》，中国工人出版社，2020，第205页。
[2]同上。
[3]同上。
[4]柳岳武：《传统与变迁》，巴蜀书社，2009，第241页。

写成《中山传信录》一书。徐葆光在书中记载了一个奇怪的现象，那就是琉球平时流通的货币本是日本的“宽永通宝”，而每当中国使臣一行来到琉球的时候，却改用“鸠字钱”，待中国使者归国之后又不厌其烦地收起“鸠字钱”，重新将“宽永通宝”投入市场：

> 市中交易用钱，无银。……今用者如细铁丝圈，一贯不及三四寸许，重不逾两许……其平日皆行宽永通宝钱……[1]

这一记载在《久米村日记》享保四年（1719年，即康熙五十八年）六月三日条中得到印证：

> 康熙五十八年六月一日海宝、徐葆光一行抵达那霸刚三日，王府便立即向首里及那霸久米村发出秘密通知，要求他们尽快兑换手中钱币，并一再强调在封舟滞留期间不得使用京钱（宽永通宝）与中国客人进行交易，否则将受到严厉处分。[2]

乾隆二十一年（1756）出使琉球的周煌在《琉球国志略》中也提到了类似的现象：

> （琉球）国中常用“宽永”钱。每遇册封，则另铸小钱，开局兑换。……事毕，则按数缴还，兑回银钱。[3]

正常情况下，一个外交官如果发现这样奇怪的现象，肯定要追究原因。可惜中国使臣只把此事当成一个好玩的现象记下来，未求甚解。

因此在中日琉三方的奇特关系中，表面上看，清朝一直居于主动地位，而

[1]谢必震：《中国与琉球》，第109页。
[2]徐斌：《明清士大夫与琉球》，第99页。
[3]周煌：《琉球国志略》，第197-198页。

事实上，日本和琉球才处于真正的引导地位。在传统时代，任何一个藩属国在朝贡体系中都不是完全被动的，它们一切行为的出发点都是利用天朝的游戏规则来谋求自己的利益最大化。而中国人却一直顽固地停留在“中华天朝”的想象中，导致外交活动中经常出现严重的信息不对称。

三

直到1879年，明治维新十一年后，日本悍然向世界宣布将琉球国改为日本的冲绳县。直到这时，清王朝才第一次知道二百多年前琉球和日本之间的那道誓约，了解了日本人所谓“两属”状态。

但是中国并不承认琉球历史上的两属，理由也非常充分。第一，日本对琉球的控制是隐秘的、见不得人的。第二，日本对琉球的控制并非全面的，琉球始终保有一定的自主权。正如尤淑君所说：

> 为了摆脱萨摩藩的经济控制，琉球试图隐匿货款，并多次将“隐投银”带往中国，购买大量货品，或假借漂流船的名义，进行走私贸易，可见琉球扩大朝贡贸易的努力，欲重新夺回朝贡贸易的控制权。琉球国王利用清朝优遇琉球，也利用江户幕府要求琉球实行“隐蔽政策”的情势，禁止琉球官民着日服、学日语及与萨摩藩相关的文化，持续推动中央集权与中国化的改革，使王权得以集中，以应付琉球内困外患的处境。尤其是琉球积极引入儒家经典及其礼仪秩序，使琉球能在萨摩藩的控制下仍保有琉球本国文化的特殊性。[1]

从这个角度说，“琉球地位未定论”也自有其道理。

[1]尤淑君：《明末清初琉球的朝贡贸易与其多重认同观的形成》。

第三章
朝贡圈的游离分子：日本是中国的朝贡国吗？

第一节　明代之前的中日关系

一

在传统时代中国人的心目中，日本和朝鲜一样，一直都是中国的属国。

大明王朝的开国皇帝朱元璋也是这样想的。明朝建立后，朱元璋首批遣使的四个国家是安南、占城、高丽和日本，要求它们前来朝贡。显然，在朱元璋的心目中，这四国是朝贡体系中的第一等级，都是和中国关系最密切的国家。朱元璋对日本尤其有好感，因为有元一朝，日本一直坚定地拒绝与元朝发展关系，这被中国人认为是"慕宋仇胡"的大义之举。如今，大明已经"驱除鞑虏"，光复了汉土，日本应该迫不及待地前来进贡了吧？

但事实上，朱元璋这种认识是错误的。日本对朱元璋两次遣使的反应，是拒绝朝贡，甚至杀戮使臣。

这是因为日本并不是一个传统的朝贡国。日本这个国家很特殊：一方面，它认真地向中国学习；另一方面，大部分时间，它又拒绝向中国朝贡。在中日关系一千多年的漫长历史上，日本成为符合中国标准的朝贡国的时间，不过百年。

二

如谓不信，我们从头说起，先来看东汉三国时期。

中日联系建立得很早。在中国东汉和三国时代，前后有两个日本列岛上的政权，前来中国朝贡。第一个政权“倭奴国”的使者在东汉光武帝时期，即公元57年登陆中国，《后汉书》记载，光武帝一高兴，赐给它一块金印。一千七百多年后，公元1784年，日本九州北部志贺岛的一个农民在挖水渠时，挖出一枚金印，上面赫然刻有“汉委（倭）奴国王”几个字，证明《后汉书》的记载确凿无疑。

第二个被记入中国史籍的国家，是公元238年，即中国三国时期，前来进贡的“邪马台”国。

不过东汉三国时期这两次朝贡都算不上典型的朝贡关系。因为这两个政权都是地方政权，或者说是日本早期的原始小国。当时日本小国林立，规模都不大。而且这两个小国都是只来不多的几次就不再有消息了，并没有和中国建立起稳定的朝贡往来。[1]

再来看南北朝时期。

公元413年，即“邪马台”与中国断了联系一百多年后，第三个日本政权“倭国”出现在中国的史籍中。史学界的主流观点是，这个“倭国”就是今天的日本天皇家族建立的“大和国”。这个时期是中国魏晋南北朝时期中的东晋与南朝时期。从公元413年到502年，大和国（倭国）的五位国王曾先后十三次向中国政权中的东晋、宋、梁各朝遣使朝贡。

南北朝时期的日本可以称得上符合中国标准的朝贡国。第一，它经常前来，次数频繁。第二，它每次前来都携带表文和贡物，表文语气恭谨。比如《宋书·倭国传》中记载的一道“倭王表文”：“封国偏远，作藩于外，自昔祖祢，躬擐甲胄，跋涉山川，不遑宁处。……臣虽下愚，忝胤先绪，驱率所

[1]从邪马台国最后一次向中国朝贡算起，日本与中国中断联系一百多年，其间中国史书上也没有出现关于日本的任何记载。

统，归崇天极……”[1]文辞谦卑，完全符合那时的标准。第三，日本统治者多次请求中国皇帝的册封。中国册封日本统治者为“安东将军”“倭国王”等。因此这一时期，日本毫无疑问是分裂中的中国南部政权的朝贡国。

不过奇怪的是，这段历史虽然在中国史籍中记载得很详细，但是在日本史籍比如《日本国史》等中，却完全没有记载，这可能是日本人的自尊心在作怪。

这一时期的日本还没有中国化，正处于从蒙昧向“文明”的过渡期。日本学者木宫泰彦认为，正是因为“蒙昧”，日本才向中国朝贡：“在当时，日本文化程度很低，因此起草外交文书或派出的使节大都是由带方、乐浪等地前来的移民后裔，所以才把中国看作上国，采取卑下的态度……”[2]

在吸收中国文化达到一定程度后，日本人明白自甘朝贡国地位是一种屈辱，因此主动清除了这种历史记忆。木宫泰彦认为，《日本书纪》等书的作者“认为对中国朝廷上表、接受封爵等事有辱国体，因而就一概抹煞了也未可知。当时日本的知识分子热烈向往中国文化，从而具有相当浓厚的崇拜中国思想，但在另一方面，随着日本文化的发展，作为一个国家的自尊心也提高了，不甘心被中国看作藩属，总想争取对等国交”[3]。

木宫泰彦的说法不能说毫无道理。可以作为反证的是，日本史书《日本书纪》，居然把中国三国时代吴国派遣使节到日本这一史实记载为“吴国朝贡”“吴国遣使贡献”。[4]

三

日本人积极向中国学习，并不意味着他们就放下了自尊。日本人看起来谦

[1]沈约撰《宋书》卷九七《倭国传》，中华书局，1974，第2395页。

[2]木宫泰彦：《日中文化交流史》，胡锡年译，商务印书馆，1980，第30页。

[3]同上书，第32页。

[4]《日本书纪·仁德纪》五十八年条，有“吴国朝贡”一语，《日本书纪·雄略纪》六年条，有“吴国遣使贡献”一语。涉及外来移民时一律记载为“归化”或“归化人”。（楼含松、金健人主编《人文东海研究》，浙江大学出版社，2018，第48页）

恭，似乎对谁都点头哈腰。但事实上，日本人是世界上最矛盾的，在“崇洋媚外”的同时，他们内心中的自尊乃至自负甚至比世界上其他大部分民族还更多一些。

事实上，日本自从文明化之初，即从隋朝开始，就试图与中国分庭抗礼，也就开始了与中国的礼仪冲突。

从502年最后一次朝贡之后，日本从中国史籍中又一次消失了。再次出现时，中国已经是大一统的隋朝。

这一次，日本是以平等姿态前来的。日本统治者在遣隋使携带的国书中称“日出处天子致书日没处天子”。隋炀帝读了很不高兴，说：“蛮夷书有无礼者，勿复以闻。”[1]蛮夷国书竟敢如此无礼，以后不要给我看了。

不过隋炀帝还是展现出大国之主的包容心态，没有计较这件事，而是本着礼尚往来的原则遣使回访日本，想与日本建立长期的友好往来。孰料隋朝的国书也令日本统治者大怒。隋朝的国书中说：“皇帝问倭王……远修朝贡，丹款之美，朕有嘉焉。”[2]这本是中国对周边小国国书的正常格式，在中国看来是非常客气而礼貌的。然而摄政的圣德太子对“倭王”两个字非常厌恶，因为日本统治者已经自称“天皇”。圣德太子因此拒不赏赐中国使者。《经籍后传记》载，圣德太子“恶其黜天子之号为倭王，而不赏其使”。[3]

唐代是中日关系的高峰。我们都知道，日本在唐代派出了多批遣唐使，搬运中国文化，成为中日交流史上的一段佳话。在很多中国人的印象中，遣唐使就是朝贡的使臣。唐朝对日本遣唐使的称呼就是“朝贡使”，接待起来与别国的进贡使节一视同仁。王维在《送秘书晁监还日本国》诗序中说：“恢我王度，谕彼蕃臣。”[4]显然，大唐朝野上下，都将日本遣使前来视为朝贡，将日本人带来礼物称为“献方物”，唐王朝也因此给了日本大量的赏赐，日本正仓

---

[1]魏徵等撰《隋书》卷八一《倭国传》，中华书局，1973，第1827页。

[2]张声振：《中日关系史》卷一，吉林文史出版社，1986，第68页。

[3]同上书，第68-69页。

[4]彭定求等编《全唐诗》卷一二七，中华书局，1960，第1289页。

院现存的宝物可以证明唐朝出手是何等大方。[1]

但事实上，遣唐使并不是朝贡使。遣唐使访问唐朝，与正式的朝贡活动有很大区别。在出使唐朝的过程中，日本人刻意回避“朝贡”二字。

首先，历届遣唐使从来没有携带国书也就是“表文”。这是建立朝贡关系的最重要的一个标志。清代黄遵宪对此解读说：“新、旧《唐书》不载一表，其不愿称臣称藩以小朝廷自处，已可想见。……当时使臣皆不赍表文，盖不臣则我所不受，称臣则彼所不甘。而彼国有所需求，不能停使，故为此权宜之策耳。”[2]也就是说，《新唐书》《旧唐书》都没记载任何一通日本表文。遣唐使之所以不带表文，是因为如果称臣，日本人不愿意；如果不称臣，中国人也不接受。所以他们就采取了这样一个典型的符合日本人“暧昧”性格的做法：一方面，因为有求于中国，所以必须频繁遣使；另一方面，又不想留下任何称臣纳贡的文字记载。所以黄遵宪认为，唐代日本对中国“以小事大则有之，以臣事君则未也”[3]。这是小国对待大国的恭谨态度，但并没有像朝贡国那样将中日关系定位为君臣之分。

木宫泰彦也持同样的观点：“对于像唐朝那样把所有外国总是看成自己的藩属以满足自己的自尊心的国家，日本既要保持自主、平等的态度，又要维持和平的国交，想必要煞费苦心的。例如每次遣唐使都不携带国书，就是为了避免到达唐朝后引起礼节上争执的麻烦。”[4]

其次，在中国南朝时期，日本使臣来到中国，都要为国王谋求爵位封号，甚至为封号的长短和内容反复争执。但是在唐朝，日本从来没有请求中国皇帝的册封。原因非常简单，因为唐朝如果册封，最高也不过是“国王”，而日本统治者已经自称“天皇”。黄遵宪说，日本“窃号自娱，几几乎有两帝并立之势矣”[5]。也就是说，日本人自建年号，自称天皇，与中国平等自处，是不争

---

[1]霍丹：《论日本护国精神：以唐宋时期的中日交往为中心》，硕士学位论文，陕西师范大学历史学（专业），2012，第15页。

[2]黄遵宪：《日本国志》卷四《邻交志一·华夏》，中华书局，2019，第1597、1606页。

[3]同上书，第1606页。

[4]木宫泰彦：《日中文化交流史》，第99页。

[5]黄遵宪：《日本国志》卷四《邻交志一·华夏》，第1597页。

的事实。

那么，日本使臣怎么在中国皇帝面前称呼本国统治者呢？“天皇”一词不但僭越了中央帝国“皇帝”的名号，而且比“皇帝”还要高一级，日本人当然不敢提起。但是他们也不愿意将自己的君主叫作国王，那在日本同样是大逆不道的。因此他们再一次采取折中手段，使用“主明乐美御德”这个名称蒙混过关。“主明乐美御德”是什么意思呢？其实就是“天子”二字的日语发音。唐朝人不明所以，还以为是日本国王的名字。所以唐玄宗《敕日本国王书》开头就说，“敕日本国王主明乐美御德”。[1]

唐王朝如同对其他朝贡使一样，对日本使臣赐以官爵。其他国家比如朝鲜半岛诸国的使臣，把唐朝赐予的官职当成极大的荣耀，回到本国这些官职也仍然有效。但日本遣唐使被赐予的唐朝官职在国内则不能通用。[2]

因此虽然一直把日本使者当成朝贡者来对待，但是唐朝人也明显感觉到了日本人和其他朝贡者的不同。他们感觉这些矮小的日本人比其他国家的人更“傲慢”，记载“其人入朝者，多自矜大”[3]。这些入朝的日本人，比别的国家的使臣更为自尊自大。

在外交礼仪方面，日本和唐朝发生过好几次争执。比如贞观五年（631），第一次遣唐使团返航归国，唐朝派使者高表仁伴送他们，出使日本，结果并不愉快，“表仁无绥远之才，与王子争礼，不宣朝命而还”。[4]

高表仁作为大唐皇帝的代表，将日本视为臣属国，向日本使臣宣布唐天子的“朝命”，但是日本人不吃这一套，拒绝接受臣属地位，结果他“不宣朝命而还”，没有完成任务就回来了。史书说这是因为高表仁“无绥远之才”，实

---

[1]古濑奈津子：《遣唐使眼里的中国》，郑威译，武汉大学出版社，2007，第78-79页。还需要说一句的是，唐王朝“赐”予日本的这些诏书，“在日本史籍中却概不记载。……《续日本纪》承和六年（839）九月条载，遣唐大使藤原常嗣奏呈带回的《大唐敕书》，召内记珍藏。但这些文书的原文，在日本国史中一概略去不录”（木宫泰彦：《日中文化交流史》，第33页）。

[2]霍丹：《论日本护国精神》，第14页。

[3]刘昫等撰《旧唐书》卷一九九上《日本传》，中华书局，1975，第5340页。

[4]刘昫等撰《旧唐书》卷一九九上《倭国传》，第5340页。

际上是他坚持原则，在礼仪问题上拒不让步的结果。

日本史书还记载了一次日本使臣在中国的“争礼事件”。《续日本纪》载，中国唐朝天宝十二载（753）春节朝贺大典，中国将日本排在西侧第二位，居于吐蕃以下，而以新罗使臣居于东侧第一位。日本使臣非常愤怒，因为他们认为新罗是日本的属国，“自古至今，新罗之朝贡大日本国久矣。而今列东畔上，我反在其下，义不合得”。列于属国之下，实难忍受。因此与中国产生争执，最终日本被列于东侧第一位，这才心满意足。[1]

四

唐朝时日本不是中国的属国，那么宋朝时如何呢?

有宋一代，中国和日本只有民间交流而一直没有建立官方关系。宋神宗想和日本亲近亲近，托日本僧人给日本朝廷带了封书信，因其中写了“回赐”二字，引起天皇不满，数年没有回复。[2]宋徽宗时代，又一次因为在给日本的牒文中写有“事大之诚”一句，惹恼了日本人，没能达到建立亲善关系的目的。[3]

元朝是众所周知的中日关系最恶劣的时期。元朝建立之初，忽必烈遣使日本，并没想占有日本国土，只是希望日本能像高丽一样臣服入觐。但幕府当时的执政北条时宗年轻气盛，斩掉五名元朝使臣。[4]忽必烈大怒，派遣当时世界上最庞大的远征军渡海入侵日本，眼看日本人就要为他们的倨傲而付出沉重代价。然而也许是上天欣赏日本人的勇气，一股突如其来的台风几乎摧毁了忽必

[1]不过这次的争礼事件在中国和朝鲜半岛的史书中均不见载。霍丹：《论日本护国精神》，第18页。

[2]木宫泰彦：《日中文化交流史》，第251页。

[3]郝祥满：《奝然与宋初的中日佛法交流》，商务印书馆，2012，第268页。

[4]至元十二年（1275）二月，“复使礼部侍郎杜世忠、兵部郎中何文著、计议官撒都鲁丁赍玺书通好于日本……九月，北条时宗斩杜世忠、何文著、撒都鲁丁及书状官董畏、高丽人徐赞于龙口，枭其首”。（见何绍忞撰《新元史》卷二五〇，吉林人民出版社，1995，第3567-3568页）

烈的十万水师。在那之后，中日自然更不可能建立正式官方关系了。

因此在中日关系史上，除了“倭五王”时代之外，汉朝、三国、隋唐、五代、两宋和元朝，日本都不是中国的朝贡国。

五

明朝初年的日本人仍然桀骜不驯。当时的日本正处于南北朝时期，中国使臣将诏书送达南朝，南朝执政者怀良亲王看到诏书，对朱元璋那种天朝上国的口气，特别是称日本统治者为“四夷君长酋帅”非常生气。

“亲王看到连名字都未听见过的明国的国书中，竟有‘尔四夷君长酋帅等，遐尔未闻，故兹诏示’等傲慢的词句，便断然拒绝接待。”[1]明朝使者吃了一个闭门羹。

吃了闭门羹不说，明朝使者刚刚回来，日本海盗就大批登陆中国山东，“倭人入寇山东海滨郡县，掠民男女而去”。[2]

刚刚开创新朝、志得意满的朱元璋当然无法容忍日本的“狂妄”，马上再度派人来到日本，发去第二道口气极为严厉的诏书。朱元璋要求：第一，日本马上前来朝贡；第二，日本约束倭寇，不得再次骚扰中国。如不从命，中国将大兵讨伐，将日本统治者捆缚回国：

> 诏书到日，如臣则奉表来庭，不臣则备兵自固，永安境土，以应天休。如必为寇贼，朕当命舟师扬帆诸岛，捕绝其徒，直抵其国，缚其王，岂不代天伐不仁者哉，惟王图之！[3]

怀良亲王接到诏书后，不是乖乖遣使来朝，而是杀掉了七名明朝使臣中的

[1]木宫泰彦：《日中文化交流史》，第511页。也有说法是此次明朝的使者在日本五岛附近被海贼所杀，明朝诏书也被投入水中。

[2]《明太宗实录》卷三八，“中研院”历史语言研究所，1962，第781页。

[3]严从简：《殊域周咨录》卷二《东夷·日本国》，中华书局，1993，第51页。

五名。在放回的两名使臣带回的文书中，他公然答道：

> 天朝有兴战之策，小邦亦有御敌之图。论文有孔、孟道德之文章，论武有孙、吴韬略之兵法。又闻陛下选股肱之将，起精锐之兵，来侵臣境。水泽之地，山海之洲，自有其备，岂肯跪途而奉之乎？[1]

就是说，你天朝有用兵的计划，我日本也有防御的方法。我日本论文的有孔、孟文章，论武的也有孙、吴兵法。欢迎您老人家兴兵前来，我们随时奉陪！

朱元璋被这个桀骜不驯的岛国弄得火冒三丈，可是冷静下来后，他决定不为这些口舌之争而兴师动众。他清楚地记得忽必烈的惨痛教训。《明史·日本传》说："帝得表愠甚，终鉴蒙古之辙，不加兵也。"[2]他只好以大人不计小人过的高姿态宣布不与这个小国一般计较，并从此把日本列为不征之国，告诫子孙后代永远不要征伐日本。

第二节　日本成为中国的"朝贡国"

一

不过，日本人倒也并未一直如此自负，这个国家的性格中有非常现实和狡猾的一面。

1392年，室町幕府将军足利义满统一了日本。他抵御不住巨大现实利益的诱惑，决定调整对明方针，加入向明朝朝贡的行列。

---

[1]张廷玉等撰《明史》卷三二二《外国三》，中华书局，1974，第8343页。

[2]同上书，第8344页。

促使足利义满做出这一决策的是一位从明朝回国的日本商人。他向义满介绍了与明朝进行朝贡贸易的巨大好处。“义满当时方完成了南北朝统一的大业，幕府今后要着手新的设施，正苦于财源枯竭，所以欣然采纳了这一建议。”[1]

足利义满的这一决定赶上了一个好时期：当时朱元璋已经去世，他的儿子燕王朱棣正和他的孙子建文帝朱允炆争夺皇位，双方都希望得到周围其他国家的支持。

1401年（日本应永八年，明建文三年），日本派出使臣，向大明皇帝上了一道表文。在外记局官员中原康富的日记中有这道表文的全文抄录：

> 日本准三后源道义上书大明皇帝陛下：日本国开辟以来，无不通聘问于上邦。道义幸秉国钧，海内无虞。特遵往古之规法，而使肥富相副祖阿通好，献方物：金千两、马十匹、薄样千帖、扇百本、屏风三双、铠一领、铜丸一两、剑十腰、刀一柄、砚筥一合、同文台一个。搜寻海岛漂寄者几许人还之焉。道义诚惶诚恐，顿首顿首，谨言。
>
> 应永八年五月十三日[2]

这道表文的内容，其实并不太标准，因为其中没有“臣”字，只说“通聘问于上邦”，这仍是“以小事大”之义，而不是“称臣纳贡”的表示，何况又用了“准三后”这样一个不伦不类的头衔。[3]不过建文帝此时帝位已经岌岌可危，没心思挑剔这些细节，遂积极地回应了日本的请求。[4]瑞溪周凤的《善

---

[1]木宫泰彦：《日中文化交流史》，第516页。

[2]万明：《中国融入世界的步履：明与清前期海外政策比较研究》，故宫出版社，2014，第201页。

[3]准三后又称“准三宫”，指比照太皇太后、皇太后、皇后的待遇，意味着天皇的近亲；“道义”则是足利义满出家后的法名，应永二年（1395）足利义满宣布辞去政治职务出家为僧，但实际上仍然牢牢掌握大权。

[4]所以建文三年（1401），建文帝还慷慨地对朝鲜国王进行了册封。朝鲜自立国以来多次向明太祖请求册封，但太祖认为其得国不正、国王“顽嚣狡诈”，因而只授予其“权知国事”的头衔。

邻国宝记》中保留了建文帝回复日本的诏书："兹尔日本国王源道义，心存王室，怀爱君之诚，逾越波涛，遣使来朝……"[1]在战乱的背景下，建文帝早已无暇弄清这个源道义"准三后"的来头，径直称呼其为"日本国王"。其实从中国隋朝时期开始，日本最高统治者就自称"天皇"，但是七八百年来，中国人一直不知道日本有一个"天皇"存在。中国也不知道足利义满虽然掌握实权，但只是幕府将军，所以才自称"准三后"这样的荣誉头衔。

投石问路成功后，日本马上准备了更为正式的朝贡使团，携带大批贡品，于1403年再度前往中国。

不过，日本使臣身上带着的国书不是一份而是两份。原来此时靖难战争已经发展到最激烈的阶段，建文帝已经朝不保夕，因此日本的国书，一份是给建文帝的，一份是给朱棣的。吉田兼敦在日记中写道："异朝之事，众说纷纭。去年冬以来有大变故，传闻帝之叔父得胜即位云云，然未知真伪，故今次所发御书备以两封。"[2]也就是说，为了应对明朝国内的局势变动，坚中圭密等人在出发前准备了两份不同的表文。日本人算定，不论谁获胜，他们的使节团队都会受到欢迎。[3]

果不其然，日本使团抵达中国时，朱棣已登上皇帝宝座。日本使臣呈上了早已经准备好的文辞华丽的祝贺朱棣称帝的国书，其中称：

> 臣闻太阳升天，无幽不烛，时雨沾地，无物不滋。矧大圣人明并曜英，恩均天泽，万方向化，四海归仁。钦惟大明皇帝陛下，绍尧圣神，迈汤智勇，戡定弊乱，甚于建瓴，整顿乾坤，易于返掌。启中兴之洪业，当太平之昌期。虽垂旒深居北阙之尊，而皇威远畅东滨之外。是以谨使僧圭密、梵云、明空，通事徐本元，仰观清光，伏献方物生马二十匹、硫磺一万斤、马脑（玛瑙）大小三十二块计二百斤、金屏风三副、枪一千柄、

[1]何新华：《中国外交史：从夏至清》下册，中国经济出版社，2017，第578页。

[2]吉田熙敦：《吉田家日次记》应永十年二月十九日条，载《大日本史料》第七编第六册，东京大学出版会，1970，第47页。

[3]郭蕴静、周启乾：《中日经济关系史》上册，昆仑出版社，2012，第144页。

大刀一百把、铠一领、匣砚一面并匣、扇一百把。为此谨具表闻。臣源。年号　日。日本国王臣源。[1]

这道国书更为合规，更为“虔诚”，而且头衔也不再用“准三后”，而是中国要求的“日本国王”。刚刚篡位成功的朱棣此时正为自己的合法性焦虑，接到这道国书不禁大喜过望。海外国家此时来朝，实在是太及时了，何况这个国家还是父皇时期拒不进贡的日本。此事证明他的感召力超越了父皇。因此他在诏书中热情地表扬日本“朕登大宝，即来朝贡，归向之速，有足褒嘉”。[2]永乐皇帝赐给义满一颗龟纽的“日本国王”金印，后来还一次性慷慨地赐予这位“日本国王”铜钱一千五百万，另赐“王妃”五百万。[3]

对日本人提出的加入中国朝贡贸易体系的要求，朱棣也是一口答应。“诏日本十年一贡”，每次两条船，二百人。因为日本人说他们缺少大船，特别赏赐他们两条，“赐以二舟，为入贡用”。[4]

日本由此兴高采烈地加入了大明的朝贡国队伍。自南北朝以来，时隔九百余年，日本再次成为中华朝贡体制中的一员。

二

不过，中日朝贡关系和中朝、中琉不同，并不平稳。朝贡关系建立不久，就遇到了反复，原因还在日本人独特的自尊心。

对足利义满来说，他并不认为自己向明朝称臣是日本的耻辱。因为他不是天皇，只是天皇驾下的将军。日本的将军被中国封为“王”，有什么不妥呢？日本历史学家说，“彼国以吾国将相为王，盖推尊之义，不必厌之”[5]。

---

[1]瑞溪周凤：《善邻国宝记》卷中，转引自郭蕴静、周启乾《中日经济关系史》上册，第145页。

[2]黄遵宪：《日本国志》卷五《邻交志二 · 华夏》，第1620页。

[3]李云泉：《万邦来朝：朝贡制度史论》，新华出版社，2014，第87页。

[4]张廷玉等撰《明史》卷三二二《外国三》，第8347页。

[5]瑞溪周凤著，田中健夫编《善邻国宝记》，集英社刊行，1995，第108页。

但是这显然只是自欺欺人的“精神胜利法”，因为称臣的不是义满一人，实际上是日本一国。虽然中日朝贡贸易关系迅速发展，但是称臣之举还是受到日本社会上层很多人的强烈反对，认为有损日本国家尊严。日本人说：“日本有天皇，大明有天子，此是相等之国。顷日关白辈（指足利义满）欲为通和，称臣进贡，大不可也。岂有以相等之国，自贬称臣之理乎？”[1]

因此1408年（日本应永十五年，明永乐六年），足利义满一死，他的儿子足利义持就改弦易辙了。他宣布，日本以后绝不向任何国家称臣，不接受任何国家的印信和册封，也不接受任何国家以天朝上国名义派来的使臣，并且说前将军足利义满生前已经对自己向明称臣的做法深感悔恨：“我国自古不向外邦称臣，比者变前圣王之为，受历受印，而不却之，是乃所以招病也，于是先君大惧，誓乎明神，今后无受外国使命，所以不接使臣，兼不遣一介。”[2]足利义持的这种态度，导致明日关系中断了二十四年[3]，也给日本经济带来巨大困难。

在宋朝和元朝，中日双方虽然没有建立正式的官方外交关系，但是民间贸易一直畅通。由于日本没有大量铸造铜钱的能力，以前一直使用通过贸易流入的中国钱币。但是明朝对外关系的特点是把贸易事务政治化，禁绝民间贸易，“贡市一体”，“有贡必封”，只要你来到中国进行贸易，就必须接受册封。所以如果日本人不朝贡，明朝的货物特别是铜钱就无法进入日本。这给日本造成了极大的经济困难，要面子就亏了里子。

因此1428年（明宣德三年）义持一死，他的儿子义教不得不再次调整幕府的外交政策，试图重回大明贸易圈。由于害怕父亲生前的不恭会导致明朝的拒绝，他小心翼翼地先请朝鲜做中间人。《李朝世宗实录》记载，将军义教对朝鲜使臣说，他“欲继父王之志，服侍上国，恐以前之事，只被留拘，请归告

---

[1]复旦大学文史研究院编《朝鲜通信使文献选编》第一册，复旦大学出版社，2015，第250页。

[2]瑞溪周凤著，田中健夫编《善邻国宝记》，第140页。

[3]刘迎胜编《元史及民族与边疆研究集刊32》，上海古籍出版社，2017，第95页。

国王，俾达上国”[1]。

义教不知道的是，明朝皇帝也正盼着日本使臣的到来。中国统治者对外历来宽怀大度，并不会计较蛮夷之国的这些小小反复之举。事实上，宣德皇帝此时也正想找中间人来劝谕日本再度前来朝贡：“宣德七年（1432）正月，帝念四方蕃国皆来朝，独日本久不贡，命中官柴山往琉球，令其王转谕日本，赐之敕。”[2]

双方因此一拍即合，明宣德八年（1433），日本使臣再度抵达北京，呈上国书并献上贡品。朱瞻基亲自接见日本使者，赏赐十分丰厚。[3]双方关系由此进入了近百年的相对稳定期。

三

日本之所以汲汲于朝贡，是因为它从中日贸易中获利确实非常丰厚。

日本朝贡船上的货物，分成三类，第一类是以“日本国王”的名义献给中国皇帝的贡品。1403年（日本应永十年，明永乐元年），日方的贡品内容如下：

> 生马二十匹、硫磺一万斤、马脑（玛瑙）大小三十二块计二百斤、金屏风三副、枪一千柄、大刀一百把、铠一领、匣砚一面并匣、扇一百把。[4]

以后日方贡品的品类和数量也大体如此。对这部分贡品，明朝按惯例都

[1]《李朝世宗实录》卷六，转引自黄旭峰《论日本型华夷思想的脆弱性——以室町幕府的东亚观为中心》，《日语学习与研究》2016年第6期。
[2]张廷玉等撰《明史》卷三二二《外国三》，第8346页。
[3]有纻丝、纱、罗、绢布及金织袭衣、绢衣和铜钱等。（《明宣宗实录》卷一〇二，“中研院”历史语言研究所，1962，第2289页）
[4]瑞溪周凤：《善邻国宝记》卷中，转引自郭蕴静、周启乾《中日经济关系史》上册，第145页。

有赏赐。“在传统的‘厚往薄来’的政策之下，明廷回赠之物数倍多于朝贡物品。”[1]永乐四年（1406）明朝赏赐给足利义满的内容是：“白金千两，织金及诸色彩币二百匹，绮绣衣六十件，银茶壶三，银盆四，及绮绣纱帐、衾褥、枕席、器皿诸物，并海舟二艘。”[2]由于赐物丰厚，幕府上下惊叹“物品堆积如山，目不暇接”。[3]

朝贡船上的第二类货物是“使臣自进物”，也就是使臣自己准备，献给中国皇帝的“贡品”。使臣自进的货物当中，最主要的是刀剑。日本史料记载，日本第八次遣明使携带的“自进物”中有刀剑九百八十把；第十次遣明使携带“自进物”，一号船上有大刀二百九十把，二号船有大刀一百六十把，三号船有大刀二百六十把。此外还有扇子和屏风等。

对这部分货物，中国政府是付给钱的，而且价钱通常高出市场价格很多。《大明会典》规定，“正贡（即贡品）外，使臣自进，并收官买”。[4]凭借这些东西可以轻轻松松获得丰厚的利润。

第三类是“附搭品”，即朝贡团队附带，直接到中国来销售的物品。“附搭品”的数量通常极为巨大。比如，明景泰四年，日本朝贡船上的“附搭品”内容如下：

硫磺　三十九万七千五百斤

铜　十五万四千五百斤

箦（或作簧）黄即苏木　十万六千斤

大刀　九千五百把

长刀　四百一十七把

枪　五十一把

扇　一千二百五十把

[1]郭蕴静、周启乾：《中日经济关系史》上册，第153页。

[2]《明太宗实录》卷五〇，“中研院”历史语言研究所，1962，第751页。

[3]《东寺年代》，转引自张声振《中日关系史》卷一，第256页。

[4]郭蕴静、周启乾：《中日经济关系史》上册，第153页。

描金物 大小六百三十四种[1]

数量如此巨大的货物，运到中国如何寻找买主？遇到市场低落，无法售出怎么办？这些都不用日本人操心。因为这些附搭物都会由明朝政府照数买下。明朝政府规定："凡夷远之人，或有长行头匹及诸般物货，不系贡献之数，附带到京，愿入官者，照依官例具奏，关给钞锭，酬其价值。"[2]

对这部分货物，中国官方所定价格也远远高于中国的市价，更高于其在日本国内的价格。以苏木和大刀为例。苏木在日本国内每斤价为五十文至一百文，明官方给价为每斤钞一贯五百文。也就是说，是日本正常价格的十五到三十倍。大刀在其国内每把价为八百文至一贯，明官方给价为每把五贯。[3]也就是说，是日本正常价格的五到六点二五倍。[4]

因此我们可以理解，日本人会在船上尽一切可能多装"附搭品"和"自进物"。成化二十年（日本文明十六年，1484），日本给中国皇帝献了三千六百一十把日本刀作为贡品，但是附在这个名义下的"附搭刀"却为三万五千把，远远超过了贡品。[5]

除了把商品从日本运到中国，就可轻松获十倍左右暴利之外，从中国贩卖物品回日本，同样会发一大笔财。日本通常会从中国购买"各类丝绸、布匹、针线、瓷器、漆器、铁锅、毡毯、女性所用化妆品、药材、各类书籍等"[6]。凡是从中国购回的物品，在日本都能获得很大的利润，故有"唐船归朝，宣德

---

[1]郭蕴静、周启乾：《中日经济关系史》上册，第160页。

[2]《大明会典》卷一一三《给赐番夷通例》，转引自郭蕴静、周启乾《中日经济关系史》上册，第160-161页。

[3]郭蕴静、周启乾：《中日经济关系史》上册，第161页。

[4]"宣德年间（日本永享年间）均按钱一贯折算钞一贯或银一两。"（郭蕴静、周启乾：《中日经济关系史》上册，第161页）

[5]郑舜功：《日本一鉴·穷河话海》卷七《贡物》，转引自郭蕴静、周启乾《中日经济关系史》上册，第161页。

[6]郭蕴静、周启乾：《中日经济关系史》上册，第163页。

钱到来”[1]之说。

利润优厚，而成本极低。因为按惯例，日本使团成员在中国期间的所有费用全部由明朝政府负担。甚至离开中国，归国途中海上航行所需的口粮，也由中国供给。《允澎入唐记》记载，东洋允澎使团回国时，“市舶司给海上三十日关米，人各六斗”。[2]允澎的使团成员多达一千二百人，以千人计，米粮总额也达六百石以上。除了食物外，中国政府甚至还给日本使团成员提供衣服。因此，曾经两次随日本使团到过中国的楠叶西忍在《西忍入唐记》一书中不由得称颂明朝是“罕有之善政国也”[3]。

四

虽然待遇如此优厚，但日本人仍不满足。

在“赐贡”关系中，一般来说，“赐”的内容是由在上者决定的，属国只能接受，没有资格提任何要求。但是日本和一般国家不同。虽然明朝回赐的礼物通常都非常丰厚，但日本使臣还经常不依不饶，屡屡提出一些特殊要求，“要求明廷给予特赐”。[4]例如，在日本第三次派往明朝的使臣允澎的一再要求下，明朝特赐日本“古铜大香炉二个（共重一千二百四十斤）、古铜小香炉一个（重七十五斤）、黄铜方香炉一个（重二十一斤）、黄铜花瓶一对（共重四十七斤）、黄铜磬一口（重十五斤）、铙钹二双（共重三十三斤）、黄铜花龟鹤一对（重三十一斤）。”[5]1483年（日本文明十五年，明成化十九年），日本又派遣使臣到中国，目的很明确，要求中国“赐予”铜钱，使臣称日本由于长期战乱，货币极度紧缺，“弊邑久来焚荡之余，铜钱扫地而尽，官

[1]《大乘院日记目录》享德三年十月十三日条，转引自郭蕴静、周启乾《中日经济关系史》上册，第163页。

[2]木宫泰彦：《日中文化交流史》，第585页。

[3]张声振：《中日关系史》卷一，第245页。

[4]郭蕴静、周启乾：《中日经济关系史》上册，第158页。

[5]瑞溪周凤：《善邻国宝记》卷下，转引自郭蕴静、周启乾《中日经济关系史》上册，第158页。

库空虚，何以利民，今差使者入明，所求在此耳”，并提出了十万贯的具体数字。[1]

日本人还不断突破朝贡的人数限制。明朝在永乐二年（1404）规定，日本十年一贡，人员二百，船两艘。宣德八年（1433），又放宽为人员三百，船三艘。

然而，在厚利诱使下，日本不断增加船只和人员。比如正德六年（日本永正八年，1511）到达中国的使团成员达六百人之多。嘉靖二十六年（日本天文十六年，1547）的使团，船只四艘，人员六百三十七名。日本享德二年（明景泰四年，1453）的使团，船只九艘，人员一千二百人。[2]

至于货物数量，更是远远突破规定所限。景泰四年日本人进贡的货物有“硫磺三十六万四千四百（斤）、苏木一十万六千（斤）、生红铜一十五万二千（斤）有奇、衮刀四百一十七（把）、腰刀九千四百八十三（把），其余纸扇箱盒等物，比旧俱增数十倍，盖缘旧日获利而去，故今倍数而来”[3]。

此时正当大明王朝发生了土木堡之变，因为蒙古势力的勒索，朝廷财政十分拮据。日本使团的货物数量如此巨大，朝廷不得不羞涩地提出，能不能只付给稍高于市价的金额。按理说，天朝上国的话就是命令，而且毕竟仍然有利可图，属国只能听从。但是日本正使允澎一听却勃然大怒，跳着脚大吵大闹，坚持“乞照旧给赏”，声称如不按宣德八年之例给价，他们就不能回国。最后明代宗被吵得没有办法，只好本着“远夷当优待之”的精神，予以追加货值。[4]

虽然明朝对日本朝贡使团一再优容，然而日本人在各国朝贡队伍中态度最为桀骜，也最难于管理。明朝已经追加货值，允澎使团仍不满足，不但对中国政府毫无谢意，离京路上竟然殴打中国官员，鞭打中方服务人员：“礼部奏，日本国使臣允澎等，已蒙重赏，展转不行。待以礼而不知恤，加以恩而不知

---

[1]瑞溪周凤：《善邻国宝记》卷下，转引自郭蕴静、周启乾《中日经济关系史》上册，第158页。

[2]小叶田淳：《中世日支通交贸易史研究》，刀江书院，1942，第305-306页。转引自郭蕴静、周启乾《中日经济关系史》上册，第150页。

[3]《明英宗实录》卷二三六，第5140页。

[4]《明英宗实录》卷二三七，第5163页。

感。惟肆贪饕，略无忌惮。沿途则扰害军民，殴打职官，在馆则捶楚馆夫，不遵禁约……”[1]

日本使团在临清还曾经公开抢劫。中国官员前去处理，被日本人殴打，几乎致死：“日本使臣至临清，掠夺居人；及令指挥往诘，又殴之几死……”礼部请皇帝严肃处理，但明代宗为了维护外交关系表面上的“和谐”，硬是咽下了这口气：“礼部请执治其正副使及通事人等，（明代宗）不听。”[2]

然而日本人对中国皇帝的大度并不领情，反而越闹越凶，中国和日本的朝贡关系出现了越来越多的问题。这主要是因为日本此时进入“战国时代”，各地方诸侯相互攻伐，天下无主。此时明朝发给日本朝贡的官方许可凭证也就是“勘合”，被大名们抢来抢去。谁抢到了“勘合”，谁就顶着“日本国王”的名义遣使朝贡。[3]没抢到“勘合”的一些大名，则经常组织浪人和商人，到中国沿海掳掠。因此事实上这一时期的日本朝贡使团具有半海盗性质，他们打着朝贡的旗帜上路，但随时可以变身为“倭寇”。“倭性黠，时载方物、戎器，出没海滨，得间则张其戎器而肆侵掠，不得则陈其方物而称朝贡，东南海滨患之。”[4]

1468年，又发生一起日本使节在华杀人案。好酒的日本国使臣麻答二郎喝得大醉后跑到市场上买东西，和小贩发生冲突，用刀把小贩砍成重伤，小贩不治身死。因为对方是外宾，明宪宗居然决定免于收监——“以远夷免下狱”，最终只决定“追银十两，给死者之家埋葬”，而且还把此事“省谕各夷，使知朝廷宽宥怀柔之意”。[5]杀死中国人，只赔了十两银子了事，还广而告之，为的是让全世界都被中国政府的“宽容大量”所感动。

明朝政府的一味宽容，以及日本战国时的局势越来越混乱，两方面因素叠加，最终导致了“争贡之役”。嘉靖二年六月，日本两个地方大名为了争夺进贡利润，同时派出朝贡使团来到中国。抢到了“勘合”的是大内氏，他们拿着

[1]《明英宗实录》卷二三八，第5192页。
[2]《明英宗实录》卷二三四，第5101-5102页。
[3]黄旭峰：《论日本型华夷思想的脆弱性》。
[4]张廷玉等撰《明史》卷三二二《外国三》，第8347页。
[5]李晋华编《三百年前倭祸考》，国民外交委员会，1933，第92页。

“勘合”理直气壮地来到中国。失掉了勘合的大名细川氏并不甘心，派出自称在中国“有门路”的华人宋素卿也拿一份过期的“勘合”率团前往中国，试图通过贿赂中国太监，再做一回生意。抵达宁波后，两伙使臣因为勘合真伪引发冲突，不但相互杀戮，还在回国途中大肆烧杀抢掳，由“贡使”一变为赤裸裸的“倭寇”，明朝只好派兵镇压，追击的备倭都指挥刘锦、千户张镗等明朝官兵皆战死。浙中大震，史称“争贡之役”。

朝廷终于破格“震怒”，宣布断绝与日本的贸易关系。不久之后，丰臣秀吉又发动壬辰战争，试图侵略中国，宣告了日本人不可能再回到朝贡体系，持续了近百年的明朝与日本的官方关系彻底崩溃。

五

虽然明朝为维持与日本的封贡关系付出了巨大代价，但是这一时期的日本其实只是在表面上极为勉强地达到了朝贡国的标准，日本前来朝贡的很多具体环节都违反了朝贡体制的规定。

第一，朝贡国必须奉中国正朔，即采用中国的年号和历法。但是日本在国内从来没有用过中国正朔，一直是用自己的年号。日本在给其他国家，比如朝鲜的文件中也不使用明朝年号，还对朝鲜在对日国书中使用明朝年号横加指责。比如1421年朝鲜使臣出使日本，将军足利义持发现朝鲜国书用了明朝永乐年号，就要求他们必须改为日本的应永年号，否则不准进入京都。[1]

第二，日本对朝贡礼仪执行得非常潦草。

应永九年（明建文四年，1402）九月五日，足利义满接见中国使臣并接受诏书。按照明朝规定的“藩国迎诏仪”，国王应该对诏书四拜，而他仅三拜。义满的亲信满济事后回忆道：“应永九年时，公卿十人，殿上人十人，各着盛装。……（义满）先烧香，次三拜，跪而拜接唐书。此仪式实不甘心

[1]赵莹波：《从明朝与日本之间国书中年号、称谓和国王印的变化看东亚关系》，《元史及民族与边疆研究集刊》2016年第2期。

也！”[1]虽然行礼并不如仪，义满还是引以为耻，“实不甘心”。

除此之外，日本在迎接明朝国书的过程中不遵礼仪的地方还有很多。比如，足利义满在接见明使时始终南面而坐，明使的座位仅被安排在东西两侧，按明朝标准，这也是不遵礼仪的表现。[2]

然而，足利义满已经是历代日本将军中最“恭顺”的一个了。其他将军比如义教在接受中国诏书时的表现，更不符合中国规定，义教只焚香二拜，显得非常敷衍。

第三，日本统治者只有面对中国时才自称“日本国王”，在对其他国家时刻意回避这一点。将军义教在给朝鲜国王的国书中并没有像义满一样使用“日本国王”的称号，仅署名“日本国源义教”，这种做法也为日后其他将军所继承。这实际上是不承认自己是“日本国王”，不承认接受明朝册封。这更是严重违反朝贡体系规定的。[3]

第四，日本给中国的国书在用印等环节也不符合规定。

按朝贡体制规定，朝贡国在国书上要盖中国赐予的印章。但日本《善邻国宝记》中收藏的八通日本致明朝的国书，只有一通加盖有“日本国王之印”，一通加盖“体信顺达”这样的私印，另一通为将军的花押，其余五通则无任何印章。[4]这些都是极为不恭的表现。[5]

---

[1]三宝院满济：《满济准后日记（下）》，转引自马云超《足利义满对明外交政策的调整——“日本国王源道义”成立之前》，《世界历史评论》2021年第1期。

[2]马云超：《足利义满对明外交政策的调整》。

[3]黄旭峰：《论日本型华夷思想的脆弱性》。

[4]赵莹波：《从明朝与日本之间国书中年号、称谓和国王印的变化看东亚关系》。

[5]日本幕府在对朝鲜、琉球等的国书中常使用“德有邻”“体信顺达”等私印，以显示日本地位高于它们。对明朝的国书中也用这样的印，是完全违反朝贡基本原则的。（赵莹波：《从明朝与日本之间国书中年号、称谓和国王印的变化看东亚关系》）

第三节　丰臣秀吉为什么要侵略朝鲜

一

虽然日本的称臣不情不愿，半心半意，但是因为明朝拒不开放民间海外贸易，这种勉强维持的中日官方贸易关系对日本来说仍然是非常重要的。

中日朝贡关系的断绝，导致了两个重大历史事件。第一是倭寇为患愈演愈烈，第二是丰臣秀吉侵略朝鲜。而第二件事，又间接导致了明朝的灭亡。

“倭寇”在中国历史上“大名鼎鼎”。仔细考察一下“倭寇”的历史，你会发现，它的兴衰与中日物资交换渠道的顺畅与否直接相关。

明初就有倭寇，不过那时候规模很小，和后来比起来，为患也不算严重。

朱元璋诏谕日本进贡失败后，下达海禁令，断绝中外贸易特别是与日本贸易，希望以此断绝倭患。

但是朱元璋显然不知道经济规律的力量，海禁政策适得其反，不但没能令倭寇消失，反而刺激了它的发展。元代中日民间贸易一直畅通，朱元璋切断了所有贸易渠道，反而让日本社会对中国物资更加渴求，也强化了倭寇入侵的动力。因此在朱元璋统治后期，倭寇大批扑向中国，对中国沿海一再侵扰，搞得朱元璋焦头烂额，一筹莫展。

不过永乐皇帝上台后，倭寇的侵扰却一时消失了。这倒不是因为永乐征剿有方，而是因为统一了日本的足利义满加入了朝贡圈，日本的贸易需求通过“朝贡贸易”得到满足，幕府也开始努力打击约束海盗，倭寇活动进入低潮。

“争贡之役”后，中日朝贡贸易断绝（虽然日本在嘉靖年间曾经再次尝试来中国朝贡，但没有成功）。嘉靖皇帝下令再次严厉进行海禁，企图断绝和日本的一切海上联系。

很显然，嘉靖重复了朱元璋的错误，而且错得比朱元璋还严重。当时日本正处于战国后期，各地经济繁荣，对中国商品的需要量大增。特别是迅速发展的丝织业所需的生丝几乎全从中国进口。海禁令一下，中国生丝在日本的价格一下子上涨了近十倍。

所以嘉靖海禁令一下，中日之间的走私贸易愈演愈烈。由于走私贸易规模扩大，海商竞争加剧，海盗也日益猖獗，海商们纷纷雇用强悍的日本武士来保护其安全，中国和日本的海上势力由此结合在一起，形成了明代后期的新型“倭寇”。这种“倭寇”是以中国人为主，日本人为辅的，中日海上力量结合可以各取所长：中国人以日本武士为先锋，可以让中国官兵丧胆；日本人以中国人为向导，更熟悉中国情况。因此16世纪时大规模倭寇活动的领导权更是多由中国海商头目所把持。[1]

因此当时很多有识之士认为，所谓“倭寇”问题，本质上是贸易问题。谢杰在《虔台倭纂》中分析说：“寇与商同是人，市通则寇转为商，市禁则商转为寇；始之禁禁商，后之禁禁寇。”[2]海盗就是海商，他们能贸易的时候贸易，不能贸易的时候才抢劫。因此，海禁越严，倭寇就会越多，“禁越严而寇愈盛，片板不许下海，艨艟巨舰反蔽江而来；寸货不许入番，子女玉帛恒满载而去”。[3]

了解了这些，我们就明白为什么嘉靖后期倭寇对中国沿海的破坏会如此剧烈。[4]永乐以后到嘉靖之前（1425—1521）近百年时间，中国沿海倭患很少，有记录者仅17次。但是嘉靖一朝的45年里，关于倭患的记录猛增到628次，占明朝倭患次数的80%。

> （倭寇）凶猛地频繁入侵中国，所到之处，烧、杀、淫、掠，残暴至极。受害范围波及山东、江苏、安徽、浙江、福建、广东六省，江、浙、闽三省受害最重。仅在1551至1560年的10年间即入侵414次，攻陷

---

[1]刘路：《日本战国时代“海贼”问题初探》，硕士学位论文，东北师范大学世界史（专业），2013，第9页。

[2]陈钰祥：《海氛扬波：清代环东亚海域上的海盗》，厦门大学出版社，2018，第4页。

[3]同上。

[4]龚启圣与马驰骋教授在《自给自足与明代海盗的兴衰》一文中通过大数据分析，得出的结论是嘉靖海禁后，倭寇对中国沿海地区的侵袭呈直线上升趋势。James Kai-sing Kung and Chicheng Ma，“Autarky and the Rise and Fall of Piracy in Ming China，” *Journal of Economic History*，Vol.74，No.2（June2014），pp.509-534。

县城21个，遭劫村镇不可计数。[1]

虽然戚家军的崛起沉重打击了倭寇的气焰，但是也没能终结倭寇。倭寇不再对中国沿海构成真正的威胁，是从隆庆朝开始的，原因是“隆庆开海”。隆庆元年（1567），明朝痛定思痛，取消海禁，准许民众航海贸易，海商不必武装走私即可获利，倭寇才渐渐消歇。

二

中日朝贡关系的断绝，引发的另一件历史大事是1592年丰臣秀吉侵入朝鲜。这是白江村之战过去九百多年后，日本大军再次登陆朝鲜，试图“假道入明”，征服中国。

丰臣秀吉为什么悍然侵朝？这件历史大事背后当然有着多重动因，我在后面还会提及，不过其中一重，与日本被逐出中国的朝贡圈直接相关。长期繁荣的中日官方贸易，给中日两国社会都带来了巨大好处。但是明代后期的海禁令，让日本商人受到巨大损失。

在统一全国的过程中，丰臣秀吉得益于商人的资助甚多。《太阁记》中记载，在丰臣秀吉出征九州时，堺市商人提供大量资金和物资。国内统一战争结束以后，“那些日本豪商们为了获取经济利润，迫切要求开展海外贸易”[2]。正如日本学者铃木良一所说的，“在侵略朝鲜的问题上，是那些特权商人急不可待地要求向海外贸易，起了积极的推动作用”[3]。

事实上，在侵朝之前丰臣秀吉曾经多次谋求以和平手段返回朝贡贸易圈。1586年，丰臣秀吉就曾派遣使臣至明朝要求通商，遭到拒绝。[4]在壬辰朝鲜战争之前，丰臣秀吉又数次遣使朝鲜，试图请朝鲜做说客，游说中国同意恢复朝

[1]吴廷璆主编《日本史》，南开大学出版社，1994，第196页。

[2]王臻：《清朝兴起时期中朝政治秩序变迁研究》，商务印书馆，2017，第36页。

[3]铃木良一：《丰臣秀吉》，郝迟译，黑龙江人民出版社，1983，第136页。

[4]李景温：《朝鲜壬辰卫国战争》，商务印书馆，1962，第5页。

贡贸易，也被朝鲜以“人臣无外交”的理由拒绝。

后来日本人在谈判一开始就开宗明义，说开战的主要原因是明朝不许日本进贡：“日本人囊日多被杀戮于大明南边，大明亦不许进贡，而独于朝鲜许贡，今又来护如此，日本岂得无恨云云。”并且说“大明君许朝贡，则当移去”。[1]

壬辰朝鲜战争期间的明朝谈判代表沈惟敬也向国内转述日本人的说法，他们之所以出兵攻打朝鲜，就是因为朝鲜拒绝了帮助日本人重回朝贡圈的要求：

> 惟敬即诘以兵扰朝鲜之故，彼说：“日本先年，欲赴天朝纳款，转咨朝鲜，代奏无音，且言语不平，拒绝太甚，因以构怨。”[2]

所谓“纳款”，就是要求恢复朝贡。

在丰臣秀吉宣布的征服计划中，战后天皇将移驻北京，丰臣秀吉自己将移驻宁波，做“皇之皇”。[3]为什么选择宁波呢？因为这是当时一个重要的海上贸易枢纽。

三

壬辰朝鲜战争一开始，日军所向无敌。他们采取闪电战战术，二十天攻破汉城，六十余天占领平壤。但万历皇帝派兵入朝后，日军的势头被迅速遏制。明军凭大炮优势很快夺回平壤，双方进入相持阶段。

平壤之战让丰臣秀吉认识到他征服中国的野心是不可能实现的。急于保住

---

[1]《李元翼状启》，转引自郑洁西、陈曙鹏《沈惟敬初入日营交涉事考》，《宁波大学学报（人文科学版）》2017年第6期。

[2]《李朝宣祖实录》卷七十八，转引自刘晓东《壬辰战争出兵与乞师言说中的政治伦理》，《古代文明》2021年第2期。

[3]1592年，秀吉秘书山中橘内由名护屋军营中致秀吉“女中”（在宫中、将军家等地任职的女性）的信中说，秀吉拟在征服中国之后构居于宁波府附近，以便总揽东亚各国之政权。（山口启二：《锁国与开国》，呼斯勒等译，内蒙古人民出版社，2005，第24页）

占据朝鲜南部四道战果的他开始与明朝议和。

丰臣秀吉亲自起草的《大明、日本和平条件》[1]一共有七条，其中最主要的是三条：

第一条是迎娶明朝公主，作为日本天皇后妃："和平誓约无相违者，纵天地虽尽，不可有改变也。然则迎大明皇帝之贤女，可备日本之后妃事。"丰臣秀吉要以迎娶明朝公主的形式，使日本成为明朝的和亲国。这样，日本会重新加入明朝的朝贡国队伍，只不过以一种比较"有面子"的方式，而不是其他国家那样单纯接受册封的方式。

第二条是恢复朝贡贸易，并且放开民间贸易："两国年来依间隙，勘合近年断绝矣，此时改之，官船、商舶可有往来事。"这是最大的实惠，也是日本始终如一的重要目标。

第三条是中分朝鲜，京城及北方四道归还朝鲜，南方四道割让于日本："对大明割分八道，以四道并国城，可还朝鲜国王。"即保持战争的部分成果。

总结起来，日本的重点在于"求贡"，而不想"求封"。日本希望"自今以往，大明、日本官船、商舶于往来者，互以金印勘合，可为照验事"。[2]迫切希望获得"勘合"，使两国"官船、商舶"的"往来"合法化，恢复官方的"朝贡"，并开展民间的"互市"。

那么，明朝的谈判条件是什么呢？万历皇帝说，日本必须先做到以下两点：

一、日本撤军，"尽还朝鲜故土"，返还朝鲜全部领土，一寸也不能少。

二、丰臣秀吉向明朝皇帝谢罪认错，"（关白）上章谢罪"。[3]

如果做到以上两点，大明可封丰臣秀吉为日本国王。但至于"求贡"，也

[1]田中健夫：《善邻国宝记》，转引自王煜焜《万历援朝与十六世纪末的东亚世界》，上海大学出版社，2019，第62页。

[2]梁晓天：《万历朝鲜战争》，现代出版社，2022，第368页。

[3]《宣谕平行长》，载宋应昌撰《经略复国要编》，郑洁西、张颖点校，浙江大学出版社，2020，第218页。

就是恢复贸易，则不在考虑范围之内。“一封之外，不许别求贡市”[1]。“劝彼归岛，上表称臣，永为属国，仍免入贡”[2]。

很明显，双方鸡同鸭讲，条件天悬地隔，离得太远了。

然而，在中日双方两位“外交奇才”的操作下，双方的谈判居然有滋有味地进行了近四年，而且中间还取得过“重大成果”，就是明朝册封丰臣秀吉为国王。这是怎么做到的呢?

关键是中日双方谈判代表充分发挥东方外交史上的“欺瞒”传统。双方都没有把对方的要求完整真实地汇报上去，经常伪造公文，改头换面，将“他要你磕头”，翻译成“他向你磕头”，让双方统治者都很满意。

如前所述，万历很愿意封丰臣秀吉为日本国王，但是不愿意日本进贡。在这种情况下，中方谈判人员为日方谋划过一个方案，叫“封后求贡”，令其谢恩时以巧术求贡市。先接受册封，表示臣服，让万历高兴，然后再谋求贸易。中方外交官陈云鸿曾对日方说，要迂回前进，中国的事急不得：“准封则不必要贡，当慢慢请之，未为不可。既封之后，尔国当遣使奉土宜称谢，因此而恭谨请之，则天朝无不准之理。何必忙忙一时要之乎？”[3]建议日方在册封后派谢恩使赴北京时再请求贸易，认为那样“天朝无不准之理”。

因此，万历二十二年（1594）十二月，双方终于达成了先封丰臣秀吉为王，其他后续再谈的“一致意见”。二十四年（1596）九月，明朝遣使来到大阪，举行册封仪式。诏书内容如下：

> 奉天承运皇帝，制曰：圣仁广运。凡天覆地载，莫不尊亲帝命。溥将暨海隅日出，罔不率俾。昔我皇祖，诞育多方，龟纽龙章，远锡（赐）扶桑之域；贞珉大篆，荣施镇国之山，嗣以海波之扬。偶致风占之隔，当兹盛际，宜缵彝章。咨尔丰臣平秀吉崛起海邦，知尊中国，西驰一介

---

[1]《兵部等衙门题为仰奉明旨以定东封事》，载宋应昌撰《经略复国要编》，第426页。
[2]谈迁：《国榷》卷七六，中华书局，1958，第4710页。
[3]郑洁西：《万历朝鲜战争期间和平条件的交涉及其变迁》，《学术研究》2017年第9期。

之使，欣慕来同。北叩万里之关，恳求内附。情既坚于恭顺，恩可靳于柔怀，兹特封尔为“日本国王”。锡（赐）之诰命，于戏宠（龙）贲芝函，袭冠裳于海表，风行卉服，固藩卫于天朝。尔其念臣职之当修，恪循要束，感皇恩之已渥，无替疑（款）诚，只服伦（纶）言，永尊声教。钦哉。[1]

溥天之下，都知道尊崇我天朝上国。你们日本小国，在我皇祖时代也曾受过皇恩，不过后来因为海波阻隔，一度不再来朝。现在你们丰臣秀吉崛起，知道尊崇中国，专门派人来请求内附成为中国的一部分。既然如此诚恳，我也不好拒绝，因此封你为日本国王，以后好好当天朝的臣子，老老实实，感戴皇恩，听中国的话！

完全是一副中央大国皇帝对蕞尔小邦降恩封赏的口气。

很多史书都引用日本史料，称明朝册封丰臣秀吉的仪式并没有完成，说册封时丰臣秀吉才发现自己只得到一个日本国王的空衔，其他一无所得，勃然大怒，撕毁诏书，命令日军再次出兵侵略朝鲜。

这一说法主要来自赖山阳的《日本外史》。赖山阳这样绘声绘色地描述丰臣秀吉听罢明廷“敕诰”后的反应：“至曰封尔为日本国王，秀吉变色，立脱冕服抛之地，取册书撕裂之，骂曰：‘吾掌握日本，欲王则王。何待髯虏之封哉！且吾而为王，如天朝何？’……逐明韩使者，赐资粮遣归，使谓之曰：‘若亟去，告尔君，我将再遣兵屠尔国也！’遂下令西南四道，发兵十四万人，以明年二月，悉会故行台。”[2]通过这一情节将丰臣秀吉描绘成一位尊严不可丝毫侵犯的顶天立地的英雄人物。然而历史事实并非如此。

《日本外史》成书于日文政十年（清道光七年，1827年），离1596年已经过去231年了。而且大明的这封诏书至今仍然完好地存放于大阪博物馆，并没有任何被撕裂的痕迹。

---

[1]王勇、王宝平主编《日本文化的历史踪迹》，杭州大学出版社，1991，第268页。

[2]赖山阳：《日本外史》（下）卷一六《德川氏前记 · 丰臣氏中》，转引自韩东育《日本对外战争的隐秘逻辑（1592-1945）》，《中国社会科学》2013年第4期。

学者郑洁西对册封秀吉一事进行了钩沉对比，挖掘了中日朝三方关于此事的大量原始资料，令人信服地说明，册封仪式在当时曾经顺利举行。

明朝的册封正使杨方亨向朝廷汇报说：

> （秀吉）领受钦赐圭印、官服，旋即佩执顶被，望阙行五拜三叩头礼，承奉诰命。受封讫，嗣至职等寓所，再申感激天恩，及慰劳职等涉历劳顿，等语。[1]

也就是说，册封时丰臣秀吉领受了明朝颁发的“日本国王”金印以及官服，并向北京方向行“五拜三叩头”之礼。

沈惟敬则在汇报中这样描述：

> 秀吉择以九月初二日，迎于大坂（阪）受封。卑职先往教礼，奉行惟谨。至期，迎请册使，直至中堂，颁以诰印、冠带服等项，率众行五拜三叩头礼，件件头项，习华音，呼万岁，望阙谢恩，一一如仪。[2]

中国外交官的记载显然是非常恭顺合乎礼仪，秀吉甚至“习华音，呼万岁”，未免让人生疑。

那么跟随明朝使者赴日本交涉的朝鲜通信使黄慎怎么说呢？他回朝鲜后向朝鲜国王汇报说：

> 两天使行封，关白立于庭上，五拜三扣（叩）头，敬受赐衣，其臣

[1]《宣祖实录（第二）》卷八三，转引自郑洁西《跨境人员、情报网络、封贡危机：万历朝鲜战争与16世纪末的东亚》，上海交通大学出版社，2017，第210页。

[2]《宣祖实录（第二）》卷八三，转引自郑洁西《跨境人员、情报网络、封贡危机》，第210页。

四十余人，皆受钦赐有差云。[1]

日本方面有没有当时的记载呢？虽然极少，但是也有。主要就是景辙玄苏的一条记录。

景辙玄苏是代表丰臣秀吉的外交谈判僧人，因为帮助议和有功，在明朝的册封过程中被明朝加封为“日本本光禅师”。这当然是一件大事，因此他在所著《仙巢稿》卷下的《流芳院殿杰岑宗英居士肖像赞并序》中记载了当时的册封情形：

大（太）阁喜气溢眉，领金印，着衣冠，唱万岁者三次。[2]

这个描述跟杨方亨、沈惟敬的报告书相同。

除了中日朝三方资料之外，还有耶稣会传教士的详细报告书。耶稣会当时在日本大力宣教，对日本政局极为关心。

传教士弗洛伊斯整理的《1596年12月18日长崎发信，路易斯·弗洛伊斯师之年报补遗》中有《太阁谒见明朝使节一行始终》一节，对当天的册封有非常详细的记载。据他的记载，册封典礼在一个和式房间中举行。册封使节和丰臣秀吉对坐在榻榻米上，丰臣秀吉接受了册书和金印后，举到头顶以致谢，然后换上了明朝服饰。

经过多方史料对比，我们可以确定，丰臣秀吉确实顺利地接受了册封，并且情绪不错。

丰臣秀吉之所以如此高兴，显然与他认为接受册封之后，可以重开中日贸易、结束旷日持久的战争有关。

完成册封之后，双方确实又进行了半年多的谈判，日方力争的重点，仍然

[1]不过在私下里，黄慎又向朝鲜大臣们讲述一些其他传闻，比如称丰臣秀吉受封时“以倭服受敕”。关于“拜礼”，黄慎称“或云为之，或云不为”。（《宣祖实录（第二）》卷八十三，转引自郑洁西《跨境人员、情报网络、封贡危机》，第210-211页）

[2]郑洁西：《跨境人员、情报网络、封贡危机》，第211页。

是尽早重开中日贸易，并保持日本在朝鲜的优越地位。这两点无论中方代表沈惟敬如何巧舌如簧都无法说服万历皇帝。丰臣秀吉终于失去耐心，谈判破裂，日本重新出兵。万历皇帝这才发现沈惟敬是个大忽悠，将他斩首了事。

第四节 清代的中日关系：谁向谁朝贡？

壬辰战争对当时的亚洲局势造成了深远影响。它不仅给朝鲜带来了巨大破坏，也加速了明朝的衰落，并为明朝灭亡埋下了伏笔。明军主力之一的辽东军损失很大，直接导致其无力压制后金的崛起，努尔哈赤乘机壮大，最终清王朝取代明朝成为东亚大陆的主宰。

清朝不像明朝那样虚荣，也没有像明朝那样立国之初四出派人招徕进贡。清朝的政策是，明朝的朝贡国，如果缴回明朝颁给的大印和文件，换取清朝的印章，可以继续向中国朝贡。至于没有朝贡关系的国家，清朝并不主动要求它们朝贡。因此清朝和日本一直没有建立正式的官方关系。

不过此时的日本倒是试图把中国以某种方式列为它的朝贡国。德川幕府实行闭关锁国政策，仅保留与中国和荷兰两国的贸易关系。长崎是当时日本对中国贸易的唯一港口。日本人专为中国商人在此建造“唐馆”，要求中国商人进行贸易期间必须居住在这里，不得随便外出。[1]其方式与中国在广东通过十三行约束西洋商人非常类似。

1715年，德川幕府颁布了对外贸易的新条规，叫“正德新例”，之所以得名，是因为这一年是日本正德五年。新例规定中国人来日本贸易，必须持有日本政府颁发的信牌。信牌上书写有日本的年号，没有信牌的船只，不许驶入日本港口，否则武力伺候，“焚其船，斩其人”。[2]

负责制定这一新规的幕府官员新井白石说，这一制度的第一个目的，是控制日中贸易的规模，防止金银等贵金属大量流失。第二个目的，则是提高日本

---

[1]薛明：《清前期的中日关系研究》，辽宁大学出版社，2014，第208页。

[2]新井白石：《折焚柴记》，周一良译，北京大学出版社，1998，第173页。

的国际地位。他说，允许中国商船自由往来有辱日本的国体：

> 我国优于万国，自古号称尚武。今受侮于此等船商，国体固所不容。因起草奉行所颁告唐人文书及颁给西部、中部大名之指令……明令：外国人出没近海，及登陆或离岸者，焚其船，斩其人。[1]

也就是说，我们日本比世界上任何其他国家都优越，自古就非常尚武。今天容许外国走私船只自由来往，不符合我们的国体。因此以后遇到走私船只，各地大名可以武力攻击，焚舟杀人。通过这一制度，“我国国威将扬于万里之外，我国财物亦将万世富足也”[2]。

由于包含“扬我国威”的政治意图，因此“信牌制度”很像中国对日本曾经实行的“勘合制度”，只不过把中日地位颠倒了，把中国摆在了“入贡国”的位置。[3]

日本正德五年（清康熙五十五年，1716）二月，长崎官员向中国商人发去公文，宣称日本国本来财用充足，不需外贸，本国自古“有土有人，财用丰赡，未曾借外来之资盖三千年”。仅仅是为了“怀柔”远人，才允许外贸继续存在。不过从此之后要从严管束，你们要遵守规定。[4]其口气与后来乾隆发给英国人的诏书颇为相似。

日本政府最初只给三十艘中国船只以“信牌”，也就是说，只有它们可以继续从事中日贸易。“信牌”正文如下：

> 长崎译司（某××某×某××）时奉台镇宪命，为择商给牌贸易，肃清法纪事：照得尔等唐船通商本国者，历有年所，络绎不绝，但其来人混杂无稽，以致奸商故违禁例。今特限定各港船额，本年来贩船只内，该

[1]新井白石：《折焚柴记》，周一良译，北京大学出版社，1998，第173页。

[2]同上书，第175页。

[3]王来特：《德川幕府在信牌事件中的反应：正德新例再解读》，《历史研究》2013年第4期。

[4]同上。

某港门几艘，每船所带货物，限定估价约若干，尔以通生理。所谕条款，取其船主某亲供甘结在案，今合行给照，即与信牌一张，以为凭据。进港之日，验明牌票，缴讫即收船只。其无凭者，即刻遣回。尔等唐商务必愈加谨饬，倘有违犯条款者，再不给牌票，按例究治，决不轻贷，各宜慎之，须至牌者。

上票给港名 船主某

正德五年三月　日给

译司　限到[1]

这完全是天朝上国的修辞方式。

这样一来，大量的中国商船被挡在了中日贸易之外。

这些中国商人非常愤怒，不过他们的愤怒无法指向日本政府，只能指向自己的同行。没能得到信牌的十五六名中国商人向宁波鄞县知县起诉，指控那些获得通商权的同行接受带日本年号的信牌，是一种政治背叛，或者说是汉奸行为，“奉外夷为正朔，实属忤逆朝廷而追随日本”[2]。他们激于爱国心，提起诉讼，请祖国官员严肃处理此类人员，让他们接受中国法律的严惩。

这是重大政治问题，知县怎敢判断，汇报给了浙江巡抚。巡抚也不敢决定，又汇报给了中央：

倭子忽立新例，只与先到之胡元克等四十二船每船牌票一纸，许其交易。若无伊国牌票，即拨回，不许交易。以我中国商船受长溪地方牌票，不但有乖大体，相沿日久，大生弊端，亦未可知。应将作何行文倭子之处详议，将伊所给票照发回，以我国文票为凭……[3]

倭子自然是指日本人。建议中国商人不得领有日本牌票，而转领中国公

[1]木宫泰彦：《日中文化交流史》，第654页。

[2]大庭脩：《江户时代日中秘话》，徐世虹译，中华书局，1997，第22页。

[3]中国第一历史档案馆整理《康熙起居注》，中华书局，1984，第2303页。

文。这样才符合政治“大体”，并且不生“弊端”。

如果遇到乾隆、嘉庆等其他清代皇帝，大概率会批示遵照执行，如此办理。但是现实而开明的康熙不以为然。他大度地认为不必为这些小事计较。

康熙说：“倭子之票，乃伊等彼此所给记号，即如缎布商人彼此所记认号一般。各关给商人之票，专为过往所管汛地以便清查，并非旨意与部中印文。巡抚以此为大事奏闻，误矣。部议亦非。着九卿、詹事、科、道会同再议具奏。”[1]

康熙这道上谕努力淡化日本此举的政治含义，要求臣下不要与日本争此一事之短长。因为维持中日贸易，对当时中国进口铜等重金属是相当重要的。铜是铸造钱币的主要原料，而中国国内所产不能满足需求，需要从日本大量进口。

除此之外，和明朝皇帝相比，康熙更认识到海外贸易的重要性。他说，“海洋贸易，实有益于生民”[2]，“财货流通，各省俱有裨益”[3]。康熙对明代倭寇之患也有自己的见解。他说：“朕南巡时，见沿途设有台座。问地方官及村庄耆老，据云明季备倭所筑。明朝末年，日本来贸易，大船停泊，乘小船登岸，直至湖州。原非为劫掠而来，乃被在内官兵杀尽，未曾放出一人。从此，衅端滋长，设兵防备，遂无宁静。”[4]他认为明代政治失误、贸易渠道不畅，是引发倭患的重要原因。正是基于这种思路，他才决定保持中日贸易渠道的开放。应该说，康熙的反应是非常理智的。

但是，中国的克制，并没有换来日本的大度。

清朝官方对信牌贸易方式的“容忍”，反而使得日本加大了打击沿海无信

---

[1]中国第一历史档案馆整理《康熙起居注》，第2303页。

[2]同上书，第1188页。

[3]梁廷枏撰《粤海关志》卷八《税制一　事例》，袁钟仁点校，广东人民出版社，2014，第156页。

[4]中国第一历史档案馆整理《康熙起居注》，第1895页。

牌中国商船的力度。[1]日方宣布："苟有犯我禁条，必处死勿贷。"[2]

日本享保五年（清康熙五十九年，1720）六月二十二日，一艘走私的中国船只漂流到筑前大岛冲海面，日本兵船对它进行了攻击。根据《长崎实录大成》记载，日本藩兵最初用步枪进行了轻度打击，但是因为对方并没有马上离开，所以日方又发射了火矢，该船因起火最终人货具焚，沉入海底。[3]

甚至连一些并不一定是走私的漂流船只也遭到日本的武力驱逐。1726年，日本人在阿武郡须佐浦用火枪攻击了一艘他们自认为是走私的中国商船，尽管这艘商船提交了贸易信牌，但日方认为信牌是伪造的。中国商船被迫自行放火烧沉于须佐浦。[4]

中国船只之所以屡遭打击，与清朝政府保护不力有关。康熙决定不因日本的政策变化断绝中日贸易关系固然是正确的，但是为了维持这种关系，采取退缩苟安的态度，则是错误的。清朝不但不为中国商船提供必要的军事保护，也没有与日本进行任何外交交涉，相反，为了保证中国商人在日本"不生事"，不危及两国关系，还对出海商船搭载武器实施严格控制。康熙五十八年（1719），清朝政府规定："一切出海船只不得携带军器。"[5]这进一步造成了中国商船的弱势地位。日本学者木部和昭认为，日本对唐船的炮火驱逐行为是不可能发生在朝鲜难船上的，这是因为日本迫于朝鲜官方的压力。[6]

中日之间的贸易从此一直维持着信牌贸易的方式。中国商人在不时经受武力打击的情况下，接受日本政府的严厉管束，艰难地进行着中日贸易，一直到

---

[1]孟晓旭：《正德新例与康熙朝的中日关系》，《郑州大学学报（哲学社会科学版）》2008年第2期。

[2]《海上交通编·门司港编》，转引自孟晓旭《正德新例与康熙朝的中日关系》。

[3]王来特：《近世中日贸易中的政治问题》，博士学位论文，东北师范大学专门史（专业），2014，第198页。

[4]孟晓旭：《正德新例与康熙朝的中日关系》。

[5]王来特：《近世中日贸易中的政治问题》，第199页。

[6]孟晓旭：《正德新例与康熙朝的中日关系》。

世界步入近代。

因此，至少从南北朝之后，日本不应该算是中国的朝贡国。在中国的朝贡圈中，日本和朝鲜、越南、琉球甚至泰国都不一样，应该算是一个“异类”。事实上，和中国一样，日本从很早就开始经营自己的朝贡圈，试图把自己放到世界中心的位置上。这一点我们放到第二编再进行论述。

第四章
朝贡圈里的两面派：越南的“内帝外臣”

第一节 表文写得好，奖励土地

在中华帝国的属国中，越南（此文中的“越南”一词不仅指代清代赐国号之后的阮朝，也用以指代包括交趾、安南在内的越南所有古代政权）与朝鲜、琉球属于“第一梯队”，都是中华帝国的“好学生”、模范藩属。[1]

汉武帝攻灭南越国之后，越南北部就成了中国的一部分，直到五代十国天下大乱之后，越南才从中国分裂出去。越南历史书上管这一段历史叫“北属

[1]《大清会典》记载的清王朝七个“四裔朝贡之国”，包括暹罗、缅甸等七个国家，其中越南与朝鲜、琉球一样，都是最恭顺的“模范属国”。

时期”。[1]

也许是因为这段渊源，自从北宋初年和中国建立朝贡关系之后，越南就一直是中国“忠实”的藩属。它熟悉中原礼仪，恪守藩属职责，频繁进贡，历代都与中国保持着密切来往。有宋一代，交趾进贡45次，比另一个朝贡的模范国高丽的41次还要多出4次。[2]有明一代安南遣使入贡多达79次。[3]有清一代，安南（国号后改为越南）也曾派出60多批使者到中国朝贡，恭恭敬敬地向中国进贡金香炉、花瓶、银盆、沉香、速香、土绢等土特产。每当国王去世，越

---

[1]在汉字文化圈中，越南与朝鲜非常相似。它们都曾是中原王朝的一部分，又都不愿意这段历史被提起。

当下越南驻华大使馆官网的“越南历史”有如此记述：“公元前111年，瓯雒国（越南最早的国家名称）遭受中国汉朝的侵略。自此，越南置于中国封建王朝统治长达十多个世纪。在十多个世纪北方封建统治下，越南人民英勇顽强，反抗统治者的起义风起云涌。公元10世纪，越南人民终于结束了北方封建朝代的统治，建立了独立的国家，名为大越国。公元1010年迁都升龙（今河内）。自此，大越国进入长期的独立纪元。……在此期间，越南人民还多次面对外国的侵略者，包括中国历代宋朝（11世纪），元朝（13世纪），明朝（15世纪）和清朝（18世纪）。”

事实上，越南历史的开端当然应该追踪到赵佗建立的“南越国”，这个国家现在因为位于广州的南越王墓而广为人知。西汉灭南越之后，在其故地设置七郡（后平定海南，增设儋耳、珠崖二郡，合为九郡），其中的交趾、九真、日南三郡在今天的越南境内。因为这段历史，阮福映向嘉庆皇帝求取国号时最初的要求是“南越”，也正因为这段历史，嘉庆皇帝执意不同意，而将其国号定为“越南”，即中国的越地之南。

要是这么说，赵佗应该是南越的开国之主。但是因为赵佗毕竟是“北人”，于是今天的越南人跳过赵佗，将越南开国史追溯到所谓“雄王”：“雄王，貉龙之子，泾阳之孙，定都曰文郎，相传十八世皆称雄王”（阮鹰：《抑斋遗集》，越南汉喃研究院藏抄本，编号A1753）。这种取舍，正如同朝鲜后来尊崇檀君而舍弃箕子，更多是出于民族主义动机。

从西汉到唐末，“交趾”一直是中原王朝的一部分。直到五代之乱，它才终于从中国脱离出去。968年丁部领建立丁朝，成为越南自主政权的正式开始。

北宋攻灭南汉之后，紧邻南汉的丁部领感觉到威胁，遣使以其子名义上表入贡。宋太祖封丁部领为“交阯郡王”。从此，越南成为中国历代进贡的朝贡之国。

[2]李云泉：《万邦来朝：朝贡制度史论》，新华出版社，2014，第38页。

[3]昆明市对外贸易经济合作局编《昆明市对外经济贸易志》，云南民族出版社，2003，第89页。

南历代王朝都要派人到中国来汇报，称为“告哀”。[1]新国王即位，更是必须经过中国“册封”，才算合法。

在全世界各个国家当中，中国、越南和朝鲜这三国历史有着诸多共同点，比如都存在着多次“改朝换代”现象，也就是异姓王朝不断兴废。每当越南“改朝换代”之后，新王朝的开国之主要做的第一件事就是派人到中国来，“奉正朔”，“求册封”，“定名分”[2]。只有获得中国的承认，这个新王朝对内对外才算获得了合法性，才可以名正言顺地统治越南。

所以从表面上看，越南近千年来一直恪守上国[3]典章制度，供职勤谨，在朝贡国中起着表率作用。越南深受儒家文化影响，历史上长期建孔庙、开科举，汉文化修养很深，进贡表文写作水平在朝贡国中数一数二。《清朝野史大观》一书特意收录了一篇同治十二年（1873）的《越南进贡表文》，理由是“表文用俪体，选词颇佳，兹备录之”。我们把这篇让中国文人击节赞赏的表文选录如下：

> 越南国王臣阮福时稽首顿首谨上言，兹仰见萱阶日煦，桂甸风清，仰天阊而葵藿遥倾，瞻王会而梯航恐后，谨奉表上进者，伏以皇畴建五，庶邦翘安劝之仁，使驿重三，下国效宾从之款。寻常雉夑咫尺螭坳，钦惟大皇帝陛下汤德懋昭，尧勋光被，六御辰居极北，合遐迩为一家一人，四敷文命暨南，公覆载于所通所至，波不扬于周海，共毕受于商畿，念臣忝守炎邦，世承藩服，久洽同文之化，夙敦述职之虔。土物非臧。上届幸停留抵，庭香惟谨。下情获遂瞻依，臣凭仗宠灵，恪修职贡，式金式玉，遵王度以不违。维翰维屏，迓天庥于无斁。臣不胜瞻天仰圣激切屏营之至……[4]

---

[1]仅有清一代，中原王朝就为越南（包括后黎朝、西山朝、阮朝）的10位国王举行过“谕祭”，也就是正式祭奠。

[2]范宏贵：《范宏贵集》，线装书局，2010，第181页。

[3]中国称属国为下国、外藩或者直呼其国名如安南、朝鲜等，属国则须称中国为天朝或上国。

[4]《清朝野史大观》，李炳新、徐俊元、石玉新校勘，河北人民出版社，1997，第386-387页。

这篇文章“眩耀为文，琐碎排偶”[1]，确实可以称得上典雅堂皇。

所以中原王朝历来对越南褒奖之辞不绝。清朝君主尤其对越南赞赏有加。比如康熙称越南“累世以来，抒诚进贡，恭顺有年，谊属屏藩，忠荩夙著”[2]。雍正称越南“累世恭顺，深属可嘉”[3]。

为了奖励这个小国的恭顺，雍正皇帝甚至还曾把一大片国土赏赐给了越南。

原来自明朝以来，越南不断地蚕食中国领土。明朝末年，越南已经把边境向北推了一百二十里。清朝建立之后，越南继续北进，到雍正三年（1725），又向北推了一百二十里。云贵总督高其倬反复核对地图，又派人多次实地走访，掌握了大量越南侵占领土的确切证据，先后两次上奏雍正，建议皇帝索回被侵占的土地。[4]

没想到，雍正皇帝读了奏折却很不高兴，下诏说：

> 朕思柔远之道，分疆与睦邻论，则睦邻为美；畏威与怀德较，则怀德为上。……安南自我朝以来，累世恭顺，深属可嘉，方当奖励是务，宁与争尺寸之地，况系明季久失之区乎？其地果有利耶，则天朝岂宜与小邦争利？如无利耶，则又何必与之争？朕居心惟以大公至正为期，视中外皆赤子。[5]

---

[1]柳宗元：《柳宗元集》卷一八《乞巧文》，中华书局，1979，第489页。

[2]《圣祖实录》卷六九，收入《清实录》第四册，中华书局，1985，影印本，第890页。

[3]《世宗实录》卷三一，收入《清实录》第七册，中华书局，1985，影印本，第480页。

[4]“一百二十里失去四十余年，年老之人皆能记忆。二百四十里之界不知失于明季何时，事久年淹，故土人无能知之者。臣前查时，亦止知有一百二十里一层，不知有二百四十里一层，实是臣疏漏之罪。若以旧界，应将二百四十里之境彻底取回，交址之都竜、南丹二厂，皆在此内。交趾久倚此二厂以为大利，必支吾抗拒，且必谓臣等图其矿利，故捏辞陈奏。但臣叨任封疆，朝廷境土，臣以尺寸为重，谨详奏请旨，恭候圣裁，谨奏。”（方国瑜主编《云南史料丛刊》第八卷，徐文德、木芹、郑志惠纂录校订，云南大学出版社，2001，第522页）

[5]《世宗实录》卷三一，第480页。

也就是说，对待远人之道，以和睦为美。与其让人惧怕，不如让人爱戴。安南自我大清开国以来，一直很恭顺，所以应该奖励才是，怎么能和它争地呢？如果得了这块地有好处，那么我们为什么和一个小国争好处？如果没有好处，那就更不应该争了。中国人和外国人，在我眼中，都是我的子民，我应该一视同仁，把一碗水端平。

意思是要把这块土地作为“奖励”，赐给越南。雍正因此专门颁了一道敕谕给安南国王，讲了这件事，然后说：

> 朕念安南累世恭顺，王能恪继职守可嘉，且此地乃弃自明朝，安南之民住居既久，安土重迁，恐有流离之苦。朕心存柔远，中外一视，甚为不忍。[1]

也就是说，你们作为藩属非常尽职，这块地方是明朝时就放弃的，而且越南百姓已经在这里生活很久了，让他们搬迁很不方便，所以我心里很不忍，就把这块地赏赐给你们吧。

为了处理好这件事，雍正还特意将高其倬调任，换上了更能领会他意图的鄂尔泰。鄂尔泰建议说，明代的一百二十里已经赐予了越南，清代所失的一百二十里，不妨仍将八十里赐予越南，只收回越南近年占领的四十里。雍正同意了。

没想到越南国王黎维祹接旨后并没有心满意足，反而得陇望蜀，回复了一道奏章，说感谢大皇帝如此天恩。不过这四十里的地方，也本来是越南的，希望大皇帝您不要和我争。接着又林林总总地罗列了一大堆“自古以来”之类的证据。雍正看了，当然很不高兴，没想到越南国王居然如此不识大体。他批复说：

> 朕统御寰区，凡兹臣服之邦，莫非吾土，何必较论此区区四十里之地？……王不必以从前侵占内地为嫌，中心疑惧，必欲拳拳申辩。……朕

---

[1]《世宗实录》卷三一，第480-481页。

不深求其既往，仍加惠于将来。倘意或迟回，有失从前恭顺之义，则朕亦无从施怀远之仁矣。[1]

我统有天下，凡是属国的土地，也就是我的土地，我会在乎这区区四十里吗？你不必担心，不要斤斤计较。你要是对我诚心诚意，那么一切好说。你要是不信任我，那我可能就不会继续对你施恩了。

越南国王于是马上上表，悔过称谢，表文写得非常“恭顺”，称“臣感戴圣恩，欣跃欢忭，惟愿万方拱命，圣寿无疆，圣朝千万年太平，臣国千万年奉贡”[2]。

这篇作文再次得到雍正激赏，皇帝嘉其知礼，于是又大笔一挥，把这四十里土地也赏给了他：“览王奏，感恩悔过，词意虔恭。朕特沛殊恩，将云南督臣等查出之地四十里赏赐该国王。”[3]

第二节 全面突破礼制的属国

一

然而，满怀惬意地欣赏着越南表文的中国皇帝恐怕不知道的是，这个看起来非常恭顺的越南，内心其实是非常不恭顺的。

朝贡体系从一定意义上来说是一个礼仪体系，有一系列非常严格的规矩。

比如，只有宗主国的王朝能在国号前加“大”，比如大汉、大唐、大宋、大元、大明、大清。

一个由三个笔画构成的“大”字今天看起来似乎无关紧要，但在传统时代

[1]《世宗实录》卷六五，第999页。

[2]同上书，第999-1000页。

[3]同上书，第1000页。

实属大事。因为能否称大，是天子之国与藩属小国的重要区别。典籍说，“大天子”“小诸侯”也。《春秋谷梁传》说：“会于温，言小诸侯。温，河北地，以河阳言之，大天子也。”[1]

因此，属国的国名前面是绝对不能加“大”字的。朝鲜在这点上遵守得很好。葛剑雄先生说：

> 我在韩国亲眼看到不少古代士大夫的墓碑，无不题为“大明朝鲜国”“大清朝鲜国”“有清朝鲜国”。[2]

后来，鸦片战争前后英国在与中国的交往中，也因为自称“大英国”，引发了严重外交冲突。

然而，越南自立国以来，就一直把“大”字加在自己的国号之上。

北宋初年，968年，丁部领建立丁朝，这是越南独立之始。他遣使上表入贡，宋朝封他为“交阯郡王”。

既然受封“交趾郡王”，那么国号当然应该是“交趾”，然而如果我们去参观越南宁平省的华闾古城遗址博物馆，会发现发掘于丁朝宫殿遗址的红砖上，却刻有“大越国军城砖”的铭文。显然丁朝时期的越南是自称“大越国”的。

越南在丁朝之后，还存在过前黎朝、李朝、陈朝、后黎朝、西山阮朝等朝代。不论朝代如何变化，越南始终自称“大越”。直到清代中期，阮朝统治者才将“大越”改为“大南”。

一直用一个国号，如何区分诸多王朝呢？越南的王朝都自称“大越某家”。比如李朝自称“大越国李家”，陈朝自称“大越国陈朝”。这在越南各种碑刻上经常可见。

当然，这一国号越南从来没敢对中国使用过，越南历代君主都知道这是重

---

[1]《春秋谷梁传》，顾馨、徐明校点，辽宁教育出版社，2000，第54页。

[2]葛剑雄：《为什么说韩国有功于中国文化传承》，2009年2月20日，https：//news.ifeng.com/opinion/ 200902/0220_23_1025117.shtml。

大的“原则性错误”。因此行文中国的时候，他们一直是老老实实地使用中国认可的国号，比如交趾、安南和越南，“大越”二字只用于对内以及中国之外的一些邻国。

二

除了国号之外，越南其他僭越之处也不胜枚举。

比如按照朝贡体制规定，天下只有中国的君主，才能称为“皇帝”，只有中国皇帝可以被称为“陛下”，只有中国皇帝能自称“朕”，只有中国皇帝发布的命令能称“圣旨”和“诏书”。此外还有非常重要的一点，那就是藩属国不能建立自己的年号，只能采用中国纪年。比如朝鲜国的历史典籍，就以中国年号纪年。

然而越南几乎突破了关于宗藩体制或者说朝贡体制的所有规定。越南历史上的第一个君主丁部领就自称“大胜明皇帝”。从他开始，越南君主一直在自己国内称帝，甚至对自己周围的小国称帝。他们平时自称“朕”，发布的命令称“圣旨”，自建年号，无处不与中国相同。[1]

当然，和国号一样，这种用法只局限于内部和对周边国家，在与中国打交道的时候，越南一直严格遵守朝贡规定，头磕得规规矩矩。

因此，越南历史上虽然频繁改朝换代，但各个朝代对中国有一个共同的行为模式，那就是表面上称臣进贡，行礼如仪，对内却称皇称帝，和中原皇帝平起平坐。越南人自己总结这个外交方针叫“内帝外臣”。这个词是潘辉注在《历朝宪章类志》（编于1810—1821年）中总结出来的：“我越南奄有南土，通好中华，虽君民建国，自别规模，而内帝外臣，常膺封号，拟诸理势，

[1]越南史籍如《大越史记全书》等官修史书，其纪年方式乃先署安南帝王纪年，次附中国纪年。而《天南余暇录》所录发往周边小国文书也是使用了黎圣宗的“洪德”年号。又据日本近藤守重所编《外蕃通书》中的“安南国书”，晚明时期安南国致日本国的书札均署安南国主的年号，如“弘定”“永祚”等。在士子科试中，试题用的也是安南国王的年号。

诚有宜然。故其册封之礼，贡聘之仪，历代邦交，视为关著。”[1]

也就是说，我大越拥有南部土地，历来与中国通好。虽然实际上体制与中国平等，但是对内称帝，对外称臣，一直接受中国的册封，这按大国小国间的实力原则，也是理所当然的。所以历代都对向中国请封朝贡看得很重要。[2]

三

越南中国化之深，与朝鲜相仿佛。从李朝开始，越南就大修文庙，供奉孔子和周公，读书人几乎都熟读儒家经典。

朝贡体系重在“昭名分”“辨等威”。小国如子弟尊敬父兄一样尊奉上国，以小事大，正是儒家的处世之道。因此按理说，尊奉儒学的越南也应该和朝鲜一样，发自内心地遵奉朝贡秩序。

那么越南是怎么解决尊奉儒学的同时却一直违反朝贡秩序这一巨大矛盾呢?

越南人自有他们的独特理论。我们来看李朝开国君主李公蕴迁都河内（时称大罗城）时发布的诏书：

> 高王故都大罗城，宅天地区域之中，得龙蟠虎踞之势，正南北东西之位，便江山向背之宜。……诚四方辐辏之要会，为万世京师之上都。朕欲因此地利，以定厥居，卿等如何？[3]

如前所述，朝贡体制的理论基础之一，是“地理决定论”。朝鲜人认同这

---

[1]黎巧萍主编《第三届中越语言文化教学与研究国际学术研讨会论文集》，对外经济贸易大学出版社，2014，第389页。

[2]越南偷偷摸摸做了近千年“隐形帝国”，直到1945年第二次世界大战临近结束时，阮朝君主保大才正式宣布称帝，建立所谓“越南帝国”，公开做起中国式的大皇帝梦，不过他只在位五个月，就在胡志明崛起下被逼退位。

[3]西南大学历史地理研究所编《中国人文田野（第5辑）》，巴蜀书社，2012，第220页。

一理论，认为：“我东之为夷，地界然矣，亦何必讳哉！”[1]

但越南人不这样想。虽然中国历来认为越南是天边炎土，但越南人和中国人一样，认为自己居住的土地是“天地之中”。

既然自认为居于天地之中，那么自己就不是“夷”。是什么呢？是“华”。“大越国李家第四帝崇善延龄塔碑”碑文赞颂李仁宗的功德政绩，谓“文轨同仪，华夷共贯。五行顺序，百谷丰登”[2]，这个“华”不是指中国，而是自指，越南自视为一个中原国家。

因此，越南人习惯上将中国王朝称为“北朝”，将自己称为“南朝”，认为两国地位完全平等，只有地域南北的区别。如果北朝出现乱政，越南甚至认为自己有责任“吊民伐罪”，主持天道。

北宋王安石改革时期，因为兴革力度太大，一度导致社会出现严重动乱。越南见有机可乘，便兴兵北上，“命李常杰、宗亶领兵十余万击”[3]中国，这是越南独立建国后第一次主动进攻中国。

将军李常杰为这次出兵发布了一道《伐宋露布文》：

> 天生烝民，君德则睦；君民之道，务在养民。今闻宋主昏庸，不循圣范，听安石贪邪之计，作青苗助役之科，使百姓膏汁（脂）涂地，而资其肥己之谋。……本职奉国王命，指道北行，欲清妖孽之波涛，有分土地分民之意……[4]

可见，李常杰自认为越南出兵是因为宋朝违背天道，逆天虐民。因此他奉

[1]洪大容：《湛轩书》内集卷三《又答直斋书》，转引自王元周《论“朝鲜中华主义”的实与虚》，《史学集刊》2009年第3期。

[2]吴宏岐、黄忠鑫、郭世强主编《中国历史地理研究·岭南商业网络与历史地理研究》，陕西师范大学出版总社有限公司，2021，第432页。

[3]孙晓主编《大越史记全书》第一册，西南师范大学出版社，2015，第187页。

[4]张花氏：《东坡茶》，四川辞书出版社，2019，第86-87页。

命扫清妖孽，再创尧天舜日。[1]《续资治通鉴长编》也记载：“（交趾）言中国作青苗、助役之法，穷困生民。我今出兵欲相拯济。”[2]

四

不过，越南人在主动挑战宋朝时居然守住了一条底线。虽然在檄文中称宋神宗为“宋主”而非皇帝，但是仍称己方为“国王”。这证明他们在内心深处，面对真正的中华，还是有些底气不足。

直到元朝建立之后，越南人面对中国，才有了真正的底气。

1225年，越南出现了一个新的王朝陈朝。[3]这个陈朝生不逢时，建国不久就遭到了蒙古铁骑的入侵。[4]

面对“不识汉字”的蒙古政权，越南人内心升起强烈的文化自信。主持抵抗蒙古大兵的陈国峻让每一个士兵都在手臂刺上“杀鞑”二字，以表决心。他在《谕诸裨将檄文》里直斥蒙鞑乃不共戴天之仇，说：“汝等坐视主辱，曾不为忧；身当国耻，曾不为愧；为中国之将，侍立夷酋，而无忿心！”[5]

这是越南正史中第一次自称“中国”。以前他们仅止于自称“华”或者

---

[1]李常杰的诗作当中，还有“南国山河南帝居”之句（李济川撰《粤甸幽灵集录》，朱凤玉校点，收入陈庆浩、孙逊主编《越南汉文小说集成》第二册，上海古籍出版社，2010，第22页）。战后越方在归还宋朝的俘虏时，在二十岁以上的俘虏身上都刺上了“投南朝”字样。

[2]李焘撰《续资治通鉴长编》卷二七一，中华书局，2004，第6651页。

[3]南宋封陈朝（1225-1400）国王为“安南国王”，因此在之后的中国典籍中，越南的国名从交趾变成了安南。但是越南人自称“大越国陈朝”，撰于开祐三年（1331）的“崇天寺碑”碑文开篇即言“大越国陈朝第七帝”。

[4]陈朝君主本想如以前与中原王朝一样，派人向元朝磕磕头，赚赚钱，然后关起门来两不相扰。然而蒙古人建立的元朝却崇尚实力原则，并不按照儒家原则“以不治治之”，而是要求越南国王送王子到京师做人质，向元王朝提交户口簿、提供兵力、缴纳赋税、接受元派来的常驻官员。

[5]韩东育：《“华夷秩序”的东亚构架与自解体内情》，《东北师范大学报（哲学社会科学版）》2008年第1期。

“夏”，从来没有自称“中国”。显然，越南人认为，此时的北朝已经全面沦亡于夷狄，文化正统仅存于南朝，南朝成了唯一的“中国”。自此之后，越南就开始经常自称“中国”“中夏”。1335年，陈明宗《摩崖纪功文》称：“皇越陈朝第六帝，章尧文哲太上皇帝，受天眷命，奄有中夏，薄海内外，罔不臣服”。[1]

越南人认为，他们自称“中国”有充分的理由：“中国”二字，主要是指文化上的意义，而不是地理上的方位。正如越南莫朝开国之主莫登庸所说：“三纲五常，扶植天地之栋干，奠安生民之柱石，国而无此，则中夏而夷狄，人而无此，则衣裳而禽兽。”[2]可见他们认为，只要建立三纲五常，无论何地都可成为“中夏”之国，失去了三纲五常，虽地处中原也只是夷狄。

1368年，明太祖朱元璋光复汉土，重建汉人王朝。按理说，中华已经光复了，越南人也应该把“中国”这个词老老实实送还吧！然而他们并没有这样做。我们都知道，明朝初年一度征服并直接统治越南。在赶跑中国人后，黎利建立后黎朝。[3]我们在读后黎朝以后的越南文献时，一定要注意，在大部分情况下，文中的“中国”二字都是指越南，而不是指“北朝”。比如开国皇帝黎利将明朝占领越南这一阶段形容为“贼在中国”，也就是贼人占领中国（即越南）。越南人回顾这段历史，说：“凡中国豪杰之士，（明人）多阳假以官，安插于北。”[4]也就是说，凡是杰出的越南人，明朝人都任命为官员，安插到明朝政府。

---

[1]吴宏岐、黄忠鑫、郭世强主编《中国历史地理研究 · 岭南商业网络与历史地理研究》，第433页。

[2]孔祥林：《图说孔子》，山东友谊出版社，2006，第229页。

[3]明朝初年，中国一度征服越南，将安南之地重置为交趾布政使司（省）。然而自立已有四百余年的越南已经不习惯重入大一统，反抗不断，明宣宗只好放弃安南，宣德三年（1428），占领安南二十余载的明军全部退出。黎利即帝位于东京（今越南河内），大赦，改元顺天，建国号“大越”。正统元年（1436），明英宗方封黎利之子黎麟（后称太宗）为“安南国王”。后黎朝仍然沿用了以往的模式，对中国皇帝称王，接收其册封，对其纳贡。

[4]孙晓主编《大越史记全书》第二册，第458页。

从后黎朝开始，越南人的文化自尊达到空前的高度，理论建设也开创了新的篇章。越南的知识精英对安南的历史做了重要的修订，他们开始宣称安南人乃炎帝的后裔。

后黎朝首席谋臣阮廌在《舆地志》中说：

> 我越之先，相传始君曰泾阳，炎帝之裔。王父帝明巡狩至海南，遇婺仙女纳之，生子禄续，神采端正，有圣德，帝奇爱之，欲立为嗣。王固让其兄，帝明乃封之越南，是为泾阳王。[1]

我大越国的先祖，是炎帝的后代。炎帝的三世孙帝明巡狩到海南，遇到仙女，娶之为妻，生下儿子禄续。帝明本想以禄续为继承人，但是禄续非要把帝位让给哥哥。于是帝明就让他哥哥治理北方，封他为泾阳王，治理南方。

这是安南士大夫首次将安南人与汉人的鼻祖炎黄两帝扯上关系，宣称安南人与汉人有着共同的鼻祖。

阮廌写作的另一名篇，在越南被誉为第二个独立宣言的《平吴（即明朝）大诰》，开头便称：

> 惟我大越之国，实为文献之邦。山川之封域既殊，南北之风俗亦异。自赵、丁、李、陈之肇造我国，与汉、唐、宋、元而各帝一方。[2]

我大越国，确实是一个文明之邦。我国历代皇帝，和北朝的汉、唐、宋、元皇帝各自称帝于一方。

洪德年间，吴士连在续编国史《大越史记全书》时继承了这一观点，他在这本书的序中说："大越居五岭之南，乃天限南北也。其始祖出于神农氏之

---

[1]阮廌：《抑斋遗集》卷六《舆地志》，转引自吴宏岐、黄忠鑫、郭世强主编《中国历史地理研究·岭南商业网络与历史地理研究》，第430页。

[2]明峥：《越南史略（初稿）》，范宏科、吕谷译，生活·读书·新知三联书店，1958，第171页。

后，乃天启真主也，所以能与北朝各帝一方焉。”[1]

因此越南认为自己与“北朝”是同属“华夏”的两国，并没有从属关系，即所谓“天限南北，各帝一方”。五岭是上天用来区分大地南北的天然界线。

当代史上中越两国的关系一度被称为“同志加兄弟”。其实早在古代，越南人就这样表达过。他们说：“江山有垠分南北，胡越同风各弟兄。”[2]

除了“中国”一词外，在越南文献中遇到“汉人”“汉民”，也要多加注意，因为这不是指中国人，而是指越南人。那么他们怎么称呼中国人呢？在明代，他们称中国人为“吴贼”“吴人”或“唐人”。在清代，他们称中国人为“清人”“唐人”“北人”。[3]

第三节　越南的亚朝贡体系

既然是“华”，那么按儒家理论，其君主自然也就是天下共主，周围的蛮夷都得向自己朝贡。

所以越南在东南亚一带一直以“华夏”自居，称周围的其他国家和民族为“夷狄”。从独立开始，它就试图构建起一个以自己为中心的朝贡体系。

这个朝贡体系从精神上全盘仿照中国。我们来看看1119年李仁宗讨伐麻沙洞时发布的诏书：

---

[1]孙晓主编《大越史记全书》第一册，第7页。

[2]裴之宽：《坐花摘艳上集》，收入阮子成《北使时吟》，汉喃研究院藏本，编号A.844。转引自陈文源《13-15世纪安南的国家意识与文化取向》，《世界历史》2014年第6期。

[3]阮朝的官方史书《大南实录》里比比皆是的“夏”“汉”全是指越南的京族，譬如“嘉隆年间，设置职管员役，耳濡目染，渐入汉风，若加之政教，用夏变夷，想不出数十年，可使与汉民无异”（《大南实录》正编第二纪卷八五，转引自范宏贵《越南民族与民族问题》，广西民族出版社，1999，第5页），这段文字写的其实是当时越南侵占柬埔寨并实施强制同化政策，与中国的汉人没有任何关系。阮朝时期成书的《嘉定城通志》中写有“华民、唐人、高蛮杂居”之句（梁茂春、陈文、梁晓晨：《跨国迁移、流动与身份认同》，上海人民出版社，2020，第15页），其中的“高蛮”是高棉，“唐人”是移居越南的中国人，而“华民”指的也是越南本国的京族。

诏曰：朕膺一祖二宗之业，奄有苍生；视四海兆姓之民，均如赤子。致异域怀仁而款附，殊方慕义以来宾。且麻沙洞丁，生于吾之境土；而麻沙洞长，世作予之藩臣。蠢尔庸酋，忽负先臣之约；忘其岁贡，乃缺故典之常。朕每思之，事非得已。其以今日，朕自将讨之。咨尔将师六军，各尽汝心，咸听朕命。[1]

越南君主认为自己是四海万民之主，天下所有苍生都应该拥戴自己。而小小麻沙洞竟然敢不进贡，基于大义，只好征讨。

为了让周围的国家向自己称臣，李朝多年间倾尽国力，不断向四方展开征战。特别是位于安南南方的占城国（今越南南部），本来也是中国的藩属，历代朝贡不绝。但是越南前后五次出兵征伐，使得占城在向宋朝朝贡的同时，不得不也前后向李朝朝贡33次，这一数字足以说明越占朝贡格局的相对稳定。在不懈努力下，越南在李朝时代初步建立起自己的朝贡体系。除了占城成为它的朝贡国，《大越史记全书》还多记载“真腊国来贡”“占城来贡”“暹罗国来贡”[2]等，说明李朝的朝贡体系已经小有规模。学者为了区别于中国的朝贡体系，称越南等小国建立的朝贡体系为“亚朝贡体系”。

后黎一朝的朝贡体系建设则上了更高的一个层次。随着中华意识的高涨，后黎不断“用夏变夷”，出兵周边。扩张的理由也特别堂皇正大，那就是传播“中华”文化，建立“中华”秩序。从1470年征占城开始，黎圣宗陆续发动了对占城、盆蛮、哀牢等朝贡国的战争，名义都是“内修外攘，蛮夷猾夏，圣天子躬行天讨”[3]。天子代天行事，征讨不服天理的蛮夷。1470年黎圣宗亲征占城，诏称“自古夷狄为患国中”[4]。1479年征讨哀牢（老挝），诏曰：“朕丕绳祖武，光御洪图。莅中夏，抚外夷。”[5]可见越南人在面对周围的国家和

[1]孙晓主编《大越史记全书》第一册，第198页。

[2]同上书，第170、181、238页。

[3]叶少飞：《越南古代“内帝外臣”政策与双重国号的演变》，《形象史学》2016年第1期。

[4]孙晓主编《大越史记全书》第三册，第641页。

[5]同上书，第669页。

民族时，思维方式与用语习惯与中原王朝毫无二致。

后黎朝扩张的最大成果是吞并了中国的长期属国占城。黎圣宗起倾国之师，攻破占城都城阇盘，俘其国王盘罗茶全等三万余人，斩首四万余级，“以占城地置为广南承宣及升华卫，置十二承宣按察及置广南三司”[1]，对占城直接进行统治。明王朝在得知自己的属国被灭之后，也只是“戒谕”了一番，没有采取什么措施。

这一结果使东南亚各国大为震动，纷纷主动前来越南朝贡，送来大象等物。史载：“镇宁府土官琴公差头目来朝贡，顺平州土官道贰等来朝。时驾回至顺化，知州道贰及其弟道童，与部党百余人将象五只来贡。攸朴峒知州道虑亦将象牙土物来贡。盖上既平占城，威震绝域，故西方藩国皆奔走先后，争来朝贡。”[2]

在后黎一朝，越南的亚朝贡体系更加制度化。为了管理这些属国，黎圣宗制定了《土官欠朝贺礼例》、《诸藩使臣朝贡京国令》和《藩酋朝贺例》，规定了各国的贡期、贡物以及处罚条例。诸藩国“近者一年二朝贺。远者一年一朝贺。如正旦不及，许圣节（朝贺）。欠一遭，罢职；（欠）二遭，拿来治罪”[3]。越南亚朝贡体系至此进入鼎盛时期，东南亚大国与小国之间建立起了明确的外交关系秩序。

1802年建立的阮朝，又将这一亚朝贡体系推向另一个高峰。1815年，阮福映“颁布阮朝的十三个诸侯藩属国家名册，其中有高棉（高蛮）、暹罗、缅甸、南掌朝廷、万象朝廷、镇宁朝廷……”[4]。从数量上看，越南拥有的属国和同时代中国的清朝一样多。[5]

---

[1]孙晓主编《大越史记全书》第三册，第647页。

[2]同上书，第646页。

[3]《土官欠朝贺礼例》，转引自左荣全《略论越南亚朝贡体系——兼论与东亚朝贡体系之异同》，《南洋问题研究》2014年第2期。

[4]丁容：《试探儒教对十九世纪上半期阮朝外交路线的影响》，《历史研究》1997年第6期。

[5]1804年，红毛（英国）人来越南请求定居、通商，被阮福映拒绝，他义正辞严地表示：“先王经理天下，夏不杂夷，此诚防微杜渐之意也。红毛人狡而诈，非我族类，其心必异，不可听其居留。”《大南实录》正编第一纪卷二十四，转引自陈重金《越南通史》，戴可来译，商务印书馆，1992，第310页。

到了阮福映的儿子明命皇帝时代，越南又兴兵吞并了柬埔寨和老挝的大部分地区。对新征服地区，明命皇帝采取“汉化”政策，“改土归流”，强迫当地居民学汉字、穿汉服、取汉名，并将当地的地名改为汉式，如将柬埔寨改为“镇西”，将老挝改为“镇宁”“镇靖”等府。

明命皇帝对大臣们说：“镇西边疆重地朕一视同仁，欲使番民早染汉风，均沾王化……使之耳濡目染，日感化而不自知，方是用夏变夷要著。”[1]在阮朝的“用夏变夷”“改土归流”政策下，据说“腊人（高棉人）衣服器用多慕汉风，蛮俗渐改革矣”[2]。越南人记载：“蛮獠久沾声教，民间服用多尚汉风。”[3]他们乐观地估计：“古占城之国……耳濡目染渐入汉风，若加之政教，用夏变夷，想不出数十年可使与汉民无异矣。”[4]

1837年，仁宣慈庆皇太后七旬寿典时，明命帝效仿清朝乾隆帝，不遗余力地打造“万国来朝”的场面，要求各属国全部参加，大加封赏，赏给锦缎、白金等物。因此火舍（越南南部的小部落）“遣使来贡，并备贺仪上进”，真腊郡主玉云“委员恭进品仪”，镇西藩目、掌卫茶龙、木节等“抵京以珍玉献”。明命帝赐火舍“新国王袭姓永”，对真腊、镇西藩目的使者“赏给有差”，并强调：“茶龙虽为镇西藩目，而向来为朝廷出力……今来京祝嘏，朕视之犹在廷臣仆，特格外施恩，不以外藩歧别也。”[5]

---

[1]后又对机密院谆谆教诲道，“土民既改土归流，必须教之，使知汉字方能渐染汉风”，并详细拟定了推广汉字教育的方案。《大南实录》正编第二纪卷一百七十九、一百九十四，转引自周建新《中越中老跨国民族及其族群关系研究》，民族出版社，2002，第178页。

[2]《大南实录》正编第一纪卷五十四，转引自周建新《中越中老跨国民族及其族群关系研究》，第177页。

[3]《大南实录》正编第二纪卷五十三，转引自周建新《中越中老跨国民族及其族群关系研究》，第177页。

[4]《大南实录》正编第二纪卷八十五，转引自周建新《中越中老跨国民族及其族群关系研究》，第177页。

[5]《大南实录》正编第二纪卷一八六，转引自孙宏年《清代中国与邻国“疆界观”的碰撞、交融刍议——以中国、越南、朝鲜等国的“疆界观”及影响为中心》，《中国边疆史地研究》2011年第4期。

由此可见，阮朝的外交语言，与清王朝几乎一模一样。[1]越南人甚至将英国、法国等国都一厢情愿地视为其“华夷秩序”下的朝贡国。阮朝文人潘叔直称颂明命帝的“柔远”功绩说：“至于洋外诸夷，如英咭唎（英国）、富浪沙（法国），于清、暹素所傲视者，亦皆闻风而臣服。”[2]

当然，越南的亚朝贡体系与中国的还是有所区别的，那就是越南对其他小国的控制，主要不是靠文化征服、朝贡贸易吸引，而是靠军事征伐，征伐胜利后通常会索要大量贡物，而不是“厚往薄来”：越南不太愿意做赔本买卖。

通过不断扩张，越南从红河流域的小国变成中南半岛上的大国。有学者认为，20世纪七八十年代越南干涉老挝内政、出兵柬埔寨，试图建立印度支那联邦，可以看作这种“中华思想”和“华夷秩序”思想的遗存。

第四节　越南国王亲自朝贡

一

越南与中国建立宗藩关系，很大程度上是出于实用主义考量：一是为了

---

[1]比如1804年，越南使臣陈文龙出使万象王国时因私受馈赠而遭弹劾，阮福映说：“中国之于外夷治以不治，彼以诚来，斯受之，朕不以此为尔等罪也。”（《大南实录》正编第一纪卷二十六，转引自王柏中等辑录《〈大南实录〉中国西南边疆相关史料辑》，社会科学文献出版社，2015，第36页）；1809年，暹罗因与缅甸战争吃紧，遂向越南搬救兵，阮福映不愿出动步兵，理由是“朕不忍驱中国之兵以为远人役也”（《大南实录》正编第一纪卷三十八，转引自周建新《中越中老跨国民族及其族群关系研究》，第176页）；1812年，暹罗使臣来越南解释其派人到柬埔寨是为了协调安赞二世（越南史料写作匿螉禛）兄弟的矛盾，并无他意，阮福映认为：“暹人辞遁，诈可知也。然中国之于夷狄，但当待以至诚。”（《大南实录》正编第一纪卷四十四，转引自王柏中等辑录《〈大南实录〉中国西南边疆相关史料辑》，第50页）从上述言论可见，阮福映对东南亚国家的态度与中国皇帝毫无二致。

[2]潘叔直辑《国史遗编·明命政要·柔远》，转引自复旦大学文史研究院编《从周边看中国》，中华书局，2009，第82页。

国家安全，通过对中国称臣来消弭来自北方强邻的军事威胁。二是为了经济利益，通过朝贡贸易赚取利润。

清王朝的建立，在越南人看来，和元朝一样，是“以夷变夏”的“夷”。满族人统治中国之后，越南人认为自己再度变成中华文化的嫡系正统。因此在内心里，越南人对清王朝是极度鄙视的。越南使臣出使中国时，在日记中嘲笑清廷上下所着的满式服饰说：“衣服之制，不改满俗，终乏雅观。……项挂珠串，恰似禅僧。衣皆狭袖，又类戎服，以此周旋揖逊，毕竟非声名文物之盛耳。……胡俗之移人，一至……如此，可为浩叹。”[1]

但是这些丝毫不影响越南恭恭敬敬地上表请封，向清朝皇帝磕头，而且比其他国家磕得都响。在历史上，越南人在与中原王朝的沟通中积累了大量的技巧，他们非常善于“表演恭顺”，深知如何才能讨得对方的欢心。

乾隆五十五年（1790），乾隆皇帝八十大寿。各国使臣云集中国参加这一次盛会。在众多外藩使团中，安南使团最引人关注。因为其他使团都是大臣带队，只有安南国居然是国王阮光平（原名阮惠，又名阮文惠）亲自率团前来。

外国的国王亲自前来进贡，在明朝出现过几次，在有清一代则实属空前。甚至与中国关系极为紧密的朝鲜也从来没有国王亲自来朝的先例。何况明代来到中国的国王，都是满剌加等小国之主。越南在藩属当中久居文明之邦，国王能亲自前来，给乾隆的这个面子，实属不小。

那么越南这次为什么如此破格地虔诚呢?

说起前因来还颇有点复杂。

原来四年前也就是乾隆五十一年（1786），后黎朝被推翻，草莽出身的西山阮文惠通过“起义”在乾隆五十三年（1788）建立了西山朝。

按宗藩伦理，藩属国要向宗主国进贡，宗主国则要保护藩属国的安全。藩属国被敌国所灭，或者被内乱推翻，宗主国有义务“兴灭继绝”。所谓“兴灭

[1]潘辉注撰《輶轩丛笔》，收入复旦大学文史研究院、越南汉喃研究院合编《越南汉文燕行文献集成》第十一册，复旦大学出版社，2010，第160-162页。

继绝”出于《论语》：“兴灭国，继绝世。”[1]意思是复兴灭亡了的诸侯国，接续灭绝了的贵族家世。

不过这一义务并不是绝对的。事实上基于出兵成本考虑，对于藩属国的朝代更迭，中国大多数情况下是不干涉的。[2]

然而后黎朝末代国王跑到中国，苦苦哀求清朝出兵帮他复国，称以下犯上，逐主乱常，是儒家伦理中最大逆不道之事，黎氏传国日久，“守藩奉贡百有馀（余）年”[3]，“臣服天朝最为恭顺”[4]，今突然被强臣篡夺，天朝不能置之不理。

理由如此充分，好面子的乾隆实在无法拒绝。当年年底，清朝出兵安南，试图帮助黎氏复国。但出人意料的是，清军被阮文惠打得大败，损失惨重。后黎十六代三百六十年的政权，只好正式宣告结束。

阮文惠虽然取胜，但毕竟忌惮巨无霸的清朝再次出兵，于是改名阮光平的他派人出使清朝求和，声称自己与黎氏是“蛮触自争，非敢抗中国”[5]，即蛮夷内部自己争斗，完全没有与清朝作对的意思。

越南人讨好上国的本事在诸国之中无人能及。负责前往沟通的越南外交官阮光显对乾隆皇帝说，阮光平由于被大清误会，“寝食不宁，而一腔心事又无从表白”，还说“我们小国人都知敬天，大皇帝即天也，若得罪于天，则祸及其身，灾及其国”，如果“大皇帝准其投降，恩同再造，当谨修职贡，附于藩封之末”。[6]还说国王为了表示诚意，明年会亲自到中国来给皇帝拜寿。

虽然经历了败兵之耻，但是西山政权表现出的恭顺乖巧让乾隆非常受用。

---

[1]《论语·尧曰篇第二十》，陈晓芬、徐儒宗译注，中华书局，2015，第239页。

[2]明朝之所以出兵朝鲜，一是因为朝鲜历来非常好地践行了事大原则，二是日本也威胁到中国本土的安全。

[3]印鸾章编著《清鉴纲目》，岳麓书社，1987，第381页。

[4]《高宗实录》卷一三〇七，收入《清实录》第二五册，中华书局，1986，影印本，第593页。

[5]赵尔巽等撰《清史稿》卷五百二十七《越南传》，中华书局，1977，第14638页。

[6]《安南纪略》卷一九，转引自葛兆光《朝贡、礼仪与衣冠——从乾隆五十五年安南国王热河祝寿及请改易服色说起》，《复旦学报（社会科学版）》2012年第2期。

藩国国王要亲自来朝觐见，这一清朝从未有过的盛事，可以让乾隆的诸多历史记录再加上辉煌的一项，而再度用兵安南将继续耗费国力，还不一定能取胜。乾隆遂决定就坡下驴，来一个一百八十度大转弯，册封阮光平为安南国王。他说："朕披阅表内词义肫恳，并请于明年进京入觐祝釐，具见恭谨，……朕顺天而行，有废有兴，悉归大公至正……用是特降恩纶，封尔为安南国王。"[1]看来上天是不打算帮后黎朝了，我乾隆自然也不能逆天而行，阮光平又如此恭顺诚恳，因此就册封为国王吧。

接到册封之旨，阮光平表示非常"激动"，上表称不但要亲自前往承德去给乾隆祝寿，以后还要以乾隆皇帝"为师为父"，将其既当作自己的老师，又当作自己的父亲。

乾隆皇帝一看，也大为感动，连声说"王既以父视朕，朕亦何忍不以子视王"[2]，痛快地认了这个干儿子，还高兴地赋诗说："谁能不战屈人兵，战后畏威怀乃诚。"[3]

为了招待好这个"干儿子"，让这件外交盛事圆满无缺，从前一年开始，乾隆就反复交待叮嘱接待事宜。一开始他交代越南使团不必在初春动身，免得进关太早在北京勾留太久，越南国内事务繁多无人照料。过了几天，乾隆又感觉越南国王如果太想念他，太想早点见到他，也不好拒绝，于是又交代，如果安南使团"瞻觐情殷，不妨令其早行赴阙"[4]。又吩咐沿途地方官员，在安南国王动身进京的时候，"道路遥远，正值天气炎热之时。自应缓程前进，不必过于趱行"[5]。他还交代福康安要亲自到边关迎候，并陪同进京。当他听说阮光平的母亲年已八十，又特别命令赐给人参一斤……

阮氏还没动身，乾隆已经忙乱激动了很久。

---

[1]《高宗实录》卷一三三三，收入《清实录》第二十五册，第1049页。

[2]《高宗实录》卷一三五三，收入《清实录》第二十六册，第126页。

[3]拓晓堂：《槐市书话》，商务印书馆，2017，第80页。

[4]《高宗实录》卷一三四〇，收入《清实录》第二十五册，第1168页。

[5]《高宗实录》卷一三四七，收入《清实录》第二十六册，第22页。

二

乾隆五十五年七月，阮光平率队如期抵达承德，引发了朝贡圈的巨大关注。

此次安南国使团之所以引人注目，不仅在于新国王阮光平亲自率领，还在于其服装的特殊。

越南人和朝鲜人一样，一直认为衣冠形制是一个国家文化正统与否的重要体现。[1]清王朝的“剃发易服”，令越南人极为反感和警惕。1696年，后黎朝曾颁布如下禁令：“自清入帝中国，薙发短衣，一守满洲故习，宋明衣冠礼俗为之荡然，北商往来日久，国人亦有效之者，乃严饬诸北人籍我国者，言语衣服，一遵国俗。……沿边之民，亦不得效其声音衣服，违者罪之。”[2]严格禁止越南人穿用清代服装。以前来朝觐的安南使者，都穿着明代服装，形制与朝鲜的大体相同，“戴乌纱帽，被阔袖红袍，拖饰金玳瑁带，穿黑皮靴”。[3]

但这一次前来的安南君臣为了讨好乾隆，不但呈上了精心撰写的《钦祝大万寿词曲十调》，还居然在典礼上改穿了短衣窄袖的满族服装。这一举动使得乾隆皇帝格外高兴。在整个祝寿活动中，乾隆皇帝都把安南使臣安排到藩国当中最重要的位置，表现了特殊的亲近与信任。七月十一日，安南使团在热河行宫拜见乾隆皇帝，国王“班次亲王下、郡王上”[4]，这是藩属国国王最尊贵的位置。乾隆皇帝与越南国王见面时，如同《红楼梦》中贾宝玉初见林黛玉，恍

---

[1]1831年，明命皇帝在恢复衮冕之制时得意地说：“衮冕之制，肇自轩辕，三代以下，鲜有行者。今取法为之，亦一复古之事。……朕历观前史，不惟我国从前所无，而北朝自清人建国以来，亦已久废。我今举行之，倘清人易世之后，典礼尽失，亦将于我大南取正。视之北朝，更有光焉。”（《大南实录》正编第二纪卷七一，转引自苏同炳编《人物与掌故丛谈》上册，紫禁城出版社，2010，第144页）

[2]阮朝国史馆：《钦定越史通鉴纲目》卷三四，转引自叶少飞《越南黎朝郑主时代华人身份转变与认同》，《海交史研究》2022年第1期。

[3]徐浩修：《燕行记》卷二《起热河至圆明园》，转引自葛兆光《看澜集》，复旦大学出版社，2010，第203页。

[4]赵尔巽等撰《清史稿》卷五二七《越南传》，第14640页。

惚感觉以前曾经见过，因此赋诗道："瀛藩入觐值时巡（一作迎），初见浑如旧识亲。伊古未闻来象国，胜朝往日鄙金人。九经柔远祇重泽，嘉会于今勉体仁。武偃文修顺天道，大清祚（一作寿）永万千春。"[1]

八月十三日，乾隆生日这一天，万寿大典当中，安南国王特别被安排在"亲王以下郡王以上班次一体行礼"[2]。而朝鲜等国使团则"照例在百官末行礼"[3]。

这些特殊待遇让朝鲜人心里既愤怒又嫉妒，琉球、南掌使团也对越南人心生鄙夷。朝鲜人记载说，阮光平甚至在福康安面前都奴颜婢膝，实在令人不齿："或私接于朝房，则康安立语而光平跪答。谄鄙之态，无所不为。"[4]

朝鲜使臣徐浩修找机会故意问越南人："贵国冠服，本与满洲同乎？"[5]

这当然是明知故问。越南人只好解释说："皇上嘉我寡君亲朝，特赐车服，且及于陪臣等。然又奉上谕，在京参朝祭用本服，归国返本服，此服不过一时权着而已。"[6]也就是说，这是乾隆皇帝安排的，他们不得不穿，回国后还会穿原来的服装。据徐浩修记载，在他不依不饶的追问下，安南人"语颇分疏，面有愧色"[7]。徐浩修还轻蔑地说使团中的安南官员，"虽稍解文字，而躯材短小残劣，言动狡诈轻佻"。[8]语气中差不多要开除越南"文明之国"的资格了。

朝鲜使臣柳得恭为此特意写了一首诗，讽刺安南国王沐猴而冠，是三姓家奴：

---

[1]李景瑞主编《承德古代史》，民族出版社，2009，第473-474页。
[2]光绪《大清会典》卷三九《主客清吏司》，转引自李云泉《万邦来朝》，第180页。
[3]《钦定大清会典事例》卷五〇五，转引自葛兆光《朝贡、礼仪与衣冠》。
[4]金在原：《〈热河日记〉纪行》，唐艳译，复旦大学出版社，2016，第306页。
[5]彭卫民：《朱熹〈家礼〉思想的朝鲜化》，巴蜀书社，2019，第39页。
[6]同上。
[7]同上。
[8]徐浩修《热河纪游》卷二，转引自葛兆光《朝贡圈最后的盛会——从中国史、亚洲史和世界史看1790年乾隆皇帝八十寿辰庆典》，《复旦学报（社会科学版）》2019年第6期。

戈船万舳振皇威，南国君臣叩谢归。三姓如今都冷了，阮家新着满洲衣。[1]

三

虽然有这么一点点尴尬，但是阮光平的这次朝拜，可以说是双方皆大欢喜。乾隆皇帝特命阮光平与他行抱见请安之礼，解释说：“此系逾格施恩，天朝大臣内懋著勋劳者，始能膺此异数。”[2]阮光平一行路上每天饮食住宿用银约四千两，往返竟然一共耗费大清财政八十余万两。

前任国王黎维祁在失国后投奔了清朝，被命薙发易服，“赏三品衔，令同属下人户来京，归入汉军旗下，即以维祁为佐领”[3]，当了一个小小的佐领。黎氏王朝的大臣黎炯等四人坚决不剃发易服，乾隆命人将其监禁，并将这些情况转告阮光平，让他放心。

阮光平回国后，乾隆对这个“干儿子”仍然“系念不置”。乾隆五十六年（1791）四月，端阳节临近，乾隆又一次想起阮光平。“因思上年端节，正值该国王入觐在途，曾驰赐节赏一分。今远隔阙廷，朕心深为廑注。著照上年之例，加恩赏给库纱、葛纱、牙扇、蕉扇、十锦扇、芙蓉巾、香器、药锭等物并奶饼一匣，随旨发往，用昭优眷。”[4]意思是说，去年端午节的时候，越南国王正在朝贡的途中，我曾经赏赐他一份礼物。如今相隔遥远，我非常挂念他，照去年之例，纱料、扇子、奶饼之类，再赏一份。

这一年六月，乾隆驻跸避暑山庄，偶检旧作，看到上年赐给阮光平的诗章，勾起了回忆，诗兴大发，“因用前韵，特制诗章、书扇以赐”，还亲切

---

[1]彭卫民：《朱熹〈家礼〉思想的朝鲜化》，第39页。另一个朝鲜文人朴齐家同时赴承德，其《燕京杂咏》则对安南国王君臣讽刺道：“战伐新开国，安南阮姓王。不关人窃笑，抄惯蛎灰尝。”金柄珉：《朝鲜-韩国文学的近代转型与比较文学》，延边大学出版社，2005，第122页。

[2]《高宗实录》卷一三四六，收入《清实录》第二十六册，第11页。

[3]赵尔巽等撰《清史稿》卷五二七《越南传》，第14640页。

[4]《高宗实录》卷一三七七，收入《清实录》第二十六册，第483页。

地说，这首诗正好送给你消暑：“现在溽暑届候，该国王正可藉拂炎薰。”诗曰：

例事山庄驻夏巡，敕几不息必躬亲。
近当愠解南薰我，远忆心悬北极人。
诣阙去年思会面，为邦永训在渐仁。
箑头写寄梅花信，风被瀛疆奕叶春。[1]

意思是说，我每年都要到避暑山庄，在此仍然日理万机。在我思念你的时候，你也在思念我吧？想到去年会面的时候，我教导你怎么治理国家，这次再写一诗首寄你，与你共勉。

后来阮光平去世消息传来，乾隆又特别赐诗一首说：

外邦例以遣陪臣，展觐从无至己身。
纳款最嘉来玉关，怀疑堪笑代金人。
秋中尚忆衣冠肃，膝下诚如父子亲。
七字不能罢哀述，怜其忠悃出衷真。[2]

外国进贡，照例都是派使臣。我朝以来，还没有国王亲自前来的。你能踏上中国土地，比起元代时你们国王不敢前来献上代替自身的金人要强多了。[3]我和你相见一场，结下了父子之情，因此你的去世，令我非常伤感。对你如此想念不置，是因为你对我的感情太真挚了！

这份感情，真有些像父子了。

---

[1]《高宗实录》卷一三八一，收入《清实录》第二十六册，第532页。

[2]《高宗实录》卷一四二一，收入《清实录》第二十七册，中华书局，1986，影印本，第18页。

[3]“元时献代身金人，以精金为全躯，以大珠为两目。”沈德符撰《万历野获编》卷十七《安南纳款》，收入上海古籍出版社编《明代笔记小说大观》，上海古籍出版社，2005，第2364页。

四

乾隆虽然情真意切，但是这份感情可能错付了。诸多证据证明，这个阮光平极有可能是一个假冒的国王。

后来推翻西山朝的阮朝纂修的《大南实录》正编第一纪记载：“西贼阮文惠使人朝于清。初，惠既败清兵，又称为阮光平，求封于清，清帝许之，复要以入觐，惠以其甥范公治貌类己，使之代，令与吴文楚、潘辉益等俱……”[1]

也就是说，乾隆皇帝要阮光平进京觐见，但是阮光平怕被扣留，并不愿意，于是命长相与自己相近的外甥范公治顶替自己，与吴文楚、潘辉益等一同入觐。

《大南正编列传初集》卷三十《伪西列传》也有类似的记载：“庚戌春，福康安促惠治装，惠乃以范公治冒己名使其臣吴文楚、邓文真、潘辉益、武辉瑨、武名标、阮进禄、杜文功偕，例外贡雄象二匹，驿递劳顿，沿途苦之，两广总督福康安、广西巡抚孙永清伴送抵京，清帝欲表异之，赏赐甚渥。”[2]

也就是说，因为福康安催促亲身进贡，阮光平遂让范公治冒充自己，与大臣一起北上。清帝因此特殊对待，赏赐极丰。

清人则记载说假冒阮光平的不是他的外甥，而是弟弟。清末徐延旭所编《越南辑略》说：“（乾隆）五十五年，阮光平来朝祝釐，宴热河山庄，班亲王下郡王上，赐冠带受封归。其实，阮光平遣其弟冒名前来，光平未敢亲到也。”[3]《清史稿》据此说：“（乾隆）五十五年，阮光平来朝祝釐，途次封其长子阮光缵为世子。七月，入觐热河山庄，班次亲王下、郡王上，赐御制诗章，受冠带归。其实光平使其弟冒名来，光平未敢亲到也，其谲诈如此。”[4]

无论如何，各种史料都说阮光平畏惧清朝加罪，不敢亲自到京，遣其亲人冒名入觐。中国学者孙宏年经过深入考证后认为：“不管何人假冒，阮光平未

---

[1]张明康：《康乾豪门福康安世家》，吉林人民出版社，1997，第139页。
[2]张明富：《乾隆末安南国王阮光平入华朝觐假冒说考》，《历史研究》2010年第3期。
[3]同上。
[4]赵尔巽等撰《清史稿》卷五二七《越南传》，第14640页。

能亲身入觐之说更为可信。”[1]

越南人这样做是完全有可能的，因为他们在朝贡关系中一贯是造假高手。比如在与明朝交涉的表文中，安南国王一般使用假名，在国内则用真名。对此，明朝士大夫早已察觉。[2]

叶向高在《苍霞草》中说：

> 其君长尤狡狯，有二名，以伪名事中国。自黎氏以来，虽奉贡称藩，然自帝其国中，如赵佗故事，死则加伪谥。

李文凤说：

> 为利者，不思输诚悔罪，乃外为臣服，衷怀不轨，僭号改元，以与中国抗衡。其子若孙，辄有二名……其正名以事天地神祇，播告国中；伪名以事中国，以示不臣。虽以黎柽颠沛之余，尚伪名以相欺诳。是百余年间，其心未尝一日肯臣中国也。

日本学者山本达郎认为，中国礼制的要求对自封为帝的安南君主来说，无疑是难以忍受的屈辱，因此，安南的君主在朝贡时使用别名。

越南人只将明朝所赐印玺用于与明朝交往的文书上，而在处理其国内事务时则使用本国自铸的金印。[3]

阮光平甚至在临终前也不忘最后欺骗一次乾隆。根据《大南正编列传初集》卷三十《伪西列传》记载，他将自己的陵墓确定在香江之南，称丹阳陵，

[1]孙宏年：《清代中越宗藩关系研究》，黑龙江教育出版社，2004，第36页。不过另一学者张富明认为假冒一说不能成立。他的理由是阮光平的弟弟或者查无此人，或者在此前已经去世，外甥假冒说在文献记载中也有矛盾和不合情理之处。

[2]本小节以下几段参考自陈文源：《13-15世纪安南的国家意识与文化取向》，《世界历史》2014年第6期。

[3]“其十三司改为宣抚，然而仍帝其国，不用所赐印，且名入贡曰交邻。”沈德符撰《万历野获编》卷一七《安南纳款》，中华书局，1959，第443页。

但要求自己的继承人在向清朝汇报时声称将其葬于北城的西湖之侧，因为这片土地“近依天阙”，可以表达对清朝的向往。乾隆当然毫不怀疑，赐谥“忠纯”，亲自为阮光平撰写诔诗，并勒之于碑，还派广西按察使成林出使安南吊唁，给予极高的礼遇。[1]

五

虽然乾隆皇帝对这个“干儿子”如此深情，但是他做梦也想不到，这个“干儿子”内心深处不但并不恭顺，甚至处心积虑祸害中国。

阮光平虽然受到乾隆皇帝册封，但对清朝丝毫没有感恩之心。据《大南正编列传初集》卷三十《伪西列传》的记载，他曾有意入侵清朝。早在后黎朝末期，安南人就声称广西的土司侵占了安南土地。[2]阮光平在建国后，就向两广总督福康安申明故疆，要求收复领土，被福康安拒绝之后，阮光平遂积极备战，准备以武力入侵两广。美国学者穆黛安（Dian H. Murray）说，阮光平有侵略清朝的两广地区甚至整个华南地区的企图，他积极建造兵船，纠集了国中精锐的大象兵团。就当一切基本准备就绪的时候，阮文惠突然身患重病，这才取消了兴兵念头。

入侵计划取消了，但是另一个计划得以实行。

从乾隆后期到嘉庆时期，在中国腹地的白莲教起义让皇帝焦头烂额的同时，东南沿海又出现大股海盗，不停有组织地在沿海劫掠，如同当年的倭寇，严重威胁着清王朝的统治。

清代中国沿海的海盗以前没有出现组织化规模化倾向，为什么这个时候势力壮大起来了呢？这也与阮光平的西山政权直接相关。

有美国学者认为：“刺激中国海盗活动转型的因素是越南西山起义。从18世纪80年代开始，中国海盗开始应募加入西山海军，作为回报，他们被授予各种官阶头衔。……原本属于临时生计的海盗活动变成了一种全天候行当，

[1]张明富：《乾隆末安南国王阮光平入华朝觐假冒说考》。

[2]他们认为兴化镇六州和宣光镇三岗原本是安南领土。

为贫穷的广东人提供了不断向上攀升的机遇。”[1]

侵略两广的目标虽然没有实现，但是西山政权一直收容并赞助来自中国沿海的“乌艚海匪”，封其主要首领以高官，让他们在越南沿海一带设立据点，为这些海盗提供更高级的战船，命他们劫掠中国广东、福建、浙江一带沿海，目的是为自己筹集军饷。“光平父子，以连年战争，国用缺乏之故，乃奖励海贼，四出剽掠，遂酿成嘉庆朝海疆之巨患。”[2]

在西山朝支持下，华南海盗迅速做大，从小股势力一跃而成为有组织的数千人的海盗集团，以越南为中心持续骚扰中国沿海一带，中国海盗从西山军那里学到了高超的军事指挥技术和组织方法，越南提供的战舰又远比普通海盗船只更巨大和耐用，可以围攻中国沿海炮台、攻打清朝地方官军，给中国带来巨大的困扰。“阮光平父子篡立，兵革不息，国内空虚，招致亡命，崇其官爵，资以兵船，使其劫掠我商渔，以充兵饷，名曰采办，实为粤东海寇之始。”[3]

这种骚扰和破坏直到西山政权被推翻才终结。1802年，控制越南局势达三十年的西山政权被阮福映建立的阮朝推翻。阮福映因为“新受封，守朝廷约束，尽逐国内奸匪，由是艇贼无所巢穴”[4]。

阮福映将俘获的海盗首领莫官扶、梁文庚、樊文才缚献清廷。清王朝这才知道表面恭顺的西山朝幕后支持海盗之事。嘉庆皇帝大怒，下令驱逐尚在中国的“负恩反噬”的西山朝使者，并将这些海盗头目凌迟处死。

---

[1]罗友枝（Evelyn S.Rawski）对穆黛安有关华南海盗研究的评论，载《亚洲研究期刊》1988年8月，第611页。转引自刘平《乾嘉之交广东海盗与西山政权的关系》，《江海学刊》1997年第6期。

[2]萧一山：《清代通史》卷中，中华书局，1985年，影印本，第140页。

[3]程含章：《上百制军筹办海匪书》，转引自刘正刚《清代海上丝绸之路全史》，世界图书出版公司，2020，第137页。嘉庆二年（1797），粤省地方官员在审讯盗犯罗亚三时得知：“安南乌艚有总兵十二人，船一百余号。并据起获印记，是此项乌艚夷匪，皆得受该国王封号。”对此，清政府不得不做出反应：以后“遇有外洋驶入夷匪，无论安南何官，即行严办”。《仁宗实录》卷一三，收入《清实录》第二十八册，中华书局，1986，影印本，第192-193页。

[4]魏源：《魏源全集3》，岳麓书社，2011，第351页。

《万国来朝图轴》（局部），清代，北京故宫博物院藏

《万国来朝图轴》（局部），清代，北京故宫博物院藏

《东阙图》中的大报坛，韩国高丽大学博物馆藏

仇英《职贡图卷》（局部），明代，北京故宫博物院藏

明代《瑞应麒麟图》，上有沈度题跋，台北故宫博物院藏

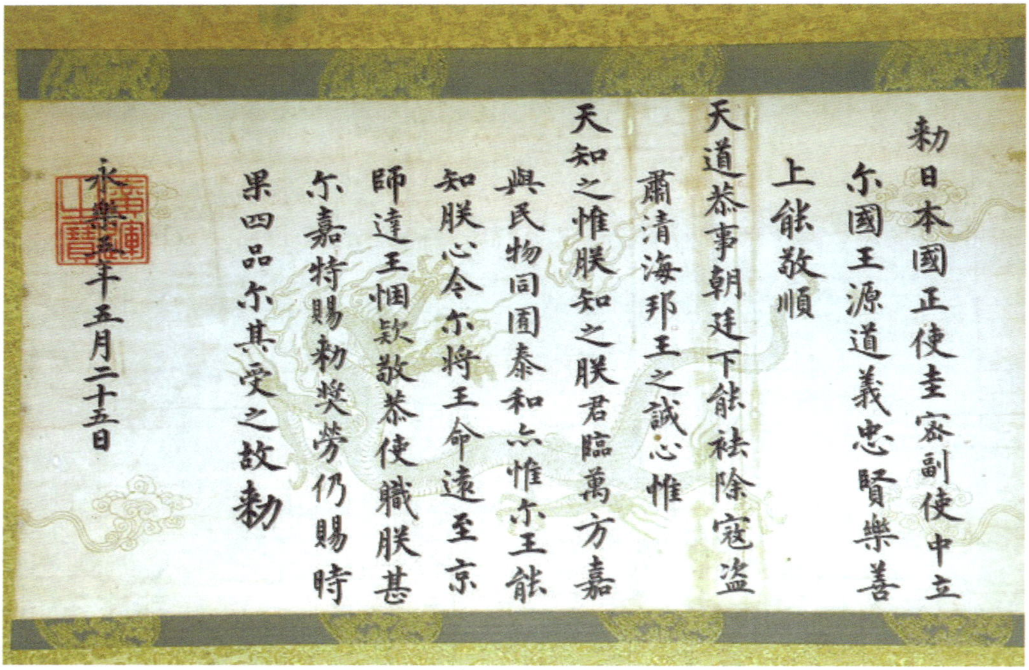

勑日本國正使圭密副使中立
尒國王源道義忠賢樂善
上能敬順
天道恭事朝廷下能袪除寇盜
肅清海邦王之誠心惟
天知之惟朕知之朕君臨萬方嘉
與民物同囿泰和亦惟尒王能
知朕心令尒將王命遠至京
師達王悃欵敬恭使職朕甚
尒嘉特賜勑獎勞仍賜時
果四品尒其受之故勑
永樂五年五月二十五日

朱棣在永乐五年给日本国王源道义的国书，日本京都相国寺藏

傅恒画像，上有乾隆御题，美国纽约 Dora Wong（黄惠英）藏

朝鲜太祖御真，1872 年摹本，韩国御真博物馆藏

第五章
“宇宙之王”面对“天下之主”：缅甸向中国朝过贡吗？

第一节　地球上最自大的统治者

一

中国皇帝认为“溥天之下，莫非王土”，他是“天之骄子”，这已经是惊人的自大了。

可是有一个国家的君主，气派比中国皇帝还大。他不但自认为自己的国家位于天下的中心，甚至还是宇宙的中心。这个国家就是缅甸。

在古代中国人看来，缅甸一直是一个荒远贫穷的小国，“缅”者，遥远之意。缅甸这个国名在汉语中就是“遥远的边地”的意思。

刘锦藻在《清朝续文献通考》中这样记载：“（缅甸）居民屋舍荒陋，以竹插地，用藤系架，用席作墙而苫覆之，谓之落成，取蔽风雨，无虞覆压土人，颇便之。俗剽悍奸诈，男女多裸身。”[1]

也就是说，缅甸人盖房子，是先用竹子插在地上，用藤绑缚，做成支撑房子的架构。用席子围好当成墙，用草盖顶。这样的房子虽然简陋，但有一个好处，就是不用担心倒了会压死人。不论男女，大多赤身裸体。

---

[1]余定邦、黄重言编《中国古籍中有关缅甸资料汇编》，中华书局，2002，第750页。

因此在中国人的印象里，缅甸就是边远落后的蛮夷的代表。清代所修的《明史》，把缅甸列入《云南土司》一节，认为其“地在云南西南，最穷远”[1]。

如果我们仅看中文文献，很可能会认为缅甸是中国恭顺的“传统”属国之一。唐代缅甸的骠国王子就曾经朝贡中国，“俯伏拜表贺至尊”[2]。《元史》记载，缅甸在有元一代进贡频繁，曾经在二十年间进贡八次。明代“四夷馆”中则专设“缅甸馆”，可见对缅甸的重视。清朝一共修过五朝的《大清会典》，在这五朝当中，朝贡国的数字不断变动，到光绪朝只剩下七个朝贡国，缅甸仍然身列其中。[3]看起来，缅甸对中国的恭顺真是始终不渝，有始有终，令人感动。

但事实可能恰恰与此相反。在中国的传统朝贡国中，缅甸是最为强横，最为自大，与中国关系最为疏远的。

缅甸自认为是宇宙的中心。深受印度文化影响的历代缅甸国王都宣称自己是宇宙最高神毗湿奴、湿婆或是佛陀的化身。缅甸蒲甘王朝的江喜陀王自封为“王中之王，最胜自在者，强大的世界之主，乘白象者，遍知的菩萨，未来成佛并救拔一切众生的人”。[4]雍籍牙王朝（1752—1855）时，国王也总自称为“王中之王”“最高之王”“宇宙之王”。在缅甸人的观念里，缅甸国王是宇宙的主宰，被称为“水和土地的主人”，也就是大地上一切的主人。

18世纪，缅甸雍籍牙王朝的国王阿隆帕耶在一封致英国国王的信中自称“最伟大的至善的独裁的君主……白象和黄金的主人……朕的伟大来自太阳”[5]。经常与缅甸人打交道的英国人说，缅甸人对于其君主的威势有一大套

[1]张廷玉等撰《明史》卷三一五《缅甸传》，中华书局，1974，第8129页。

[2]余定邦、黄重言编《中国古籍中有关缅甸资料汇编》，第26页。

[3]这七国分别是朝鲜、琉球、越南、苏禄（今菲律宾南部苏禄群岛）、暹罗、南掌（老挝北部的琅勃拉邦）和缅甸。李云泉：《万邦来朝：朝贡制度史论》，新华出版社，2014，第117页。

[4]吕振纲：《曼陀罗体系：古代东南亚的地区秩序研究》，《太平洋学报》2017年第8期。

[5]弗舍瓦洛多夫：《缅甸的政治与宗教》，转引自宋立道《神圣与世俗——南传佛教国家的宗教与政治》，宗教文化出版社，2000，第75页。

现成的说法，比如“生灵之主，一切众生的头与喉咙，王中之王。对其圣裁明断，任何人不得怀疑，不得异议”。[1]

之所以如此自信，倒也不是没有原因，那就是缅甸历来是一个好战的国家，而且一度确实战无不胜。

二

一提起东南亚的这些“佛国”，人们往往容易产生一个误解，那就是这些国家都爱好和平，友爱平等。因为佛教的原则就是此生虚幻，所以要看破，不要执着，不杀生，不争斗。因此我们到东南亚旅游，看到遍地佛塔，家家有男子出家，人人见面合十为礼，就想当然地以为历史上这是一片和平之地。

事实如果说不是与此恰恰相反，也是相去甚远。

东南亚历史上一直战争重重，各国彼此争斗不休。比如同是信奉佛教的缅甸与泰国，就争战数百年，大小战无数次，耗尽国力，民不聊生。

为什么呢？

因为按照印度教-佛教的宇宙观念，一个人此世的地位是由其前世的“业”所决定的。国王要想增加功德，就必须大力弘扬佛法，也就是将更多的国家置于佛法的保护中，一个国王越是投入弘扬佛法的正义战争，他的“业”就会增加得越多，来世就越能享受更多的福报。[2]

1760年4月，缅甸军队兵临暹罗阿瑜陀耶城下，发布的文告就以佛法为依据：“缅甸大皇帝，以神明化身，来尔境宣扬佛教其谛。尔宜来觐，贡献象与公主。”[3]由于贵国佛教不兴盛，我国的国王陛下作为将来的佛，前来促进佛教的昌盛和人民的幸福。暹罗国王要么献出象、马和王子投降，要么下令公开交战。

中国读者可能不太知道，缅甸在历史上曾是东南亚数一数二的大国，威镇

[1]宋立道：《神圣与世俗》，第75页。

[2]吕振纲：《曼陀罗体系》。

[3]戈·埃·哈威：《缅甸史》下册，姚梓良译，商务印书馆，1973，第432页。

八方。除了向南是大海无法逾越外，缅甸人在各个方向上都曾一度所向无敌。

向东，他们为了与暹罗争雄，进行了持续229年的第一次泰缅战争，双方共交战24次。缅甸曾先后两次分别于公元1565年、公元1569年攻陷大城王朝首都——阿瑜陀耶；并最终于公元1767年第三次攻陷阿瑜陀耶时，导致有四百多年历史的暹罗大城王朝灭亡。

向北，缅甸与中国的元朝、明朝和清朝先后展开大规模战争。除了元朝时不敌蒙古大军，其他时候，缅甸都占了上风。特别是明代后期，东吁王朝（1531—1752）曾入侵中国云南边境，两国之间进行了一场持续数十年的边境战争。结果是明朝战败，丧失了大片领土。即使是在清朝全盛的乾隆中期，缅甸和中国为争夺中缅之间的土司展开的四次大战中，缅甸也是三次获胜，最后一次，清朝使出全力，双方才勉强战平。

向西，1556—1559年，缅甸夺取了印度的属邦曼尼坡；后来又征服了阿萨姆，并因此与英属孟加拉开战。在1824年第一次英缅战争爆发前，缅甸在与英国的对抗中长期占据优势。

三

这样一个看起来贫困落后的小国，为什么如此武勇呢？

主要是这个国家长期实行军国体制。

缅甸实行一种类似中国“军户”的制度，叫“阿赫木旦”。阿赫木旦的字义是“承担服役的人”，这是一个亦兵亦农的组织，一般以五十到一百人为一组，平时耕种，战时出征。国王把首都附近最好的土地分给他们，平时不用纳税，战时又可以掠夺战利品。

这种体制的好处是：第一，重要的兵种专业化并且世袭，使缅甸军队具有很强的组织性、专业性和战斗力；第二，“阿赫木旦”直接归国王所有并指挥，军户社会地位高，经济有保障，能自备武器，战时能迅速动员。

19世纪初在缅甸生活了二十多年的意大利传教士圣迦曼诺对当时的缅甸军队曾做过生动具体的描述。按他的叙述，“缅甸士兵一接到出征的命令，就立即停下栽秧、收割以及和平时期从事的任何活动，到指定的地点报到，准备出征。他们把武器扛在肩上，武器的一头挂着铺盖、弹药、煮饭锅，另一头挂着米、盐和虾酱。……不用车辆、不带帐篷、穿着日常衣服，头上裹着作为士兵标志的红布条，开拔到所要去的地方……有时，战争延续到第二年，士兵们就在敌国土地上从事耕作，以取得足够的粮食”。[1]

缅甸国王和精英阶层皆视对外扩张为体现民族精神的主要途径，国力稍有积累，便发动侵略战争。国王和“阿赫木旦”的主要财富来源，都是对外战争的劫掠。士兵们都渴望战争，一听说要打仗都兴高采烈。从蒲甘王朝到雍籍牙王朝前期的八百年间，阿赫木旦军事组织发展的总趋势是不断得到扩大和加强。[2]

因此，在东南亚，缅甸是令人闻风丧胆的大国，是名副其实的霸主。特别是雍籍牙王朝时期，缅甸人在军事上连连获胜，环顾天下，一时发现自己居然没有敌手。英国人这样描述当时缅甸人的世界观：

> 缅人咸知北方有大邦中国；东有掸族诸邦，间有王国，称为暹罗；西有一地曰印度，再西尚有一白人之国，或云其国位于岛上。凡此诸国，舍中国外，均为蛮夷之邦，无足研讨者。……印人虽较重要，然就曼尼坡亡国之事例以观，则亦不足重视。至于暹罗与中国，确为强盛之大国，特均遭败北，故举世已无缅甸之匹矣。……缅廷某大臣，尝以坦白之口吻，语其英国诉讼人云：“尔尚不知，吾人实未尝得见足与吾辈抗衡之民族焉。”[3]

也就是说，在缅甸人的世界中，缅甸的北方有一个大国叫中国，东边有一个王国叫暹罗，西边有一个国家叫印度，再西边有一个白人国，似乎是在岛上。在这些国家当中，只有中国比较厉害，和缅甸一样是文明之邦。其他国

[1]圣加曼诺：《缅甸帝国》，转引自贺圣达《阿赫木旦制度与缅甸封建经济的特点》，《世界历史》1991年第5期。

[2]贺圣达：《东南亚历史重大问题研究：东南亚历史和文化：从原始社会到19世纪初》下册，云南人民出版社，2015，第174页。

[3]哈威：《缅甸史》下册，第454-455页。

家，都是蛮夷之邦，不值得重视。在军事上，印度的属邦曼尼坡亡于印度，暹罗和中国，也先后败于缅甸，所以显然缅甸在世界上已经没有敌人了。因此缅甸朝廷的一个大臣曾经坦率地对英国人说："你们不知道，我还没有见过这个世界上有能与缅甸相抗衡的民族。"

第二节　乾隆之前：叛服不常的缅甸

一

在元朝之前，缅甸与中国中央政府的交往非常少。唯一的一次正式交往是唐德宗贞元十七年（801）骠国王子的那次访问。这次访问因何而起，当时骠国的真实目的是什么，它是怎么看待自己与中国的关系的，都已经无从考究。我们只知道骠国王子随行的舞蹈使团带来了优美的缅甸乐舞，这就是当时名动京城的"骠国乐"。白居易和元稹等大诗人观看演出后，都写过题为《骠国乐》的长诗。其中说："玉螺一吹椎髻耸，铜鼓一击文身踊。珠缨炫转星宿摇，花鬘抖擞龙蛇动。"[1]直到今天，缅甸的音乐和舞蹈仍然保持着诗中所描绘的风韵。

但是可能正是因为此行过于招摇，"树大招风"，就在此次进贡后不久，骠国即为中国南诏地方政权所攻，建立骠国的骠族后来不知所踪，不再见于史籍记载。此后直到元朝以前，缅甸虽然屡有政权兴起，但中缅交往极少。

东南亚的一些古国与中国的交往很频繁。比如今天柬埔寨一带的扶南-真腊，自三国开始，就屡次来中国朝贡，"从公元225年到13世纪初，扶南-真腊派出使者访问中国至少达52次"[2]。同在中南半岛的缅甸为什么却难得到中

[1]白居易：《骠国乐》，转引自《新编元稹集》，三秦出版社，2015，第1168页。

[2]贺圣达：《元明清时期中缅关系与中国西南开放的历史经验与教训》，《云南师范大学学报（哲学社会科学版）》2016年第1期。

国的首都来一次呢?

原因很简单：当时中国与东南亚地区的交往主要是通过海路进行的[1]，扶南-真腊一直是通过海路来朝的。而缅甸的国家性格一直是大陆型的，对海上贸易素来不太感兴趣。而在陆地上，中国西南一直存在着稳定的地方政权：先有南诏，后有大理，它们阻隔了缅甸与中国中原王朝的联系。

所以在元代以前，中国人对缅甸的了解不多。直到元朝攻灭大理政权，直接与缅甸接壤，中缅中央政府才发生直接接触。

二

蒙古使者来到缅甸之时，缅甸正处于第一个大一统王朝蒲甘王朝（1044—1287）的统治之下。[2]当时的缅甸是一个东南亚大国，曾经东征西讨，威服四方。因此虽举世对元帝国的兵威都战栗不已，独缅甸不以为然。

至元八年（1271），元朝使者到达缅甸，要求蒲甘王朝前往中国朝贡。缅甸国王极为傲慢，拒绝接见中国使者，仅派臣子代为接见，使者"但见其臣下，未尝见王"[3]。缅甸国王直截了当地拒绝了中国的要求。

忽必烈很有耐心，至元十年（1273）再派使者至缅甸，还给蒲甘王送来了一方玉玺。然而这些使臣到了缅甸以后，因为没有遵守缅甸进殿之前先要脱靴的习俗，竟被蒲甘王全部斩首。[4]

还没等忽必烈报复，蒲甘王愤怒于中国屡次遣使"骚扰"，首先集结兵

---

[1]贺圣达：《元明清时期中缅关系与中国西南开放的历史经验与教训》。

[2]说起中国历史上的伟大帝王，人们自然会提到"秦皇汉武"。缅甸历史上也有类似的"三大帝"。第一个统一了缅甸的蒲甘国王阿奴律陀位列"三大帝"之首，在缅甸的历史地位与中国的秦始皇相当。

[3]宋濂等撰《元史》卷二一〇，中华书局，1976，第4655页。

[4]中国使臣一行进入缅甸后，一直没有回音。"从现在掌握的史料来看，元代史籍没有记载这次出使的结果。"（余定邦：《中缅关系史》，光明日报出版社，2000，第25页）但是根据缅甸方面的记载，中国使臣一行到了缅甸国都，见到了缅王。但是几位天朝上国使者在进见缅王时拒绝脱下鞋子，缅王认为他们粗野无礼，把他们处死了。

“四五万，象八百，马万匹”[1]，主动进攻中国，试图夺取金齿地区（今云南保山、德宏等地）。

事实证明挑战蒙古大军是极不明智的。至元二十年（1283），忽必烈动员大军，进攻缅甸。此时的蒲甘王朝已经过了极盛期，开始衰落下来。因为大兴佛法，全国将近三分之二的土地都归寺庙所有，越来越多的年轻人出家为僧，1287年蒙古骑兵大兵压境时，蒲甘王朝竟然凑不齐军队。末代皇帝那罗梯诃波帝不仅没有抵抗，反而扔下一国百姓，只身逃跑了。缅甸人称他为“塔尤克派敏”（Tayok-Pyay Min），意思是“从中国人面前逃跑的皇帝”[2]。

蒲甘王朝从此被元军从地图上抹去。[3]由于蒙古人不适应热带气候，占领了几年后全数撤走，缅甸陷入四分五裂，各地政权林立。元朝史料称，元军撤走后的短短的二十年中，缅甸八次遣使元朝。但是，这些使者显然都是地方政权所派。至于是哪些政权，《元史》中大都没有明确说明。唯一一次明确的记载，是至元四年（1338），掸族建立的邦牙王朝朝贡。[4]无论如何，按中国史书记载，缅甸从元朝开始正式成为中国的朝贡国。

当然，缅甸人对历史的叙述与中国史籍的记载并不相同。缅甸最著名的史籍是《琉璃宫史》，其中花了大量篇幅描写元代的中缅战争。虽然战争的结果是缅甸被元朝攻灭，然而在缅甸人的记载里，战争过程中他们取胜的次数居多。当然，这些历史大部分是以故事形式记载下来的，很多记录在中国史籍中都找不到印证，演绎色彩浓重。有一则故事讲道：“是时，明耶觉苏瓦闻中国已派骑兵2万、步卒20万前来增援。便于深夜瞒过登尼城中守军，悄然撤走。并在辛克尼林中埋伏下战象200、骏马3000、士卒4万。当中国援军开来时，兵分三路突然袭击。中国军队大败，一举俘获中国大臣五名，战马千余匹和士

---

[1]宋濂等撰《元史》卷二一〇，第4656-4657页。

[2]《“缅始皇”：一千年以后的翻版“秦始皇”》，2014年10月6日，https://www.3news.cn/html/2014/guoji_1006/6621_3.html。

[3]蒲甘这个曾经拥有二十万人口的都市，再也没有恢复往昔的辉煌，在20世纪90年代军政府开放旅游之前，这里仅剩下几个人烟稀少的小村子和尘埃中的上千座佛塔。

[4]元朝由此宣布设立邦牙等处宣慰司。

卒2000，另有5000多匹马战死。”[1]根据一些学者的考证分析，这则故事显然是虚构出来的。

在《琉璃宫史》中，缅甸将自己塑造成一个毫不畏惧、殊死抵抗、光荣不屈的伟大国家。上至国王下至军士，都勇猛善战，不断和入侵的敌人（中国）做斗争。至于为什么不断胜利，最终却亡国了，《琉璃宫史》并没有解释。

三

明朝建立之时，缅甸仍然处于大分裂时期，各地混战不已。

明太祖即位之初，就急匆匆地向天下万国派出使者宣告新朝的建立，要求各国前来朝贡。因为云南尚未征服，明太祖于1373年派人取道越南，出使缅甸，但因道路艰难，使者未能到达。1382年明军攻占云南之后，才通过八百媳妇国（即兰纳王国，在今泰国清迈地区），“谕意”缅甸入贡。

当时缅甸各地方政权中有一个较大的政权阿瓦王朝，在1393年派人赴明贡献方物，同明朝建立了朝贡关系。[2]从14世纪末到16世纪初，阿瓦王朝与明朝一直保持着交往。[3]明王朝因此在“四夷馆”中专设“缅甸馆”，培养中缅往来需要的翻译人员。[4]在首都专门设立了“缅甸邸”，用以接待缅甸来使。两国往来一片和平景象。

然而到了明代后期，缅甸再次出现大一统王朝，东吁王朝也是东南亚强权之一，并且从葡萄牙人那里学到了火绳枪技术，它不断北进侵扰明朝，吞并了中缅之间的孟养、木邦、孟密等土司地区，使得这些地方俱被残破，凋敝不振。

---

[1]《琉璃宫史》中卷，李谋、姚秉彦、蔡祝生等译注，陈炎、任竹根审校，商务印书馆，2009，第414-415页。

[2]1396年，明太祖又派行人李思聪、钱古训出使缅甸，钱古训回国后著《百夷传》，对缅甸的山川风物、经济文化都有介绍。1407年，明成祖又派行人张洪出使缅甸，张洪回国后著有《使缅录》。

[3]贺圣达主编《当代缅甸》，四川人民出版社，1993，第296页。

[4]同上书，第297页。

终于，到了万历三十四年（1606年），被惹恼了的明朝和缅甸发生了大规模战争。当时明朝上下对缅甸并不了解，大臣们居然一直把缅甸国王当作云南地区的落后土司。[1]著名学者王庚武说，“尽管到16世纪后半期，缅甸已成为东南亚大陆最强大的势力之一，但仍被列为云南省督抚管辖下的土司”，这“对于了解缅甸政治的任何方面都是有妨碍的”。[2]所以战争之初，明朝对缅甸极为轻视，以为小小土司指日可平，然而交手之后才发现缅军非常强悍，明军倾尽全力也只能疲于应对。最终缅军大胜，明初在今天的缅北一带设立的六个宣慰司所辖领地大部分被缅甸攻占。大明王朝从此只能筑关而守，西南边境从今天的缅甸北部地区后退到了腾冲、盈江一线。[3]缅甸自然也不再来朝贡，中缅官方关系断绝。

四

中缅互不往来五十年之后，一支浩浩荡荡的中国人的队伍突然从云南进入缅甸。

原来顺治十六年（永历十三年，1659），南明最后一个皇帝永历帝在清军的追赶下走投无路，不得不放弃了中国境内最后一座城池——腾冲，南下缅甸避难。

当永历帝进入缅甸时，中国和缅甸从理论上说是没有外交关系的敌对状态，因此无论是永历皇帝还是他的大臣，对缅甸的实际情况都知之甚少。[4]但是，基于中国人一贯的天朝上国心态，南明政权自然而然地将缅甸当作藩属来看待。和当时的绝大多数普通中国人一样，永历帝以为中国皇帝在周边小国眼中真的被奉若神明。如果大国之君肯惠然降临，缅甸君臣一定会战战兢兢地全力接待。

---

[1]贺圣达：《元明清时期中缅关系与中国西南开放的历史经验与教训》。
[2]同上。
[3]同上。
[4]同上。

虽然已经是失去祖国的流亡之人，永历君臣一路上仍然摆出宗主国的谱。[1]刘茝在《狩缅纪事》中一路渲染缅人遇到永历政权时的“恭顺”。比如在进入缅甸前，永历帝派沐天波前去边境通告，据说缅甸人见到中国官员，都纷纷下马罗拜，非常懂得藩属的礼节。“离缅关十里……黔国公沐天波先入晓谕。缅人见天波，皆下马罗拜。”[2]另一本记载入缅一事的书《求野录》的描述也与此相同，比如记载永历十三年正月二十八日，“缅酋使使迎之，……进贡天朝，则称‘缅甸宣慰使臣某’；……帝至芒漠，缅人执礼甚恭，并进衣衿食物。……（五月）初八日，缅人来贡，礼仪甚腆”[3]。

按照这种记载，永历帝虽然是落难而来，但一路上虎威不倒，仍然保持着高高在上的宗主气派。

然而，缅甸一方的记载却与此完全相反。缅甸的《琉璃宫史》径直将永历帝入缅避难记载为向缅甸称臣，说是永历帝向缅王称臣，献了一百缅斤的黄金，约定中国人不带武器等条件，才获批进入缅甸境内。《琉璃宫史》记载此事经过说：“住于孟赛（云南）的永历帝遭到清军进攻，由于对方势力强大，难以抵挡，军队溃败。永历帝……派使者前来交涉，如允进驻八莫，将向金殿之主献黄金一百缅斤。八莫土司回话说不敢将此事奏报吾王金殿之主，使者返回。后又派使者来八莫说愿在金殿之主阶下称臣。八莫土司遂将永历帝派来使者情况奏报，国王吩咐：如不带武器来投，可用舟船将永历帝等安全护送前来。”[4]

事实上，中国方面的一些记载也印证了缅方的部分说法。顺治十六年闰正月廿六，永历君臣来到中缅边境后，被缅甸军队拦住，苦等了两天，缅方要求永历帝的随行官兵放下所有武器。“必尽释甲仗，始许入关。”[5]人在屋檐

[1]李金苹、娄自昌：《南明与缅甸关系中的几个问题（1649~1662年）》，《文山学院学报》2015年第4期。

[2]到了缅甸之后，“（二月）二十四日，缅王来请二大臣过舟讲话。上乃命中府都督马雄飞、御史邬昌琦入缅宣谕南幸之意”。在中国人的记载中，永历皇帝来到缅甸是巡狩，是南幸。刘茝等撰《狩缅纪事（外三种）》，丁红校点，浙江古籍出版社，1986，第7-8页。

[3]贵州省安龙县史志办公室编《南明史料集（下）》，贵州人民出版社，2010，第805-806页。

[4]《琉璃宫史》下卷，第990页。

[5]刘茝等撰《狩缅纪事（外三种）》，第7页。

下，不得不低头。永历帝急需入境获得接济，只得同意了这个条件。“一时卫士中官尽解弓刀盔甲，器械山积关前，皆赤手随驾去”。[1]不过，永历帝向缅甸称臣一事，应该是缅方的夸大之辞。

进入缅甸境内，永历君臣一行日夜兼程，赶往缅甸都城阿瓦。他们的设想是，到了国都，缅甸国王会让出自己的王宫来给皇帝做行宫。没想到，到了都城之外，缅甸国王传来命令，南明君臣不必入城。缅甸人早在阿瓦河边用竹子编了一道篱笆，围起一座小小的“竹城”。“竹城”的几个大门，由数百名缅甸兵把守，不得任意出入。缅甸人在城中间盖了十间缅甸式干栏竹编草房，这就是给永历帝准备的“皇宫”。其他随行大臣，则住在“皇宫”周围临时建起的草棚里。

综合双方记载，我们可以推测，当时缅甸对中国的政局变化不甚清楚。大国的皇帝逃难来投，这在缅甸历史上是绝无仅有的事情。东吁王朝的国王莽达不知永历帝在中国境内究竟还有多少人马，不敢断然拒绝，于是在永历提供了礼物、答应不带武器入境后，小心翼翼地收留了他。缅方将永历君臣圈养起来，静观中国国内形势变化。南明如能复兴，他们就礼送出境；清人统一全国，这些人则奇货可居。

还在离开昆明之前，永历帝即准备了相当多的珠宝丝绸等礼品，准备在见面之时“赐给”缅甸国王。没想到，缅甸国王根本不来朝见他。在城外住了几十天，永历君臣多次要求见面，国王就是不答应。永历帝无法，只好先派人把“赏赐”送过河去。国王看了长长的赏单后全数照收，却不派人来表示感谢。缅甸官员的说法是“未得王命，不敢行礼”[2]，意思是不愿对明朝皇帝行藩臣之礼。

事实上，缅甸人是把永历君臣当成囚犯的，一进缅甸境内就断绝了他们与中国国内的联系。李定国派来的先后三十多个使者都被缅甸人截杀于半路。永

---

[1]刘茝等撰《狩缅纪事（外三种）》，第7页。
[2]同上书，第10页。

历君臣千方百计想打听西南战局，却得不到任何信息。[1]

时间长了，缅甸方面看出永历帝已经一无所恃，对南明政权的态度也就越来越不客气。缅王决定不能白养着流亡政权，要让中国人真正向他称臣行礼，以此向缅甸地方势力显示他的威力。因此《狩缅纪事》记载了这样一件事：

> 八月十三日，缅王差人请沐天波过江，并需上所赐礼。盖缅俗以八月十五日过年，小国来贡，缅欲天波至彼朝见，夸示外夷。上命天波往。至金殿前，缅人不容以汉衣冠见，于是跣足夷装，以臣礼见而还……[2]

也就是说，八月十三日，缅王派人通知沐天波要在八月十五日去见他，还要带着中国皇帝的礼物。原来八月十五日是缅甸“过年”，小国也在这一天来给缅王朝贡。缅甸想让沐天波来朝贡，以向其他属邦夸饰缅王的声威。永历帝无法，只得让沐天波前去，到了缅宫金殿之前，缅甸人不许他穿着中国衣冠入内。没办法，沐天波只好脱了鞋，光着脚，换上缅甸人的服装，以臣子之礼见了缅王。

《求野录》中也有同样的记载：“八月十五日，缅酋胁黔国公沐天波执臣礼以见……缅俗：八月十五日，群蛮贽见，酋张嘉会以享之。至是，召天波至，胁令徒缅制，白衣、椎髻、跣足，领诸海郡及棘夷酋长而拜，以夸示远近。”[3]

这条史料对沐天波的服饰记载得更为详细，即见缅王时，他穿上了缅甸式的白色服装，梳起缅甸发式，光着脚，跪拜了缅王。这实际上就是称臣纳贡。

虽然如此屈辱苟且，但在莽达时期永历君臣毕竟还能偷生。不久之后，

---

[1]由于南明残部屡屡骚扰边境，缅甸国王曾经让永历帝给国内残部下过一次命令。《琉璃宫史》记载说：缅王派人质问永历，你既已经称臣，为什么你的部下还骚扰边境？“永历帝上奏缅王：‘安迪文（李定国）、恭新文（白文选）等不知我等已来此称臣，故骚扰边境一带，如果安迪文、恭新文见到我加盖印章的手谕都会放下武器归顺的。’”（《琉璃宫史》下卷，第991页）

[2]刘茝等撰《狩缅纪事（外三种）》，第10-11页。

[3]贵州省安龙县史志办公室编《南明史料集（下）》，第806页。

莽达的弟弟莽白杀了兄长自立为王，对永历帝就更不客气了。他以初登王位为由，希望永历帝送上礼物表示祝贺，谁知迂腐而不识时务的永历帝认为他以弟弑兄，“其事不正”，加以拒绝。莽白勃然大怒，遂以“吃咒水盟誓”为借口，将永历帝手下的几十名官员骗到一处寺庙中，悉数杀掉，继而又追杀了永历帝的几百名随从，只留下永历帝和皇后、太子等二十几人。这就是史上著名的“咒水之难”。

顺治十八年（1661），吴三桂统率大兵进入缅甸，要求缅甸交出永历帝。当时东吁王朝已经衰落，清军盛势难挡，只能用中国亡国之君的性命换取缅甸的国家安全。永历帝被送到吴三桂军中，带回云南缢杀。

抓到永历帝后，清军就全数退兵，没有借此机会与缅甸建立任何正式关系，因为清初统治者对于招致万国来朝一事兴趣不大，而处于衰落中的东吁王朝也无力向中国扩张，没再骚扰过中国边境。双方相安无事，“缅自是不通中国者六七十年”[1]，六七十年间没有过往来。

第三节　一道表文，两种翻译：“民营企业家”勾兑出来的“朝贡”

一

大清开国一百零六年，清朝乾隆十五年（1750），缅甸突然倾心向化，再一次向中国朝贡。这也是清代缅甸第一次朝贡。

缅甸向乾隆献上了一道制作精美的银制表文。据《啸亭杂录》记载，缅甸所献表文翻译成汉语内容如下：

[1]赵尔巽等撰《清史稿》卷五二八《缅甸传》，中华书局，1977，第14661页。

缅甸国王莽达拉谨奏：盛朝统御中外，九服承流，如日月经躔，阳春煦物，无有远近，群乐甄陶。至我皇上，德隆三极，道总百王，洋溢声名，万邦率服。缅甸近在边徼，河清海晏，物阜民和，知中国之有圣人，臣等愿充外藩。备物致贡……[1]

内容无非是称赞清朝的统治辉煌，如同太阳照拂万物，乾隆皇帝的感召力尤其强大，所以缅甸要前来充当中国的外藩，恭敬地献上贡品。应该说，表文文辞典雅，中规中矩，水平很高。

那么，这道表文的缅文原文是什么样的呢？

这道银表文后来一直收藏在深宫之中，现在收藏于台北故宫博物院。虽然不难见到，但以前没有中国学者想到释读一下原文。直到前些年，法国国家科学研究中心（CNRS）有一个叫白诗薇（Sylvie Pasquet）的研究员才把这道表文给翻译出来了。白诗薇所译内容如下：

统治所有张伞盖的西方大国国王，也是生命之主的皇帝与南宫皇后告知。（皇帝）委任并派遣使节到皇兄日东王的国都。在东方的锡新、耿马、猛康，在南方的大洋附近，在西方的大洋附近，在北方的大洋附近，在任何时间两国之间都没有发生往来，其他城镇也没有被达到。这是大国之间、皇帝之间（的事）。两位国王没有相互致意。以前，生命之主日出王亲善地派遣使节到日东王的国都，皇兄日东王也派遣永历王到阿瓦。当永历王到跟前来时，他得到亲善的款待。（日出王）也派遣了到日东王国的使节，珠宝金城委任并派遣使节之后，外交上互不来往时间长达一百五十多年。皇兄日东王也好，皇弟日出王也好，都没有派遣使节，没有往来。皇兄日东王真有威德。因为（皇兄日东王）的威德和权力有如向四大部洲发光的月亮，所以四大部洲和四方（的民众）到来瞻仰。皇弟日出王的国与皇兄日东王的国没有被大洋相隔，两国有如一条水，一块土。

[1]昭梿撰《啸亭杂录》卷五《缅甸归诚本末》，中华书局，1980，第116页。这件表文汉译的原件档案现未发现。

> 皇兄日东王有威德，所以被派遣的人都能到达。阿瓦皇帝争取（？）蒲甘、猛白、普坎、东吁、马达班、汉达瓦底、勃固、沙廉、土瓦、直更、清迈、戛里、纵徒、木邦诸国后，同十四国王一起派遣银土司吴尚贤到皇兄日东王（的国都）。因为（日出王派遣的）使节，（路途不熟）不能到达，所以金叶书信和诸多礼物由银土司吴尚贤接收并照料运送。银土司向大理侯禀告，大理侯地西道与吴尚贤（向猛车侯）禀告，猛车侯向日东王上奏。日出王与南宫皇后亲善地赠送两只大象、两卷绒布和一匹棉布给日东王皇太后。[1]

从这件“表文”中可以看出，缅甸国王自称“统治所有张伞盖的西方大国国王，也是生命之主的皇帝”“日出王”。这个称号既谦虚又自负。说谦虚，缅甸国王说缅甸是“西方大国”，把自己的权力自限于西方。说自负，他又自称“生命之主”，所有宇宙中的生命都归他掌管。不过他称乾隆皇帝为“日东王”，纡尊降贵地承认两人地位平等，并且因为乾隆已经年届八旬，称其为“皇兄”，自称“皇弟”。

所以，从缅甸人的角度来看，这封“表文”其实是一封信件。缅甸人认为，缅甸使臣的这次出访，是对中国使臣曾前往缅甸拜访的回访，而不是“朝贡”。我们从银表文的原文中确实也读不出任何“万邦率服”“愿充外藩”的意思。

那么，这两道表文的内容为什么会出现这么大的差距呢？这个事还得从当时中缅边境的一个“民营企业家”说起。

二

民营企业家名字叫吴尚贤。原来中缅边境地区有丰富的银矿矿藏，但是

[1]茅海建：《茅海建论清朝的宗藩关系②｜缅甸，暹罗，苏禄，南掌》，《澎湃新闻》2019年12月17日，https：//www.thepaper.cn/newsDetail_forward_5239351。

本地土著缺乏开采技术，“不习烹炼法，故听中国人往采”[1]，吸引了众多中国百姓前往谋生。云南人吴尚贤“家贫走厂”[2]，到边境来谋生活，此人虽然大字不识几筐，但属于底层社会中的能人，一番摸爬滚打居然在茂隆（位于今日缅北的佧佤地区）办起了一个很大的银厂，矿工不下万人，生意兴隆，身家巨万。

乾隆十五年，“厂民”（清政府对矿主的叫法）吴尚贤突然来到昆明，向云南官府汇报，说经他动员，缅甸国王想向中国皇帝称臣，请云南巡抚向皇帝禀报。

吴尚贤的汇报内容如下：“缅甸国王莽达拉情愿称臣纳贡，永作外藩。命工匠制造金银二钍，篆刻表文；又造贴金宝塔，装载黄亭；毡缎缅布土物各色，驯象八只入贡。又贡皇太后驯象二只、毡缎缅布等物。差彼国大臣一员，头目四人，象奴夷众数十人出境过江，于四月已抵边界，请代奏。”[3]

也就是说，缅甸国王愿意称臣纳贡，永作中国的外藩。他精心制作了金银表文，准备了各种贡物，特别是给皇帝的驯象八只和皇太后的驯象二只。现在缅甸的一名大臣和众多随从已经抵达中国边界，请向皇上转奏。

这可是一件大事，这是双方自明代中断关系一百多年后，再次正式联系。

不过，缅甸与中国的外交大事，为什么要由一个“民营企业家”做中介呢？

原来这个吴尚贤很不简单。他经营银厂虽然获资数万，但毕竟在传统社会中，工商业者地位不高，他很想尝尝当官的滋味。他先是花钱捐了个正六品的通判，每天穿戴顶戴官服，摆起全套仪仗旗鼓，“鼓吹放炮，乘坐四轿，摆列坐枪、旗鼓黄伞”[4]，在厂区走来走去。但不久，他就觉得通判这顶官帽太小了，戴着不过瘾。

此人胆子大，又富于想象力，想来想去，制订出一个惊天计划。他知道当

---

[1]余定邦、黄重言编《中国古籍中有关缅甸资料汇编》，第1158页。

[2]《檀萃茂隆厂记》，载方国瑜：《滇西边区考察记》，云南人民出版社，2008，第41页。

[3]昭梿撰《啸亭杂录》卷五《缅甸归诚本末》，第115页。

[4]杨煜达：《清代中期滇边银矿的矿民集团与边疆秩序——以茂隆银厂吴尚贤为中心》，《中国边疆史地研究》2008年第4期。

今乾隆皇帝好大喜功。如果他能劝说缅甸国王向中国朝贡，让缅甸重新成为中国的属国，皇帝肯定会给他高官厚赏。

这样一个计划也不是凭空产生的。吴尚贤长于交往，凭着腰里的银子和云南边境一带的地方官打得火热。他也经常慷慨地给缅甸的头人送礼，在缅甸那边也如鱼得水。他对中缅两国官方心态都比较了解，相信中缅外交领域有很大的勾兑空间。

于是，乾隆十四年，吴尚贤和云南迤西道的道员朱凤英（就是缅甸国书中的“大理侯池西道”）一起开始商量谋划招徕缅甸国王进贡事宜。[1]

计划的第一步，是朱凤英帮他找人伪造了一封清朝皇帝写给缅甸国王的信件。第二步，是乾隆十五年正月，吴尚贤穿上官服顶戴，伪装成中国朝廷派出的使节，携带着自己准备的佛像等礼品，前往缅甸首都。为了让自己的身份更加可信，也为了顺利通过军阀割据地区，他还率领着伪装成清朝正规军的一千多名“厂练”武装，也就是矿场的保安。[2]“十五年正月吴尚贤带练一千一百余人，赴缅甸，……说缅甸酋莽达拉入贡。”[3]

缅甸国王一看这阵势，不由得不信以为真。缅甸《琉璃宫史》郑重其事地记载此事说：“是年（公元1751年）中国皇帝派遣埃都耶、冬达耶等偕随从5000余人带着九尊阿巴达亚梵天佛像，为了结盟通好而来。”[4]

杨煜达解读这段记载说，“耶”即中文的“爷”，“埃都耶”就是指吴尚贤，这是缅甸人对吴尚贤的称呼。[5]《琉璃宫史》的叙事风格一直很夸张，把吴尚贤带的1000多人说成5000多人，以表示中国方面对缅甸的重视。吴尚贤拿出了中国皇帝写给缅甸国王的信件。这封信件写得非常客气，与缅甸国王兄弟相称，表达了恳切的仰慕之情和交好之意。

当时缅甸的东吁王朝已经日薄西山，离灭亡不远了。缅甸国王没想到中国

---

[1]据孙士毅《绥缅纪事》记载。

[2]在两不管的边境地区开矿，矿主差不多也得是一个小型的军阀，所以他的厂里“设有厂练护卫，制造枪炮长刀军器等项”。（杨煜达：《清代中期滇边银矿的矿民集团与边疆秩序》）

[3]孙士毅：《绥缅纪事》，转引自杨煜达《清代中期滇边银矿的矿民集团与边疆秩序》。

[4]《琉璃宫史》下卷，第1107页。

[5]杨煜达：《清代中期滇边银矿的矿民集团与边疆秩序》。

皇帝对他竟然如此尊重，当然大为感动，决定礼尚往来，派出使节回访中国的“皇兄日东王”。于是就有了吴尚贤对云南地方政府的汇报。

三

接到汇报，云南地方官疑问重重。

清朝建立之后，除了索要永历帝之外，和缅甸再无交往，缅甸何以此时突然心向天朝？更奇怪的是，使节何以由一介“厂民”带领来到边境？

云南布政使宫尔劝以久任边疆之员的精明，认为此事大有可疑，还是谨慎为好：“吴尚贤……今率缅甸来归，实有邀功之意，且外国归诚，亦断无借一厂民为媒进。……况前明频通赋贡，受侵扰者数十年，我朝久置包荒，获宁谧者百余载。边境之敉宁，原不关乎远人之宾服。”[1]

吴尚贤此举的动机显然是邀功。外国向中国称臣，正常情况下不会以一个“厂民”为中介。何况明朝时缅甸虽然不断进贡，但是后来反滋扰中国几十年。我朝不与缅甸建立关系，反而获得百年太平。所以还是不要转奏为好，一旦建立了外交关系，恐怕边疆从此多事。

但是云南巡抚图尔炳阿等人认为，“缅甸初次奉表称臣纳贡”[2]，毕竟是天朝德化万方的表现，是彰显我朝统治合法性的一件大喜事。图尔炳阿善于捉摸皇帝的心理，认为此举很可能会讨乾隆欢心，因此最终决定还是上报朝廷，听皇帝本人定夺。

乾隆接到这个汇报，果然大喜过望，他认为缅甸在清朝开国之后一直不来进贡，偏偏在他登基十五年后前来“向化”，显然是他德化有方的结果，是对“乾隆盛世”的锦上添花之笔，因此毫不犹豫地批准了。

于是，乾隆十五年年底，缅甸使团在吴尚贤的陪同下进入中国，不久到达了昆明。中国方面检查了翻译过来的表文内容，认为完全合格，缅甸使团遂于

---

[1]昭梿撰《啸亭杂录》卷五《缅甸归诚本末》，第115页。

[2]《高宗实录》卷三六九，收入《清实录》第十三册，中华书局，1986，影印本，第1078页。

乾隆十六年（1751）年初离开昆明，前往北京。

四

朝贡事宜进行到此，一切中规中矩，进行得很顺利。

不过，在缅甸使团离开昆明之前，吴尚贤向云贵总督硕色提出一个特殊的要求。

他说“夷人嗜好不同，不谙中华礼法，愿自备资釜，沿途照料”[1]。缅甸人的饮食习惯和中国人不一样，也不熟悉中国的礼法，所以中国官员没办法很好地照料。因此，他决心好事做到底，自掏腰包，护送缅甸使团前往北京。使团一路的所有花销，也由他吴尚贤一个人承担。

这一做法以前可从来没有过。按规定，应该是中国官方派人护送使臣。

吴尚贤为什么要如此热心呢？当然是因为他怕出纰漏。出什么纰漏呢？因为缅甸呈给乾隆皇帝的表文的汉译本，是他安排人“翻译”的，或者说伪造的。缅甸使臣只知道自己此行是对中国的回访，而不知道他们已经“被朝贡”。所以吴尚贤必须一路把缅甸使臣与中国官方“隔离”起来，以防任何一方发现真相。但是硕色对这个建议不敢擅自批准，因为由一介平民护送使臣入京，是不合常例的，必须得请示皇上。

乾隆接到汇报之后，也感觉事情有点不对劲。这个吴尚贤在进贡过程中上蹿下跳，又出力又出钱，表现得未免有点太积极了。

乾隆皇帝是一个非常重视“规矩”二字的统治者，他的统治是以万民“各安其分”为原则的，最讨厌越分“生事”之人。吴尚贤不知道，他恰恰是乾隆最讨厌的那种百姓：以一介平民之身，在茂隆银厂拥众万人，和邻国土司有密切接触，在边境地区势力巨大，为人又不“安静”。在吴尚贤看来，他招致缅甸来贡有功于国，在乾隆看来，他却是大清帝国的安全隐患。

乾隆批示，如果云南方面经过评估，觉得让吴尚贤护送使臣进京，有助于

---

[1]岳鑫、张弘：《乾隆全传》，长春出版社，2002，第207页。

朝贡一事顺利完成，也“未为不可”。[1]毕竟使臣已经上路，就开弓没有回头箭了，顺利地完成这次政治表演，是当前最重要的政治任务。与此同时，他又下了一道密令，指示云南官员抓住吴尚贤不在银厂这个时间窗口，对这个人展开秘密调查，看看他有没有什么不法行为，对国家安全有没有威胁：“将吴尚贤近来办理厂务，是否实在小心安静，……该督等详悉查明，据实速奏。”[2]

于是，在吴尚贤的陪同和“妥善照料”下，缅甸使臣顺利到达北京。吴尚贤一路负责翻译，经过他的成功勾兑，朝贡事宜圆满进行。《大清会典则例》中记载：乾隆十六年六月二十五日，清高宗在太和殿“受缅甸国使臣朝贺”[3]。七月二十一日，成功完成出访任务的缅甸使团在吴尚贤的陪同下离开北京返程。[4]

吴尚贤一路得意洋洋。虽然他身份低微，没能亲眼见到皇帝龙颜，但是这一趟从云南到北京的旅行已经让他大开眼界。如果不是凭自己的天才创造出的这个机缘，他一介边省平民，哪有机会见识皇家宫阙！他相信，朝廷的封赏不久就会到达。凭他这天下独一份的功劳，官职肯定不小。据伴送缅使进京的顺宁府知府孟士锦报称：“尚贤由滇一路赴都，望恩幸泽，意气洋洋。”[5]

---

[1]“此番伴送来京，如不过因熟谙夷人情性，易于约束，不令生疑滋事，于公事有益。而此外别无情由，伴送未为不可。”（《高宗实录》卷三八七，收入《清实录》第十四册，中华书局，1986，影印本，第84页）

[2]《高宗实录》卷三八七，第84页。

[3]余定邦、黄重言编《中国古籍中有关缅甸资料汇编》，第474页。

[4]缅甸由此正式成为中国朝贡国，大清有了面子，当然要给缅甸里子。乾隆《大清会典则例》记载，皇帝一高兴，赐给缅甸大量礼物：“赐国王蟒缎、锦缎各六匹，闪缎八匹，青蓝彩缎、蓝缎、素缎、绸、纱、罗各十匹；王妃织金缎、织金纱、织金罗各四匹，缎、纱、罗各六匹；贡使彩缎六匹，里四，罗四，纺、丝、绢各二匹；缅目四人，每人彩缎三匹，里二，绢一匹，毛青布六匹；象奴十有九人，缅役十有四名，各毛青布六匹；伴送官彭缎、袍各一领。加赐国王御书‘瑞辑西琛’四字，青白玉玩器六，玻璃器十有五种共二十有九件，瓷器九种共五十有四件，松花石砚二方，珐琅炉瓶一副，内库缎二十匹；贡使内库缎八匹，银八两。”这完全符合“抚有万邦”的清朝对朝贡国“薄来厚往”的原则。表面上，朝贡进行得非常成功，吴尚贤立了大功。（余定邦、黄重言编《中国古籍中有关缅甸资料汇编》，第742页）

[5]杨煜达：《清代中期滇边银矿的矿民集团与边疆秩序》。

他哪里知道，一张看不见的大网，正向他罩来。

就在使臣到达北京之际，云南方面对吴尚贤的调查报告也出炉了："臣查吴尚贤原系云南石屏州无籍细民，因赴茂隆打厂，由伊开获旺矿，故厂众俱听其约束，从前多有恃强凌弱之事……若令久居外域，恐其渐滋事端。"[1]

也就是说，这个人本来是云南石屏州一个底层百姓，在茂隆侥幸开到矿脉，因此致富。这个人平素不法行为很多，恃强凌弱，不可信任。

事情果然不出皇帝的预料。于是乾隆下旨决定解除吴尚贤的广主（课长）职务。他说："吴尚贤本系无藉细民，在夷境日久，平时与夷境交通往还习熟，招摇引诱，势所不免，断不可复令再为课长。"[2]吴尚贤本来是一个无籍的民人，在缅甸时间久了，与缅甸人有种种勾结，势不可免，如果让他继续掌握缅甸和中国的外交渠道，恐怕会威胁国家安全。乾隆要求地方官把他软禁在云南昆明，以免多生事端，"煽惑番夷"，造成外交上不可控制的局面。

吴尚贤一到昆明，就被囚禁起来。

传统政治讲究斩草除根。对一个人，要么不处理，要处理，就要干脆彻底，以免后患。云南官员当然能体会乾隆的心意，继续深挖吴尚贤的其他"不法"行为，比如前面所引的，他在厂子里"胆敢鼓吹放炮，乘坐四轿，摆列坐枪、旗鼓黄伞，并设有厂练护卫，制造枪炮长刀军器等项"[3]。

乾隆于是批准拘捕吴尚贤，查抄他家产，将他的财产"通共计合银一十二万五千三百八十九两零，金器首饰金子合共四百二十四两八钱八分"缴入内务府，也就是进入乾隆的小金库。不久，吴尚贤活活饿死于狱中，结束他戏剧性的一生。[4]其后茂隆银厂被封闭，上万名工人失业流散，有的在边境与当地少数民族结婚落户，有的被迫进入缅甸谋生，还有很多人在回家途中病死

[1]方国瑜主编《云南史料丛刊》第八卷，徐文德、木芹、郑志惠纂录校订，云南大学出版社，2001，第766页。

[2]杨煜达：《清代中期滇边银矿的矿民集团与边疆秩序》。

[3]同上。

[4]杨煜达：《清代中期滇边银矿的矿民集团与边疆秩序》。"恐其回厂生变，拘而饿死之。"《檀萃茂隆厂记》，转引自方国瑜《滇西边区考察记》，第41页。

饿死。[1]

吴尚贤的悲剧在于他受限于底层文化背景。他试图以小说戏曲中得来的政治智慧，主持高层政治游戏。事实证明，他根本不明白高层的政治思维，他促成的朝贡，给自己招来了灭顶之灾。

第四节 一道合约，两种汇报：中国和缅甸，哪国军力更强？

一

乾隆十六年的缅甸朝贡，并没有带来两国关系的稳定发展。

因为这次进贡的时间实在不巧。我们讲过，这次双方交往，发生在缅甸东吁王朝江河日下之时。使臣还没有回国，东吁王朝已经发生内乱。乾隆十七年（1752），东吁王朝灭亡，王子和王妃随后逃到中缅边境，以东吁王朝刚刚入贡大清为由，请求进入中国避难。然而乾隆皇帝不想因为一次由“厂民”诱导而成的朝贡承担意外的麻烦，毫不犹豫地拒绝了。东吁王朝从此被新兴的雍籍牙王朝取代。

说到这儿，我们可以简单总结一下。在历史上，缅甸是一个“叛服无常”的国家，有时向中国朝贡，有时又挑起战争。到底为什么来朝贡，又为什么挑起战争，中国统治者并不清楚，但规律其实很简单：缅甸国力强的时候就“叛”，弱的时候就“服”。

如前所述，缅甸正式朝贡中国，是从元朝开始的。元朝初起时，缅甸正处于其历史上第一个大一统强大王朝蒲甘王朝的统治之下，蒲甘王夜郎自大，主动挑起了与元朝的战争，结果被灭。元朝的进攻导致缅甸四分五裂，各地方政权曾八次遣使元朝。

---

[1]云南省地方志编纂委员会办公室编《云南史志研究》，云南人民出版社，2007，第516页。

明朝建立之后，缅甸仍然处于大分裂时期。各地混战不已，整个缅甸处于衰弱之中。因此地方政权中较大的阿瓦政权，在1393年同明朝建立了朝贡关系。

明代后期，嘉靖年间，缅甸再次出现大一统王朝东吁王朝。东吁王朝不但不再朝贡，还挑起与中国的战争，在万历年间击败明朝，夺取了大片中国土地。

因此，衰落分裂时，缅甸地方政权经常向中国“朝贡”，但是一旦出现强大的统一王朝，缅甸通常不但拒绝向中国朝贡，还要向中国扩张。

这次兴起的雍籍牙王朝又是一个强大的王朝，以创始人雍籍牙大帝的名字而得名。这个王朝对内高度专制，对外野心勃勃。乾隆三十年（1765），缅甸为了进攻暹罗，大举派军进入云南向中国土司征收贡赋，勒索银米，掳掠人民，为未来的远征准备军费，[1]还行文中国地方政府，宣称十二版纳为缅甸领土。

清朝政府大为震惊。乾隆时期正是清朝的全盛时代，怎可容忍缅甸如此犯边，乾隆决定与缅甸开战，要求云南官员“穷力追擒，捣其巢穴”[2]。云贵总督刘藻遂调动军队对入侵中国的缅甸“筹款军”进行围追堵截。从此开始，中缅展开了四场大战。

二

中缅之间的第一次战争，发生在中国境内。刘藻指挥清军与缅军开战，没有取得什么像样的胜果，反倒是有一路清兵（约600人）陷入缅军埋伏被击溃。这次失利规模本来不大，但是大出乾隆意外，认为败于小小蛮夷完全是刘藻无能所致，一怒之下将刘藻革职，刘藻闻讯自杀身亡。

---

[1]杨煜达、杨慧芳：《花马礼：16-19世纪中缅边界的主权之争》，《中国边疆史地研究》2004年第2期。

[2]《高宗实录》卷七五一，转引自云南省历史研究所编《〈清实录〉越南缅甸泰国老挝史料摘抄》，云南人民出版社，1986，第565页。

接下来，乾隆将他素来器重的大吏杨应琚（汉军旗人，以大学士衔任云贵总督）派到云南，专门负责征剿缅甸军队。缅甸军队此时已经撤回，杨应琚“情况不明决心大”，迅速调集一万四千名绿营兵攻入缅甸，决定好好教训一下这个小小番邦，替皇帝出口气。结果却被缅甸挫败，不得不退回国内，缅甸还不依不饶，派兵穷追不舍。

杨应琚一败再败，却不断施展清代地方大吏故伎，接连向乾隆假报胜仗，说昨天这里大胜，今天那里大捷。乾隆毕竟不是庸主，查看地图，发现交战地方越来越深入中国内地，如果清军真的屡屡获胜，怎么缅军反倒来越深入了？杨应琚终于掩饰不住，被逮捕进京赐死。第二次中缅战争又以中方失败结束。

按理说事情发展至此，乾隆应该清醒了吧？仍然没有。因为清代统治者向来看不起以汉人为主体的绿营兵，乾隆认为，绿营战败不等于清朝不行，更不能说明缅军强大。他立刻调派三千精锐满洲士兵前往云南，派身经百战的满族将军明瑞接任云贵总督，继续主持对缅战事，他认为这次以满洲兵为核心辅以绿营再次出征，断无不胜之理。因此第三次开战之前，乾隆已经开始计划征服缅甸后如何统治。他说：“我兵进剿缅甸……自必势如破竹，迅奏肤功。……将来平定以后，……莫若量各城大小，分置土司，使各守其疆界，不相联属，则伊等势涣情暌，不能骤合为一，或可不致滋生事端。”[1]

也就是说，我军这次进兵，一定会势如破竹。占领缅甸后，要在缅甸分置多个土司，让各地不能再统一起来，以利统治。

乾隆又命令两广总督行文暹罗，要求如果缅王战败逃往暹罗，务必配合中国尽力追擒，献俘中方。

事实上，此时强大的缅甸军队已经攻陷暹罗大城王朝首都阿瑜陀耶，暹罗已经亡国。

乾隆三十二年（1767），将军明瑞分兵两路，杀入缅甸。灭了暹罗的缅甸将大军撤回国内，军力大增，不过经验丰富的缅甸将军并没有因此与清军硬

---

[1]《高宗实录》卷七八八，转引自云南省历史研究所编《〈清实录〉越南缅甸泰国老挝史料摘抄》，第633页。

碰硬，而是实行坚壁清野、诱敌深入策略。明瑞立功心切，一路孤军深入，结果被数万缅军围困。清军大败，明瑞自缢身亡。第三次中缅战争仍然以中方失败告终。

明瑞的死，终于让乾隆清醒了点。此时他也终于接到消息，知道暹罗已被缅甸所灭，对缅甸的军力有了相对清醒的认识，再也不提将缅甸纳入版图了。但是丧师辱国这口气无论如何咽不下，他决定，不惜任何代价，一定要击败缅甸。

这一次，他任命自己的小舅子、大清王朝的第一宠将、战功赫赫的重臣傅恒为统帅，增调一万四千名满洲兵，外加九千名贵州兵和两千名福建水师，用了近一年的时间调集粮草进行周密准备，然后发动了更大规模的进攻。可以说，这次清朝已经使出全力。缅军还是实行诱敌深入之术，退至新街附近的老官屯，双方在此展开数次大战。

一个月之后，傅恒向皇帝汇报，在天朝重兵围困之下，缅方终于势穷投降。傅恒说，他本来要彻底击溃缅甸，只因缅方的表现实在是非常恭顺，他才接受了对方的请求，于乾隆三十四年（1769）十一月，在老官屯签署了一道和约。

> 大兵围攻老官屯，贼势窘迫，贼目诺尔塔致书恳乞解围，经臣等传谕训饬，嗣又遣小头目节缀赍呈懵驳书函，吁请停兵，词颇恭顺，诺尔塔复谒见哈国兴，叩求回书。臣等查其情词，似非狡诈，遂缮书晓谕，令其具表求降，送出内地被留之人，其投诚土司，嗣后不得侵扰；若能悉遵约束，即当奏请撤兵。付书遣去。[1]

也就是说，清朝大军围攻老官屯，缅甸军队走投无路，缅军统帅不得不致书清方，要求清军解围。傅恒等训斥了对方使者，对方又送来缅甸国王的书信，请求停战，用词非常恭顺。对方统帅诺尔塔又来谒见我方总兵哈国兴，叩

[1]《高宗实录》卷八四七，转引自云南省历史研究所编《〈清实录〉越南缅甸泰国老挝史料摘抄》，第749页。

头请求我方回信。我看他的神情语言，似非狡诈，于是要求缅甸方面，必须缮写表文求降，送出被他们扣留的内地之人，以后不得骚扰已经投诚中国的土司。

傅恒汇报，和约内容如下：第一条是缅甸要“缮具表文，十年进贡一次”[1]，第二条是缅甸将所有中国战俘释放，“还所拘絷官兵”。第三条是“永不犯边境”，即缅甸永不犯天朝边境。[2]

傅恒还汇报说，他让具体负责谈判的将领哈国兴告诉缅方：“纳贡时表文，须遵各外藩体例，应恭缮具书缅甸国王臣某奉表大皇帝陛下，以昭规制。”[3]也就是写朝贡表文必须要符合外藩的体制，并详细告诉了对方表文的规制。缅甸方面唯唯诺诺，保证会严格落实。

傅恒没有经过请示和批准，就擅自在前线签了和约，这令乾隆非常意外。不过傅恒毕竟是他最信任的人，何况他对傅恒谈成的条件还是十分满意的，四次出动大兵，终于算有了较为圆满的结果，多年的心血没有白费，遂批复说：

> 前此懵驳恳求通商，曾经降旨传谕傅恒，不允所请。今既愿奉表称臣，输诚纳贡，通商自属可行。但此时不必晓谕，俟其来京时，再降谕旨。著传谕傅恒等知之。[4]

缅甸以前多次请求通商，我曾经坚决拒绝。现在他们这么恭顺，我打算同意，不过要等对方到北京进贡时，再下旨正式册封，以示施恩。这一点你们先不必和他们说。

---

[1]《高宗实录》卷八四八，转引自云南省历史研究所编《〈清实录〉越南缅甸泰国老挝史料摘抄》，第753页。

[2]赵尔巽等撰《清史稿》卷五二八《缅甸传》，第14678页。

[3]《高宗实录》卷八四八，转引自云南省历史研究所编《〈清实录〉越南缅甸泰国老挝史料摘抄》，第753页。

[4]同上。

三

终于松了一口气的乾隆开始坐等缅甸送降表，释放战俘，到北京来朝贡。他命令礼部官员开始认真准备接受缅甸朝贡事宜，指示排场一定要办得盛大一点，让他在全国臣民面前有足够的面子。

不料几个月过去了，缅甸的表文和使臣迟迟不到，边境上没有任何动静。

乾隆等得实在焦急，多次通过朱批向云南官员催问怎么回事，云南官员向乾隆解释说，可能是因为缅王对此次进贡太过重视，准备贡品一定要精益求精，忙着制造什么特别奇巧的东西，所以耽误了时间。

乾隆感觉很奇怪，在朱批中不解地质问说：“彼即办理贡物，何至濡迟许久？……彼何所畏惧，必欲造办奇巧贡品，旷日羁时，且彼土又有何奇物可办，必待迟之又久，不即奉表纳款，急践前言乎？”[1]

也就是说，对方到底怕什么，不带上特别奇巧的贡品就不敢上路？就是要精心准备贡品，怎么会迟至如此之久？更何况他们这个穷地方有什么奇巧的东西？

乾隆三十五年（1770）三月，实在等不及了的乾隆皇帝命军机大臣向缅甸发出公文，催促缅甸履行和约速来朝贡，公文的口气很不耐烦：“尔之奉表迟速，本不足计……弹丸僻壤，即竭力具贡，有何珍异，足为比数，原无所容其督促……但尔所称送还内地被留之人，有何难办，有何顾虑，而迁延许久，信息杳然，殊不可解。”[2]

你国递降表早几天晚几天本来无所谓，你们是弹丸小国，穷乡僻壤，就是竭尽全力，也拿不出什么珍异的东西，所以本也不必催促你们。只不过你们至少可以先做到一件事，就是送还被扣压的战俘。为什么你们到现在还不放人？实在不能理解。

清朝派出一名叫苏尔相的军官到缅甸送交这封公文，没想到，苏尔相到达

[1]《高宗实录》卷八五三，收入《清实录》第十九册，中华书局，1986，影印本，第422-423页。

[2]《高宗实录》卷八五四，收入《清实录》第十九册，第436-437页。

缅甸后，居然被缅方扣押起来，不许回国。

乾隆在莫名其妙之外更是火冒三丈。五月份，他以中方官员的名义向缅甸发出第二道公文，语气更加气急败坏，怒斥缅方将领诺尔塔居然敢扣留天朝使者：“尔自思尔一虫蚁不如之人，辄敢违尔王子去年纳款书词，向本将军等抗词蔑礼，尔尚可比于人类乎？……为此，再檄谕尔诺尔塔，即将我所遣都司苏尔相如礼护送入关，并即寄信尔王子，将从前所留之人，速即查明送还，以全尔王子之礼信。”[1]

你诺尔塔不想一想，你是个虫蚁不如的东西，怎么敢于违背你国国王答应的条款？在天朝将军面前出言不逊，你还能算是人类吗？现在，我命令你马上把我方的公文送达你们国王，然后释放所有中方战俘，履行你们国王的庄严承诺。

结果这封公文一到，苏尔相干脆被缅方戴上脚镣，投入大牢。苏尔相后来回忆说，之所以遭遇这样的待遇，就是因为缅方对清朝公文的语气大为光火：“诺尔塔差人来说，……你的文书骂我们作粪坑蛆虫，我王子叫留下你们，上起脚镣。”[2]缅甸方面后来一直把他拘押了七年之久。

在乾隆的忿怒和不解中，缅甸的使者终于到了。不过来的不是贡使，而是缅甸兴师问罪的信使。缅甸派出信使来到云南，指责中国违背了双方在老官屯达成的协议。缅方一问中国为什么没按协议的要求，开放边境贸易。二问为什么没有将中国云南境内的木邦、蛮暮、猛拱三土司老老实实送给缅甸？三问为什么不派人到缅甸来致礼访问？[3]

乾隆读了，如同坠入云里雾里，不明白缅甸为什么会提出这样离谱的要求。

四

乾隆不知道的是，事实上第四次战争中方并没有取胜。经过一个月较量，

---

[1]《高宗实录》卷八五九，收入《清实录》第十九册，第511页。

[2]白寿彝主编《中国回回民族史》下册，中华书局，2007，第946页。

[3]陈尚胜主编《儒家文明与中国传统对外关系》，山东大学出版社，2008，第338页。

清军与对方打了个平手，双方都已经精疲力尽。清军因为战斗和瘟疫，更是严重减员，连主帅傅恒都生了重病。傅恒后来汇报说："瘴疠过甚，交冬未减。原派各营兵三万名，满兵一千名，现计仅存一万三千余名。"[1]三万人只剩了一万三。

由于有前三次战争的经历，双方都知道对方实力不俗。傅恒不想命丧战场，缅军统帅诺尔塔（即大城征服者摩诃梯诃都罗）头脑也很清醒，知道中国实力雄厚，如果打持久战，缅甸也支撑不下去。

因此乾隆三十四年十一月，双方将军决定停战讲和。缅甸方面记载的《老官屯和约》签约过程，和傅恒汇报给乾隆的内容完全不同。

缅甸学者貌丁昂在《缅甸史》中这样描写谈判和签约的过程：

> 中国军队提出条件求和，但是缅甸军官拒绝谈判。最后，缅军统帅、阿瑜陀耶的征服者摩诃梯诃都罗说："同胞们，如果我们不达成和平，还会遭到下一次入侵，即使我们打赢了，又会有一次入侵。我国不能一直陷在一次又一次对付中国人入侵的战争中，因为我们还有别的事情要做。让我们停止厮杀吧，让我们的人民和他们的人民和睦相处，互通贸易。"摩诃梯诃都罗没有说服军官们，但是他敢担重任，没有报告国王，就要求中国人同意如下几点：（1）中国人交出违反缅甸法律在中国境内避难的所有土司、叛乱分子和流亡分子。（2）掸人国家在历史上就是缅甸帝国的一部分，中国人要尊重缅甸对掸人国家的主权。（3）释放所有战俘。（4）中国皇帝和缅甸国王恢复过去的友好关系，两国定期互派使节，致信问好，赠送礼物。中国人欣然接受这些要求，这首先是因为他们别无选择；其次，第四项要求为他们得免一死创造了条件，使他们有脸去见中国皇帝。[2]

其他缅甸方面的记载，比如缅甸学者波巴信的《缅甸史》，戚基耶基纽的

---

[1]《高宗实录》卷八四七，收入《清实录》第十九册，第338页。

[2]貌丁昂：《缅甸史》，贺圣达译，何平校，云南省东南亚研究所，1983，第157-158页。

《四个时期的中缅关系》，也都说是清军在老官屯打了败仗，首先提出求和要求，并接受缅甸提出的条件。

这和中国方面的记载几乎完全相反。

那么，到底哪一种说法是真相呢？也许双方都各有隐瞒和夸张。协议的中文本迄今没有被发现，1837年，英印政府首任驻缅公使亨利·伯尼（Henry Burney）在缅甸宫廷史料中找到了协议的缅文本，将它译为英文，主要内容如下："所有居于中国皇帝领地内之日落处阿瓦王、琉璃宫君主之臣民，均享从前之待遇。两大国间应建立和平与友谊，如两片黄金融合一样合而为一。同时，两大国应照旧例建立金银商路。两国君主与官员应每隔十年互致金叶信件以致敬意。"[1]

综合缅甸方面各种材料，协议要点有四：

一是清朝交还给缅甸所有逃亡到云南的缅属土司，并"承认缅甸对所属土司的主权"[2]，特别是要交出在中国境内的木邦、蛮暮、猛拱三土司。二是双方交换战俘。三是双方友好结盟，定期互派使节；"每隔十年两国君主交换使节，互通友善书信，并致送礼物"[3]。四是商道重开，准许两国商贩自由贸易。

相比傅恒的汇报，缅甸的记载似乎更为可信一些，因为如果按中方的说法，那么这就不是和谈，而是缅甸投降。既然双方都想停战，肯定各有退步。

虽然中文档案文献中迄今未发现《老官屯和约》的详细文本，但曾代表清军与缅方代表谈判的副将哈国兴后来被捕入狱，曾供述缅方代表在谈判中提出的要求："要求天朝的大人们照古礼行事。"[4]

---

[1]Henry Burney, "Some Account of the Wars between Burmah and China, Together with the Journals and Routes of Three Different Embassies Sent to Pekin by the King of Ava; Taken from Burmese Documents", *The Journal of the Asiatic Society of Bengal*, Vol. 62（1837）, pp. 146-147，转引自王巨新《"十年一贡"还是"每十年派使互访"——清代缅甸朝贡的历史真实》，《理论学刊》2018年第4期。

[2]何新华：《中国外交史：从夏至清》下册，中国经济出版社，2017，第752页。

[3]同上。

[4]余定邦：《中缅关系史》，第154页。

《征缅纪闻》记载谈判经过时提到了这样一个细节：

> 各头目言：往年因吴尚贤入贡，乃系先遣人来，今亦当如旧。哈国兴言：'尚贤本厂长，藉天朝以压服蛮众，故为此。天朝闻之，已正其罪。缅甸与天朝大小悬绝，理宜小先事大。'……缅人陈鼓乐请哈国兴入寨，并令其众跽迎，且求通贸易。[1]

因此，缅甸方面的理解的"古礼"，是双方相互访问，就像乾隆十五年吴尚贤促成的朝贡，中国方面先派使臣到缅甸来拜访，缅甸再进行回访。

从常情判断，双方应该是达成了以下条件：第一，双方停战，以后不再侵犯对方的土司辖地。第二，双方都释放对方的战俘。第三，缅甸"照古礼行事"，遣使中国。第四，在边境通商。双方关键的分歧在于对"古礼"的理解上。中国理解的"古礼"，就是缅甸照过去的例子朝贡。而缅甸理解的"古礼"，是中方先得派人来致意。所以缅甸方面才派人到中方问罪，问中国为什么不履行条约。乾隆三十五年正月，云贵总督彰宝奏称："老官屯头目布拉莽倘两处差人呈送棕叶缅文，欲通贸易。"[2]三月十四日，诺尔塔又派人到虎踞关，送来缅文蒲叶书，要求送还木邦、蛮暮、猛拱三土司。

"今我传檄未至，而彼文先来。"[3]到这个时候，乾隆才明白是前线的将军们欺骗了他。他在上谕中分析说："其遣使至军营时，系哈国兴与之接见传语，未必非哈国兴狃于绿营积习，急图了事，从中迁就调停，为之粉饰其词，竟若缅酋实能恭顺输诚者。"[4]

也就是说，缅甸派人到中方军营时，是哈国兴接见的。可能是哈国兴沿袭绿营欺上瞒下的习惯做法，为了迅速了结此事，从中做了一些迁就和粉饰，最终让他误以为缅甸国王真的会恭顺地来进贡，让他上了当。

---

[1]王昶：《征缅纪闻》，转引自邹建达《西南边疆之战》，中山大学出版社，2020，第310-311页。

[2]《高宗实录》卷八五〇，收入《清实录》第十九册，第393页。

[3]《高宗实录》卷八五六，收入《清实录》第十九册，第465页。

[4]《高宗实录》卷八五三，收入《清实录》第十九册，第422页。

傅恒回国之后不久就病死了，乾隆只好将哈国兴抓起来，最终以在谈判时“存将就完事之见，信口应许”[1]的过错，调离降职。

五

总结起来，乾隆年间中缅四次大战，清朝四易统帅，前后花费一千三百余万两白银，征调士兵七八万名，战果是三败一和，四位军队统帅，一位自刎，一位被赐死，一位自缢，一位病死。英国学者哈威认为，这场战争如果继续下去，缅方获胜的概率大于清朝。

为什么中国在全盛的乾隆朝，居然打不过一个小小的缅甸呢？

因为中国对缅甸不了解。

明朝时中国被缅甸打败是因为轻视对方，到了清朝，其统治者仍然不愿意去了解这个对手，仍然一厢情愿地把缅甸定义为荒远贫穷的小国。最典型的代表是第二次战争的指挥者杨应琚，他不知从哪里得到的过时消息，认为缅甸分为莽匪和木匪两部分，内部分裂涣散，并不足畏，贸然进攻，结果大败。

乾隆对缅甸的了解同样不深。他不知道，雍籍牙王朝是东南亚地区名副其实的霸主，他更不知道，雍籍牙王朝通过与葡萄牙人的交往，已经拥有比较先进的军事技术。[2]缅军中有一支由滑膛枪手组成的西方国家的雇佣军。普通缅军装备的也多是来自英、法等国的燧发枪，无论射速、火力、对环境的适应都远胜清军老旧的火绳枪，因此装备优于清军。加之在适应地理、气候方面的有利条件，缅甸确实是处于更加有利的地位。

因此，虽然经过数次战争最终签订了一个协议，但是双方都不服气，都没有遵守协议内容。两国关系并未改善，而是进入了近二十年的外交对峙期。

---

[1]《高宗实录》卷八五六，收入《清实录》第十九册，第466页。

[2]贺圣达：《缅甸史》，人民出版社，1992，第101页。

第五节　一桩史实，两种表述：中国和缅甸，到底谁给谁进贡？

一

在《老官屯和约》签订后约二十年，缅甸的《贡榜王朝史》记载了缅甸外交史上一件大事：

1790年10月的一天，伊洛瓦底江上驶来一艘华丽的三层龙舟，龙舟在缅甸首都附近停了下来。船上下来三位中国打扮的美女，随行的还有四位中国使臣。

使臣称，这三位中国美女，都是公主，是中国皇帝进献给缅甸国王的。三天后，公主们进了宫，被授以王后的头衔和采邑地东柏。[1]

《贡榜王朝史》记载三位公主的名字分别叫“Takunyin”“Eikunyin”“Thankunyin”，显然是“大姑娘”“二姑娘”“三姑娘”的译音。书中还有大量礼仪细节的描写，包括中国使者如何跪着恭敬地回答缅甸国王的问题，如何献上中国皇帝送给缅甸国王的价值连城的108颗珠子，三位中国公主如何迈上通往狮子宝座的台阶，八位婆罗门如何为国王进行庄严的灌顶仪式……

缅甸王国有要求它的属邦酋长向它进奉女儿的传统。1759年缅甸国王的一道诏令说：

> 任何在曼尼普尔土地上的首领每三年都必须将他的女儿作为新娘送给他的缅甸宗主。[2]

因此缅甸人将此举当成中国向缅甸臣服的证明，对此事非常重视，在各种

---

[1]白诗薇：《阿摩罗补罗宫廷的三位中国公主——1790年一段外交骗局的稗史》，陈燕萍译，载李谋、李晨阳、钟智翔主编《缅甸历史论集：兼评〈琉璃宫史〉》，社会科学文献出版社，2009，第311-312页。

[2]同上书，第320页。

史书文献中反复宣扬，不过记载稍有区别：有的说公主们是乾隆的女儿，有的则说公主们是八十高龄的乾隆的孙女。

1790年缅甸中部密拉铁的一通石碑上，记载了中国皇帝进献三位“到了青春期”的孙女为缅甸国王效劳。她们的头衔被用巴利语刻在红宝石镶嵌的金片上。

1797年，缅甸官员在致暹罗的信中，语带威胁地夸耀缅甸国王拥有中国皇帝的三位女儿，是中国皇帝的朋友。

1802年，缅甸官员在致暹罗官员的信中再次说，中国皇帝曾送了三位女儿和一些礼物给缅甸国王修好，而暹罗却没有。

1808年缅甸的贝叶书上写道：“中国皇帝把心爱的孙女送到国王脚下就表示国王威德畅达四方。”[1]

孟云在写给英国驻印度总督的信中，也通过中国皇帝送给他“三位贞节的女儿”这件事证明他和中国的友好关系。[2]

哈威在《缅甸史》中说，在缅甸国王看来，贡物中“惟最佳者为1790年华使携来之佛牙一枚与宫女三名。孟云获得佛牙，自以为较阿奴律陀更为伟大，盖先王未能自华觅得佛牙也。至于美女岂非中国王室之公主，清帝进呈公主，岂非自认藩属……”。[3]

二

然而这三位公主一行在中国史籍中找不到对应的记载。任何对清朝历史有所了解的读者都会知道，乾隆皇帝绝不会下嫁公主给缅甸国王，更何况一嫁就是三个。

不过《贡榜王朝史》对这件事记载得如此详细，甚至还给出了中国使臣的

---

[1]白诗薇：《阿摩罗补罗宫廷的三位中国公主》，载李谋、李晨阳、钟智翔主编《缅甸历史论集》，第323页。

[2]同上书，第322页。

[3]哈威：《缅甸史》下册，第479-480页。

名字，让人又不能不信。书中记载：“到达垒兰这一站后，永大爷、百大爷、屠大老爷就回去了。”

由尹老爷、易老爷、辛老爷、李老爷四人把公主送到首都[1]。

沿着“永大爷、百大爷、屠大老爷”这个线索，我们可以查到，1790年这一年，中国的云贵总督和云南巡抚确实派了三名官员到缅甸去，一名是云南粮储道永慧，一名是广南营参将百福，还有腾越州知州屠述濂。他们的姓氏与缅甸的记载倒是正好对得上。

不过，在中国史籍的记载中，这几位中国官员缅甸之行的目的并不是送公主，而是举行册封仪式。

中国史籍说，几个月前，缅甸曾经派出使臣到中国，祝贺中国乾隆皇帝的八十大寿，所以乾隆决定，册封当时的缅甸统治者孟云为国王。使臣们携带的圣旨，完整地记载于《清实录》当中：

> 据云贵总督富纲奏：尔深感天朝厚恩，敬备表贡，遣使叩祝万寿，并欲求请封号。已将表文呈览。朕批阅表内，词义肫恳，祈吁情殷，诚悃实属可嘉。朕维怀柔藩服，德化所先，效悃将虔。宜嘉褒锡。尔自嗣摄国事以来，即遣陪臣具表叩关，输诚纳贡。朕特鉴尔恭顺，降敕褒奖，并赐尔佛像、文绮、珍玩、器皿等物，用昭优贶。兹复以朕八旬万寿，率土胪欢，遣使祝釐，远涉万里，尤见向化之忱。已命云贵总督饬送来使，前赴热河行在，与蒙古王公、回部伯克及安南国王、庶邦君长等同与筵宴，瞻仰朝仪，并当加以优赉，共沐恩荣。至尔以摄国有年，欲恳请天朝封号，以资镇抚。因念尔国远在炎陬，恪共职贡，兹于遣使之前，先期坐摆。致洁告虔，更征谨恪，朕甚嘉焉。已降旨交该部封尔王爵，俟尔使臣到京，再将锡封印信、敕书交与赍回。兹先降敕褒谕，亲书御制诗章以赐，并加赏珍珠手串一挂，使尔益加欣忭，并使尔举国臣民，同深庆幸。已令该督遣大员二人，亲赍恭捧，送至尔国，面交祇领。尔既受兹宠锡，备沐殊

[1]白诗薇：《阿摩罗补罗宫廷的三位中国公主》，载李谋、李晨阳、钟智翔主编《缅甸历史论集》，第317-318页。

荣，益当倍矢敬共，恪遵侯度，屏藩南服，延及子孙，仰副朕抚远绥来至意。[1]

大意是说，云贵总督富纲汇报，你孟云深感我天朝的厚恩，恭敬地准备了进贡表文，派使臣给我祝贺万寿，现在又想得到我赐给的封号。我看了表文，词语恭顺恳切，实属可嘉。我对藩属一直以道德教化为先，你自摄政起，就曾派人进贡，我肯定你的恭顺，曾赐你佛像、文玩等物。如今八十万寿，你又派人庆祝，可见你倾心向化的真诚。我已经让云贵总督派人护送你的使臣到热河，参加盛典，与各国一起共沐了皇恩。

你已经当政多年，一直想得到我赐的封号。我考虑到你的国家在那么热的远方，还知道恭顺天朝，在遣使之前，还虔诚地举行“坐摆”仪式，我很高兴。因此已经降旨，封你为王，待你的使臣到北京的时候，再给你印信。先降下这道圣旨，并赐给你我亲笔写的诗章，以及珍珠手串一条，让你预先感受一下格外的幸福，并且让你国臣民一起庆祝。我让云南官员派人把这些送给你，你以后要再接再厉，给我好好当藩屏，别辜负我对你的大恩大德。

乾隆皇帝提到的御制诗章，《清实录》也有记载：

奉表前年施惠往，请封今岁竭诚归。
赤心那限万里隔，黄诏从教举国辉。
经事自惟老胜壮，化民应识德赢威。
内安外顺胥天佑，益切屏营凛敕几。[2]

云贵总督在册封完成后也向乾隆转呈了云南粮储道永慧提交的出使报告。据永慧的报告，中国使团的船队在乾隆五十五年七月初八，即1790年8月17日，到达九钮城。“国王率领子弟及大小头目在江岸伏地叩迎。职等与之相

[1]《高宗实录》卷一三五一，收入《清实录》第二十六册，中华书局，1986，影印本，第91页。
[2]同上。

见，即将皇上种种施恩逾格令通事备细传述。该国王即连连朝上叩头，喜形于色。据称，蒙大皇帝如此加恩，寔为非分。”[1]

也就是说，船队到达时，缅甸国王孟云率领王公头目在岸上趴着迎候，见到船只赶紧叩头。中国使臣下船与他相见，通过翻译告诉他中国大皇帝对他的破格施恩。孟云听了，连连朝上叩头，喜形于色，说，大皇帝如此加恩，实在是非分之福。

初十那天，船队在孟云船只的亲自引导下，到达缅甸首都。“职等恭捧敕谕御赐登岸，夷人观者如堵，俱各罗拜道旁欢呼踊跃。该国王孟陨（云）导引至城内坐摆处，率领子弟、头目俯伏墙（阶）下。职等即令通事高声宣读敕谕诗章，该国王跪听之下，手舞足蹈，即三跪九叩行礼谢恩”。[2]

中国官员捧着圣旨和赏赐物品登岸，缅甸人围观者如堵，都在道路两边下拜欢呼。缅甸国王则引导使臣到城内举行“坐摆”仪式的地方，率领贵族和官员趴在台阶之下，中国使臣高声朗诵了圣旨和御制诗。缅甸国王听了之后，非常激动，手舞足蹈，三跪九叩。

中文和缅文两方面史料对同一事件的记载，猴吃麻花——满拧。双方的记载都绘声绘色，细节生动。一个是中国皇帝向缅甸国王急巴巴地送上女儿，讨好缅甸国王，以表善意。一个是缅甸国王对中国使臣三跪九叩，对中国大皇帝的恩典感激涕零，恭顺无比。

那么，到底哪一方的记载是真实的呢？

三

这事还要从清缅战争之后的局势说起。

清朝与缅甸旷日持久的四次大战，唯一一个受益方是暹罗。

缅甸征服暹罗后，本来派重兵镇守，结果不久因为清兵入缅，只好把主力

---

[1]《军机处档折件》第045442号，转引自白诗薇《阿摩罗补罗宫廷的三位中国公主》，载李谋、李晨阳、钟智翔主编《缅甸历史论集》，第316页。

[2]同上。

撤回国内。结果泰国华裔"吞武里大帝"郑信趁机率军驱逐了剩下的缅军，建立了吞武里王朝，使泰国从亡国的边缘获得复兴。[1]但清朝在很长时间之内，并不知道是它造成此中南半岛一大变局。

郑信立国后，多次请求进贡。乾隆四十七年（1782），清朝和暹罗正式建立了朝贡关系，两国关系密切起来。

清王朝和暹罗交好对缅甸来说显然不是一个好的信号。1785年、1786年和1787年，缅甸与暹罗三次交战皆败北，原来臣服缅甸的很多小国都开始动摇。一时国际形势对缅甸非常不利。新即位的缅王孟云为了巩固自己的王位，平衡中国和泰国的关系，试图突破两国外交坚冰，改善和清朝的关系。

而乾隆皇帝在1769年那条不明不白的和约签订之后，也一直为缅甸没有如约前来进贡而气愤。中缅关系这样不上不下地吊在哪里，一直是他心里的一个疙瘩。他需要缅甸派人前来，给他一个下台的台阶。这笔账，早晚得有个交待。

于是，中缅边境上那些老于此道的"中间人"，包括土司和官员，又一次看到了机会，熟练地操作起来。

1787年4月3日，缅王接到木邦官员和土司禀报：有一个300多人的中国使团到达木邦，带来了中国皇帝的金叶国书和珍贵礼物。缅王听闻，马上下令将中国使团送来首都。5月26日，清朝使团抵达缅都阿摩罗补罗，6月3日，使团向缅王呈递国书和礼物。而国书大意是说：自1769年签订协议以来，两兄弟国间的贸易已中断了17年，为重建友谊和尊重，两兄弟国间应互派使节。因此6月10日，缅王指派使节回访中国。[2]以上是缅甸史书的记载。

缅甸的记载是否真实呢？

据中文史料，檀萃所撰的《茂隆厂记》记载，缅甸国王进贡，确实有中国官员先为铺垫。这一次是顺宁知府全保闻"缅酋有内附意"，首先委托耿马土

---

[1]朱诺：《在缅甸发现中国｜朝贡体系下的中华与缅甸之争》，《澎湃新闻》2014年11月4日，https：//www.thepaper.cn/newsDetail_forward_1270858。

[2]Henry Burney，"Some Account of the Wars between Burmah and China，Together with the Journals and Routes of Three Different Embassies Sent to Pekin by the King of Ava；Taken from Burmese Documents"，pp. 408-413，转引自王巨新《"十年一贡"还是"每十年派使互访"》。

司招致缅王入贡。耿马土司委托一个叫陈令宪的拔贡（比秀才稍高的功名）率队前往缅甸传达了中国官方的邀请，缅王遣使随之来到耿马。[1]

因此这次招致缅王和上次吴尚贤事件一样，极有可能是在乾隆不知情的情况下发生的。茅海建介绍的他的学生向天南的研究结论，认为这些都是“边疆地带的中间人”所为。

> 中缅之间存在着非常大的商业关系，两边的经济有着互补性，来自云南的铁器等物是缅甸的必需品，来自缅甸的棉花和棉织品也为西南地区所需。缅甸所产的宝石类商品为当地商人带来了巨大的利润，银矿的开采、木材的伐运也养活了大量的老百姓。中缅边界的腾冲等地形成了繁荣的市镇。
>
> 清缅战争使乾隆帝关闭了中缅贸易，这对清朝中央政府、缅甸王国的上层都没有太大的影响，但对中缅边界地带的商人、土司、云南边界地方官员的利益造成了极大的冲击，当地老百姓的生活也受到了影响。他们有意于恢复通商，重建清朝与缅甸的良好关系。他们是“边疆地带的中间人”。
>
> …………[2]

这些“中间人”揣度双方国君的心思，又一次成功地“诱致”缅甸使臣到中国来朝贡，并带来了缅王孟云的如下表文：“小臣父甕（雍）籍牙因替旧缅酋莽达拉平乱，承袭掌管地方。传至小臣兄懵驳，违悖父命，传子赘角牙，同时为恶，得罪天朝。……今小臣追悔已久，特遣心腹头目业渺瑞洞、细哈觉控、委卢撒亚等虔呈土贡，申请云贵总督代为奏明，求大皇帝如天之量，恕缅国以前之罪，永得作外域之臣，世世子孙叨蒙圣恩于亿万年矣。”[3]

---

[1]王巨新：《“十年一贡”还是“每十年派使互访”》。

[2]茅海建：《茅海建缅甸行①丨中间人与“创造性”翻译》，《澎湃新闻》2019年9月2日，https://www.thepaper.cn/newsDetail_forward_4297133。

[3]《军机处录副奏折》外交类，第366号，转引自毛春林《清高宗与清缅关系的变化》，硕士学位论文，湖南师范大学中国古代史（专业），2013，第53页。

这道表文表达了“真诚”的悔罪之意，完全满足了乾隆的期待。大意是小臣我的父亲叫雍籍牙，他取代了上一朝的国王，建立了新的王朝，管理缅甸地方。传到我的哥哥懵驳和他的儿子赘角牙这两代的时候，为非作歹，不自量力，得罪了天朝。如今小臣我实在太后悔了，于是特意派遣使臣，虔诚地带着贡品，请求大皇帝您以如天之量，宽恕我缅甸的罪过，让我永远做您的臣子，世世代代蒙受皇朝的圣恩。

这次表文的缅甸原文没有查到，但是我们能猜到，表文如此恭顺，可能是中国翻译的功劳，也可能是中国的“中间人”直接伪造了表文。

四

不管怎么样，外交坚冰终于打破了。两年后，乾隆五十五年，正好是乾隆皇帝八十大寿，孟云再次遣使为乾隆帝祝寿，并再次请求开通中缅边境贸易，这是《老官屯和约》当中中国承诺的。

乾隆皇帝因此有了前面提到的册封孟云为缅甸国王的决定，确定缅甸的贡期为十年一贡，清朝与缅甸的封贡关系由此最终建立。[1]换句话说，中缅关系又被重新纳入了东亚朝贡体系，中国得了面子，缅甸得了实惠。

但是缅甸国王似乎并不承认这种关系。乾隆册封孟云为国王后，赐给孟云一枚金印。面对这枚金灿灿的大印，孟云一时不知道如何是好。接受吧，有成为中国藩属之嫌。不接受吧，这么大一块金子，实在舍不得。最终决定，收下金印，但告诉史官，别记下来。“使臣携归华文大印，其状如驼。缅王恐受制于清，初不愿受，顾又不欲舍此重达三缅斤（十磅）之真金，乃决意接受而使史官免志其事。”[2]关于这枚“金印”，缅甸方面鉴定后认定的价值为九千罗

[1]王巨新：《清朝与缅甸、暹罗封贡关系比较研究》，《广州大学学报（社会科学版）》2010年第11期。

[2]哈威：《缅甸史》下册，第479页。

比。[1]缅甸方面对这枚封印价值上的关心显然超过了对这枚封印所象征的意义的关心。

在确定“十年一贡”之后，从乾隆五十五年到光绪元年（1875）的八十五年间，缅甸正式派使臣到中国来了七次，平均每十二年一次。[2]这和其他朝贡国的表现截然不同。比如缅甸和泰国在地理与文化上都非常接近，同为小乘佛教的重镇。然而泰国千方百计突破限制，一直频繁地向中国进贡，大兴朝贡贸易，缅甸居然没有把本来就不多的“额度”用足，显然不够积极。

之所以如此，是因为泰国是一个非常重视海外贸易的国家，统治者具有像商人一样的灵活性与现实性，懂得以柔克刚。而缅甸历史上却一直鄙视商业，只迷信武力。虽然缅甸拥有漫长的海岸线，也拥有很多优良港口，历史上却从不重视海上贸易。缅甸的传统财富来源是战争，而不是商业。

对于中缅之间的这些交往，中国的记载是缅甸是为了履行“十年一贡”的义务。而缅甸方面的记载却并不相同。在缅甸史料记载中，这七次出访中国都是按“古礼”对中国进行的“回访”。

缅甸这七次朝贡，间隔并不规律，并非严格的十年一次。缅甸方面说，这是因为清朝方面来得不够规律。原来，在缅甸的历史记载中，缅甸每次遣使之前，都先有清朝代表团前来访问缅甸，向缅王表达敬意，缅甸才会在那之后回访。因此这七次朝贡的时间，其实是随着清朝派人到缅甸的时间间隔而定的。

那么，中国真的会隔几年派一次使臣到缅甸访问吗？

考察双方史料，确实每隔几年就会有一拨中国人到达缅甸。比如缅甸史料记述，1796年3月，有一队中国使团到达缅都，带来了中国皇帝的信件和礼物。信件大意说：

> 我今年86岁，已在位61年。虽然我耳聪目明，身体很好，但已是耄耋老人。按照先帝所立规矩，我对诸皇子考察多年，兹定立次子“十五

[1]哈威：《缅甸史》下册，第566页。实际上，乾隆所赐的这枚大印，并不全是黄金，而是“驼纽镀金银印”，主体部分为白银。

[2]王巨新：《清朝与缅甸、暹罗封贡关系比较研究》。

爷”为皇帝。[1]

不难看出，缅甸的记载有多处错误。比如其时乾隆帝85岁，在位60年整。乾隆帝是让位于十五子颙琰即嘉庆帝，而不是次子“十五爷”。缅甸史官的记事风格是得其大意，并不追求精确。不过从这则记载我们可以确认，这批来到缅甸的清朝官员是前来颁发乾隆的禅位诏书的。按清朝的习惯，皇帝继立禅让这样的大事，要向藩属国发诏书告知。乾隆皇帝禅位诏书发至云南后，云南督抚专门派人送往缅甸，这是中国的惯例。[2]

然而在缅甸史料的记述中，这些来自云南的使者却被认为是中国向缅王致敬的代表团，是为了履行《老官屯和约》十年一次互访的约定而来。这个代表团虽然不见于清朝档案文献记载，但是有其他证据可以加以旁证。比如据出使缅甸的英国人西姆斯记述，1796年，有三名中国使者比他早两个月来到缅都阿摩罗补罗。[3]

类似记载还有很多，比如光绪元年，中国官员李珍国等也曾经出访缅甸。这一年光绪帝即位，向缅甸颁发即位诏书。云贵总督岑毓英接到诏书后，层层转交，最后选择熟悉赴缅路径的候补参将李珍国等人前往，在缅甸受到缅甸政府优待。[4]当时英国已经控制了缅甸，英印政府为此质问缅王为何要优待李珍国一行，缅甸曼同王回答说：“向来十年一次，中国必派钦差来缅，皆系优礼相待。今年赍送穆宗毅皇帝遗诏暨今皇上登极（基）喜诏，都是李姓为钦差前

[1]Henry Burney，“Some Account of the Wars between Burmah and China, Together with the Journals and Routes of Three Different Embassies Sent to Pekin by the King of Ava; Taken from Burmese Documents”，pp.434-435，转引自王巨新《“十年一贡”还是“每十年派使互访”》。

[2]王巨新：《“十年一贡”还是“每十年派使互访”》。

[3]Michael Symes，*An Account of an Embassy to the Kingdom of Ava, Sent by the Governor-General of India in the Year 1795*，London: W. Bulmer and Co. Cleveland-Row，St. James's，1800，pp.18-19，转引自王巨新《“十年一贡”还是“每十年派使互访”》。

[4]王巨新：《“十年一贡”还是“每十年派使互访”》。

来，所以优礼相待，本是循例。”[1]

可见，缅甸历史记载的那些到达缅甸的中国代表团中，有一些实际上是云南地方政府所派的通告即位或登基消息的代表团，但缅王视其为清朝钦使，随之派遣使团访华，并认为这是践行两国“每十年派使互访”的约定。

当然，清朝一方并不见得每隔十年左右就有皇帝退位或者登基的消息要通告缅甸，也就是说，缅甸不见得每十年左右会获得一次“进贡”的台阶。这种情况下怎么办呢？没事，自然有人为此着急，想法填补空白。据缅方史料记载，1822年有中国使团前来缅都，使团成员包括“严大老爷、任师爷、苏老总、董老总和乐师爷等人”。于是次年六月，缅王孟既遣使回访。[2]

这个代表团是什么背景呢？向天南认为，这还是中缅边境的地方势力所为，他们在维系中缅两国和平与友谊当中确实扮演了不可替代的关键角色。“他们深知缅甸国王不可能接受清王朝在东亚、东南亚主导建立的朝贡体制和宗藩关系，同时他们又懂得中缅两国如果继续冷战将给边境贸易带来怎样毁灭性的打击。鉴于此，他们定期组织使团，携带礼物，伪造书信，进入缅甸与缅王通好。作为回礼，缅王也顺势遣使入华。这些边疆地方势力再将缅王写给清朝皇帝的书信进行创造性的改写，让其符合属国的礼仪。在他们的精心包装下，一个来‘进贡’的缅甸使团便神不知鬼不觉地诞生了。戏谑的是，这样的骗局维系了近百年而没有被戳破，清朝皇帝和缅甸国王在对彼此的误解中，相安无事地交往了一个世纪，中缅之间再也没有爆发大的争端。”[3]

这些地方势力到底是谁，现在还不清楚，不过蛮暮土司孟干、腾越知州屠述濂嫌疑最大。而且从1788年到1875年，除了七次缅甸的正式“贡使”前往中国外，还有六次只见于中文记载，不见缅甸记载的使臣。茅海建认为这些使团也都是“边疆地带的中间人”制造的骗局，利用清朝皇帝与官员“不懂缅文”，缅甸国王与官员“不懂中文”，制造了这些“出使”，以达到他们的个

---

[1]李鸿章著，顾廷龙、戴逸主编《李鸿章全集 31 信函三》，安徽教育出版社，2008，第307页。

[2]戚基耶基纽：《四个时期的中缅关系》，转引自王巨新《“十年一贡”还是“每十年派使互访”》。

[3]茅海建：《茅海建缅甸行① | 中间人与“创造性”翻译》。

人商业或者政治目的。至于三位“公主”，有可能是这些“中间人”所致送的来自中国的少女。

因此，中缅之间的朝贡关系在缅王看来，不但不是他向中国朝贡，反而似乎是中国向他朝贡。因为不光是他向中国皇帝致送礼物，中国皇帝也给他致送礼物，甚至送给他公主。

五

缅甸对中国的进贡并不真诚，还有一个更重要的证据，那就是缅甸在“臣服中国”后并没有停止对中国边疆地区的勒索，以及对中国土司的任命。

雍籍牙王朝崛起后，很快派人到中缅边境的土司地区来索要“花马礼”。所谓“花马礼”，是中国一些土司向缅甸统治者送的表示臣服的礼金。“花”为花银，“马”为马匹。《清史稿·缅甸传》说：“土司亦稍致馈遗，谓之‘花马礼’，由来久矣。”[1]

中国边境的许多土司，很长时间以来，都是既向中国朝贡，也向缅甸朝贡的。魏源说：“初，我诸土司之近缅者，皆于缅私有岁币……”[2]比如孟连土司地区每年要送给缅甸的贡礼是每户“哈曼”，“哈曼”是五缅钱银子，合中国白银二两，为数甚重。

缅甸还会对中国边境部分土司赐予爵位。比如车里土司的老土司去世新土司继位后，不但要在中国方面完成承袭手续，也要派使至缅甸向缅王汇报，由缅王赐给一个官爵，比如“左底纳戛拉玛哈宰雅巴及腊布瓦玛拉扎”（巴利语，最高爵位之一）。

虽然乾隆五十三年、五十五年缅甸两次“朝贡”中国，并从乾隆五十五年起与清朝建立了宗藩关系，但是缅甸方面一直没有停止对中国土司的任命。比

---

[1]赵尔巽等撰《清史稿》卷五二八《缅甸传》，第14663页。《泐史》中也有明末车里各土司给缅甸王朝致送种类繁多的礼物的记载。

[2]魏源撰《圣武记　附夷艘寇海记》卷六《乾隆征缅甸记（上）》，岳麓书社，2004，第259页。

如中国车里土司刀士宛于乾隆四十二年（1777）袭位，被清朝政府按惯例任命为“车里宣慰使”。然而乾隆五十五年，缅甸却派人到车里，要刀士宛到缅甸阿瓦履行承袭手续，领取缅甸发的印信。刀士宛由此又被缅甸国王任命为缅方宣慰使。“士宛甚喜，乃派诏蕴至缅，请求缅王给委刀士宛为缅方宣慰，缅王许之，并发任状。”[1]

孟连土司在乾隆五十五年之后，仍然要向缅甸送花马礼。从史料来看，一直到1885年缅甸被英国所灭，花马礼才最终废除。[2]

嘉庆二年（1797），清朝政府任命刀太和为“车里宣慰使”，然而缅甸方面并不同意，缅甸借口刀太和太年轻，任命他的伯父诏丁为缅方宣慰使，导致车里出现了同时存在两个宣慰使的复杂局面。

这些史实说明，缅甸可能自始至终都没有自认是中国的属国，而是认为自己与中国是基本平等的“兄弟”关系。

---

[1]《车里宣慰使世系集解》，刀述仁、刀永明、康朗庄译，刀永明集解，云南民族出版社，1989，第166页。

[2]杨煜达、杨慧芳：《花马礼：16-19世纪中缅边界的主权之争》。

第六章
神王与皇帝：泰国的“朝”与“不朝”

第一节　泰国国王是华人吗？

一

泰国在历史上一直被中国人称为“暹罗”。[1]在中国人看来，暹罗是个佛国，在文化上和中国不大一样，但不失为一个诚挚恭顺的属国。

泰国历史上经历了多个王朝，每一个王朝都与中国有密切的交往。

---

[1]1297年，周达观在《真腊风土记》中把真腊西边的邻邦素可泰王朝称为“暹罗”，称那里的人为“暹人”。这是中国史籍首次用“暹罗”来称呼泰国地区的国家。当时泰人（又称暹罗人）的自称并非“暹罗”，他们称本族为“泰”。近代泰国打开国门以后，急需制定正式的国号，在1826年与英国签订的第一个条约《伯尼条约》及1855年正式开放通商的《鲍林条约》中，曼谷王朝都以“勐泰”作为自己的国号，但1856年批准《鲍林条约》时，曼谷王朝出于适应国际习惯的目的，采用外界的称呼Siam（即中文“暹罗”中的“暹”）为正式国号。20世纪30年代以后，暹罗兴起了“泛泰主义”的思潮，1939年，暹罗政府通过决议，因为“暹罗”（Siam或Sayam）一词系由外国语音译而来，并非泰语，所以改国号为“泰王国”，简称“泰国”。就泰语而言，国名是从ประเทศสยาม改成ประเทศไทย；就英语而言，是从Siam变成Thailand；就中文而言，则是从“暹罗”变成“泰国”。二战后，由于此“泰国”国号是“泛泰主义”的产物，被质疑为觊觎英、法、中治下的傣泰民族居住地区，故泰国在1945年又恢复了“暹罗”的旧称。1949年5月11日其第二次改国号为“泰国”，延续至今。

第一个王朝是开始于1238年的素可泰王朝。据《元史》记载，这个王朝共派遣使者前往中国朝贡14次。

第二个王朝是阿瑜陀耶王朝（也称“大城王朝”）。据记载，有明277年中，阿瑜陀耶王国派遣使臣来华访问计有112次。[1]

乾隆年间，阿瑜陀耶王朝被灭之后不久，曼谷王朝建立，仍然主动到中国来朝贡，而且进贡次数非常繁密，中国要求它三年一贡，它有时候却一年六贡，远超清政府的规定。

因此《暹罗国志》记载，“暹罗凡易一新主，必遣使于中国，归则赍有敕印及日历，此为暹罗服属中国之据”[2]。

明太祖朱元璋曾经表扬暹罗人“好礼守德”[3]，讲究礼仪，恪守道德。明朝士大夫张燮称暹罗“国人礼华人甚挚，倍于他夷，真慕义之国也”。[4]也就是说，暹罗人对中国人很诚挚，比其他蛮夷强多了，真是一个懂得仰慕上国之义的国家。沈德符也说“暹罗为入贡恭顺之国”。[5]终有明一朝，中国人对泰国的评价都很高。

而到了清朝，泰国对中国由恭顺升级为“忠顺”。光绪九年（1883），清朝重臣彭玉麟说：“该国又夙称忠顺。”[6]

为什么对中国非常忠顺呢？因为泰国国王是华人。

彭玉麟在奏折中说，泰国国王是中国广东人：

---

[1]1368年明朝推翻了元朝，而在明朝建立前18年，1350年，泰国也出现了王朝更替，一个疆域更广、势力更大的王朝在泰国建立起来。中泰两国都出现了稳定的大王朝统治，因此往来非常频繁。直到清朝，这种频繁的往来仍然继续。1644年，清朝取代明朝，翌年下诏招谕暹罗纳贡来朝。1652年阿瑜陀耶王朝遣使来朝，一如明时。

[2]《暹罗国志》，转引自张启雄《东西国际秩序原理的冲突——清末民初中暹建交的名分交涉》，《历史研究》2007年第1期。

[3]查继佐：《罪惟录》卷三六《暹罗国传》，收入《笔记小说大观 四十五编 第1—4册》，台北新兴书局，1987，影印本，第2854页。

[4]张燮：《东西洋考》卷二《西洋列国考·暹罗·交易》，中华书局，2000，第40页。

[5]沈德符撰《万历野获编》卷一七《兵部·暹罗》，中华书局，1959，第439页。

[6]彭玉麟：《彭玉麟集》一，岳麓书社，2008，第331页。

据云暹罗国王郑姓，广东人，尊敬中国，用汉人为官属，现有掌兵政者六人，如中国之总督，皆粤人也。[1]

也就是说，泰国国王姓郑，是广东人，用的六名重臣也都是广东人。

这种说法其实是错误的。泰国历史上确实有过一位华人国王，但是仅此一位。接下来的国王都是泰国人，并没有华人血统，也不可能都用广东人做高官。

这位华人国王是谁呢？就是著名的吞武里大帝郑信。

郑信的父亲名叫郑达（一说镛），是一位华侨，本来是广东潮州澄海县的一个浪荡子，在老家实在混不下去了，才选择出海闯荡。四十二梅居士所著《郑昭传》说：“父达，旷荡不羁，乡人号之曰歹子达。歹子犹言浪子也，以贫不自聊，且见恶于乡，乃附航南渡。”[2]

来到泰国之后，他通过承包赌税，居然发达起来，娶了暹罗女子为妻。因此郑达故乡郑氏宗祠门上如今尚有一副对联：“曾与帝王为手足，欣收天子做门生。”[3]

发达之后，郑达混入泰国上层社会，与财政大臣昭披耶却克里成为好友。儿子郑信出生后不久，就过继给了却克里。“因为其父郑镛包揽赌税，跟财政部业务关系密切，……鉴于昭披耶却克里无后，郑镛或许出于友情，或许出于对自身事业发展和孩子前途的考虑，才将亲生儿子送给财政大臣抚育。”[4]由于是官宦子弟，郑信成功入仕，成了高官。

1767年，缅甸大举入侵泰国，消灭了寿命长达四百多年的阿瑜陀耶王朝。就在这时，清朝大兵攻入缅甸，缅甸只好从泰国撤军回国。结果郑信抓住这个机会，领导暹罗人成功复国，自立为王。因为首都在吞武里，所以他开创的王朝称吞武里王朝。

[1]彭玉麟：《彭玉麟集》一，第330页。
[2]段立生：《泰国通史》，上海社会科学院出版社，2014，第110页。
[3]李云生：《闽西北历史三杰》，海峡文艺出版社，2011，第253页。
[4]段立生：《泰国通史》，第113页。

二

吞武里王朝刚一建立，郑信立刻遣使清朝，想向清朝朝贡。原因倒不是如彭玉麟所说，因为他是中国人，所以特别懂得尊敬中国，而是因为当时的形势所迫：

> 因为当时暹罗和中国都与缅甸处于战争状态……郑信有心联合中国，共同对付缅甸的扩张。另外，郑信希望得到清政府的外交承认，确立他作为吞武里王在暹罗国内的合法地位和权威……[1]

一个华人在海外称王，并且恭顺地请求前来朝贡，按照今天中国人的想象，乾隆应该大喜过望。然而事实恰恰相反，乾隆对郑信非常反感。

为什么呢？第一，乾隆对东南沿海那些出洋谋生的华人本来就看法不佳，认为他们不守国法，“自弃化外”，背离祖国。第二，郑信既然投奔了外国，就应该老老实实接受外国的统治，结果乘机篡位，显然是一个极不安分的人，不可信任。

他说，郑氏“与暹罗国王宜属君臣，今彼国破人亡，乃敢乘其危乱，不复顾念故主恩谊，求其后裔复国报仇，辄思自立，并欲妄希封敕，以为雄长左券，实为越理犯分之事”[2]。也就是说，郑信原本是暹罗的臣子，王朝被灭之后，他理应寻找前国王的后裔，将其扶上王位，这才是臣子之道。现在居然自己当了国王，还要求册封，实在是不守本分之举。因此毫不犹豫地拒绝了郑信的请求。

不过，郑信身上具有华人特有的灵活和顽强。虽然碰了壁，但是他不屈不挠，持续不断地主动向乾隆示好，一再把俘虏的缅甸士兵押送到清朝，又多次遣返流落到暹罗的征缅清兵。并且他多次自告奋勇，要求协同清兵一起攻打

---

[1]段立生：《泰国通史》，第125页。
[2]同上。

缅甸。[1]

时间长了，乾隆皇帝看出郑信地位已经稳固，也不得不承认现实：“其易姓争据，事所常有，……况丕雅新当缅匪攻破暹罗时，以报复为名，因利乘便，并非显有篡夺逆迹……”[2]蛮夷之国，政权交替也是常事，况且郑信不是预谋篡位，而是因为前朝灭亡而乘势自立，与篡夺不同。因此乾隆批准了他的朝贡请求。

郑信大受鼓舞，经过充分准备，于1781年（乾隆四十六年）派出一个庞大的外交使团，带来了一份厚礼，对中国进行了首次朝贡。

三

不过，吞武里王朝的首次朝贡，也成了这个王朝唯一一次正式朝贡。因为使臣还没有回国，暹罗就发生了政变。

郑信晚年精神出了问题。“由于他的喜怒无常，他已经关押、拷打、鞭打他的妻子和儿子们——甚至王位继承人和高级官员。他想让他们承认他们没有犯下的罪过。”[3]1782年，暹罗发生内乱，郑信被其亲信、将军昭披耶却克里（通銮）处死。“作为吞武里王朝创始人的郑信，受到了极其不公正的待遇。……披耶讪攻陷京都之后，郑信答应退位，剃度出家，按照佛教惯例是可以免死的。可是郑信最后还是遭到杖杀，与常人不同的是，他是被人用檀香木棍打死的，这是处死帝王的礼仪。”[4]

---

[1]比如1775年送还被缅军俘虏的滇兵赵成章等19人，1777年押送俘虏的缅兵霭呵等6人来华。（段立生：《泰国通史》，第127页）

[2]因此清朝官方文件不再对郑信采取“暹罗国夷目”这种蔑称，也不再叫他的旧官衔“丕雅新”，而是称他为“郑昭”，意为“郑王”。（段立生：《泰国通史》，第127页）

[3]Journal of M.Descourvieres，[Thonburi]，21 Dec.，1782；in Launay，*Histoire*，p.309，转引自怀亚特《泰国史》，郭继光译，东方出版中心，2009，第128-129页。

[4]段立生：《泰国通史》，第129-130页。这一礼仪是暹罗戴莱洛迦纳王（大城王朝第9任国王）1450年颁布的《宫内法》规定的。同时被杀的还有王子昭水、王孙格龙坤拉普摆和格龙坤阿奴拉颂堪等人。

昭披耶却克里成了新的开国之君，号称“拉玛一世”，开创了曼谷王朝。

拉玛一世同样渴望与清朝建立朝贡关系，登基后即致书乾隆皇帝，向他通报了泰国王位更替之事。不过在国书中，他采取了欺骗手段，不但隐瞒了自己推翻郑信（昭）的统治并将其处死的事实，还谎称自己是郑信的亲生儿子“郑华”。因为郑信病故，才继承了王位。

北京故宫博物院档案里至今仍然保存着拉玛一世的这道表文，其中称：

> 不幸小邦福薄，于乾隆四十七年二月二十三日祸延亡父，昭因病身故。临终之际嘱华慎重无改旧制，当以社稷为念，天朝是遵。华自父故任政之后，幸赖皇天福庇，属土皆安，回思旧制，暹罗忝叨属国，理合禀报。兹特遣朗亚排川罗蒂赍文禀赴阶前，并差船商驾船前来护接贡使回国。俟至贡朝，华当虔备方物朝贡，俾亡父被皇恩于不朽，使华永戴圣德而无穷。[1]

意思是小邦不幸，国王郑信因病去世，临终之际还嘱咐臣郑华不要更改旧制，要继续尊崇天朝。臣郑华继任之后，按照以前属国的旧制，理应将王位变更一事向天朝禀报。

拉玛一世的父亲来自泰国贵族家庭，是一个彻头彻尾的泰国人，他和郑信并无血缘关系，两人年纪也仅差三岁，为什么他要自称郑信之子呢？道理很简单。拉玛一世作为郑信的老部下，深知郑信与清朝建立外交关系过程之曲折，也知道在中国人眼中，以臣弑君是绝对不能接受的行为，而以子继父则顺理成章，可以顺利地延续朝贡关系。

乾隆毫不怀疑，遂将拉玛一世当作郑信的儿子加以册封，赐给他一方驼纽镀金银印。乾隆发出的册封文告称：

> 其嗣郑华，克承父志，遣使远来，具见忱悃。……郑氏摄国长事，既阅再世，用能保其土宇，辑和人民，阖国臣庶，共所推戴。用是特颁朝

---

[1]段立生：《泰国通史》，第129页。

命，封尔郑华为暹罗国王，锡之诰印，尚其恪修职事，慎守籓封，抚辑番民，勿替前业，以副朕怀柔海邦、兴废继绝之至意。[1]

郑信的儿子郑华，能够继承父亲的遗志，遣使远来，可见其对天朝向化之热忱。郑氏掌握政权已经到了第二代，获得国内拥戴，因此封你为暹罗国王，希望你恪尽职守，守好你的国家。

从此，拉玛王朝与清王朝的朝贡关系就顺利地延续下来。此后的历代君主，也都用郑姓出现在中国的史料之中。郑华之后还有郑佛（拉玛二世，1809—1824年在位）、郑福（拉玛三世，1824—1851年在位）、郑明（拉玛四世，1851—1868年在位）、郑隆（拉玛五世，1868—1910年在位，即著名的朱拉隆功大帝）。这些为了维持朝贡关系而起的汉名，其实并不为绝大多数泰国人所知。

第二节　泰国为什么朝贡

一

虽然在中国人眼中，暹罗历代王朝都是恭顺的属国，但事实上，暹罗的君主们在内心深处自认为是世界的主人，菩萨的化身，其地位不亚于，甚至高于中国皇帝。

美国学者斯塔夫里阿诺斯在《全球通史》中说，古代的世界秩序分为三大地区秩序：伊斯兰世界秩序、儒家世界秩序和西方世界秩序。

其实他忘了一种。除此之外，东南亚印度文化辐射区还有一种独特的地区秩序：曼陀罗秩序。

---

[1]赵尔巽等撰《清史稿》卷五二八《暹罗传》，中华书局，1977，第14694页。

曼陀罗译自梵语Mandala，有“圆圈”“坛城”之义，代表佛教的世界观。这个世界观认为世界的中心是须弥山，与须弥山靠近的是四块大陆，即东胜身洲、西牛货洲、北俱卢洲、南赡部洲。而须弥山的外围则由一定数目的环形大海和山脉包围，太阳、月亮和星星都围绕着它旋转。

因此深受印度文化影响的东南亚地区大国几乎都把自己想象成宇宙的中心。宋立道说，泰国早期王朝素可泰王朝的首都规划就深受这个观念的影响。[1]素可泰城的规划是以法轮为象征的。“王都的布局充分考虑了印度次大陆流行的须弥山为中心的宇宙论意义。城市为三重同心圆的墙垒所环绕，依其四个方位有四扇城门。”[2]

居于宇宙中心的统治者自然就是宇宙的主人。泰国素可泰王朝的国王都自认为自己是佛陀的化身。“素可台国家……的佛教遗址……的一座石像，它刻画的是佛陀，又是当时的国王本人。”[3]接下来的阿瑜陀耶王朝的国王则都视自己为菩萨下世。曼谷王朝国王同样被视为神王和法王。[4]

身为唯我独尊的最高神，东南亚大国君主都力图将周围的世界纳入自己的曼陀罗体系之中。和中国的五服制原则相似，任何一个大国的曼陀罗体系都由三部分组成：中心是核心圈，也就是国王直接统治的地区；周围是控制圈，主要由地方异姓贵族等管理；再外边是朝贡圈。[5]朝贡圈由一些名义上臣服的周边国家组成，每个曼陀罗都控制着数个朝贡国，曼陀罗领主在自己的首都接待朝贡国贡使，也会派出代表其至高无上地位的钦差大臣到周边国家。从外表看，这种体系很像中国的朝贡体系。但是与中国的厚往薄来不同，朝贡国“进贡的负担往往是沉重的，并受到武力的威胁”[6]。

---

[1]“素可台（泰）的……卢泰王……曾在王寺内重修支提佛塔，在一块记载此事的碑刻中称之为‘巨大庄严，洁白妙好，有如凯拉萨山’，它将佛塔比作白雪覆盖的喜马拉雅山巅的湿婆神的居所。”（宋立道：《神圣与世俗——南传佛教国家的宗教与政治》，宗教文化出版社，2000，第89页）

[2]同上书，第88页。

[3]同上书，第87页。

[4]因此任何人见了国王，都要五体投地，不得仰视。

[5]吕振纲：《曼陀罗体系：古代东南亚的地区秩序研究》，《太平洋学报》2017年第8期。

[6]同上。

泰国的阿瑜陀耶就是当时的一个曼陀罗中心。阿瑜陀耶（Ayutthaya）源于梵文，意为“不可战胜”。这个国名表明这个王朝深受印度文化影响。

二

虽然身为神王和宇宙之主，但是泰国国王们从不拒绝主动向中国皇帝屈尊致敬。神王们为什么会热衷向皇帝朝贡呢?

第一个原因是制衡他国的需要。

如前所述，东南亚战争频繁，各国争相成为曼陀罗中心，将他国纳入自己的统治之下。因此东南亚地区不像中国朝贡体系那样，存在一个超级稳定的中心。大部分时间，曼陀罗体系是一个多中心的存在。比如11世纪之后，中南半岛就出现了缅甸、泰国、越南三大曼陀罗中心并立的局面，而在海岛地区，随着爪哇各王国的兴起，爪哇和苏门答腊都成了较大的地区中心。[1]

因此东南亚各国关系复杂，各个曼陀罗范围经常相互重叠，泰国和缅甸为了争当地区中心，持续229年的第一次泰缅战争，双方共交战24次，死伤惨重，各有胜负。

从远交近攻的角度看，中国是东南亚诸国的一个重要的国际外交资源。“从东南亚的观点来看，中国可能并非天朝上国，而是远方一个较大的曼陀罗中心，它可以扮演中立国的角色，也可以扮演盟友的角色，关键时候是可以求助的对象。东南亚地区国家遇到纷争时，往往从自身利益出发，利用中国的力量，或者请求中国主持公道，约束强大的侵略国。而中国确实在很多时候，对东南亚地区的纠纷和争端进行调解。”[2]

因此，暹罗向中国朝贡的第一个原因，是要借助中国的力量，来制衡长期的敌人缅甸。

第二个也更重要的原因，是经济利益。

历代暹罗王朝进贡中国的贡品数量通常都非常巨大，比如阿瑜陀耶王朝。

[1]吕振纲：《曼陀罗体系：古代东南亚的地区秩序研究》。
[2]同上。

阿瑜陀耶是一个非常强大的王朝，它多次出兵吴哥，让柬埔寨成为自己的属国，还不断南下，让马来半岛许多国家都成了它的属国。“马来诸国发现宗主国（暹罗）索要的贡赋负担也是很沉重的，每3年进贡一次，被称为“金银花”（bunga mas dan perk），由两株小树组成，以黄金、白银精心雕刻而成，高约1米，树的四周伴以昂贵的礼物、武器、布匹以及为大城府统治者和洛坤总督准备的奴隶。”[1]

因此，阿瑜陀耶王朝看起来是一个不可一世的强大政权，但是这个王朝对进贡中国极为热心，比如1387年进贡胡椒一万斤、苏木十万斤；1388年一次贡象三十只；1390年，贡品内的苏木、胡椒、降香达十七万一千八百八十斤。[2]

如此大量的贡品，显然是为了追求朝贡利润。明王朝收了贡品，当然得付出巨额赏赐，暹罗甚至还为贡品的价格和天朝讨价还价。比如1447年（明正统十二年），暹罗贡使进贡“碗石”一千三百八十斤，明朝每斤付钞五十贯。暹罗使臣认为价格太低，要求照1437年（明正统二年）的价钱付给，即每斤给二百五十贯。因为这些碗石并非泰国本国所产，是千辛万苦从西洋买来的。“（所贡）非本国所产，皆往西洋易来，其获亦难。”后来闹到皇帝那里，明英宗拍板说，“碗石中国素有，非奇物也，每斤给钞五十贯，自后其免贡之”，才算了事。[3]

虽然个别商品比如上文中的碗石有时候赚不到什么钱，但是大多数时候，泰国通过入贡能够获得巨额利润：

> 朝贡贸易，给暹罗带来很大的经济利益。以槟榔为例，在暹罗收购价每担6钱．运到中国来就值4铢。利之所在，趋之若鹜。尽管明朝一再表示，“入贡既频，繁劳太甚”，“令遵古典而行，三年一贡”，但仍是贡使不绝，相望于途。由三年一贡，变成一年三贡。即一年之中，探贡一

---

[1]芭芭拉·沃森·安达娅、伦纳德·安达娅：《马来西亚史》，黄秋迪译，中国大百科全书出版社，2010，第76页。
[2]《太祖实录》卷一八三、一八六、二〇一，转引自李国祥、杨昶主编，姚伟军、李国祥、汤建英、杨昶编《明实录类纂（经济史料卷）》，武汉出版社，1993，第1005-1006页。
[3]《明英宗实录》卷一五七，“中研院”历史语言研究所，1962，第3065-3066页。

次，正贡一次，接贡使一次。[1]

因此虽然是“不可战胜”的地区大国，虽然国王自居为菩萨下世，都不妨碍这个王朝向中国纳贡。明朝初年规定暹罗等国三年一贡，并多次重申，但是暹罗却常常连年入贡。清初康熙四年再次规定三年一贡，但是由于清朝对暹罗正副贡船带来的压舱货物实行免税政策等优惠的吸引，暹罗朝贡热情更高，经常一年入贡两次以上，有时一年达六次。[2]

曼谷王朝又是一个强大的王朝，建立之后就全力经营自己的曼陀罗体系。曼谷周边以及附近地区，处于国王的直接统治下。而宋卡、洛坤等地方的统治者，也须效忠国王和拉玛王室，配合曼谷的对外征服行动。在这些地区的外围，包括北部的清迈、东北的老挝、东部的柬埔寨、南部的吉打等马来王国，围绕暹罗周围形成朝贡圈，共同构成了曼谷王朝的曼陀罗结构。[3]18世纪初，老挝的澜沧王国分裂为琅勃拉邦、万象和占巴塞三个王国，它们必须向暹罗朝贡，“每隔三年，它们向曼谷致送金银花，重新向宗主国举行臣属宣誓，从而承认他们的统治权”。[4]暹罗也要求马来人提供比以前更多的物资援助，而且命令吉打、北大年、吉兰丹和丁加奴等地的统治者亲自前往暹罗，以个人身份表示效忠。这种过分的要求并不符合过去的朝贡惯例，马来人被激怒，拒不履行，暹罗则以战争作为回应，北大年随后被夷为平地。[5]

但是雄霸一方的事实毫不妨碍暹罗频繁向中国进贡。1782到1852年间，暹罗共35次正式遣使访华，除正贡船外，还有副贡船、探贡船等种种名目，加起来一年贡船要来多次，远超过三年一贡（1839年以后清王朝改暹罗为四

---

[1]段立生：《泰国通史》，第65页。

[2]余定邦：《1782～1852年的中泰交往》，《中山大学学报（社会科学版）》1993年第3期。

[3]吕振纲：《曼陀罗体系》。

[4]吕振刚：《朝贡体系、曼陀罗体系与殖民体系的碰撞——以1909年以前的暹罗曼谷王朝为中心的考察》，《东南亚研究》2017年第5期。

[5]同上。

年一贡）的规定。[1]所找理由多种多样，比如贺万寿、贺平定新疆等，找到理由就来一次。搞得中国不胜其烦，又没有办法。还有一些暹罗私商也打着朝廷的名义，谎称贡船，到中国广东做生意。[2]

曼谷王朝对外贸采取国家垄断的政策，只有王室才能经营对外贸易。克劳福德的日记写道："暹罗国王俨然是一个垄断资本家和商人。有些时候他享有对产品的专有权。另一些时候就利用自己的权力，按低于市场的价格买进产品。除此而外，还用征收租税和贡赋的办法取得产品。"[3]

暹罗对外贸易的主要对象是中国。据泰国学者估计，在拉玛二世执政期间，暹罗88.5%的出口商品是销往中国市场，而60.86%的进口货物来自中国。[4]据英国人当时的估计，1821—1822年，中泰之间的贸易船只多达144艘，贸易总额为76 756英镑。泰国每年向中国出口胡椒6万担、糖3万担、紫梗16 000担、苏木3万担、象牙1000担、豆蔻500担。此外还有大量木材、大米、锡销往中国。[5]据泰文文献记载，曼谷王朝初期同中国的贸易利润率高达300%。

第三节　暹罗的表文

一

不但进贡频繁，暹罗历代王朝进贡的表文，也都非常恭顺。

---

[1]其中拉玛一世在位期间遣使15次，拉玛二世在位期间遣使9次，拉玛三世在位期间遣使9次，拉玛四世在位期间遣使2次。

[2]段立生：《泰国通史》，第143页。

[3]同上书，第142页。

[4]素威·提拉沙瓦：《在泰国，为什么泰人做生意做不过中国人》，《中国东南亚研究会通讯》1985年第3期，转引自余定邦《1782～1852年的中泰交往》。

[5]尼·瓦·烈勃里科娃：《泰国近代史纲》，商务印书馆，1974，第160-161页，转引自余定邦《1782～1852年的中泰交往》。

我们来看看康熙四年暹罗贡使送呈清朝的一道“金叶表文”[1]。为了更好地体现表文的精神内涵，严格按照原文格式转录成横排，面貌如下：

暹罗国王臣森列拍腊照古龙拍腊马呼陆坤司由提呀菩埃诚惶诚恐稽首，谨奏大清皇帝陛下。

伏以新君御世，普照中天，四海隶帡幪，万方被教化。卑国久荷天恩，倾心葵藿，今特竭诚朝贡，敬差正贡使握坤司吝喇耶迈低礼、副贡使握坤心勿吞瓦替、三贡使握坤司敕博瓦绨、大通事揭帝典，办事等臣，梯航渡海，赍上金叶表文、方物进献，用伸拜舞之诚，恪尽远臣之职。

伏冀俯垂天听，宽宥不恭，微臣不胜瞻天仰圣战栗屏营之至，谨具表以闻。[2]

有学者分析说，这些表文中“宜修贡献之诚”“恪尽臣子之职”“世荷帡幪之德”之语，充分体现暹罗国王的诚惶诚恐的感恩心理。

拉玛一世在乾隆五十一年五月初八日签发的一道请求正式册封的表文，读起来也是非常诚恳动人：

伏恳皇恩，敕赠封号，锡予印绶。无疆圣德，弥天极地，沐恩之下，实出望外。犬马之报，当延及于子子孙孙矣。华诚惶诚恐，不胜慄悚

[1]表文是用金花笺写的，故称金叶表文。

[2]赵尔巽等撰《清史稿》卷五百二十八《暹罗传》，第14690页。我们再来看看万历四十五年（1617）暹罗国王进贡的“金叶表文”一通：“暹罗国臣森烈怕腊照果伦怕腊陆悃西哑卒替鸦菩埃谨具表启奏大明皇帝陛下：伏以圣天子尊居九重，统驭万邦，中国乐雍熙之盛，外夷戴抚绥之仁，一君致治，六合皆春。卑国夙受褒封，世荷帡幪之德。微臣新嗣禄位，宜修贡献之诚，谨颛正贡使臣浮哪申实替喇迈低釐、副贡使臣闷喇申哩哈、三贡使臣昭提他提喇、正通事臣许胜等乘正贡船一只、护送船一只，代赍金叶表文译书唐字一幅，装载后项土仪，照依旧制，由广东布政司给文起送，诣阙贡献，用伸拜舞之诚，恪尽臣子之职。”（汤开建、田渝：《万历四十五年田生金〈报暹罗国进贡疏〉研究——明代中暹关系史上的一份重要的中文文献》，《暨南学报（哲学社会科学版）》，2007年第4期）

瞻依之至……[1]

乾隆册封后，拉玛一世再次派遣使臣来华，感谢天朝的册封。谢恩表文写得也非常用心：

前遣贡使匍赴金阙进贡请封，不惟荷蒙容纳，且蒙皇恩敕赐封号，宠颁诰印。天语煌煌，宣示属国，重于泰山；龙章灿灿，昭镇夷邦，光之奕世。使臣奉诏回国，举国欢呼。臣华谨北面拜受，刻骨铭心，虽效犬马，难报万一。[2]

二

那么，这些表文是泰国国王发自内心的表达，或者经过国王认可的吗？很可能不是。

如前所述，吞武里王朝刚一建立，郑信立刻多次遣使清朝，想与清朝建立朝贡关系。除了政治方面的原因外，同时还有“经济方面的考虑，郑信希望恢复暹罗与中国的传统朝贡贸易，通过合法途径从中国购买硫磺、铁和铜等暹罗急需的战略物资，出售暹罗的大米和香料等丰足产品”[3]。

经过艰苦努力，泰国终于获批于1781年向中国派出了一个庞大的外交使团，完成了首次朝贡。

郑信向清朝呈递的汉字进贡表文，现藏于台北故宫博物院，表文内容如下：

[1]《明清史料》，庚编，转引自余定邦《1782～1852年的中泰交往》。表文中还开列了使者带来的“贡物”，包括公象、母象、龙涎香、金刚钻、沉香、犀角、孔雀尾、翠皮、西洋毡、西洋红布、象牙、樟脑、降真香、白胶香、大枫子、乌木、白豆蔻、荜拨、檀香、甘密皮、桂皮、藤黄、苏木等。

[2]《明清史料》，庚编，转引自余定邦《1782～1852年的中泰交往》。

[3]段立生：《泰国通史》，第125页。

暹罗国长臣郑昭，诚惶诚恐，稽首顿首，谨奏大清国大皇帝陛下：

伏以暹罗历代供贡，自遭缅匪侵凌，虽复土报仇，绍裔无人，兹群吏众庶推昭为长，遵例备贡恭进。敬差正贡使……赍金叶表文、方物、译书一通，前至广东省差官伴途京师进献，用伸拜舞之忱，恪尽远臣之职，伏冀俯垂宽宥不恭。微臣瞻仰天颜，曷胜屏营之至，谨具表拜奏以闻。

御前贡物计开：

牡象一、牝象一、沉香二斤、龙涎香一斤……苏木三万斤。

…………

附请者：暹罗自遭匪之后，百端待兴，乞免抽分三帮，每帮船三艘，并请给照，载货前往广东、厦门、宁波三处发买，并采购非禁品之建筑材料。并恳令行商代觅伙长，往贩日本，购买铜斤，实为德便。[1]

表文看起来中规中矩，因此负责朝贡事宜的大臣对乾隆皇帝说：

接暹罗国郑昭具禀求贡，词意颇为恭顺。[2]

但事实上，这封表文的原文一点也不恭顺。

三

虽然有一半华人血统，但郑信从小接受的是泰国传统的寺院教育，“九岁入拘婆伐多寺（Wat Kosawat），从高僧铜棣（Thong-di）攻读”[3]。文化上他是一个泰化的人。他的名字“信”并不是汉语，而是泰语音译，是“财

[1]许钰：《郑昭入贡清廷考》，载姚枬、许钰编译《古代南洋史地丛考》，商务印书馆，1958，第73-75页。

[2]《高宗实录》卷一一三七，收入《清实录》第二十三册，中华书局，1986，影印本，第201页。

[3]许钰：《郑昭入贡清廷考》，载姚枬，许钰编译《古代南洋史地丛考》，第47页。

富”的意思。他后来又被称为“郑昭”，这个“昭”字同样是泰语，是国王的意思。

他虔信小乘佛教，登上王位之后，大力扶植佛教。“他在收复一地之后，仍然效法前朝故事，一一修复毁于战乱的寺庙佛塔。待到缅甸军队撤走以后，国家稍安，达信王便组织了高僧到宫中修订三藏佛典和《帕銮三界》这样的政治教材。”[1]

他还对整理泰国文化做出了相当的贡献，“郑信命人收集整理的长诗《拉玛坚》，可以算是一大盛举。泰国的古代文学剧本《拉玛坚》实际源于印度古代梵文史诗《罗摩衍那》”[2]。

因此，他和历代泰国国王一样，坚信自己不是凡人，而是“须陀洹神”。他经常沉迷于宗教活动中：“他把自己的所有时间都花费在祈祷、禁食和冥思上，希望通过这些方式能够达到在空中飞翔。”[3]他要求僧侣们认可他是须陀洹或者预流，拒绝称他为神的僧侣被降级，被鞭打并且惩罚去做苦力。[4]

> 达信王自己也习禅，同时深深地耽于禅悦。他自称已经通过修禅而达到了预流的阶段。但他后来有些走火入魔，公开宣布：他自己就是佛祖再世。[5]

因此，在中国皇帝面前，这尊“佛祖再世”的“须陀洹神”并无任何屈膝之意。

---

[1]宋立道：《传统与现代：变化中的南传佛教世界》，中国社会科学出版社，2002，第101页。

[2]段立生：《泰国通史》，第123页。

[3]“M.Coude to the Directors of the Foreign Missions Seminary，1780，” in Adrien Launay，*Histoire la Mission de Siam*，1662-1811；*Documents Historiques*，vol.2（Paris，1920），p.301，转引自怀亚特《泰国史》，第127页。

[4]怀亚特：《泰国史》，第128页。

[5]宋立道：《传统与现代》，第101页。

暹罗表文例有两道，一道汉文，一道暹罗文。[1]

郑信这道表文的暹罗字文本今天已经不存于中国，不过底本至今仍然保存在泰国朝廷的尚书室，泰国1964年公布了文件内容，后来经许云樵（原名许钰）教授翻译成汉语，人们才蓦然发现，暹罗国王的表文原稿同译文出入颇大。

许云樵翻译的汉文内容开头如下：

室利阿踰（瑜）陀耶大城国（Phra Naha Nagara Cri Ayudhaya）之胜利君主，念及与北京朝廷之邦交，乃敕正使……敬具金叶表文及方物，并牡象一头，牝象一头，共计二头，循旧例前来“进贡”（Čim Kong）于“大清国大皇帝陛下”（Somdet Phra Čao Krung Taching Phuyai）。[2]

在这个开头后面，郑信提出了诸多具体的外交交涉要求：

一、室利阿踰陀耶国请进一言——正使丕耶孙陀罗阿沛返国申诉，谓北京之职官“抚院”（Mu-i）前次曾勒令缴交接纳“贡品”（Khru'ng Phra Raja Bannakan）税，计银三十斤。凡此大清国大皇帝陛下知否其品德为如何乎？此室利阿踰陀耶国所欲进禀者一也。

一、室利阿踰陀耶国大小使臣前此赍贡品出发，辄遭幽禁于京都下链之屋内，不得游览。凡此大清国大皇帝陛下得知否？恐或有枉法之处，此室利阿踰陀耶国所欲进禀者一也。

一、泰国（Krung Thai）新胜利君主尝遣使出发，总督抚院（Čongtok Mu-i）不使大小使臣乘泰国原船返国，勒令乘坐中国船归航；大小使臣泣诉亦不听，反令吏胥索银四片（Phen），谓为受诉费。大清国大皇帝陛下知否？此室利阿踰陀耶国所欲进禀者一也。

---

[1]明朝广东巡按御史田生金在《报暹罗国进贡疏》中记载，暹罗所进金叶表文有两份，分别用汉字和番字书写，都盖有明廷钦赐的印信，且在包装上各有一套固定的程序。

[2]许钰：《郑昭入贡清廷考》，载姚枬、许钰编译《古代南洋史地丛考》，第68页。

一、泰国攻略疆土，获“哀夷”（Ai-i）战俘……前曾解送晋京……恳开恩将该哀夷人等释归，勿弃置不顾。

一、室利阿踰陀耶国送归为风飘往泰国之中国渔夫三十五名，尝予以银钱，布匹，鱼米，膳食等。……共去银四斤三两二铢，大清国大皇帝陛下知否？此数乃室利阿踰陀耶国君奉献北京朝廷，以资修好者。

一、泰国拟重建新都，乞免货船“抽分”（Thiuhun）三次，每次三艘。倘中国皇帝准许，室利阿踰陀耶国即备船载白米、苏枋并其他货品，出发前往……广州……宁波……厦门……发售其货，以易非禁品之砖石，每地一艘。一也。

一、乞于中国雇“伙长”（Tonhon）驾泰国货船前往日本（Yipun）装载铜斤二船。一也。

一、室利阿踰陀耶国奉献贡外之贡于大清国大皇帝陛下以示敦睦，计开苏枋一万担、象牙一百担、锡三百担、犀角一担、藤黄一百担、胡椒三千担，牡象一头，希大清国大皇帝陛下哂纳。

昔勘合例盖驼纽印（Tra Loto），此番遍觅该驼纽印不得，暂盖象首印（Tra Phra Ayarabata）为凭。[1]

从这道泰文原文看，表文是非常不恭顺的。葛剑雄先生评论说：

表文之所以这样写，是因为根据当时的惯例，只有称“进贡”才能被清朝接受。不过从表文的内容我们也不难看出，暹罗只是“循旧例”保持着对清朝这个大国的尊重态度，它只承认自己小国的地位，却丝毫没有称臣或放弃独立地位的意思。[2]

而且表文中的前面几条，都是指斥中国接待泰国使者的大臣无礼、索贿，用词非常严厉，咄咄逼人。后面又直接提出几项具体的贸易请求。如果这道表

---

[1]许钰：《郑昭入贡清廷考》，载姚枬、许钰编译《古代南洋史地丛考》，第68-73页。
[2]葛剑雄：《统一与分裂：中国历史的启示》（修订本），商务印书馆，2013，第72页。

文原文照翻，可以想见肯定会撄怒乾隆大皇帝。

但是中国官员自有办法。广州总督命人译成汉文[1]，一开头就把“室利阿蹁陀耶大城国之胜利君主，念及与北京朝廷之邦交，乃敕正使……敬具金叶表文及方物，……循旧例前来‘进贡’于‘大清国大皇帝陛下’”，译成“暹罗国长臣郑昭，诚惶诚恐，稽首顿首，谨奏请大清国大皇帝陛下”[2]。

接下来又把有关申诉的内容全部删掉，请求的事项也有译有不译，仅保留短短几条，这样一翻译，就完全变成了与我们开头所列的几篇明清表文同样的风格，也就非常恭顺了。乾隆读了之后，认为表文写得不错，“外国输忱献纳，自应准其朝贡，以示怀柔”[3]。但是认为其中有一些不合理要求，比如“求买铜器。例禁出洋，自应饬驳。……往贩日本、令行商代觅伙长，则断乎不可”[4]。事喜亲躬的乾隆甚至还亲自替下属起草了一道详细回复暹罗的公文，亲自驳回了其贸易请求。

因此这次出使虽然被乾隆接受，但申诉的主要内容根本没有上达天听，额外贸易的请求也被全盘驳回，并不是一次成功的外交活动。

但是在中国方面看来，暹罗更换国主恭顺入贡，自是美事，值得详细记入史册。《清史稿》对此事记载如下：“四十六年，郑昭遣使朗丕彩悉呢、霞握抚突等入贡，奏称暹罗自遭缅乱，复土报仇，国人以诏裔无人，推昭为长，遵例贡献。帝嘉之，宴使臣于山高水长。所贡方物，收象一头、犀角一石，余物

[1]康熙年间曾在礼部任职的王士禛说，有些朝贡国比如荷兰、暹罗、琉球等的汉字表文，可能是福建、广东人代写的：“予昔在礼部，见荷兰、暹罗、琉球诸国表文，用金花笺，文义皆如中国，或谓是闽、粤人代作也。”（王士禛撰《池北偶谈》卷一《吐鲁番表文》，中华书局，1982，第10页）其实，准确地说，应该是中国人代为翻译的。

[2]葛剑雄：《统一与分裂》，第72页。

[3]《高宗实录》卷一一三七，收入《清实录》第二十三册，第201页。

[4]同上书，第201-202页。

准在广东出售，与他货皆免税。特赐国长蟒缎、珍物如旧制。”[1]

四

从上一章缅甸的表文及这一章郑信的表文，我们可以看出，在朝贡体系当中，翻译问题至关重要。通过“创造性翻译”，让原本普通的外交事件上升为朝贡，这在朝贡史上屡见不鲜。

雍正七年（1729），云南总督鄂尔泰向皇帝汇报，南掌（位于今天老挝北部）国王派人到云南，要求向中国朝贡。

南掌国历朝历代都没有朝过贡，为什么这次突然“向化”呢？鄂尔泰在奏折当中汇报，他曾就这个问题询问南掌使节，南掌使节说：“听得汉人们说，皇帝至仁至明，海外远人无有不服，黄河水清了几个月……我主子说，黄河再不闻清，今黄河水清，一定是活佛爷爷做皇帝，掌天下。因此差来进贡，备象二只、蒲编金字表文一道，呈请总督转求进贡……才见我主子远来的心。”[2]

“黄河水清”确有其事。雍正四年（1726）年底到第二年年初，黄河水确实清了比较长的时间，雍正皇帝将此视为“上瑞”，专门派遣大臣去致祭河神。

鄂尔泰又向雍正介绍了南掌国的情况，他说，南掌就是古代的越裳氏，上一次主动前来进贡，还是周代周成王的时候，前来献上白色雉鸡，此事记载在《尚书大传》当中，成为“成王献雉”的典故。此后两千年从没有主动

---

[1]赵尔巽等撰《清史稿》卷五百二十八《暹罗传》，第14693-14694页。从泰国方面看，也不算完全失败，因其总算在十多年后再次与中国建立了官方联系，完成了全部进贡礼仪程序，收获了朝贡贸易利润。不过，泰国史籍对此行目的的记载，则不是单纯的朝贡，而是有点离奇的“求娶中国公主”：“命长者……为使臣，统率侍卫多人，备贡物，往北京求尚公主。”（许钰：《郑昭入贡清廷考》，载姚枬、许钰编译《古代南洋史地丛考》，第49-50页）此说不知何来，或者与几年后缅甸人所宣扬的乾隆嫁了三位公主给缅甸国王事件有关。

[2]《云南总督鄂尔泰奏报接待老挝贡使情形折》，载中国第一历史档案馆编《雍正朝汉文朱批奏折汇编》第十六册，江苏古籍出版社，1991，第409页。

进贡之举。“老挝国即古之越裳氏，……自周成王时献雉之后，数千百年，未闻入贡。”[1]而现在，我朝既没有招徕，也没有用兵，它就万里远来要求进贡，实在是因为皇帝您的声教恩德广被四海所致：“不加兵威，不事招致，而自效恭顺、万里远来，如今日者也。兹盖恭遇我皇上光被四表，宁及万邦。”[2]

远在域外的南掌国，确实是通过“黄河水清”这件事判断中国出了大圣人，因此跑来磕头进贡吗？事实当然并非如此。

雍正七年，南掌国确实派人到访云南元江府，送来了两头大象，不过并不是为了朝贡，而是为了答谢。时为云南巡抚幕宾的倪蜕在《滇云历年传》中揭露了事件的详情。

> 先是，茶山有变，兵民逃入南掌者颇多，事平而归，俱无恙，当事赏赉之亦厚。至是，遣人持缅文至，译曰：“南掌岛孙小的嘎哩嘎撒，必禀大老爷下：小的们是外边夷人，在先两次有兵，百姓们到我地方上，他们遭难的人，我们都是好好待承的去了。大老爷两次赏我们绸缎布匹东西，我们地方苦寒，没有的出产，有象二只，送大老爷转交天朝罢。”[3]

原来，有一批中国边民，因为云南内乱逃亡到了南掌国，南掌人收留了他们。内乱平定之后，云南地方政府送给南掌国一批绸缎布匹等，表示感谢。南掌国于是也回送了两头象给云南官员，表示礼尚往来，友好交往。

《云南事略》中接着说：

> 元江府知府迟维玺据实禀报，当事以欠恭敬，令维玺酌定款式而

---

[1]《云南总督鄂尔泰奏报老挝国输诚进贡折》，载中国第一历史档案馆编《雍正朝汉文朱批奏折汇编》第十五册，江苏古籍出版社，1991，第856页。

[2]同上。

[3]王崧编纂《云南备徵志》下册，李春龙点校，云南人民出版社，2010，第1010页。

> 行。时有千总陈纶，系武举，工书，颇通文理，乃与素来行走阿瓦通晓缅文之人商议，编蒲为表，而以金叶书之，并原来之叭、花、先六目，即令陈纶伴送之入省，当事亦以外国使臣待之。将奏送入京而其二象道死，乃以部购已至之象抵解焉。[1]

元江知府迟维玺接到两头象后，把此事上报。云南总督鄂尔泰认为这是讨好雍正皇帝的好机会，决定将此事包装成一次朝贡。但是南掌送来的文书，实在是难以称为表文，只好自己安排人加工。鄂尔泰将此事安排给了知府迟维玺，迟维玺又找到了武举出身、书法出色、颇通文理的千总陈纶，再加上几个通晓缅文的中国商人，一起起草了一道“表文”，写在了蒲叶上。

《云南通志》记载了由中国人起草并“翻译”过来的表文。为了让皇帝相信这是文化水平不高的“夷人”所写，特意采用半文半白的表达方式：

> 南掌苏吗喇萨提拉表文投献北京天朝皇帝……这通表文……是抒诚向化请安的……小的掌管南掌地方，心里时时刻刻想著（着）天朝……松碟麻哈坦（南掌国号）苏吗喇萨提拉（南掌岛孙官名）……时时刻刻想著（着），喜欢得狠……有象二条进贡北京天朝皇帝……请晓得罢……自古老三代以来，开天辟地，有此古礼……世世代代到如今了……当今南掌地方安享太平，要求天朝赏恩罢……南掌在天朝车里边上，该当请安……这事情禀明天朝皇帝，从今以后放在心里……[2]

事实上南掌国人不可能懂得什么“黄河水清”的典故。古代越裳国也并不能确定就是南掌。鄂尔泰却利用这件小事，通过“创造性翻译”，包装成“古之越裳氏”两千年后再度前来朝贡的盛举，以此证明中国“圣人出世”。李坤睿在论文中详细分析了南掌国“表文”如何被“创造性翻译”。[3]

---

[1]王崧编纂《云南备徵志》下册，李春龙点校，云南人民出版社，2010，第1010-1011页。
[2]李坤睿：《“南掌即老挝”谬说考》，《清史研究》2009年第4期。
[3]同上。

完成了这道重要工序后，陈纶就陪伴着几名南掌人，一路赶着大象，启程入京，不巧两头大象走到半路生病死掉了，于是云南方面又购买大象顶替，顺利地到达北京。

此举达到了目的，雍正皇帝非常高兴，“诏赏筵宴二次”[1]，在谕旨中说：“南掌国远在西南徼外，从来未通职贡。今输诚向化，甚属可嘉。”[2]定以后五年一次朝贡。

南掌从此列入中国属国，与中国建立起了定期往来的关系。到光绪二十五年（1899）最后一版的《大清会典》，中国的朝贡国只剩下屈指可数的七个，南掌仍然名列其中，似乎是一个非常忠诚的属国，“修贡职无愆期”[3]。而事实上，南掌在乾隆四十三年（1778）就已经为暹罗所吞并，早就不再是一个独立的国家。[4]

外交公文被“创造性翻译”，这种情况有的朝贡国并不知情，有的朝贡国则心知肚明，不过为了朝贡利益，它们容忍了这种情况持续存在。暹罗就是这样。清朝末年暹罗不再朝贡，并且向清朝官员郑观应解释说，停止朝贡的原因之一，就是中国总是删改表文，让暹罗的真实意图无法表达：“翻译国书又多删改，敝国之意无以上达伸诉。自是以来，不敢效贡上国……”[5]

[1]王崧编纂《云南备徵志》下册，第1011页。

[2]《世宗实录》卷八六，收入《清实录》第八册，中华书局，1985，影印本，第156页。

[3]德雷克：《徐继畬及其瀛寰志略》，任复兴译，文津出版社，1990，第53页。

[4]西方版的地图早已经将老挝一带归入暹罗，而中国史书直到魏源的《海国图志》，仍然将南掌列为独立一国。

[5]夏冬元编《郑观应集》上册，上海人民出版社，1982，第955页。

第七章
前恭而后倨：帖木儿帝国朝贡始末

第一节　那些朝贡的大国

一

在明代的朝贡国中，有很多世界史上著名的大国。

第一个是千年帝国东罗马帝国。

根据《明史》记载，东罗马帝国在洪武年间曾经遣使入贡。只不过在明朝朝贡国名单当中它不叫“东罗马帝国”，而叫“拂菻”。为什么叫“拂菻”呢？原来这是“罗马”即Rum（Roma）这个词的转音，只不过因为“转”的次数太多，几乎看不出原音的痕迹了。[1]

东罗马帝国为什么要向万里之外的明朝朝贡呢？这是朱元璋主动派人“招谕”的结果。

原来有一位名叫“捏古伦”（按今天的译法应为“尼古拉”）的东罗马商

---

[1]Rum（Roma）这个词进入亚美尼亚语演变为Hrom（Horum），由于波斯方言中h转为f，这个词在粟特语中又转为Frōm（Furum）。玄奘在《大唐西域记》中就将其翻译为拂懔，在中国史籍中又翻译为“拂菻”“拂林”“拂临”。

人[1]在元朝末年来到中国，明朝初年仍然滞留未归。“元末，其国人捏古伦入市中国，元亡不能归。”[2]

明代人知道“拂菻”就是《汉书》中记载的大秦，是一个历史久远的大国。《明史》说，“拂菻，即汉大秦”。[3]朱元璋听说一个大秦人生活在中国，很感兴趣，在洪武四年（1371）亲自召见了他。“太祖闻之，以洪武四年八月召见。”[4]

朱元璋确认他是来自万里之外的著名大国后，非常高兴，遂给了这个“捏古伦”一大笔钱和一张诏书，派他为特使，招徕他的祖国前来朝贡。“本朝洪武四年，诏遣其故民捏古伦往谕其国。”[5]

捏古伦携带的这份诏书今天完整地记载在《明史》当中，内容和发往其他国家的诏书内容大同小异，开头宣告了元朝一百年的统治已经结束：“自有宋失驭，天绝其祀。元兴沙漠，入主中国百有余年，天厌其昏淫，亦用殒绝其命。”[6]接下来简要介绍自己由布衣而为天子的过程，最后说，各国都已经派人前来朝贡，只有你国隔绝在大海之西，还不知道消息，所以特此通知，请迅速来朝贡：“凡四夷诸邦皆遣官告谕，惟尔拂菻隔越西海，未及报知。今遣尔国之民捏古伦赍诏往谕。朕虽未及古先哲王，俾万方怀德，然不可不使天下知

---

[1]这个捏古伦，杨宪益认为是一个东罗马商人（杨宪益：《译余偶拾》，山东画报出版社，2006，第194页）；也有学者考证认为，他是当时的巴黎大学教授，罗马教廷在元末派驻中国的总主教。（见方豪：《中西交通史》下册，上海人民出版社，2008，第389页）

[2]张廷玉等撰《明史》卷三二六《拂菻传》，中华书局，1974，第8458页。

[3]同上书，第8457页。

[4]同上书，第8458页。

[5]严从简：《殊域周咨录》卷一一《西戎·拂菻》，中华书局，1993，第384页。

[6]张廷玉等撰《明史》卷三二六《拂菻传》，第8458页。

朕平定四海之意，故兹诏告。”[1]

不过这次招谕没有产生任何结果。“捏古伦”拿着钱如同泥牛入海，一去不返，不知下落。

朱元璋在招徕朝贡国这件事上是非常有耐心的，他既然知道世界上有这样一个国家，就不会轻易放过。不久他又一次派人前往。“复命使臣普剌等赍敕书、彩币招谕”。[2]

“普剌”显然也不是中国人的名字。杨宪益认为，普剌似乎是波斯文Pulad的译音，是一个生活在中国的波斯商人的名字。[3]“普剌”不同于“捏古伦”，他尽忠职守，真的跋涉万里，到达了君士坦丁堡，因此这次招徕获得成功，东罗马帝国不久即派遣使臣来到大明，“其国乃遣使入贡”[4]。不过东罗马帝国只朝贡了一次，“后不复至”[5]。

二

相比《明史》对东罗马帝国入贡记载之简略，《明实录》对另一个著名的文明古国埃及的入贡过程记载得更为详尽。当然，埃及在明朝朝贡国名单中也不叫埃及，而是被称为“米昔儿”。为什么叫米昔儿呢？这个名字来自Misr

---

[1]全文如下：“自有宋失驭，天绝其祀。元兴沙漠，入主中国百有余年，天厌其昏淫，亦用殒绝其命。中原扰乱十有八年，当群雄初起时，朕为淮右布衣，起义救民。荷天之灵，授以文武诸臣，东渡江左，练兵养士，十有四年。西平汉王陈友谅，东缚吴王张士诚，南平闽、粤，戡定巴蜀，北定幽燕，奠安方夏，复我中国之旧疆。朕为臣民推戴即皇帝位，定有天下之号曰大明，建元洪武，于今四年矣。凡四夷诸邦皆遣官告谕，惟尔拂菻隔越西海，未及报知，今遣尔国之民捏古伦赍诏往谕。朕虽未及古先哲王，俾万方怀德，然不可不使天下知朕平定四海之意，故兹诏告。”张廷玉等撰《明史》卷三二六《拂菻传》，第8458页。

[2]张廷玉等撰《明史》卷三二六《拂菻传》，第8458页。

[3]杨宪益：《译余偶拾》，第194页。沈福伟则认为这个人是1371年教皇格雷戈利十一世派往中国的特使法兰西斯·普蒂（Francisco di Podio）。（沈福伟：《中国与欧洲文明》，山西教育出版社，2018，第221页）

[4]张廷玉等撰《明史》卷三二六《拂菻传》，第8458页。

[5]同上。

（“卫城”之意），本指的是埃及的一座城市。

《明实录》记载正统六年九月埃及朝贡之事说：

> 米昔儿等地面王速鲁檀阿失剌福等遣使臣写亦打力等……来朝，贡驼马及诸方物。赐宴并赐彩币、袭衣有差。[1]

《明实录》中还详细记载了明朝君臣讨论赏赐标准的过程，因此此事应该不是史臣向壁虚构出来的。[2]我查了一下埃及史，还真找到了和《明实录》记载对得上的一位埃及统治者。《明实录》记载遣使朝贡的是“米昔儿等地面王速鲁檀阿失剌福”，“速鲁檀”（Sultan）即“苏丹”，是伊斯兰国家统治者的称号。那么“阿失剌福”是谁呢？威震一时的埃及马穆鲁克王朝有一个很有名的苏丹Al-Ashraf，今天一般翻译为“艾什赖弗”，应该就是此人。[3]明代史籍中还记载米昔儿“有大塔高二百丈”[4]，可见明朝人已经知道埃及有“金字塔”。

埃及为什么要向明朝朝贡呢？原来，1404年，埃及曾经向中亚的帖木儿帝国派出过使团，恰巧当时明朝使臣也在撒马儿罕（今乌兹别克斯坦撒马尔罕），埃及人看到了来自中国的丝绸锦缎、珠宝、麝香、大黄，[5]了解到与中国进行朝贡贸易可获巨大利益，大为艳羡。后来他们又与其他伊斯兰政权比如

---

[1]《明英宗实录》卷八三，“中研院”历史语言研究所，1962，第1665页。

[2]埃及人以前从来没有来过，明朝君臣为了到底给埃及国王多少赏赐专门进行了讨论。《明实录》记载：“（正统六年冬十月）行在礼部言：‘米昔儿等处地面极远，今初来朝贡，未有赐例。先是，撒马儿罕地面初来贡时，赐例过厚。今宜视其例少损之。赐王速鲁檀阿失剌福彩币十表里，纱、罗各三匹，白氁丝布、白将乐布各五匹，洗白布二十匹；王妻彩币视王减十之六，纱、罗减三之一，白氁丝布、白将乐布各减五之二，洗白布减其半；使臣一如撒马儿罕使臣例……’上从之。”（《明英宗实录》卷八四，第1671-1672页）从这些记载可知，明朝人知道，埃及离中国非常之远。

[3]他于1438年去世，而他的使臣在三年后才抵达北京。

[4]《皇明世法录》卷八二，转引自张星烺编注《中西交通史料汇编》第二册，中华书局，2003，第666页。

[5]《克拉维约东使记》，奥玛·李查、杨兆钧译，商务印书馆，1985，第八章、第十五章。

“天方国”交流，摸清了朝贡贸易的路数，遂有了这次试探性的朝贡。

由于埃及人不熟悉到中国的道路，所以与“天方等国使臣”结伴由陆路前往。不幸的是，使团在途中遭遇了抢劫，“至哈剌地面被贼”，损失惨重，“杀死（天方使臣）赛亦得哈三，伤赛亦得阿力右手，劫其贡物、衣服行李”。[1]可能由于旅途太不安全，埃及人的朝贡也是昙花一现，此后不见记载。[2]

三

东罗马和埃及虽然历史久远，但此时都已经日落西山。两个没落帝国想从强盛的明帝国身上揩点油续续命，可以理解。但是，当时还有两个如日中天的强大帝国，也向明王朝朝过贡，而且按明代史料记载，态度极其恭顺，贡品琳琅满目。

这两个如日中天的大帝国之一，是奥斯曼帝国。

《明实录》记载，嘉靖三年（1524），一个叫“鲁迷”的陌生国家向明朝遣使，非常积极地想加入大明王朝的朝贡圈。为了表达诚意，该国使者带来的贡品不但有珊瑚、玉石等珍宝，还有狮子、犀牛等珍稀动物：

> 鲁迷番王遣人贡狮子、西（犀）牛、珊瑚、玉石等物，边臣以闻。[3]

这个“鲁迷”，就是我们熟知的奥斯曼帝国。“鲁迷”实际上也是从“Rome”即“罗马”这个音演变来的。[4]小亚细亚一带因为曾经是罗马帝国的一部分，最早被阿拉伯人称为“Rum”（意为“罗马的”），后来该词又

---

[1]《明英宗实录》卷八四，第1667页。

[2]马建春：《大食·西域与古代中国》，上海古籍出版社，2008，第108页。

[3]《明世宗实录》卷三八，“中研院”历史语言研究所，1962，第975页。

[4]11世纪末，塞尔柱突厥人占领了小亚细亚，袭用了“Rum”的名字，建立了“罗姆（Rum）苏丹国”。

成为奥斯曼帝国的代称，在中文典籍中被译成“鲁迷”或者“肉迷”。

嘉靖年间，正值奥斯曼帝国的著名苏丹苏莱曼一世当政（1520—1566年在位），他吞并了埃及，攻占了大不里士、巴格达，建立起一个地跨欧、亚、非三大洲的帝国。就是这样一个威震三大洲的不可一世的著名统治者，也派人前来向大明进贡了，而且还急巴巴地送来了狮子等异兽，表现得极其诚挚。

那么，奥斯曼帝国为什么要向明朝朝贡呢？两国宗教信仰存在巨大差异，所以应该并非慕天朝之声威，倾心向化。最主要的动机，应该是商业利益。这一点，嘉靖朝的大臣们其实很清楚，因为这一类不明不白突然前来进贡的国家在明朝并不罕见。他们对皇帝建议，不宜将鲁迷纳入朝贡圈，因为鲁迷不是定期朝贡的“常贡之国”，目的可疑。他们在奏章中说，狮子、犀牛这些东西，不习中国的水土，很难饲养。珊瑚、玉石，更是“不济饥寒，将安用之”[1]？他们劝皇帝“返其物归其人，薄其所赐”，拒绝其朝贡，“以示明王不贵异物，不宝金玉之意”。[2]

但是富于个性的嘉靖皇帝对此意见不予采纳。他认为，鲁迷地处极远之地，能不远万里前来入贡，难能可贵，应该善待。于是他收下贡品，并对使者厚加赏赐。

这一来，刺激了“鲁迷”入贡的积极性。嘉靖五年（1526），鲁迷再次派人前来进贡，为了饲养远道而来的狮子，嘉靖皇帝还“留熟夷五人饲之（内府）”[3]。接下来，嘉靖六年（1527）、嘉靖二十二年（1543）、嘉靖二十七年（1548）、嘉靖三十三年（1554）、嘉靖三十八年（1559）、嘉靖四十三年（1564），鲁迷频频进贡，每次进贡的都是狮子、犀牛、玉石等物。不但次数超过规定，使团人数也大大超标。明朝规定鲁迷朝贡使团的规模是“十余人”，但实际人数经常大大超过规定。[4]

---

[1]《明世宗实录》卷三八，第975页。

[2]严从简：《殊域周咨录》卷一五《西戎·哈烈》，第498-499页。

[3]《皇明世法录》卷八一，转引自张星烺编注《中西交通史料汇编》第一册，第469页。

[4]张丽君主编《土耳其经济》，中国经济出版社，2016，第179页。

由于人数太多，中国守边官员按惯例将超标人员拦在关外，于是一些鲁迷使者就冒充别国的使臣，拿着伪造的贡表入境，导致这些国家的使臣被堵在边境。比如嘉靖六年，鲁迷使臣“火者好把丁阿力”等冒称多国使臣，并行贿中国官员，蒙混过关。没得到好处的中国通事向皇帝举报此事：“火者好把丁阿力父子、兄弟、主仆诈称各国正使，必先与抚夷官通赂，乃得入，而各国正使及留边不遣。”[1]

鲁迷使者还特别善于漫天要价。到了北京后，他们不断向中国官员强调他们的朝贡路途之遥远、成本之高昂。有时说他们已经“离家十年”，有时称已经“远走七年”，反复陈述他们求购与运输狮子、犀牛、玉石过程之艰难，不断要求朝廷多给赏赐。

> 鲁迷使臣奏称：“所贡狮、牛、玉石诸物，费以二万三千余金，往来且七年，已蒙收受，而赏赉差薄，乞受其赐。”[2]

大臣们认为鲁迷使臣“计费索偿……效顺之诚安在！与贾人……殆无异矣！况彼肆口浪言，何所凭信耶？……乞敕礼部议拟不可复有增加”[3]。也就是说，这些人如同商人那样斤斤计算成本，完全没有朝贡使臣的诚心，而且信口开河，完全不足信，而且因此不能增加回赐数额。

但是对臣下冷漠寡恩的嘉靖皇帝偏偏对奥斯曼帝国的使者表现出无限同情，“以夷人远至，命加其赏”[4]，“上悯其远，命俱进收，而给

[1]《世宗实录》卷七二，转引自李国祥主编，杨昶副主编，王玉德、汤建英、孙湘云、杨昶、雷学华编《明实录类纂（涉外史料卷）》，武汉出版社，1991，第1061页。

[2]《世宗实录》卷六八，转引自李国祥主编，杨昶副主编，王玉德、汤建英、孙湘云、杨昶、雷学华等编《明实录类纂（涉外史料卷）》，第1061页。

[3]严从简：《殊域周咨录》卷一五《西戎·哈烈》，第499页。

[4]同上。

如议”[1]。

从鲁迷使者的上述表现，再结合中国历史上经常出现的冒贡现象，我们有充分的理由怀疑，这些所谓“鲁迷使臣”很可能是由商团冒充，而并非由统治者正式派出的。至少在奥斯曼帝国的史料中，我们找不到苏莱曼一世向中国派出使臣的记载。在明代中国生活了二十年之久的葡萄牙耶稣会士曾德昭说，有些伊斯兰国家的所谓朝贡，其实是商队的商业行为，本国统治者并不知道自己曾派出使节，“摩尔人的诸王派遣使节，随这些商队去朝见中国皇帝……使团大多在上述两城市驻留（两城位于边境）进行商品交易。另一些人则去履行任务，以五位国王的名义进贡，他们是鲁迷、阿拉伯、哈密、撒马尔罕、吐鲁番的国王。前四王根本不知道有这些使节，第五位尽管知道，却没有进贡，也没有遣出使节，仅仅形式上任命使臣。贡礼由商人自己准备”[2]。曾德昭说得并不准确，应该说前两王即鲁迷和阿拉伯国王极可能完全不知道此事，后三王则曾经与明朝建立正式朝贡关系，但是后来的出使事宜，确如曾德昭所说，完全由商团承包了，失去了朝贡本义。

张星烺说：“土耳其与中国共有五次之交通。唯每次所称贡使，究真为国王所遣者，抑商人冒充者，不可得知也。嘉靖五年之使节，甚至与朝廷较量价

[1]《明世宗实录》卷六八，转引自李国祥主编，杨昶副主编，王玉德、汤建英、孙湘云、杨昶、雷学华编《明实录类纂（涉外史料卷）》，第1061页。鲁迷使者往往与天方国、撒马儿罕等地使臣一并结伴入贡，所贡物品有马、狮子及珊瑚、琥珀、金刚钻、花瓷器、羚羊角、西狗皮之属。嘉靖八年（1529）六月，天方国、撒马儿罕等处速来蛮王等各差使臣贡马匹方物。查，嘉靖以来，直到万历、天启，鲁迷来贡，多与天方国、撒马儿罕结伴。时天方国速檀为札剌丁，撒马儿罕首领为忽春汗，这里的“速来蛮王”，则显然是指当时在位的奥斯曼帝国的苏莱曼一世。嘉靖皇帝还亲自给奥斯曼帝国统治者写过信。原来嘉靖二十二年，鲁迷国的贡使正在甘州的时候，甘州遇寇，九十多名鲁迷人帮助守城，九人阵亡。嘉靖皇帝命令当地官员抚恤战死的鲁迷人，同时“移檄国王，宣谕朝廷处置罪人，优恤无辜至意”（《明世宗实录》卷二八二，第5485页）。给鲁迷国王写信，通告此事，对鲁迷的忠顺加以表扬。此时的“鲁迷国王”，应该就是奥斯曼帝国的苏丹苏莱曼一世。《明史》中曾经出现“速来蛮王”，应该指的也是苏莱曼一世。苏莱曼一世接到过这封信吗？大概率是没有。甚至奥斯曼帝国的统治者很可能并不知道他们朝中国进了贡。

[2]曾德昭：《大中国志》，何高济译，李申校，上海古籍出版社，1998，第21页。

值，似尤不应为国王使节所当为者也。”[1]

虽然与土耳其交往如此频繁，但除了收获几头狮子之外，明朝并没有因此对当时的世界多一点点了解，甚至连土耳其的地理位置也没搞清楚，认为这个国家地属哈烈，也就是隶属于今阿富汗的赫拉特城，根本不知道奥斯曼帝国横跨亚、非、欧三大洲，是当时世界上最强大的国家之一。

第二节　帖木儿征服中国的计划

一

两个世界性大国中的另一个，是帖木儿帝国。与奥斯曼帝国朝贡行为之可疑不同，帖木儿帝国曾与中国建立正式朝贡关系一事是史料充分、确凿无疑的。

与明朝开国几乎同时，中亚地区崛起了另一个强国：帖木儿帝国。

帖木儿是察合台汗国的贵族，因为娶了成吉思汗后裔家族的公主，在明代史料中被称为“驸马帖木儿”。1370年，也就是朱元璋夺取中国皇位后两年，他也篡夺了西察合台汗国的王位，建立了新的王朝，定都于名城撒马尔罕。[2]建国不久，帖木儿就向四方扩张，经过三十多年的征战，建立了一个地跨亚欧的帖木儿帝国。这是继元朝之后，蒙古人建立的又一个世界性帝国。帖木儿因此被称为成吉思汗之后的另一位“世界征服者”。

明代史书通常把这个国家的名字记载为“撒马儿罕”。李云泉在《万邦来朝：朝贡制度史论》一书中统计，“撒马儿罕”国在明朝一共朝贡了四十三

---

[1]张星烺编注《中西交通史料汇编》第一册，朱杰勤校订，中华书局，2003，第468页。

[2]今天的撒马尔罕，是一座历史名城，在唐代其统治者曾经向中国皇帝贡献金桃，因此有一本博物学名著，就叫《撒马尔罕的金桃：唐代舶来品研究》。至今这座城市仍然是乌兹别克斯坦第二大城，撒马尔罕州首府。

次，在所有朝贡国中排第七位，在西域中亚国家中则排第一位。明代后期，很多国家不再来朝贡，大明帝国“门前冷落车马稀”，但是撒马儿罕却坚持不懈，派使臣定期前来叩头，看上去有始有终，有情有义。[1]

那么，这么一个强大的帝国何以对明朝如此恭顺呢？

背后的原因其实非常复杂。

二

开国之后，除了对东南海上国家频繁招徕，朱元璋对于西域国家也很重视，“洪武中，太祖欲通西域，屡遣使招谕”[2]。

然而，大部分西域国家的统治者对朱元璋的招徕反应都很冷淡，因为他们大多是蒙古人，对推翻元朝的汉族政权深怀敌意，明朝使臣屡屡被这些国家扣押，有的甚至遭到杀害。几年过去了，没有任何一个国家愿意向明朝进贡，“遐方君长未有至者”。[3]

但是，到了洪武二十年（1387），帖木儿帝国首先回应了朱元璋的招徕，打破了中国和中亚外交关系的坚冰。“二十年九月，帖木儿首遣回回满剌哈非思等来朝”[4]。

朱元璋大喜过望，厚赏来使，“诏厚赐之”[5]。双方从此建立了正式的朝贡关系。洪武二十七年（1394），帖木儿还给朱元璋写了一道热情洋溢又恭敬无比的表文，把两朝关系推上了顶峰：

> 恭惟大明大皇帝受天明命，统一四海，仁德弘布，恩养庶类，万国欣仰。咸知上天欲平治天下，特命皇帝出膺运数，为亿兆之主。光明广

---

[1]李云泉：《万邦来朝：朝贡制度史论》，新华出版社，2014，第65页。

[2]张廷玉等撰《明史》卷三三二《撒马儿罕传》，中华书局，1974，第8598页。

[3]同上。

[4]同上。

[5]罗日褧：《咸宾录》，中华书局，2000，第72页。

大，昭若天镜，无有远近，咸照临之。臣帖木儿僻在万里之外，恭闻圣德宽大，超越万古。自古所无之福，皇帝皆有之。所未服之国，皆服之。远方绝域，昏暗（昧）之地，皆清明之。老者无不安乐，少者无不长遂，善者无不蒙恩，恶者无不知惧。今又特蒙施恩远国，凡商贾之人来中国者，使观览都邑、城池，富贵雄壮，如出昏暗之中，忽睹天日，何幸如之！又承敕书恩抚劳问，使站斥（驿）相通，道路无壅，远国之人咸得其济。钦仰圣心，如照世之杯，使臣心中豁然光明。臣国中部落，闻兹德音，惟知欢舞感戴。臣无以报恩德，惟仰天祝颂圣寿福禄，如天地远大永永无极。[1]

这道表文写得文采斐然，谦卑有礼，综合运用譬喻、排比、夸张等文学手法，将帖木儿对大明王朝的倾慕之心表达得淋漓尽致，《明实录》和《明史》因此都不惜篇幅全文照录。这一年，帖木儿已经先后征服花剌子模、阿富汗以及波斯全境，帖木儿帝国已具雏形。但是他仍然在表文中承认大明帝国是万国崇拜的天朝，认为大明皇帝如同太阳一样，给全世界带来了无限的光明和幸福。

三

帖木儿为什么对朱元璋如此恭顺呢？其实是基于多重考虑的。首先，由于四处扩张，帖木儿帝国与当时的东察合台汗国等西域中亚国家大多关系非常紧张。基于“远交近攻”的战略原则，帖木儿希望稳住明朝，防止朱元璋与中亚邻国结盟，导致自己腹背受敌。

其次，战争需要军费，帖木儿希望与中国展开朝贡贸易，收获巨额利润，来支持他的扩张行动。[2]

帖木儿的策略获得了成功，撒马儿罕与中国的朝贡贸易规模巨大。后来西

[1]《明太祖实录》卷二三四，“中研院”历史语言研究所，1962，第3420-3421页。
[2]参考朱新光《试论贴木儿帝国与明朝之关系》，《西北民族研究》1996年第1期。

班牙的使臣和埃及使臣都在撒马儿罕见到了来自中国的各种货物。西班牙使臣记载：

> 由支那运来丝货，美丽非凡，尤以绸缎为最。又麝香一物，世界他处所无。红玉、钻石、珍珠、大黄等物，亦皆来自支那。支那货物，在撒马儿罕者，最良且最为人宝贵。支那人者，世界最精巧之工人也。[1]

在与中国保持良好关系的同时，帖木儿继续四出征讨，成果非常惊人：从1395年到1402年的七年间，他先后击败了金帐汗国、北印度、埃及和奥斯曼帝国，建立起了一个东起北印度、西达幼发拉底河、南濒波斯湾、北抵里海的庞大帝国。

但是，“人一阔，脸就变”。随着霸业进展得越来越顺利，帖木儿对明朝的态度也越来越不客气。

洪武二十七年，朱元璋收到帖木儿那封语气极为恭顺的表文后，大喜过望，“嘉其有文”[2]，第二年即派官员傅安等率领将士一千五百人，组成一个极为庞大的使团，携带大量赏赐品前往“报之”，期待和撒马儿罕建立起模范的宗藩关系。

傅安使团兴兴头头到达撒马儿罕，“所至宣天子威德，颁赐金印”。到了之后却发现帖木儿态度十分傲慢，“骄倨不顺命”，不但不按朝贡体制的规定向天使叩头，反而要求傅安按照他们国家的规矩跪下来吻他的手。傅安当然不能从命，他对帖木儿“反复开谕，陈词慷慨”，宣讲了很多“天尊地卑”“以小事大”之类的大道理。帖木儿的反应是“酋终不听，遂羁使者”。[3]他不但拒绝接受中国使者苦口婆心的宣传教育，反而把傅安和他的随从一千五百余人都扣留起来，而且一扣就是十三年，其间虐待不断，十三年后使团被释放时，

[1]张星烺编注《中西交通史料汇编》第一册，第428页。

[2]张廷玉等撰《明史》卷三三二《撒马儿罕传》，第8598页。

[3]《明史·傅安传》，转引自马骏琪《碰撞·交融：中外文化交流的历史轨迹与特点》，贵州人民出版社，2006，第161页。

一千五百将士只有十七人活了下来。

朱元璋在南京等了两年，一直没有使臣的消息。他不明所以，于洪武三十年（1397）又派出级别更高的北平按察使陈德文出使撒马儿罕，结果也被帖木儿扣留，一扣长达十一年。

不光扣留使臣，帖木儿还当着诸国来使的面，公开侮辱明朝的使节。

帖木儿的扩张，让欧洲的君主们大为震惊。1403年，西班牙统治者向帖木儿帝国派出使臣，来打探这个国家的虚实。西班牙使臣在《克拉维约东使记》一书中记载说，帖木儿命令明朝使臣出席他的觐见仪式。在仪式过程当中，帖木儿特意将明朝使臣的位置换到更远的地方，以示对明朝的不满。帖木儿还当着西班牙使臣的面宣布，明朝已经是帖木儿帝国的敌人，帖木儿以后不会再向明朝提供贡赋："落座之后，有王公一人走向中国专使之前，传帖木儿之旨：'帖木儿现与西班牙国王亲善，帖木儿待之如子。视中国专使如敌寇，为帖木儿之敌人，今日特引见西班牙使团于中国专使之前者，即以示帖木儿不悦中国之意……今后中国无须再派人来此催索贡赋……'"[1]帖木儿甚至还轻蔑地称朱元璋为"猪王"。[2]

四

看来这个帖木儿对中国是前恭而后倨，虽然一度对中国皇帝极尽恭维之能事，但他在内心深处未曾真心效顺过。不但不效顺，事实上，已经建立起庞大帝国的帖木儿并没有满足于已有的疆域，而是一心想成为全世界的统治者。"铁（帖）木儿牢记先祖成吉思汗的教诲：'天上无双日，地上无二主'。"[3]巴托尔德在《中亚简史》中记载了帖木儿这样一句名言："世界整

---

[1]《克拉维约东使记》，奥玛·李查、杨兆钧译，第127页。

[2]见约瑟夫·F.弗莱彻：《1368-1884年间的中国与中亚》，载费正清编《中国的世界秩序——传统中国的对外关系》，杜继东译，中国社会科学出版社，2010，第205页。作者认为"猪王"是洪武皇帝朱元璋姓氏的双关语，因为据说他丑得像头猪。

[3]佚名：《蒙古述略》，张亚光点校，波·少布、何日莫奇注释，内蒙古文化出版社，1992，第63页。

个有人居住的空间没有大到可以有两个国王的程度。”[1]

1402年7月20日，帖木儿发动了著名的、改变世界局势的安哥拉战役。当时奥斯曼帝国正围攻东罗马帝国的首都君士坦丁堡，结果遭到帖木儿的背后袭击。奥斯曼苏丹、绰号“闪电”的巴耶赛特一世被迫返身迎战，最终奥斯曼大败，巴耶赛特一世被俘，被关进铁笼押往东方。此役使东罗马帝国又苟延残喘了半个世纪，更使帖木儿帝国的国势达于极盛。

安哥拉战役后，帖木儿举目四望，发现世界上的大国只剩下明朝还没有被征服。中国早就是帖木儿规划中要征服的地区。他之所以把傅安等中国使者扣留起来而不杀掉，就是希望将来征服中国的过程中能用得上。

而这时中国刚刚经历了靖难之役，帖木儿“得闻契丹国皇帝唐古斯汗（即朱元璋）死，契丹人叛，国中大乱”[2]，认为明朝内部动荡，正是可乘之机。

英国学者E. G. 布劳恩在《帖木儿的一生》中这样写道：

> 为了摧毁异教的庙宇，他决心要进行一场攻打中国的战争，宣传真正的信仰，顺便拿那个辽阔、古老而又富庶的国家的战利品，充实充实自己的大军人马。[3]

据当时在撒马儿罕的阿拉伯人回忆，帖木儿为征服中国把后勤工作做得很扎实，他准备了足够七年用的粮秣，“粮积若山，马羊成海”[4]。按照帖木儿选定的线路，他的骑兵从于阗到北京需要走161天。于是帖木儿命人做了一张详尽的军用地图，地图上标明了中国西部边疆重要的水源地。由于契丹和河中这片地区耕地很少，人烟稀薄，帖木儿命每个人除了本人的给养以外，要带两头乳牛和十头乳用山羊。[5]

---

[1]王继光：《陈诚西使及洪永之际明与帖木儿帝国的关系》，《西域研究》2004年第1期。
[2]张星烺编注《中西交通史料汇编》第五册，朱杰勤校订，中华书局，1978，第199页。
[3]田澍、李清凌主编《西北史研究（第三辑）》，天津古籍出版社，2005，第40页。
[4]蓝琪主编，蓝琪、刘刚著：《中亚史（第4卷）》，商务印书馆，2018，第318页。
[5]米儿咱·马黑麻·海答儿：《中亚蒙兀儿史·拉失德史》第一编，转引自蓝琪主编；蓝琪、刘刚著《中亚史（第4卷）》，第318页。

永乐二年，即1404年的11月27日，在做好充分的准备后，帖木儿以近70岁高龄，亲率大军从撒马儿罕出发，试图完成他征服全世界的梦想。大军行至锡尔河畔时，天降大雪，河面开始结冰。帖木儿在河畔驻扎了50天，等待冰冻结实。前锋部队则由帖木儿的孙子哈里勒统率，1405年1月6日推进到伊犁河。

如果帖木儿顺利进兵，那么帖木儿帝国和大明帝国之间，必然爆发一场影响世界历史的关键战争。以帖木儿帝国战斗力之强大，以及此次出征准备之充分，大明帝国有可能会遭遇沉重打击甚至灭国之祸。

不过天不假年，这一年冬天天气极其寒冷，年迈的帖木儿渡河之后不久，突染病疾，卧床不起，于1405年2月18日病逝。

布劳恩在《帖木儿的一生》中写道：

> 1405年1月14日抵达兀杨剌。一个月后，帖木儿病倒。经当时医道最精明的大夫帖必里思的莫纳剌·法兹鲁拉赫治疗，未见起色，反而日益严重，并发症也出现了，终于死去。……终年71岁（阴历），在位36年。[1]

帖木儿去世后，帝国内部展开了争夺王位的战争，向东扩张的计划随之搁浅，两个帝国行星撞地球般的剧烈撞击终于没有发生。[2]

五

那么，面对使臣被长期扣留的局面，面对自己国家遭遇的严重的战争威胁，大明王朝是什么反应呢？

基本毫无反应。

---

[1]E. G. 布劳恩：《波斯文学史》，转引自田澍、李清凌主编《西北史研究（第三辑）》，第40页。

[2]陈学霖说："当永乐帝登上皇位时，中国面临着来自中亚的一个新的外国的威胁，如果不是一次好运气，这个威胁很可能使它与非华夏世界发生一次大冲突。"（牟复礼、崔瑞德编《剑桥中国明代史》，中国社会科学出版社，1992，第285页）

傅安使团一千五百余人被扣十三年，绝大多数人被虐待至死，这样中国外交史上罕见的惨案，朱元璋选择了鸵鸟政策，唯一的反应是继续派出使节。[1]两任使臣相继被扣押十余年这样有损国家尊严的大事，《明太祖实录》根本不予记载。“《明太祖实录》有意掩盖帖木儿扣留傅安、陈德文使团事件，缺而不书。”[2]

朱棣登基后，对此事的处理方式也是继续向撒马儿罕派出使者，动员对方继续来朝贡。《明史》记载：“成祖践阼，遣使敕谕其国。”[3]法国学者阿里·玛札海里也说：

> 中国的新皇帝永乐（1403～1425年）对于帖木儿的战备活动及其秘密目的仍蒙在鼓里，尚自忖为什么商队——使节中断往来了。他派遣一个使节去打探消息……[4]

然而明朝使臣没能提供任何有效的消息，不但没打听清楚帖木儿为什么要扣押中国使臣，甚至对帖木儿要大举出兵征服中国之事，也毫未觉知。朱棣只收到了一个模糊的消息，说喜欢征伐的帖木儿率军经过别失八里，即东察合台汗国，可能要东向兴兵。[5]朱棣判断，这是一个不准确的传言，因为“彼必未

---

[1]傅安出使时“方壮龄，比归，须眉尽白。同行御史姚臣、太监刘惟，俱物故。官军千五百人，而生还者十有七人而已”。陈继儒：《见闻录》卷一，转引自张星烺编注《中西交通史料汇编》第三册，中华书局，2003，第1799页。

[2]杨永康、王晓敏：《洪武永乐时期明朝与帖木儿帝国外交关系新探——从大国争衡到平等合作》，《太原师范学院学报（社会科学版）》2021年第3期。

[3]张廷玉等撰《明史》卷三三二《撒马儿罕传》，第8599页。

[4]阿里·玛札海里：《丝绸之路：中国—波斯文化交流史》，耿昇译，新疆人民出版社，2006，第20页。

[5]14世纪中叶以后，蒙元帝国分崩瓦解。在蒙古四大汗国中，中亚的蒙古王朝察合台汗国分裂为二，东察合台汗国在明代先后被称为“别失八里国”和“亦力把里国”，西察合台汗国则为帖木儿帝国所取代。

敢肆志如此，然边备常不可怠"[1]，于是"敕甘肃总兵官宋晟儆备"[2]。仅仅要求一个地方总兵注意一下，显然大明王朝根本不知道帖木儿此次兴兵的目的和规模。

在明朝人的记载中，一直用"撒马儿罕"这个地名指代帖木儿帝国，从朱元璋到朱棣，根本不了解声震世界的帖木儿帝国的版图与国力，也不知道明帝国曾经经历了一次如此重大的危险。

第三节　要求朱棣皈依伊斯兰教的沙哈鲁

一

帖木儿帝国与大明王朝的早期历史有几处巧合：第一个是两个国家建立时间相近，只差两年。第二个是开国君主去世后，都传位给了孙子。第三个则是在中国的靖难之役过后不久，帖木儿帝国也出现了类似事件，即叔叔从侄子手中夺取了王位。

帖木儿去世后，他的孙子哈里勒篡夺了汗位。[3]蒙古人的政权在权力交接

[1]《明太宗实录》卷三九，"中研院"历史语言研究所，1962，第658页。

[2]张廷玉等撰《明史》卷三三二《撒马儿罕传》，第8599页。

[3]哈里勒没有爷爷那样的雄心，他一改帖木儿后期对明朝的敌对态度，把被扣留的明朝使臣礼送回国，使两国关系得以恢复。他试图缓和双方的紧张关系，重开朝贡之路，以获朝贡利益。但哈里勒对明朝能否接受他重新建立朝贡关系的请求非常忐忑，他估计双方关系曾经恶化到那样的程度，恢复起来应该不会顺利。想不到明成祖在处理对外关系时一直心胸极为宽广，对撒马儿罕上一代统治者的所作所为并不计较，宣布不予追究。《明史》记载，"帖木儿死，其孙哈里（指哈里勒）嗣，乃遣使臣虎歹达等送（傅）安还，贡方物。帝厚赉其使"。不但不予追究，明成祖还专门派人去撒马儿罕祭祀去世的帖木儿，又给哈里勒送去大批银钱。"遣指挥白阿儿忻台等往祭故王，而赐新王及部落银币。"（张廷玉等撰《明史》卷三三二《撒马儿罕传》，第8599页）

时经常出现动荡。哈里勒仅在位四年。1409年，帝国内部又爆发战争，帖木儿的儿子沙哈鲁击败了侄子哈里勒，夺取了大位。

沙哈鲁是一位强有力的统治者，统治成熟而有章法，他将帖木儿帝国的原有领土（除西波斯以外）都再次统一起来，迅速恢复了国家的繁荣。由于他登基前的封地在哈烈（即Herat，今阿富汗西北部赫拉特），因此他将帖木儿帝国的首都迁到哈烈，并使之成为当时波斯文化的中心。

虽然也是一位具备雄才大略的君主，但沙哈鲁并没有他父亲那样炽烈的野心，不打算征服明朝，而是决心与中国保持长期和平，以扩大朝贡贸易，收获稳定的利润。不过，由于双方都自视甚高，他与朱棣曾经进行过一次颇有机锋的交流。

永乐十一年（1413），朱棣向帖木儿帝国派出了使团。使团给沙哈鲁带去了一封很有意思的圣旨。从侄子手中篡得皇位的朱棣在这道圣旨中语重心长地劝沙哈鲁与侄子交好，双方不要再交兵。《明史》记载这道上谕说：

> 朕统御天下，一视同仁，无间遐迩，屡尝遣使谕尔。尔能虔修职贡，抚辑人民，安于西徼，朕甚嘉之。比闻尔与从子哈里构兵相仇，朕为恻然。一家之亲，恩爱相厚，足制外侮。亲者尚尔乖戾，疏者安得协和？自今宜休兵息民，保全骨肉，共享太平之福。[1]

我对天下各国的统治者一视同仁，不论远近。你能在你的国家安心供职，替我把那一片地面上的民众治理得很好，我很欣慰。但是听说你与侄子哈里勒骨肉相残，我很不以为然。宗亲相和，就能抵御外侮。如果连宗亲之间都不和睦，又怎能与疏者共处？从今以后，你们应当休兵息民，共享太平。

表面上，这道上谕是明朝以宗主国的身份，热心调解朝贡国的内部矛盾。事实上，朱棣是想通过这道敕书，向天下表达自己“和睦宗亲”的主张，来证明自己当初对建文帝心怀善意，问心无愧。这是通过外交来影响内政的一个典型例子。

---

[1]张廷玉等撰《明史》卷三三二《哈烈传》，中华书局，1974，第8610页。

那么，沙哈鲁接到这封居高临下，以“世界各国大家长”的身份对他劝和的信是什么反应呢？他给朱棣回了一封有意思的信。

这封信由于不符合表文规范，不为明代史籍所载。好在波斯史籍收录了这封信的波斯文原文。中国学者邵循正把它翻译成汉语如下：

> 沙哈鲁锁鲁檀致书大明皇帝陛下，敬问圣安。在昔天降亚当（祝其灵安谧）！锡以全智大能，使其子孙中若干人为先知预言家遣之于民，纳民于正道。自是代有预言家者作。如亚伯拉罕（Ibrāhim）、摩西（Mūsā）、大卫（Dāviu）、谟罕默德（祝诸圣之灵安谧！），皆见于书。立教律（Šari'at）昭示天下人民，使咸遵守其法，虔奉其教。先知等使民归于一神宗教，崇拜上帝，而禁民拜奉日月星辰君主，每项皆设专律治之。于是民咸崇奉独一无二之上帝矣。自大圣（Mustafa, the chosen）谟罕默德先知，袭先知预言家之职位，（祝上帝加以慰劳安宁！）革除旧教律，为全世界之先知预言家。凡学士、官吏、王公、大臣、贫富，大小行事皆遵其法。弃国废法者死。信真理正义者此，谟罕默德教所言者此。曩者成吉思汗作，遣其子孙西征各国，使术赤（Güči）汗征萨莱（Sarai）、克里米亚（Qrim）、钦察大原（Dašt-i Kifčaq），其地嗣位诸君主，如月即伯（Uzbeg），如札你汗（Jani-khan，即札你伯）兀鲁思（Urus-khan）皆崇“伊思兰”教（islam），守谟罕默德（祝其灵安谧！）之法。旭烈兀汗（Hūlagū-khān）取呼罗珊伊剌克各地，其子孙中继守各地者，多崇信伊思兰教，终身不衰，谟罕默德教律若朝曦之耀其心也。历“正地”（Ras-tikūi）皇帝合赞（Ghāzān），完者都（alčāitū=uljāitū）锁鲁檀，及“隆盛”皇帝（pādšah sa'id）不赛因把都儿（尔）汗（'Abū Sa'id Bahādūr khān），以讫我皇考帖木儿驸马（祝其陵寝芬馨！）受大统，君临国内，皆诏令全国谨守谟罕默德（祝其灵安谧！）教律。当此时，信教者之光荣盖无以复加。今赖上帝威灵，呼罗珊、河外（Maver-annahr）伊剌克等地，悉归敝国，故以先知洗涤罪恶之教律，发号施令于全国，劝行善而戒为不善。……上帝仁惠，望贵国亦崇奉谟罕默德先知（祝天锡其灵安谧！）教律，藉增圣教之力量，以沟

通“暂今世界之帝国”（pādšahi čandrūzeh doniā）与“未来世界之帝国”（pādšahi akhirat）。适逢使者下临，惠加盛锡，且言和好。……谨遣谟罕默德巴黑失（Muhammad Bakhši）奉使前往修好。约定道路通行之后，人民可自由往来无阻，此实为两国之兴隆及“现今”“未来”两世界之令名计也。愿共守此约，勿蔑友好之言。敬上。[1]

翻译成白话文，大致内容如下：“苏丹沙哈鲁致信大明皇帝陛下，给您问安。当初，上帝创造了人类始祖亚当（愿他的灵魂安宁！），赐给他智慧和能力；并且让他的子孙当中的若干人成为先知预言家，劝导民众走上正途。所以历史上出现了很多预言家，比如亚伯拉罕、摩西、大卫、穆罕默德（愿诸位圣人之灵安宁！），这些经书上都有记载。这些圣人建立教规，昭示天下人民，让人们遵守教法，虔诚信奉宗教。这些先知让民众只信奉真主这独一无二的神，禁止他们崇拜日月星辰等，也不许崇拜人间的君主。特别是穆罕默德是全世界最伟大的先知，不论是学者、官员、贵族、穷人和富人，生活中一切大事小事，都遵行穆罕默德的教法。旧日成吉思汗兴起，派遣其子孙西征中亚欧洲各国，朮赤汗建立了金帐汗国，征服了萨莱、克里米亚和钦察草原，他的后人们，如月即伯，如札你汗兀鲁思，都信奉伊斯兰教，遵守穆罕默德的教法。旭烈兀汗则攻取了呼罗珊、伊拉克各地，他的子孙们也大多崇信伊斯兰教，终身不变，穆罕默德的教律如同早晨的太阳，永远照耀他们的内心。从合赞汗、完者都汗、不赛因把都尔汗，一直到我的父王驸马帖木儿，都诏令全国要谨守穆罕默德教法。如今，凭真主的保佑，呼罗珊、河外伊拉克等地，都已经归附我国。真主是至仁的，真主是至慈的，所以深切希望贵国也能崇奉穆罕默德先知的教法，凭圣教的力量，以沟通今天的暂时世界和未来的永远世界。恰逢您派使者前来，希望两国永保和好，约定以后道路通行之后，两国人民可自由往来，这实是有利两国的大事，希望我们共守此约，不要辜负我这番良言。”

这封回信和永乐的来书，似乎风马牛不相及。你谈你的和睦宗族，我讲我的宗教信仰。在这封国书中，沙哈鲁没有承认明朝的宗主国地位，也没有回

[1]邵循正：《邵循正历史论文集》，北京大学出版社，1985，第91-93页。

应朱棣对其叔侄关系的调解，而是宣扬了伊斯兰教的荣耀和帖木儿帝国的文治武功，给朱棣上了一堂宗教课和世界历史课，向他介绍了亚当、亚伯拉罕、摩西、大卫、穆罕默德，介绍了蒙古帝国其他几个汗国的伊斯兰化过程，并真诚地希望朱棣能改奉伊斯兰教。

显然，沙哈鲁试图以伊斯兰世界宗主国国王的身份与朱棣平等对话，虽然没有直接批评朱棣不应该干涉他的内政，但是态度之“不逊”是显而易见的。邵循正说：“沙哈鲁自命为回教之保护者，欲以宗教与中国抗衡，不容其干涉内政，用意固甚深也。”[1]

三

接到这样一封极不恭顺甚至可以说是“大逆不道”的国书，朱棣是什么反应呢？以我们对朱棣的印象，这位雄武暴烈的君主可能会大发雷霆，搞不好两国可能兵戎相见，“天子之怒，伏尸百万”[2]。

然而事实上，朱棣并没有生气。史书记载，对这次使臣带来的贡品，“帝喜，御殿受之，犒赐有加”[3]，非常高兴、有风度地完成了这次外交接待活动。

接下来，他又派出使臣，出使帖木儿帝国，还带去了一封国书。这封国书的汉文原文，由于不符合传统的敕谕风格，中国方面没有记载，但是波斯文译本保留了下来。

> 大明国大皇帝致书算端沙哈鲁：朕深悉天赋尔聪明善德，政行回邦，故人民丰富宴乐。尔聪敏才能，回邦之冠。克顺天命，敬勤所事，故能得天佑也。朕前遣爱迷儿赛雷李达（Amir Seyray Lida，译音，赛雷二字不知何解。李达名见《明史》）等至尔国。李达等归报，蒙隆礼优

[1]邵循正：《邵循正历史论文集》，第94页。

[2]《战国策》，缪文远、缪伟、罗永莲译注，中华书局，2012，第807页。

[3]张廷玉等撰《明史》卷三三二《哈烈传》，第8610页。

待。尔使拜克布花（Beg Buka）等偕李达等归朝，并带来尔所献缟玛瑙、野猫、天方马等，朕皆检阅一过。尔之诚敬，朕已洞悉。西方为回教发源之地，自昔以产圣贤著名于四方。惟能超过尔者，恐无人也。朕承天命，爱育黎元。西域之人，来中国者，皆善为保护礼遇。相隔虽远，而亲爱愈密，心心相印，如镜对照。天岂有不乐人之相爱者乎。交友之道，礼让为先。不独如是，更有甚焉者也（此句不甚明了）。朕今遣吴昌国（Uchang-Ku译音）等会同尔国使拜克布花等，携带菲礼鹰七头、文锦若干匹以赐尔。鹰乃朕常亲玩者也，不产中国，来自东海边，至为稀罕。彼人常进献于朕，故朕有鹰甚多。闻尔国无此，故择良者赐尔七头也。尔既雄猛，鹰即所以象德也。其为物也虽小，然用以表情则诚，尔其受之。愿自是以后，两国国交，日臻亲睦。信使商旅，可以来往无阻，两国臣民，共享安富太平之福也。朕望上天，更使尔我得知其慈善也。书不尽言。[1]

在国书中，朱棣同样没有正面答复沙哈鲁提出的希望他皈依伊斯兰教的要求，也没再提让他们叔侄和好的事，但是承认了他了解到沙哈鲁统治地域的广大，称赞沙哈鲁是皇天派来统治回回之地的君主，并且是伊斯兰世界的领袖：“西方为回教发源之地，自昔以产圣贤著名于四方。惟能超过尔者，恐无人也。”通过这封信，朱棣承认了沙哈鲁在西方的霸主地位。

和以前的敕谕相比，在这封国书中，朱棣的口吻不再居高临下。他称两国之间虽然相距遥远，但是两国关系却“亲爱愈密，心心相印，如镜对照”。朱棣还提出两国之间相处的原则是“交友之道，礼让为先”，希望“两国国交，日臻亲睦”。

波斯文译本在提及沙哈鲁时，与出现“大明”“皇天”这些字眼一样另起行顶格书写，邵循正等学者考证后都认为翻译得非常忠实。从这种书写方式也可以看出，朱棣对沙哈鲁是采取了平等交往的方式：“中国使者毕马清（Bimachin）、杨马清（Janmachin）抵哈烈（《明史》记永乐十六年，命李达等报聘。由北京至哈烈，行程须一年。故阿伯特拉柴克记迟一年也），献呈

[1]张星烺编注《中西交通史料汇编》第三册，华文出版社，2018，第956-957页。

沙哈鲁珍物及中国皇帝国书。书中写皇帝之名于第一行。序事稍低。遇有上帝神祇之名，则另行缮写。国王之名，亦同样写之。”[1]

朱棣的使者到达哈烈之后，沙哈鲁并未按照明朝要求的“五拜三叩头”的礼仪迎接诏使，而是以大国君主的身份升殿受贺，以帖木儿帝国的惯例接见了明朝使者。明朝使者则按照帖木儿帝国的礼仪亲吻了沙哈鲁的手背。

> 大明汗（Day Ming Khan）之使者抵哈烈（下方有沙哈鲁欢迎使者礼节之洋文，兹从略）。沙哈鲁陛下升殿受贺。国中大臣及使者，皆赴前，执王之手以口亲之……[2]

从国书的格式、内容，到此次觐见过程中采用的外交礼仪，我们能够看出，这次交往双方采用了对等原则。这次遣使标志着朱棣罕见地承认了明、帖的平等关系，他是以朋友的态度而不是居高临下的态度与沙哈鲁交流。此举说明，帖木儿帝国在朱棣的视野中不同于朝鲜、安南以及西域、西洋诸国，他事实上并没有把帖木儿帝国纳入传统朝贡体系之中。

这是明代外交史上一件破天荒的大事，也是整个中国历史上极为罕见的特例。“当某位外国统治者在文书中不承认中国人的神话时，中国皇帝能够而且确实放弃了他世界之主的身份，与那个统治者平等对话。”[3]此举充分体现出朱棣宽阔的胸怀和突破传统的魄力。他没有被沙哈鲁的强硬态度触怒，相反，他能够因此了解到世界文化的多样性，清楚了明王朝在国界之外的影响限度，做出了非常明智的反应。这种罕见的现实主义精神，为明、帖两国关系奠定了长期友好的基础。

可惜，朱棣的现实和谦逊，只保留在外文史料中，中文史料则不见一字。明成祖这个突破传统的重大举动并不为中国人所知，也没有为后来的中国君主

---

[1]张星烺编注《中西交通史料汇编》第三册，第956页。

[2]同上书，第954页。

[3]费正清编《中国的世界秩序——传统中国的对外关系》，杜继东译，中国社会科学出版社，2010，第217页。

所继承。“只要在遥远的地方，只要中国能保持必不可少的体面，明朝皇帝可以暂时抛开天命而便宜行事。在中国境内，此类让步是不可能的，当帖木儿帝国的使者于1420年抵达北京时，他们被要求跪在地上磕头行礼。”[1]

第四节　撒马儿罕的贡狮

一

继永乐皇帝之后，宣德皇帝对明、帖两朝关系也很重视，对帖木儿使团的各种要求总是尽量予以满足。

宣德六年（1431），撒马儿罕进贡了一万斤“速来蛮石”。“速来蛮石”是一种青料，专门用于制造青花颜料，皇家工场需求量很大。不过这批“速来蛮石”质量很差，“多不堪用”，几乎没办法用。礼部“请薄其赏”，请皇帝降低赏赐。

明宣宗不以为然，他站在政治高度，从维护两国关系的大局出发，表示“厚往薄来，怀远之道。撒马儿罕去中国最远，毋屑屑与较，可加厚遣之”[2]。厚往薄来是祖宗定下的柔远之道。撒马儿罕离中国这么远，还来进贡，不能斤斤计较，应该厚加赏赐。因此仍然按原来的标准支付了价格。

因为朱棣和朱瞻基的大手笔，永乐、宣德两朝，明朝与帖木儿帝国往来非常频繁，商业交流非常顺畅，“永笃诚好，相与往来同为一家，经商生理各从所便”[3]。

[1]费正清编《中国的世界秩序》，第217页。
[2]《明宣宗实录》卷七五，转引自李国祥、杨昶主编，姚伟军、李国祥、汤建英等编《明实录类纂（经济史料卷）》，武汉出版社，1993，第1080页。
[3]《明宣宗实录》卷八六，转引自李国祥主编，杨昶副主编，王玉德、汤建英、孙湘云等编《明实录类纂（涉外史料卷）》，第1038页。

但是中国皇帝的宽容让撒马儿罕使臣们得寸进尺，他们摸透了中国朝廷的脾气，朝贡贸易中欺诈行为越来越多。比如景泰七年（1456）撒马儿罕使团进贡了六千斤玉石，其中质量比较好的只有六十八斤，其余五千九百三十二斤都是劣质货，不堪使用。礼部汇报说："撒马儿罕地使臣马黑麻舍力班等所贡玉石，选其堪中者仅二十四块，重六十八斤而已。其余不堪者五千九百三十二斤。"建议退回。但是朝廷商议后，还是决定"议将玉石每五斤回赐绢一匹"，全部收了下来。[1]

频繁的朝贡贸易渐渐掏空了明朝的家底，大明财政越来越困难。"土木堡之变"之后，明朝元气大伤，再也承受不了朝贡贸易的长年赤字了。1456年，明朝不得不调整给帖木儿帝国的"赏例"。帖木儿帝国的正副使级别待遇由原来的一等降低至三等，进贡次数也被限定为三年或五年一贡，不得再频频邀赏。[2]

这样一来，帖木儿帝国的对外贸易遭遇了重大打击。撒马儿罕等地的使团到达中国，遇到的困难越来越多。那些不按规定前来的贡使团队被挡在关口，长期不能入关。撒马儿罕等地商队的生意一落千丈，商人们长吁短叹，愁眉不展。

为了突破中国的朝贡限制，撒马儿罕人绞尽脑汁，想出了一个新点子：投中国皇帝所好，进贡狮子，希望以此拓宽贸易之门。

他们知道，狮子在中国历代被视为"神兽"，是权力和威严的象征，极受重视。永乐年间中亚向中国贡狮，曾大得皇帝欢心。不过由于朝贡贸易的衰落，已经有几十年没有人向中国进贡狮子了。

成化十九年（1483），帖木儿帝国不惜重金采购了两头狮子，派使臣送到了中国。成化皇帝闻讯大喜，在皇极殿亲自接见贡使，命人把装在笼子里的狮子抬上丹墀，近距离观看。头一次见到这种异兽的皇帝极为兴奋，创作了一篇近千字的洋洋洒洒的《御制狮子赋》，亲笔题写在《西番贡狮图》上。在文章当中，皇帝激动地说，狮子为"诸福之物，难致之祥，往昔所罕闻，幸今

[1]《明英宗实录》卷二六五，"中研院"历史语言研究所，1962，第5635页。

[2]张文德：《论明与中亚帖木儿王朝的关系》，《历史档案》2007年第1期。

则见”[1]。

看完了狮子，成化皇帝慷慨地给了贡使大笔赏赐。《明宪宗实录》记载：“诏合赐金织袭衣，彩段表里等物，特从厚给之。”[2]

按惯例，完成了朝贡事宜，使臣就应该起程回国。但是撒马儿罕的使臣在北京一直待了半年，还迟迟不动身。

为什么一直不走呢？认为皇帝给的东西少了，他们赔本了。

这次前来的正使名叫帕六湾（Pahlavan，波斯文“勇士”的意思），他的形象被《西番贡狮图》真实地记载下来，隆鼻巨髯，典型的中亚人相貌。

另一位撒马儿罕使臣阿里·阿克巴尔在其《中国纪行》中，记载了明朝对进贡狮子的丰厚赏赐：“一头狮子可以得到三十箱财物的赏赐，箱里有上千件衣料、缎子、布匹、鞋袜、马蹬（镫）子、铁马鞍、剪刀、针等等。”[3]除了直接针对贡狮的赏赐，对于使者个人，也有不菲的报酬，“至于给人的回赏是：每人赏给八身衣料绸缎，三件其它颜色的衣料，每块衣料足够做男人的衣服两件”[4]。

“每人赏给八身衣料绸缎”，用中国的术语来讲，叫“八表里”。所谓“一表里”，就是一匹做面子的绸缎加一匹做里子的绸缎。收到这些赏赐，帕六湾仍不满足。他奏请皇帝，必须按照永乐年间的标准，给使臣们增加赏赐。《明宪宗实录》记载：“撒马儿罕贡使怕（帕）六湾等以进狮子，乞如永乐间赏例。”[5]

成化皇帝于是决定每头狮子再多给他“采缎（采段）五表里”的赏赐。“事下礼部，覆奏：‘速檀阿黑麻万里遣使来贡猛兽，诚有可嘉，……加赏彩

[1]张之杰：《成化十九年〈撒马儿罕贡狮图〉试释》，《科学文化评论》2018年第4期。

[2]《明宪宗实录》卷二三九，转引自田卫疆编《〈明实录〉新疆资料辑录》，新疆人民出版社，2002，第178页。

[3]阿里·阿克巴尔：《中国纪行》，张至善编，生活·读书·新知三联书店，1988，第119页。

[4]同上。

[5]《明宪宗实录》卷二四五，转引自田卫疆编《〈明实录〉新疆资料辑录》，第178页。

段五表里。’”[1]由此一头狮子得到十三表里，两头共二十六表里的赏赐。

但是帕六湾还是不满意。“既而使臣坚执必欲如永乐赏例。礼部奏，以为岁久难从，宜于见赏例外加赐，以酬其劳。有旨正副使再加二表里，其余人加一表里。”[2]

朝廷经不住他磨，决定正副使每人再加二表里，其余随从十五人各加一表里，又多给了十九表里。

但帕六湾等人还是赖在北京不走，仍然“奏求不已”。《明宪宗实录》成化二十年二月条记载：“命加赐撒马儿罕等处速檀阿黑麻王所遣正副使银五十两，从人十五名银各五两，并前所赐即给与之，且促其去。”[3]

皇帝被闹得头痛，只好又给正副二使每人五十两白银，随从十五人每人五两白银，要求他们马上离开。

但是帕六湾还是赖在馆舍，说什么也不肯动身。

朝廷实在没办法，只好拿出最后一招，给帕六湾等人晋升官职，《明宪宗实录》成化二十年九月条记载：“升撒马儿罕都督佥事怕六湾马哈麻为都督同知，指挥佥事哈只儿辛等四人俱指挥同知。”[4]

都督同知为从一品，指挥同知为从三品。闹来闹去，帕六湾闹成了明朝一品大员，其他几个随员也都升为三品大员。

帕六湾看出再闹下去，也得不到更多的好处了，于是又提出新的条件：“怕六湾等以西域道阻，乞从海道归，欲于长芦买食盐百引。许之。”[5]不从陆路回国，要从海路回。为什么呢？因为可以由明朝报销路费，让他们进行一次海上贸易。他们要求在长芦（今天津附近）购买食盐四万斤（百引，一引为盐四百斤），在中国境内沿途贩盐获利。

这是前所未有的无理要求，本来是明朝制度所决不能允许的，但是这事闹得成化皇帝实在太烦心，咬咬牙同意了。皇帝差人专程护送撒马儿罕使团

[1]《明宪宗实录》卷二四五，转引自田卫疆编《〈明实录〉新疆资料辑录》，第178页。
[2]同上。
[3]《明宪宗实录》卷二四九，第4221页。
[4]《明宪宗实录》卷二五六，第4331页。
[5]同上。

南下，以防再出什么幺蛾子，结果使臣们一路要这要那，吃喝玩乐，游山玩水，为所欲为，“沿途教诱使人，需索纷扰，后期始至”[1]，又违反明朝国法规定，买良家女子为妻妾。“怕六湾马黑麻道经山东东昌府，买军民子女为妻妾”[2]。外国使臣的这些过格的举动在中国社会引发了相当恶劣的评价，让很多平民百姓也发现，这些所谓贡使，其实不过是商人而已。《国朝献征录》说：“有撒马儿罕使者怕六湾还国，……所过震惊，公言此西域贾胡借以牟利耳。”[3]

成化皇帝没想到，为了看一眼狮子，惹出这么多麻烦。他一心只想让这个“天磨星”早点出境，不管帕六湾一路上如何违法犯纪，也不再追究。帕六湾离境后，他把护送的中国官员海滨狠狠地惩治了一番，以泄其愤：“置滨于法，上命锦衣卫执讯之。”[4]

这次出使让帕六湾连钱带人收获满满，非常高兴。与中国官员分手的时候他又提出，“欲往满喇加更市以进”[5]，想到马六甲再买一头狮子，回头送给皇帝。这次，成化皇帝毫不犹豫地拒绝了。

弘治二年（1489），吐鲁番也效仿撒马儿罕贡狮之举，从马六甲买了一头狮子，想从广东进贡，讨中国皇帝欢心。但是这次他们没有如愿。朝廷说，从海上进贡不符合对吐鲁番的“贡道”规定，果断拒绝了这次朝贡。

[1]《明宪宗实录》卷二七八，第4690页。

[2]同上。

[3]焦竑：《国朝献征录》，（台北）明文书局，1991，第86页。

[4]《明宪宗实录》卷二七八，第4690页。

[5]张廷玉等撰《明史》卷一六一《陈选传》，中华书局，1974，第4389页。

第四节　为什么中国人不知道帖木儿帝国

一

虽然帖木儿帝国在世界史上声名显赫，又与明朝往来频繁，但是你翻遍明代史料，找不到关于帖木儿帝国国势强大的描述。从明代史书的记载来看，撒马儿罕国很小，只统治撒马尔罕城及其周围一小块土地。也就是说，整个明朝，几乎没有人知道有一个强大辽阔的帖木儿帝国存在于大明王朝身边。

这是为什么呢？

这是因为明代史书有意识地对帖木儿帝国进行了“拆分”，将一个帝国拆分成十多个小小的城邦，让这个庞大的帝国消泯于无形。

明代关于帖木儿帝国记载最早最为详细的书是陈诚所著的《西域番国志》。陈诚在永乐年间曾经五次出使帖木儿帝国，他是进士出身，官至参政，文化水平很高，对帖木儿帝国的情况又十分熟悉，因此这本《西域番国志》颇为翔实地记述了西域中亚的山川地理和风土人情，是明代地理名作。不过在这本书中，陈诚把帖木儿帝国划分为哈烈、撒马儿罕、俺都淮、八剌黑、迭里迷、沙鹿海牙、塞蓝、达失干、卜花儿、渴石等十个国家和城邦，分别对它们的风土人情进行记载，让读者觉得，这十个国家和城邦彼此独立，各不相属。

然而事实上，沙哈鲁在位期间，帖木儿帝国的统一和强大是毋庸置疑的。沙哈鲁在首都哈烈对帝国进行全面统治，他的儿子兀鲁伯坐镇撒马儿罕，次子亦不剌忻管治八剌黑（又名巴里黑），其他城邦也都由沙哈鲁派出的王公大臣管理，他们都绝对臣服于沙哈鲁。这一点其实《西域番国志》也隐约有所透露。比如陈诚记载说，八剌黑，“西南诸番商旅聚此城中，故番货俱多。哈烈沙哈鲁遣其子守焉”[1]。也就是说八剌黑由沙哈鲁的儿子管理。《明史》也记载说，沙哈鲁时期，“诸国使并至，皆序哈烈于首”[2]，隐约透露出哈烈是当

---

[1]陈诚：《西域行程记 西域番国志》，周连宽点校，中华书局，2000，第86页。

[2]张廷玉等撰《明史》卷三三二《哈烈传》，第8610页。

时的国都。

但是这种透露只是东鳞西爪，偶尔一笔，读了这本书，你感觉不到帖木儿帝国是一个统一的强大政权。

二

为什么要这样做呢？

第一个原因是这种操作可以大大增加明朝朝贡国的数量。强大的帖木儿帝国消失了，变成了十个恭顺的小国。明朝的朝贡国由此凭空多出了九个。

这一做法在明代并不罕见。明代通常将所交往的所有政权都称为“国”。李云泉说：“名为国家，而实为一城一地者数量众多。”[1]郑和所到的东南亚一些部落，也被称为“国”。这些“国”，在今天可能只能称为“地区”。

因此，陈诚这样做，是符合当时的政治正确的。和所有使臣一样，陈诚出使的核心目的是宣扬天朝的德化与番邦的诚服。因此陈诚留下的所有关于其出使帖木儿帝国经历的诗文，主旨只有一个，即强调明朝的声威和帖木儿帝国的恭顺。比如他在《狮子赋》序言中说：“永乐癸巳春车驾幸北京，秋七月西域大姓酋长沙哈鲁氏不远数万里遣使来朝。……沙哈鲁氏仰华夏之休风，戴圣朝之威德，鞠躬俯伏，重译殷勤……”[2]如前所述，永乐和沙哈鲁时代明、帖关系的真实形态本来是平等的，但是在陈诚笔下却被描述为典型的朝贡关系，在陈诚的行文中，帖木儿帝国著名的君主被贬低为西域的大姓酋长，对中国使臣“鞠躬俯伏”，一副倾心向化的虔诚之态。陈诚在《诣哈烈国主沙哈鲁第宅》一诗中这样描述他到沙哈鲁的宫殿宣读诏书的情景：“官骑从客花外入，圣恩旷荡日边来。……才读大明天子诏，一声欢笑动春雷。……君臣拜舞因胡俗，道路开通自汉年。从此万方归德化，无劳征伐定三边。”[3]一副大明天使从天上来，胡人君臣拜舞迎接的诚惶诚恐臣服之态。

---

[1]李云泉：《万邦来朝：朝贡制度史论》，新华出版社，2014，第57页。

[2]陈诚：《西域行程记 西域番国志》附录《狮子赋》，第118-119页。

[3]陈诚：《西域行程记 西域番国志》附录《西行南行祷文》，第134页。

陈诚当然是清楚帖木儿帝国的地域之广大的。在他之前的另一位使者傅安对此更是清楚。《明史》记载，傅安被扣留后，帖木儿“寻令人导安遍历诸国数万里，以夸其国广大”[1]。特意让傅安经行帖木儿统治下的各地，行程数万里，以向明朝使臣展示帖木儿帝国的广阔。但是基于政治正确的原则，《西域番国志》对这一点从来没有明确说明。不仅这本《西域番国志》如此，其他典籍的书写原则也都与此相仿佛，所以《明太祖实录》不记载使臣被扣事件，《明太宗实录》也不记载沙哈鲁劝朱棣崇奉伊斯兰教的国书。

陈诚这本《西域番国志》是献给明成祖的，明成祖读后很满意，将它交给史馆。从此，明代史籍中对帖木儿帝国的记载都延续了这种叙述技巧，《明太宗实录》《大明一统志》《大明会典》《明史·西域传》等都将帖木儿时代的帝国称为“撒马儿罕”：“元驸马帖木儿既君撒马儿罕”[2]，沙哈鲁时代则称为“哈烈”，让人以为他们只统治了一个城市。“陈诚的《西域番国志》有意隐讳了强大的帖木儿帝国存在的事实，对明代史籍产生了重要的影响。”[3]

第二个原因则在帖木儿帝国方面。为了获得更多的朝贡名额，帖木儿帝国每次派出的都不止一个使团。它总是以各个城市的名义，分别组建朝贡使团，这样就使朝贡规模扩大数倍，获得的赏赐也多了数倍。从这个角度说，陈诚如此记载，也自然有其依据和道理，并且理由“相当充分”。

所以这种记载方式，是双方合谋的结果。对明王朝来说，增加了朝贡国数量，面上有光。对帖木儿帝国来说，增加了商队的数量，扩大了贸易量。可谓各取所需，皆大欢喜。

因此，有明一代，绝大多数中国人根本不知道有一个强大的帖木儿帝国的存在。人们只知道西域地区邦国林立，其中以哈烈较大，撒马儿罕次之，它们世代纳贡称臣，供职惟谨。

---

[1]张廷玉等撰《明史》卷三三二《撒马儿罕传》，第8599页。

[2]张廷玉等撰《明史》卷三三二《哈烈传》，第8609页。

[3]杨永康、王晓敏：《洪武永乐时期明朝与帖木儿帝国外交关系新探》。

第八章

三个国家为什么有一百五十五个国王：那些冒充“贡使”的商队

一

嘉靖十二年（1533），礼部官员向皇帝汇报了一件非常奇怪的事。

土鲁番、天方[1]、撒马儿罕是大明王朝西北方向上的三个重要朝贡国，频繁入贡。按常理，一个国家应该只有一个国王，极特殊的情况下，可能会有二王甚至三王并立。但是进入嘉靖朝，这三个国家国王的数量呈几何级数增长。比如嘉靖二年和八年（1529）两次朝贡，天方国出现了六七个国王，土鲁番出现了十一二个国王。撒马儿罕更离谱，小小一国有二十七个国王。这已经很骇人听闻了。不承想到了今年，土鲁番居然出现了七十五个国王，天方国出现了二十七个国王，撒马儿罕则有五十三个国王，三个国家国王总数达到了一百五十五个！礼部官员查了一下，这些国王的名号，大部分都是过去记载中没有的。偶尔有名号相同的，但是管辖的地面又不相同，十分可疑。因此向皇帝请示应该如何处理。

礼部在奏章中汇报说：

---

[1]其实是伊斯兰教圣地麦加城，并非真正的国家。“天方……一名天堂，又曰默伽……其贡使多从陆道入嘉峪关。”张廷玉等撰《明史》卷三三二《天方传》，中华书局，1974，第8621页。

> 查得土鲁番自弘治、正德以来入贡十三次，天方国自正德以来入贡四次，每次称王号者多止一人，或二人、三人，其余多称头目、亲属。嘉靖二年、八年，天方国称王号者始多至六七人，土鲁番称王号者始多至十一二人，而二年内撒马儿罕始称王至二十七人。……若今次土鲁番则七十五王，天方国则二十七王，而近日续到撒马儿罕则五十三王，并而数之，则为百五六十王矣。是前此来朝称王，并未有如今次之甚，其所称王号，查与旧文并无相同，即有同者，地面又复不同。[1]

学者褚宁分析说，当时中亚局势稳定，并不存在政治乱局下一个政权突然分裂成几十个的可能。[2]那么，为什么进入嘉靖朝以来，这三个国家的国王数量会突然增长，速度比蘑菇出土还快呢？

二

答案很简单，这些所谓使团，其实绝大多数是商队。

1602年（万历三十年），有一个叫鄂本笃的葡萄牙传教士，从印度出发前往中国。他受教会的委托，尝试打通从印度到中国传教的陆上通道。经过长途跋涉，他于1603年到达了位于今天新疆的叶尔羌。

到了新疆之后，他花重金购买了几块价值不菲的玉石，还有十几匹马。“玉石等货物值银三千两，马十三匹。”[3]

一个传教士花这么多钱买玉石和马干什么呢？为了进行伪装。他要把自己伪装成一名向中国朝贡的使臣。

原来，到了叶尔羌汗国之后，鄂本笃被告知，普通外国人，不论是商人、

---

[1]《桂洲先生文集》卷十二，转引自褚宁《16、17世纪中亚与中国关系研究四题》，硕士学位论文，暨南大学专门史（专业），2014，第46页。

[2]褚宁：《16、17世纪中亚与中国关系研究四题》，第46页。

[3]方豪：《中国天主教史人物传》，宗教文化出版社，2007，第116页。

传教士还是其他任何身份，都是不被允许进入中国的。只有一类人，那就是向中国朝贡的使臣，才能通行。“肃州和甘州以远地区，商队不准通行，其中的任何人皆不得通行。只有以觐见大汗使节之名，方获准通行。”[1]因此如果不伪装成外国使节，就没有其他任何进入中国内地的合法渠道。

明代外贸体制的特点是禁绝正常的贸易往来。其他朝代往往在边关与少数民族和域外政权进行互市，也大多允许外商进入内地贸易，所以唐代胡商遍布长安。但是明朝只批准朝贡国以进贡的方式前来进行朝贡贸易，堵死其他所有正常商业交流。

鄂本笃打听到，叶尔羌有一支商队，正准备前往中国。这支商队按惯例由七十二名商人组成。“按照中国和西方七八个国家的旧协定，每六年允许这些国家有七十二名商人进入中国。这些商人诡称是向皇帝进贡的使节前来旅行。”[2]

明朝对朝贡国几年朝贡一次和使团由多少人组成都有明确规定。在明朝看来，这是为了约束朝贡国入贡的规模，但在有些朝贡国看来，这相当于明朝赋予其每隔几年可以与中国贸易一次的特权，国王往往会把这个特权拍卖，由出价最高的商队获得，再由这支商队冒充进贡使团前往中国。

今年这支商队还没有招到足够的商人，“商队队长想等到有更多的人参加再出发；商队越大，他就会获利越多”[3]。

鄂本笃只好倾其所有，购买数块玉石，获得商队队长的认可，成了七十二名伪使臣之一：“虚假的使节头衔或者假借朝贡为名则成为中亚以及新疆地区商人团体获得到中原王朝贸易权的重要凭证。鄂本笃当时便被举为七十二大使之一，且购得玉石数块儿，并强调，‘若无此物，则断不能往北京’”[4]。

---

[1]裕尔：《东域纪程录丛：古代中国闻见录》，考迪埃修订，张绪山译，中华书局，2008，第253页。

[2]利玛窦、金尼阁：《利玛窦中国札记》，何高济、王遵仲、李申译，中华书局，2010，第560页。

[3]同上书，第556页。

[4]褚宁：《16、17世纪中亚与中国关系研究四题》，第42页。其中引文出自张星烺编注《中西交通史料汇编》第一册，朱杰勤校订，中华书局，2003，第541页。

于是，鄂本笃跟随商队踏上了从新疆到北京的漫长“朝贡”之旅。他在嘉峪关成功地通过了明朝总督的审查，被鉴定为一个货真价实的外国使臣。如果一切顺利的话，鄂本笃会在几个月后到达北京，并以使臣的身份受到明朝政府的隆重接待，然后用这几块玉石和十几匹马，换得朝廷的赏赐。这笔赏赐足以使他获得一笔可观的利润，成为日后在中国传教的资本。不幸的是，刚进入中国内地，鄂本笃就患病去世，没能把“上帝的旨意”传达给中国人。[1]但不论如何，此举都让他成为世界史上第一个从陆路而不是海路抵达中国的传教士，并被载入史册。

三

从鄂本笃的经历中我们能看到，从西北方向进入中国的所谓“朝贡使团”，有很多本质上是商队。对此明朝政府并非一无所知，甚至从一开始就相当清楚。

永乐二十二年，明朝官员黄骥分析永乐年间的朝贡内幕说：

> 西域使客多是贾胡，假进贡之名，藉有司之力以营其私。其中又有贫无依者，往往投为从人，或贷他人马来贡。既名贡使，得织（给）驿传，所贡之物劳人运至。自甘肃抵京师，每驿所给酒食、刍豆之费不少。比至京师，又给赏及予物，直其获利数倍。以此，胡人慕利，往来道路，贡无虚月。缘路军民递送，一里不下三四十人。俟候于官累月经时，妨废农务，莫斯为甚。比其回，悉以所得贸易货物以归，缘路有司出车载运，多者至百余辆。男丁不足，役及妇女。所至之处，势如风火，叱辱驿官，鞭挞民夫，官民以为朝廷方招怀远人，无敢与较，其为骚扰不可胜言！[2]

[1]富路特：《明代名人传 2》，北京时代华文书局，2015，第644页。

[2]《明仁宗实录》卷五，转引自李国祥、杨昶主编，姚伟军、李国祥、汤建英等编《明实录类纂（经济史料卷）》，武汉出版社，1993，第946页。

也就是说，西域各国的使臣，其实大多真实身份是商人，假借进贡之名，来赚取商业利益。这些商人当中，不光有富人，还有穷人，他们冒充正使的跟班，从别人那里借贷资本之后，前往中国。冒充贡使利益巨大，因为只要你自称贡使，就可以得到免费的驿站住宿和饮食供应，所带的货物，还会由中国官方派人帮助运送到北京。从甘肃到北京，一路都会得到热情的接待和丰富的饮食供应。到了北京，朝廷的赏赐又让他们得到巨额利润。因此这些胡人为了利益，每个月都跑来进贡，沿路的军民每个月都得不到休息，以致妨碍了农业耕作。等到这些胡商回国时，一路所载的中国货物，还得由沿途政府出人力帮他们运输，多的需要大车一百多辆，男丁不够用，甚至不得不征发沿途的妇女。这些胡商气焰嚣张，动不动就辱骂驿站官员，鞭打中国民夫。

永乐末年，出使中国的波斯使臣火者·盖耶速丁用自己的亲身经历为黄骥的话做了旁证。他在《沙哈鲁遣使中国记》一书中记载，当他们到达肃州城后，“被（中国官方）告知：他们的一切需要均由驿馆供给。他们的牲口和行李都运到登记处，从那里再交给可靠的仆人照管。然后使者们所需的诸如马匹、食物、寝具等种种东西，全部从驿馆供应。每晚，只要他们在那里，就供给他们每人一张卧榻，一套绸睡衣，还有一名照应他们需要的仆人”。[1]

盖耶速丁说，他们一路吃得都很好。“沿途按事先许诺的那样向使臣们提供给养。在每个馆驿中都为他们提供羊肉、鹅肉、鸡肉、大米、面粉、蜂蜜、米酒和烧酒、醋渍大蒜和大葱，此外还有各种凉拌绿菜及蔬菜，这尚且不计几乎在他们经过的每个城市都要以由当局举行的盛宴来款待他们。”[2]从到达肃州开始，每到一个城市，当地官员都要为使臣们举行极为豪华的宴会，很多珍奇菜品他们闻所未闻，同时还要举行歌舞表演，令他们印象极为深刻。

所有的货物都由中国政府派人运送。“在离开每个馆驿时，都要为国王陛

[1]火者·盖耶速丁：《沙哈鲁遣使中国记》，何高济译，中华书局，1981，第110页。

[2]阿里·玛札海里：《丝绸之路：中国—波斯文化交流史》，耿昇译，新疆人民出版社，2006，第40页。

下以及王子殿下的使臣们牵来450匹能奔驰的马和驴以及50或60辆车子。他们称御马者为‘马夫’，牵驴者为‘驴夫’，拉车的苦力为‘车夫’。他们始终都需要大量的苦力以拉车。下雨和山坡的陡峭都丝毫不能阻止他们疾速前进。所有的车子都由十二名青年人拉。”[1]在回程时，“完全如同他们前来时的旅行一样，中国人在他们回程时也在每一程都为他们提供征调来的马匹和车辆，在他们所经过的重要城镇和大城市中都为他们举行盛宴招待”。[2]这一路的细心招待让使臣们感觉如同在天堂游历一般。

利玛窦则这样描述他所了解到的中国的朝贡制度：

> 他们一登上中国的土地，他们的开支就都由公款报销。……他们向皇上进贡什么样的礼物倒似乎是无所谓的。在进贡皇上的礼品中，神父们看到一把剑，那简直就是一块钢片，粗陋地从铁砧上打铸出来的，住在这房子里的某个人给它配了一个斧头手柄一样的木把。在同类礼物中，还有用皮条粗制滥造编成的胸甲，他们还带来马匹，但饲养得极差，一到北京就饿死了。然而这些蛮夷从老远带来这样一些琐细的东西却使国家为他们路上的开支花费了一大笔钱。好像中国人重视的倒不是这些自称使节的低下地位，而是炫耀他们君主的伟大。[3]

利玛窦的描述虽然听起来有些夸张，但并非毫无根据。确实有很多使团拿来的贡物非常微薄，使团规模却非常庞大。比如成化元年（1465），哈密来贡，三百六十多人的庞大队伍，只带了二十匹马当贡品。礼部汇报说：“哈密贡马才二十匹，而使臣来者三百六十余人，皆欲给赏。”[4]平均十八人牵着一匹马，颇有空手套白狼之嫌。

利玛窦认为假冒贡使每人每天的所得，相当于一块金子：“他们受到皇帝

---

[1]玛札海里：《丝绸之路》，第40页。
[2]同上书，第60-61页。
[3]利玛窦、金尼阁：《利玛窦中国札记》，第413-414页。
[4]《明宪宗实录》卷二一，转引自田卫疆编《〈明实录〉新疆资料辑录》，新疆人民出版社，2002，第149页。

的盛待，以致平均每人每天至少得到一块金子，远远超过他的费用。”[1]而成本只是一道伪造的文书：“时候一到，所谓的使臣便以据称是派遣他们来的各国国王的名义伪造文书，其中满是对中国皇帝的极度奉承。”[2]

虽然中国人从一开始就知道这一内幕，但是仍然乐于接受，利玛窦刻薄地说：“中国人知道整个事情是一场骗局，但他们不在乎欺骗。倒不如说，他们恭维他们皇帝的办法就是让他相信全世界都在向中国朝贡，而事实上则是中国确实在向其他国家朝贡。”[3]明白朝贡本质的人毕竟是少数，更多的人从使团络绎不绝的往来中感受到的是荣耀的满足。每隔一段时间，从西北到北京的驿路上，就会响起驼队的铃声，出现一队胡人的面孔。每隔一段时间，就有一队使臣出现在紫禁城，向中国皇帝行礼如仪。他们如同打更人一样，在帝国内巡回地发出“天下太平”的号子，营造出“万国宾服”的氛围，让全国的官民百姓感受到上国子民的自豪，感受到皇帝宝座的稳固，感受到这个世界按照永恒的规律，在永远不变地运转。因此这笔账从总体上算仍然是合算的。

但是，欺骗也要有度。从明初以来，西北方向来的使团队伍数量本来是稳定的。比如土鲁番、天方、撒马儿罕这三国，每隔几年会派出一个使团。可是，如果一下子出现了一百多个正使，就如同一条街上突然涌现一百多个打更人，争相叫喊“天下太平”，这未免就乱了戏码，让人感受到的不是心安，而是心惊肉跳了。

那么，为什么会出现这么多国王代表呢？这还要从大明王朝西北朝贡的检查机制说起。

四

大明王朝对西北朝贡国家的管理，和东南的有所不同。对东南海上朝贡的国家，明朝采取“勘合”制。也就是说，你要到中国来进贡，手中要持有明朝

[1]利玛窦、金尼阁：《利玛窦中国札记》，第560页。

[2]同上。

[3]同上，第560-561页。

发给的“勘合”，即半张执照，上岸之后要与明朝留底的另半张相对，对得上的，才能入贡。[1]这样就可以验明真伪，控制次数。

但是西北陆上从一开始就没有实行勘合制度，因为西北陆上的朝贡体制建立得比较晚，西北朝贡政权大小不一，时兴时灭，很不稳定。严嵩说得很清楚：“西方诸夷，素非附属，贡献不常，并无给发号纸（勘合）之例。”[2]

因此在西北方向上，明朝建立了独特的双重审查制，来控制朝贡国的数量。明代要求，所有中亚和西域各地的朝贡，都要以距嘉峪关一千六百里的哈密为总入口。哈密当时是向明朝朝贡的一个地方政权，被明朝称为“哈密国”。各国各地贡使要朝贡中国，首先要到哈密国，翻译文书，办理入境手续。“凡夷使入贡者，悉令哈密译语以闻。”[3]哈密的初步审查通过，才有资格向前进发，再走一千多里，到达嘉峪关。在这里，中国官员对朝贡队伍进行第二次审查，验明无误，才能放他们继续前往内地。[4]

为什么要把第一次审查关口前移到哈密呢？这是因为明朝官员听不懂任何一种中亚或者阿拉伯语言，明朝对西北国家的情况也缺乏了解。严嵩说：“节年差人，止到土鲁番，夷西诸国，皆未曾到，西域动静虚实，皆不能真知。”[5]朝廷所派出的使节，只到过土鲁番，再往西就没到过，那些国家地区到底是怎么样的，根本不知道。西域和中亚一带的居民基本都是穆斯林，长相差不多，信仰相同，风俗相似，很难分辨。严嵩说：“虽云各国名色，缘各

---

[1]明朝政府发给朝贡勘合的国家有：暹罗、日本、占城、爪哇、满剌加、真腊、苏禄（该国14世纪时一分为三，东王、西王、峒王各有勘合）、柯枝、渤泥、锡兰山、古里、苏门答剌、古麻剌（朗），共15个国家。朝鲜、琉球两国享受特殊政策，不必持勘合。（李云泉：《万邦来朝：朝贡制度史论》，新华出版社，2014，第75-76页）

[2]严嵩：《南宫奏议·议处甘肃夷贡》，载陈子龙等辑《明经世文编》卷二一九，中华书局，1962，影印本，第2296页。

[3]赵廷瑞修，马理、吕楠纂《（嘉靖）陕西通志》卷十《西域土地内属略》，三秦出版社，2006，第483页。

[4]明朝规定：“凡夷人入关……令边方一应该管官员，务要盘验明白，方许放进。若敕书内有洗改作伪字样，即使省谕阻回，不许一概朦胧验收。”（《大明会典》卷一〇八，转引自丛佩远《丛佩远文集》，吉林人民出版社，2016，第190页）

[5]严嵩：《南宫奏议·议处甘肃夷贡》，第2296页。

夷面貌语言相类，真伪难辨。”[1]所以嘉峪关的中国官员很难胜任分辨真伪的工作。

而哈密则可以胜任，并认真负责。哈密本身是穆斯林社会，它对西北各国各地区的情况了如指掌，在它面前想冒充贡使是很难的。同时，明朝给了它巨大的好处。哈密之所以忠心耿耿地给大明王朝当“门卫”，是因为明朝给了哈密极为优厚的朝贡政策，其他国家通常都是三年或五年朝贡一次，而哈密是一年一次，朝贡规模也是其他普通朝贡国的数倍。出于商业竞争的考虑，它不希望出现太多的商队，冲击自己的朝贡贸易，所以把关非常严格。

西域的二重门户体制在头七十年基本有效运作，让冒充的商队被拒绝在关外，使朝贡队伍的数量保持稳定。

但是，到了明中期的成化九年，这个体制被破坏了。哈密再往西千余里，有一座土鲁番城，它垂涎哈密的财富，在成化九年兴兵攻占了哈密城，然后上表朝廷，要求替明朝管理西域各国朝贡事宜，以取代哈密“朝贡总入口”的地位。

明王朝当然不能同意。为了制裁土鲁番，朝廷取消了其进贡资格，宣布嘉峪关对土鲁番关闭，即所谓“闭关绝贡”。此举对土鲁番打击巨大。因为通贡多年，土鲁番已经形成了对朝贡贸易的巨大依赖。“闭关绝贡”等于断了它最主要的财源，让它的财政濒临崩溃。

在困境中，土鲁番商人们脑洞大开，试图冒充撒马儿罕和天方国的使臣，到明朝进行朝贡贸易。

怎么冒充呢？其实也不难。只需要搞定明朝的翻译，基本上就能畅通无阻。

明朝的官员几乎无人懂得他国语言，因此在哈密这个大门被攻破，审查环节退到甘肃后，翻译这个角色就变得非常重要了。西北朝贡当中，朝廷雇用的翻译基本都是“色目人”，也就是新疆、甘肃一带的少数民族。他们本身是穆斯林，与西北朝贡国家和政权文化相近，同时又熟悉明朝朝贡规则的种种漏洞，因此可以上下其手，能量极大。

---

[1]严嵩：《南宫奏议·议处甘肃夷贡》，第2296页。

代维说：

> 跨越语言障碍、熟谙西域边情的回回通事几乎垄断了明朝与西域的外事活动，在中央政府和西北边疆之间起了重要沟通作用。[1]

土鲁番商人来到嘉峪关，找到翻译，送上丰厚的贿赂，开始与翻译共同研究冒贡事宜。最关键的一个环节，是由翻译替他们伪造撒马儿罕和天方国的贡书表文。伪造贡书关键是要虚构出一个“王号”，即编造一个新的国王的头衔，让商队代表这个新国王出使。因为如果冒充原有的国王，就会与真正的代表该国王的使团冲突。好在中亚国家大小政权变动频繁，编造一个新的头衔并不困难。

编好表文后，翻译再帮助他们贿赂明朝官员，打通各个关节，让他们成功进入内地。成化十二年，余子俊在奏疏中这样分析翻译的违法行为：“近年以来，有等小通事，自恃其能，专务诱取，间有不与者，辄行交通来路通事并伴送官舍，巧为词说，以动其心，代写番文奏进，及至考其所奏事理，率皆谬妄之言，只得勉为抚谕，略其罪责，非惟无以增重国体，抑且贻笑外方。”[2]

近年以来，有些小翻译凭着自己的专业本领，大赚贡使们的钱。他们替夷人写作各种表文，替他们提出各种无理要求。[3]

严嵩说，这些翻译陪同贡使往返，一路上出尽各种坏主意，“今通事序班人等俱系色目人，往往视彼为亲，视我为疏，甚至多方教唆，在京师则教其分

---

[1]代维：《明代边疆经略视域下回回通事群体研究》，《回族研究》2021年第2期。

[2]余子俊：《增重国体疏》，载万表编《皇明经济文录》卷八，辽海出版社，2009，第199页。

[3]到了成化十六年（1480），明朝官员提出了一个解决方案：“宜以今年入贡夷人奏请番文，令大通事詹升辈会本部该司，究其所书夷人，给以笔札，令其覆写。不能，则究问代书之人，治以重罪。而戒谕诸夷，约无再犯。”（《明宪宗实录》卷二一〇，“中研院”历史语言研究所，1962，第3653-3654页）就是说，让贡使们自己把表文再写一遍，如果写不出来，则要追究代笔之人，治以重罪，并且批评这些夷人，不要再做这样的事。但是此举并未形成制度。

外求讨，伴回则教其贩卖茶斤违禁货物，肆无忌惮，且使外夷轻中国无人，非其同类不能译其语也”[1]。

这些通事和贡使一样，都是色目人，所以视贡使为自己人，视朝廷为外人，在京城时他们会唆使贡使分外求讨赏赐，为了厚利，花样百出，皇帝不胜其烦，最终只能额外加赏。陪伴贡使返回时，这些通事则帮他们暗暗购买各种禁售物资。由于中国人不懂他们的语言，导致他们轻视中国，可以上下其手，肆无忌惮。

由于冒充的队伍过多过滥，不久之后，朝廷也渐渐发觉了他们的欺骗行径。

嘉靖四年（1525），负责朝贡事宜的大臣向皇帝汇报说：“番夷节次贡使来归者，无虑数百人，其冒名撒马、天方诸国者，请羁置内郡勿遣。”[2]也就是说，土鲁番一带有几百人宣称前来进贡，其中有很多人谎称是撒马儿罕和天方等国使臣，请把这些抓起来扣留在内地不要遣返。

嘉靖年间的大臣杨一清上疏说：“哈密、土鲁番之人虽处以极刑，亦不为过，但中间冒名撒马、天方者亦多，真伪难辨。”[3]土鲁番商人冒充撒马儿罕和天方国的使臣，导致撒马儿罕和天方国的使臣到了嘉峪关后，被拦下来，不能进贡。

屡屡被土鲁番商人冒充之后，撒马儿罕等国的使臣也开了脑洞，开始冒充土鲁番的贡使，进行报复，方法也是买通翻译，伪造国王名号。弘治十年（1497），甘肃官员汇报说，“撒马儿罕等七处使臣男妇五十二人，先年因冒土鲁番贡使，一概拘留”[4]。撒马儿罕等七国的使臣以前都曾冒充土鲁番贡使。

到了嘉靖七年（1528），明朝解除了制裁，再次允许土鲁番朝贡。但是土鲁番商人并没有因此放弃冒贡的做法。因为这一做法简便而获益丰厚。恢复

---

[1]严嵩：《南宫奏议》卷二九《夷情四》，转引自孙魏《明代外交机构研究》，中国书籍出版社，2019，第124页。
[2]《明世宗实录》卷四八，转引自田卫疆编《〈明实录〉新疆资料辑录》，第248页。
[3]杨一清：《杨一清集》，中华书局，2001，第655页。
[4]《明孝宗实录》卷一三一，转引自田卫疆编《〈明实录〉新疆资料辑录》，第218页。

进贡后，他们经常捏造新的王号，宣称土鲁番又出现了几个新的国王，这样就可以多派出几支商队。撒马儿罕和天方国的“使臣”们也有样学样，以这个方式冒贡。一开始是虚构一两个国王，后来发展到十个八个，再后来干脆一个国家出现了三五十个，直到出现嘉靖十二年三个国家一百五十多个国王派人来称臣进贡的“盛况”。

五

“冒贡”现象从朝贡体制建立之初就出现了。

我们知道，中国的朝贡体系是汉武帝时期建立起来的。西汉成帝的时候，就出现了商人打着朝贡的旗号来赚钱的情况，比如罽宾。

罽宾是古代西域的一个国家，位于今天的喀布尔河及克什米尔一带，汉武帝时才与中国有交往，不过中间关系反复，曾经“绝而不通”。到了汉成帝时，罽宾又派使节来谢罪，但是使节当中并没有国王的亲戚或者朝中的重要人物，成员大部分都是地位低贱的商人。他们以奉献为名，行经商之实。所以杜钦说，“今悔过来，而无亲属贵人，奉献者皆行贾贱人，欲通货市买，以献为名”[1]。可见当时打着“西域使者”旗号来访长安的人当中，有很多是西域胡商。

到了隋唐仍然如此，甚至冒贡现象更为普遍。韩香说，隋唐时期，“长安之中亚胡商，一部分随贡使或冒贡使而来，如冒回鹘之名而来的胡商，属国家间朝贡贸易性质”[2]。

到了宋代冒贡现象更为常见，特别是大食商人即海上前来的穆斯林商人大量冒贡，以至朝廷为此专门制定法律条文，进行防范。北宋大中祥符九年（1016），朝廷规定：“广州蕃客有冒代者，罪之。”[3]就是说，商人代替或

[1]班固：《汉书》卷九六上《罽宾国传》，中华书局，1962，第3886页。

[2]韩香：《隋唐时期入华中亚胡人的职业阶层与活动舞台：以长安为中心》，《西北民族论丛》2014年第0期。

[3]李焘：《续资治通鉴长编》，中华书局，2004，第1998页。

者冒充朝贡使节的，要治罪。新的朝贡条例大大压缩了大食商人的逐利空间。于是在条例下达两年后大食商人就销声匿迹了。[1]

到了明代，不仅是西域诸国的大量商人假冒使者前来朝贡，连内地土司和西藏在与中央的交往当中也大量出现冒贡现象。当时明代中央政府与西藏之间的关系，也是以贡赐关系为主。明代成化元年，朝廷下旨给西藏帕木竹巴政权首领阐化王，要求他甄别真假入贡僧人：“尔父祖以来，世修职贡。洪武年间，三年一贡，来朝不过三四十人，往来道途亦守礼法。近年以来，增加渐多，络绎不绝，恃朝廷柔远之意，所至骚扰。察其所以，多有四川等处不逞之徒，买求印信，冒作番僧，贪图财利，坏尔声名。尔居遐僻，何由得知？兹特敕谕尔，今后仍照洪武旧例，三年一贡……”[2]

也就是说，洪武年间，定你们为三年一贡，每次来的不过三四十人。但是近些年来，进贡的人来得太多，而且纪律越来越败坏，沿路骚扰百姓。（天顺年间，藏僧入贡多至二三千人，前后络绎不绝，使明廷赏赐不资、应接不暇。）查其原因，原来是四川等地的不法之人，买到你们的印信，假装西藏僧人，前来进贡，目的是获得利益，败坏了你们的名声。因此从此之后，还是要严格执行三年一贡的规定，严肃朝贡纪律。

六

由于冒贡一事由来已久，朝廷本来是睁一只眼闭一只眼，并没打算彻底整顿。

嘉靖四年，皇帝曾经命令老臣杨一清处理冒贡行为。杨一清建议说：“若天方、撒马儿罕二处夷人虽真伪难辨，但彼以好来中国，既已入之关内而又绝

---

[1]陈少丰：《北宋外国非官方人士入贡问题探析——以大食商人和天竺僧侣为中心》，《海洋史研究》2016年第1期。

[2]顾祖成、王观容、琼华等编《明实录藏族史料》第二集，西藏人民出版社，1982，第634页。

之，其曲在我，当命镇巡官护送还乡，仍归其货物。”[1]也就是说，天方国和撒马儿罕的使臣虽然真伪难辨，可能有假冒行为，但是他们来到中国，毕竟是为了结好，主观动机是好的。何况来都来了，已经入关，我们把他们抓起来，就是我们的不对。因此还是要礼送回国，不能粗暴对待。明世宗听了连连点头，认为杨一清的建议是对的，乃“老成谋国”之见。

但嘉靖十二年一百五十五个国王事件的出现，过于震惊朝野，让朝廷也感觉实在难以接受。冒贡至此，突破底线过远，对朝对野，都不好交代。朝廷痛下决心，要进行整顿，否则这次来了一百，下次变成一千怎么办？

于是兵部的王宪等人拿出了一个处理意见：

> 盖帝王之驭外蕃，固不拒其来，亦必限以制。其或名号僭差，言词侮慢，则必正以大义，责其无礼。今谓本国所封，何以不见故牍；谓部落自号，何以达之天朝。[2]

朝廷同意了这个意见，决定“回赐敕书止本国王一人，……于本国王敕内申重天语，少加诘责，令知国无二王大义，仍定以贡期，限以人数，不许其来朝无时”[3]。

也就是说，对每个国家，不管国王名目多少，只回复一道敕书，晓以“国无二王大义”。稍稍对他们加以批评，告诉他们国无二主，不能随便增加国王数目。整顿朝贡纪律，要他们严格按照贡期和人数前来。

命令虽然下了，不过这些商队首领并不理会。《明史》记载：“然诸蕃（番）讫不从，十五年入贡复如故。”[4]三年后，这些“国王”的使臣又络绎前来，和没听到命令一样。

朝廷于是再次开会商议。礼部建议：

---

[1]《明世宗实录》卷六三，“中研院”历史语言研究所，1962，第1463-1464页。

[2]张廷玉等撰《明史》卷三三二《撒马儿罕传》，第8602页。

[3]《明世宗实录》卷一五〇，第3434页。

[4]张廷玉等撰《明史》卷三三二《撒马儿罕传》，第8602页。

> 西域土鲁番、天方、撒马儿罕各国称王者百五十余，皆非本朝封爵。又额即乩哈辛原非入贡番夷，盖西域贾胡，诡立名色，以徼赍予。今宜译审酋长体例、使臣名数及查四夷一切事宜，定为限制，冒滥称王者责令改正，违例入贡者以礼阻回。每国分为等第，每十人许二人赴京，余留在边听赏。……诸夷之中回夷最黠，其通事宜以汉人。毋令交通，以生夷心。[1]

也就是说，土鲁番、天方、撒马儿罕三国这一百五十多个国王，都不是明朝册封的。额即乩哈辛来的人，本来就不是贡使，只是西域的商人，也打着贡使名号，骗取钱财。这一次朝廷应该对西域朝贡事实进行一次整顿，查清到底有多少国家，应该派出多少使臣，确定一个数目，对冒称国王者，要责令改正，违反规定入贡的，要以礼阻回。至于翻译问题，使用色目人做翻译问题太多，以后要用汉人做翻译，严格约束翻译与使臣的交往，以防生欺诈之心。

但是这次整顿效果仍然不大。滥冒称王之事稍稍得到控制，但是并没有禁绝，不久就死灰复燃。比如到了万历二十二年五月初八日，史载土鲁番又出现五十九王各自遣使贡马，五十二王进贡方物的盛况。“土鲁番速坛阿黑麻王等五十九王各遣使贡马乞赏。土鲁番速坛虎答扁迭等五十二王各遣使贡诸方物乞赏”[2]，仅这一条记载，土鲁番两批称王者就共计一百一十一人。显然，嘉靖年间出台的对于土鲁番称王的规范已经不了了之了。朝廷的处理方式都是既来之，则安之，“俱宴赏如例，并颁赐王”[3]，硬着头皮接待下来。所以《明史》记载说：“后入贡，迄万历中不绝。盖番人善贾，贪中华互市，既入境，则一切饮食、道途之资，皆取之有司，虽定五年一贡，迄不肯遵，天朝亦莫能

[1]《明世宗实录》卷一九六，第4148-4149页。

[2]《明神宗实录》卷二七三，“中研院”历史语言研究所，1962，第5061-5062页。

[3]《明神宗实录》卷二七三，第5062页。

难也。”[1]

也就是说，万历年间，这种冒贡行为一直不绝，因为西番之人善于贸易，贪图到中国贸易的好处，特别是入境后，一切供应，都是中国官方无偿提供的。所以虽然定了五年一贡，如同没定一样，人家根本不听，天朝拿他们也没有任何办法。

[1]张廷玉等撰《明史》卷三三二《撒马儿罕传》，第8602页。

第九章 明朝朝贡国数量为什么史上第一

一

在中国历史上，哪个朝代的朝贡国最多？

很多人会说，那肯定是汉朝。犯我强汉者，虽远必诛嘛。

汉朝的朝贡国数量确实不少，如果连只来一两次的也算上，有六十多个。[1]不过这个数字在历史上排不到第一。

有人说，不是汉朝那应该是唐朝吧？《新唐书》称颂唐朝的国际地位说："唐之德大矣！际天所覆，悉臣而属之，薄海内外，无不州县，遂尊天子曰'天可汗'。"[2]也就是说，只要是天宇所覆盖的地方，都是大唐的臣属和州县，所以唐朝皇帝被尊为"天可汗"。确实，唐代的朝贡国比汉朝要多，盛唐时期与中国建立贡赐关系的有"七十余番"[3]。不过这个数字仍然不是史上第一。

如果不是强汉和盛唐，那应该是元朝或清朝吧？这两个朝代疆域更大，战斗力更强。

疆域大、战斗力强是事实。特别是元朝，多次出兵海外，征服面积之广史无前例。不过元代朝贡国的数量却比前面我们提到的汉唐差了不少。据《元

[1]李云泉：《万邦来朝：朝贡制度史论》，新华出版社，2014，第17页。

[2]欧阳修、宋祁撰《新唐书》，中华书局，1975，第6183页。

[3]刘昫等撰《旧唐书》，中华书局，1975，第1832页。

史》等资料统计，在元代，一共有三十四个国家曾经遣使朝贡。[1]清朝就更不行了，《大清会典》所载的朝贡国，多的时候十来个，少的时候才七个，即使加上"归理藩院管理"的一些曾经向中国表达敬意的中亚政权，也不过二十多个。

那么，第一名到底是谁呢？估计很多人猜不到，是明朝。

按照万历《大明会典》的记载，明朝的朝贡国数量一共是一百一十二个。这个数字，空前绝后，其他朝代都不能望其项背。而且这还是仅限于万历十五年（1587）以前的数字，并没有反映明代朝贡国的全貌。《明史》记载的数字更为惊人，我们把《明史》中"尝奉贡通名天朝者"的国家和地区加到一起，总数是一百四十八个。[2]

应该说明的是，明代的朝贡国，有一些是位于今新疆境内的西域小国，已经是今天中国的一部分了。不过即使把它们剔除，明朝的朝贡国数量也超过一百个，[3]仍然在中国历史各个朝代中遥遥领先。

除了"数量多"之外，明代朝贡圈的另一个特点是"质量高"：朝贡国中有很多当时世界著名的大国、强国。比如东罗马帝国[4]在洪武年间曾"遣使入贡"，另一个著名的文明古国埃及在明中期（1441）曾派人朝贡，奥斯曼帝国和帖木儿帝国更是频繁入贡，而且从中国史籍的记载来看态度非常恭顺。除了这些由陆上前来的帝国，《明史》中所记载的朝贡国还包括四个欧洲海洋强国，即葡萄牙、西班牙、荷兰和意大利。[5]

---

[1]李云泉：《万邦来朝》，第48页。

[2]同上书，第56-57页。

[3]同上书，第56页。

[4]《明史》中称"拂菻"，并说"拂菻，即汉大秦"。（张廷玉等撰《明史》卷三二六《拂菻传》，中华书局，1974，第8457页）

[5]"《明史》卷320至326《外国传》记载的朝贡国为86个，其中包括明末与中国发生联系的葡萄牙、西班牙、荷兰、意大利等欧洲四国。"（李云泉：《万邦来朝》，第57页）

二

众所周知，明朝在中国历史上的大一统王朝中，疆域是最小的，国力也是最弱的，为什么它的朝贡国数量会排历史第一呢？

原因很多，也很复杂。我们先从影响最小的原因讲起，由小及大，一层层地进行分析。

第一层原因，说起来有点可笑：明朝人地理知识太差，“创造”了不少国家。

《明史》所列的朝贡国中，有一个国家叫“黑娄”，《明史》还郑重其事地立了一篇《黑娄传》[1]，记载了这个国家的地理位置和独特风貌。

《明史》说，这个国家“近撒马儿罕”，在撒马儿罕城附近，那么也就是说，应该位于今天的乌兹别克斯坦境内。《明史》记载了这个国家宣德七年、正统二年、正统六年、景泰四年、天顺七年、成化十九年的朝贡贡品，内容详细到每种物品的具体数量，让你不得不相信。

但是这个国家的风貌过于奇特，按我们的常识判断不太可能存在于地球之上：它的山、河、土地、草、树、动物都是黑的，甚至人也都是黑的。《明史》记载：“其地山川、草木、禽兽皆黑，男女亦然。”黑色的叶片会导致植物无法通过叶绿素将阳光转化为能量，今天的乌兹别克斯坦境内，肯定找不到这样的地方。

《明史》这样严肃的正史当然有所本，黑娄也不是在《明史》中横空出世的。明代记载黑娄这个国家的书籍有很多，比如郑晓的《皇明四夷考》，王宗载的《四夷馆考》，罗日褧的《咸宾录》，陈仁锡的《皇明世法录》，茅瑞徵

---

[1]《黑娄传》全文如下：“黑娄，近撒马儿罕，世为婚姻。其地山川、草木、禽兽皆黑，男女亦然。宣德七年遣使来朝，贡方物。正统二年，其王沙哈鲁锁鲁檀遣指挥哈只马黑麻奉贡。命赍敕及金织纻丝、彩绢归赐其王。六年复来贡。景泰四年偕邻境三十一部男妇百余人，贡马二百四十有七，骡十二，驴十，驼七，及玉石、硇砂、镔铁刀诸物。天顺七年，王母塞亦遣指挥佥事马黑麻舍儿班等奉贡。赐彩币表里、纻丝袭衣，擢其使臣为指挥同知，从者七人俱为所镇抚。成化十九年与失剌思、撒马儿罕、把丹沙共贡狮子。”（张廷玉等撰《明史》卷三三二《黑娄传》，第8619-8620页）

的《皇明象胥录》，杨一葵的《裔乘》，程百二的《方舆胜略》……这么多书众口一词，都坚称有这么一个黑土黑山黑树黑人的国家存在。

这是怎么回事呢？

张文德查考了所有关于黑娄的记载，发现它最早出现于郑晓的《皇明四夷考》中，其他书籍都是沿袭郑晓的说法。而郑晓之所以创造了黑娄这个国家，是因为一个非常低级的误会：原来明代有一个朝贡国，叫“哈烈”，即今天阿富汗西北部的重镇赫拉特。这个哈烈在《明实录》中有时又被翻译成“黑娄（楼）”。比如《明实录》正统二年（1437）记载“黑娄等处各遣使臣……来朝贡马、驼、方物”[1]，正统六年（1441）黑娄“复来贡”。[2]

郑晓是明代著名史学家，被张廷玉称为“谙悉掌故，博洽多闻，兼资文武，所在著效，亦不愧名臣云”[3]。郑晓读《明实录》时，不懂黑娄是哈烈的另一种译法，以为是另一个国家。那么，这个国家为什么叫“黑娄”呢？他想来想去，望文生义，发明了其国一切皆黑的说法。他的解释被层层转抄，最后抄进了《明史》。这样，《明史》就出现了《哈烈》《黑娄》二传。[4]

另外一个被创造的朝贡国，是“沙哈鲁”。《明史》也有《沙哈鲁传》，内容不长，不妨抄录如下：“沙哈鲁，在阿速西海岛中。永乐中遣七十七人来贡，日给酒馔、果饵，异于他国。其地，山川环抱，饶畜产，人性朴直，耻斗好佛。王及臣僚处城中，庶人悉处城外。海产奇物，西域贾人以轻直市之，其国人不能识。”[5]

这篇传记中，没有人地皆黑之类的离奇记载，地理位置清楚，山川形势明确，还写到了经济物产、国民性格、宗教信仰，看起来其存在确凿无疑。

然而世界上根本没有这个国家。这个国家同样是凭空虚构出来的。

始作俑者，同样是郑晓。郑晓的《皇明四夷考》中有《沙哈鲁》一节，内容和《明史》所述非常接近：“沙哈鲁，永乐间遣七十七人来朝贡。国在阿速

[1]《明英宗实录》卷二八，“中研院”历史语言研究所，1962，第563页。

[2]张文德：《〈明史·西域传〉黑娄考》，《西域研究》2001年第1期。

[3]张廷玉等撰《明史》卷一百九十九《郑晓传》，第5274页。

[4]张文德：《〈明史·西域传〉黑娄考》。

[5]张廷玉等撰《明史》卷三三二《沙哈鲁传》，第8621页。

西南海岛中。人民淳直，耻斗好佛。交易海中诸国。西域贾胡来市海中奇物，不惜高价，亦有价廉而得奇货去者，沙哈鲁人不识也。王及酋长居城中，有瓦屋。庶人旅处城外，田野中村落相聚，山川环抱，畜产丰利。”[1]

事实上，“沙哈鲁”是一个人名，即帖木儿帝国的著名国君，帖木儿的儿子，并不是一个国名。郑晓之所以把它误认为国名，可能是误解了正德四年（1509）刊行的《大明会典》的有关记载。《大明会典》记载对朝贡国酒食招待的规定时提到：“沙哈鲁永乐间使臣七十七人，一日一次：羊十二只、鹅四只、鸡十四只……”[2]这段文字的本意是说沙哈鲁这名国君派出了七十七名使臣。郑晓将君主的名字误当作国名。[3]

之后各书又都沿袭郑氏的说法。明代罗日褧撰的《咸宾录》中也有《沙哈鲁》一节。此外，游朴撰的《诸夷考》，胡邦直、方世业等撰的《方舆胜略·外夷》卷五，焦竑辑的《国朝献征录》，茅瑞徵撰的《皇明象胥录》，陈仁锡撰的《皇明世法录》等都有关于这个国家的专条，这个国家的存在遂板上钉钉了。

此外，《明史·西域传》还将Qamil的不同译法“哈梅里”和“哈密”视为两个地方，也分别立传，又凭空多出一个国家。

所以维舟说：

> 明人对西域的了解至为浅薄，以至于号称良史的《明史》，在其《西域传》中竟将Qamil的不同汉译“哈梅里”和“哈密”视为不同两地，分别立传；中亚名城赫拉特，明时异译为哈烈、黑娄，《明史》修撰者不明其由，也为两者分别立传，更误把哈烈统治者沙哈鲁当作地名，又别立一传；又把张雨《边政考》中的阿速城（阿克苏）移至天方附近。[4]

---

[1]南炳文、张磊：《清官修〈明史〉一个极其重大的失误——该书〈沙哈鲁传〉所载其国子虚乌有》，《史学集刊》2022年第3期。

[2]同上。

[3]同上。

[4]维舟：《当中国重返中亚》，https：//book.douban.com/review/2359122/。

因此，地理知识的粗疏，让明史中至少多出了三个朝贡国。这是第一个原因，也是最微不足道的一个原因。

三

第二层原因，是“技术原因”。

什么“技术原因”呢？拆分法。

明代将所有与之交往的域外政权都称为“国”。李云泉说：“名为国家，而实为一城一地者数量众多。”

以城为国的典型是“天方国”。据《明实录》记载，天方国与明朝往来持续一百八十多年，从宣德八年至万历四十六年（1618），进贡二十次，是一个非常忠诚的属国。

但事实上这个国家也并不存在。“天方”二字指的是伊斯兰圣地麦加。我们知道，麦加有一座著名的克尔白圣殿。我国古代把这个圣殿称为“天房”，后人讹传为“天方”。麦加在中国明代时，一开始是处于埃及马穆鲁克王朝的控制之下；1517年起，又隶属于奥斯曼帝国，从来没有成为一个独立的城邦。所以地球上并不存在一个“天方国”。所谓“天方国使臣”，其实是冒用了“天方国使臣”名义的阿拉伯或者西域的穆斯林商人。

郑和下西洋所招徕的一些东南亚国家，有一些其实只是部落，也被明朝人称为“国”。这些“国”，在今天可能只能称为“地区”。万明说：“在跟随郑和下西洋的马欢笔下，所有使团到达之处，无论大小，皆称之为‘国’，这无疑是明代中国的国家航海外交行为带来区域国家前所未有的彰显。”[1]

除了将“城”和“地区”升为“国”之外，明代为了增加朝贡国数量，还会将一个国家拆分成数个，这个在明代与帖木儿帝国之间的关系中最为典型。陈诚在《西域番国志》中将统一的帖木儿帝国划分为哈烈、撒马儿罕、俺都淮、八剌黑、迭里迷、沙鹿海牙、塞蓝、达失干、卜花儿、渴石等十个国家和

[1]万明：《明代北京的盛会：“万国来朝”》，《北京观察》2016年第8期。当然，这一做法并非明代所独有，汉代就曾经将总人口不过几百人的小政权列为国。

城邦，分别对它们的风土人情进行记载，让读者觉得，这十个国家和城邦彼此独立，各不相属，这样一来明代就多了十来个朝贡国。这是明朝朝贡国数量多的第二层原因。

四

第三层原因，则是“冒贡”，或者是明王朝一厢情愿地将正常交往国家列为朝贡国。

什么是“冒贡”呢？就是商队冒充使团，以“进贡”的名义前来贸易。这种行为，在明朝相当普遍。《明史》称：“诸蕃贪中国财帛，且利市易，络绎道途。商人率伪称贡使，多携马、驼、玉石，声言进献。”[1]一些少数民族和外国人贪图中国财物，为了做生意，不断来到中国，伪称贡使，带着马匹、骆驼、玉石，声称是贡品，实际上是来骗取赏赐的。甚至有一些逃到海外的华人冒充外国贡使。明人说，“四夷使臣多非本国之人，皆我华无耻之士，易名窜身，窃其禄位者。盖因去中国路远，无从稽考”[2]。

除了接待很多冒贡的商队之外，明王朝还努力将一切对外关系都纳入朝贡范围之内。大明正德十二年（1517），三艘葡萄牙船来到广州城外。明代史籍记载，葡萄牙人曾“献方物”，想和中国建立正式的朝贡关系，并且请求册封，但是因为“表文”不合格，被朝廷打发回去了。《明史》载：“佛郎机……（正德）十三年遣使臣加必丹末等贡方物，请封，始知其名。诏给方物之直，遣还。”[3]而事实上，这是葡萄牙国王曼努埃尔一世任命的以驻印度总督的商务秘书皮雷士（佩雷斯）为大使的使团，“其使命是与中国建立贸易的联系”[4]。荷兰的情形也相仿佛。1601年，两艘荷兰舰船到达珠江口。中国方

---

[1]张廷玉等撰《明史》卷三三二《于阗传》，第8614页。

[2]严从简：《殊域周咨录》卷之八《南蛮·暹罗》，中华书局，1993，第281页。

[3]张廷玉等撰《明史》卷三二五《佛朗机传》，第8430页。

[4]顾卫民：《从印度洋到太平洋：16至18世纪的果阿与澳门》，上海书店出版社，2016，第417页。

面的记载是荷兰人前来朝贡，但是不熟悉中国的规矩，没有准备表文，所以没有被接受。[1]其实这是范·内克（Van Neck）船长率领的舰队，目的同样是通商。

连著名传教士利玛窦来到中国传教，也被明朝记载为朝贡。利玛窦为了获得在北京的居留权，通过太监送给万历皇帝两座自鸣钟。《明史》记载说，这是代表意大利朝贡，只不过程序有违朝廷定例：

> 意大里亚，居大西洋中，自古不通中国。万历时，其国人利玛窦至京师……至二十九年入京师，中官马堂以其方物进献，自称大西洋人。礼部言："会典止有西洋琐里国无大西洋，其真伪不可知。……况此等方物，未经臣部译验，径行进献，则内臣混进之非，与臣等溺职之罪，俱有不容辞者。及奉旨送部，乃不赴部审译，而私寓僧舍，臣等不知其何意。但诸番朝贡，例有回赐，其使臣必有宴赏，乞给赐冠带还国，勿令潜居两京，与中人交往，别生事端。"不报。……帝嘉其远来，假馆授粲，给赐优厚。[2]

也就是说，意大里亚国在大西洋中，自古没有和中国发生过交往。万历二十九年（1601），利玛窦来到北京。太监马堂将利玛窦送来的土产礼物献给皇帝，利玛窦自称"大西洋人"。对这一行为，礼部官员上奏说："这些贡品没有按规定由礼部先行审查检验，直接进献到宫中，这是严重违反程序的。利玛窦也没有到礼部验明贡使身份，而是私自居住于僧舍，臣等不知他到底何意。不过，只要是朝贡，按例就有回赐，有宴赏，事后就要回国，不能住在南北两京，不能任由他与中国人交往，以免别生事端。"但是皇帝因为他从遥远

[1]"数诘问，辄译言不敢为寇，欲通贡而已。两台、司道皆讶其无表，谓不宜开端。"郭棐：《广东通志》，转引自章文钦《广东十三行与早期中西关系》，广东经济出版社，2009，第293页。

[2]张廷玉等撰《明史》卷三二六《意大里亚传》，第8459-8460页。

的地方前来朝贡，允许他居留北京，赐给很好的待遇。[1]

除了正史，当时的士大夫在笔记中一般也都将利玛窦到中国来定义为朝贡。比如钱希言说："时有西域异人利玛窦者，航海梯山，来朝圣君，贡自鸣钟、长明灯、天主绘像……"[2]

五

从以上三层原因来看，明朝似乎是一个擅虚夸的朝代。通过一连串高明的技术操作和低级的技术失误，明朝的朝贡国多出了二三十个。

事实也并非完全如此。这些"注水技术"，并非明代的发明。冒贡行为，并非始自明朝，而是从汉朝就有了，比如我们前面提到的汉代"罽宾"国。一厢情愿地将正常交往定义为朝贡，也是从汉朝接待罗马使臣时就开始了。至于将小小的地方政权夸大为"国"，这更是汉朝人的拿手好戏。《汉书·西域传》所记载的一个叫单桓国的国家，"全国"户数是27户，人口是194人。

所以，明朝的朝贡国数字有水分，没什么值得大惊小怪的。即使挤出这些水分，明朝剩下的实打实的朝贡国数量，仍然是史上最多。这就说明，除了沿袭史上的"注水技术"外，明王朝还是有一些特殊之处的。

特殊在哪儿呢？在于明朝皇帝打造朝贡圈的态度最积极，投入最大，制度最"高明"。这才是上述三层原因之下更为基础的原因。

我们首先来说态度。

在中国历史上，一个朝代来朝贡的国家数量多不多，关键不在国力，而在统治者的心态和政策。明代前期两位统治者，即明太祖朱元璋和他的儿子朱棣，都酷爱招徕朝贡国。朱元璋重视朝贡，是因为他在历代帝王当中出身最为

---

[1]除此之外，《明实录》也记载，"礼部复题：利玛窦涉远贡琛，乃其一念芹曝，臣等议拟赏赐之外，量给所进行李价值，并给冠带回还"。（《明神宗实录》卷三六一，"中研院"历史语言研究所，1962，第6740页）也就是说，利玛窦确实被当成一个远道而来的贡使。

[2]《明清时期澳门问题档案文献汇编》第五卷，转引自金国平、吴志良《早期澳门史论》，广东人民出版社，2007，第55页。

低微，最希望通过万国来朝，为自己新王朝的合法性加持。

洪武元年（1368）八月，明军攻占大都，元朝灭亡。三个月后，即当年十一月，朱元璋就急忙遣使，携带《大统历》及大量丝绸宝物，“报谕安南、占城、高丽、日本各四夷君长”[1]，招徕他们前来朝贡，改奉明朝“正朔”。在接下来几年，他又陆续遣使其他国家，花费极大力气招徕各国进贡。

朱元璋招徕各国朝贡的特点是很有耐心，意志顽强。他先派“捏古伦”招谕东罗马帝国，失败后并不死心，复命使臣普剌等赍敕书、彩币招谕，才终于成功。

朱元璋向西域和中亚各国遣使的效果一开始也不好，明使屡屡被这些国家扣押，有的甚至被杀害。但是朱元璋仍然接连不断地向这些国家派出使臣。精诚所至，金石为开。到了洪武二十年，中亚最重要的国家“撒马儿罕”，终于回应了朱元璋的招徕。

在招徕日本朝贡的过程中，朱元璋的顽强表现得更为明显。洪武元年他遣使日本，当时日本南朝的统治者根本没接见，断然拒绝接待，明朝使者吃了一个闭门羹。朱元璋不屈不挠，第二年再度派人出使。这次派出的七名使者，被日本斩杀五人，正使二人被拘囚，数月后才被放回国。遭遇如此巨大的挫折，朱元璋还不放弃，洪武三年（1370）再次派人前往。

在朱元璋的不懈努力下，洪武时期的朝贡圈已经初见规模，与明朝建立了正式朝贡关系的，再加上与明朝有过来往因此被明朝认为来朝贡过的国家，已经有三十六国。朱元璋对自己外交活动的成果非常满意，他总结说：“朕自即位以来，命使出疆，周于四维，足履其境者三十六，声闻于耳者三十一，风殊俗异。大国十有八，小国百四十九。”[2]

接下来统治大明王朝的朱棣则是一个篡位之君，合法性更成问题。为了证明自己有资格坐上这个皇位，朱棣比朱元璋更为热衷于制造天朝强盛万国来朝的热闹氛围，洪武三十五年（1402）九月，刚刚登上皇帝宝座的明成祖席不暇暖，就匆忙遣使告谕安南、暹罗、爪哇、琉球、日本、西洋、苏门答剌、占

[1]陈建：《皇明通纪》，中华书局，2008，第137页。

[2]张廷玉等撰《明史》卷三二四《暹罗传》，第8398页。

城等国。“自成祖以武定天下，欲威制万方，遣使四出招徕。”[1]

朱棣耗巨资遣郑和下西洋，主要目标就是招徕小国朝贡。郑和每到一个国家或地区，都要向海外诸国的国王及头目宣读明成祖的诏书，鼓励他们“竭诚来朝”：“若有竭诚来朝，咸锡皆赏。故此敕谕，悉使闻知。”[2]这一活动卓有成效，东南亚赴明朝贡的国家络绎不绝。“满剌加、古里等十九国咸遣使朝贡”[3]，渤泥、满剌加、苏禄、古麻剌朗等国国王还亲自率领使团，远赴中国觐见明成祖，一睹中华天子的风采。

除了东南亚，在西北方向，朱棣也花费了极大的力量进行招徕。史载“永乐时，成祖欲远方万国无不臣服，故西域之使岁岁不绝”[4]，“（成祖）锐意通四夷，奉使多用中贵。西洋则（郑）和、（王）景弘，西域则李达，迤北则海童，而西番则率使侯显”[5]。郑和六下西洋的同时，他又派陈诚四次出使西域的哈烈、撒马儿罕、失剌思、俺都淮等地。西北方向上的活动成效也很显著。明史记载：“西域大小诸国莫不稽颡称臣，献琛恐后。又北穷沙漠，南极溟海，东西抵日出没之处，凡舟车可至者，无所不届。自是，殊方异域鸟言侏㒧之使，辐辏阙廷。岁时颁赐，库藏为虚。而四方奇珍异宝、名禽殊兽进献上方者，亦日增月益。盖兼汉、唐之盛而有之，百王所莫并也。”[6]永乐末年来华朝贡的国家达六十个。

上有所好，下必甚焉。明代前期两位统治者都表现出远超其他朝代帝王的招徕热情，为明朝构建空前庞大的朝贡圈奠定了基础，也为明代官员和文人努力夸大朝贡国数量提供了心理动力。

---

[1]张廷玉等撰《明史》卷三三二《坤城传》，第8625页。

[2]北京日报社理论部主编《自古繁华：人文百态与大国气派》，北京日报出版社，2022，第331页。

[3]张廷玉等撰《明史》卷三〇四《郑和传》，第7767页。

[4]张廷玉等撰《明史》卷三三二《于阗传》，第8614页。

[5]张廷玉等撰《明史》卷三〇四《郑和传》，第7768页。

[6]张廷玉等撰《明史》卷三三二《坤城传》，第8625-8626页。

六

光有态度是不够的，要把主观的热情化为客观的成就，还需要有高明的制度。以内向和保守著称的明代，在朝贡制度建设上，表现出强大的创新能力。

什么创新呢？用一句话来概括，就是堵死其他一切交往之路，只留下朝贡这一条。你走也得走，不走也得走。这是“利出一孔”这一原则在朝贡方面的灵活运用。

从汉代起，朝贡贸易就是中外物资交流的一个重要手段。各国向中国进贡各种珍稀物品，中国则向外国回赐以丝绸、衣服、黄金等。但是除此之外，正常的贸易渠道仍然存在。比如汉代就有明确的“互市”即贸易制度，通过官方组织，与匈奴、东北民族等边疆民族进行贸易。通西域以后，汉代政府给对外贸易提供了相当大的自由度，大量西域商胡潮水般涌入汉地，“商胡贩客，日款于塞下”[1]，丝绸之路由此形成。这种“贡”“市”并行的做法也为后世除明代以外的其他朝代所继承，历代都是朝贡贸易和普通贸易并存。普通贸易在中外物资交流中发挥着重要作用。特别是唐代，大量商胡生活在长安和广州。

但是明朝在中国历史上首次取缔了一切普通国际贸易，只允许朝贡贸易以及以朝贡为前提的严格限制下的局部互市。

这一措施起自明太祖朱元璋的“海禁令”。朱元璋在洪武四年“禁濒海民不得私自出海”[2]，洪武十四年（1381）“禁濒海民私通海外诸国”[3]，洪武二十三年（1390）“申严交通外番之禁”[4]等。洪武二十七年（1394），又制定了更为严厉的措施：“禁民间用番香番货……敢有私下诸番互市者，必置之重法。凡番香番货，皆不许贩鬻，其见有者，限以三月销尽。”[5]

在明代以前，中国历史上还没有哪代实行过这样的“海禁”。有些朝代，比如元朝，虽然也曾短期禁止过私人出海贸易，但是目的是让官方贸易船只垄

[1]范晔撰《后汉书》卷八八《车师传》，李贤等注，中华书局，1965，第2931页。

[2]晏选军编纂《陶宗仪年谱》，浙江古籍出版社，2014，第1069页。

[3]同上书，第1078页。

[4]《明太祖实录》卷二〇五，“中研院”历史语言研究所，1962，第3067页。

[5]《明太祖实录》卷二三一，第3373-3374页。

断市场，而且禁的是中国人出海，并不禁止外国海商来华。

朱元璋为什么要如此严厉地实施海禁呢？主要是基于国家安全的考虑。“皇帝之所以实行这种种政策，是因为他害怕他的臣民会勾结中国以外的人民来向他的统治挑战。”[1]

海上贸易带来的经济收入固然重要，但是远远不及国家安全重要。洪武四年，在下令海禁的同时，朱元璋说：“朕以海道可通外邦，故尝禁其往来。”[2]因为从海上可以通往别的国家，容易导致中国人里通外国，威胁国家稳定。朱元璋视疆域之外，不仅是机会和利源，更是危险和动荡的所在。所以他才列出十几个“不征之国”，之所以不征，也是为了减少风险。

在陆地上，明朝的政策也大同小异。《明太祖实录》记载，洪武二十四年（1391），“西域哈梅里王兀纳失遣使，请于延安、绥德、平凉、宁夏以马互市……上曰：‘夷狄黠而多诈，今求互市，安知其不觇我中国乎？利其马而不虞其害，所丧必多，宜勿听。’”[3]哈密王建议朝廷在延安、绥德、平凉、宁夏等地设立市场，与少数民族和域外政权进行互市，这样明朝可以很容易地获得大量马匹。但是朱元璋说，蛮夷狡诈不可信，要求互市，岂知不是以贸易为名，打探我内地消息，威胁国家安全？只看到采购马匹这一点好处，而不考虑其危害，一定会吃大亏，因此不能同意。洪武末年，帖木儿帝国的回回商人私自驱马到凉州贸易。明朝政府下令，必须赴京以朝贡的方式成交，并将甘肃回回移民遣回撒马儿罕，人数有一千二百多人。[4]

因此，朱元璋奠定的明代朝贡制度的最大特点，是“贡市一体”。明朝也是允许一定规模以内的严格限制下的“互市”也就是贸易的，不过必须以“朝贡”为前提。“有贡舶，即有互市，非入贡，即不许其互市”[5]。由此“一举两得”。你要想来“互市”，就是来做买卖，那么就要来朝贡。也就是说，贸易和朝贡是捆绑在一起的，捆绑销售，不得拆分。换句话说，你要是不打着

[1]牟复礼、崔瑞德编《剑桥中国明代史》，中国社会科学出版社，1992，第184页。

[2]《明太祖实录》卷七〇，第1307页。

[3]《明太祖实录》卷二〇七，第3087页。

[4]沈福伟：《中西文化交流史》，上海人民出版社，2017，第268页。

[5]郑若曾撰《筹海图编》，中华书局，2007，第852页。

朝贡的旗号，就不可能和大明王朝进行任何贸易交流。在中国历史上，朱元璋“第一次把贸易系统和进贡体制结合了起来”[1]。由此明王朝与周边各国各族普遍建立起宗藩关系。

永乐皇帝朱棣给人的印象与朱元璋不同。一般人都认为，不同于朱元璋的内向和保守，朱棣开放而进取，所以才有郑和下西洋这样的豪举。但事实上，他在禁绝中外普通贸易方面与乃父完全同心，因此他不但继承了朱元璋的海禁政策，并且有过之而无不及。朱棣在登上皇位之初就宣布要严厉打击走私，“缘海军民人等，近年以来，往往私自下番，交通外国。今后不许。所司一遵洪武事例禁治”[2]。永乐二年，朱棣又下令：“禁民间海船。原有海船者，悉改为平头船。所在有司，防其出入。”[3]也就是说，通过改造船型，让民间船只无法出海远航，从根本上禁止出海贸易。洪武三十五年，为禁绝走私，朱棣下令：“今特遣人赍敕往谕：凡番国之人，即各还本土，欲来朝者，当加赐赉。遣还中国之人逃匿在彼者，咸赦前过，俾复本业，永为良民，若仍恃险远，执迷不悛，则命将发兵，悉行剿戮，悔将无及。”[4]也就是说，凡是在中国的外国人，都应该立刻返回本国，不得继续居住在中国。凡是想来朝贡的，都厚加赏赐。同时要求各国遣还生活在当地的华商，让他们回国老老实实当良民。对那些执意外出经商的中国人，国家将派兵剿戮，一个不留。

朱元璋、朱棣的这些政策被作为“祖训”“祖宗定制”，明中前期皇帝一直奉行不渝，严格时甚至规定“片板不许下海”[5]“禁民间用番香番货”。这些政策有效地堵死了一切普通贸易的路，把所有希望与中国交往的国家都挤入了“朝贡”一途。明王朝收获了“万国来朝”的盛况，获得极大的心理满足。

---

[1]牟复礼、崔瑞德编《剑桥中国明代史》，第185页。

[2]《明太宗实录》卷十上，“中研院”历史语言研究所，1962，第149页。

[3]《明太宗实录》卷二七，第498页。

[4]《明太宗实录》卷十二上，第210页。

[5]郑若曾撰《筹海图编》，第675页。

七

心理上是满足了，但是财政上损失巨大。禁绝普通贸易，只保留朝贡贸易，意味着巨大的财政赤字。因为朝贡贸易是厚往薄来的，规模越大，经济上的损失就越多。

因此明代统治者的另一个特点是，为了构建朝贡圈，舍得下血本。明代的财政能力虽然较差，总体经济实力也不强，但是在朝贡体系建设过程中最舍得财政投入。

出身贫民的朱元璋非常小气，他登基后制定了中国历史上最低的官俸标准，史称“明官俸最薄”，他的官员们甚至吃不饱饭，但是他在对待属国上却比历代的君主都要大方。

> 上谓礼部臣曰：“诸蛮夷酋长来朝，涉履山海，动经数万里。彼既慕义来归，则赍予之物宜厚，以示朝廷怀柔之意。”[1]

朱棣的手笔比他父亲还大。他说：“自有天地以来，即有君臣上下之分，中国四裔之防。我朝混一之初，海外诸蕃，莫不来享。”[2]又说：“帝王居中，抚驭万国，当如天地之大，无不覆载。远人来归者，悉抚绥之，俾各遂所欲。”[3]他厚往薄来，手笔极为大方，在对外交往中表现出罕见的宽容和耐心，朝贡国有些什么小小不然的错误，他基本都大手一挥，不予追究，有些过分的要求，他也大都予以破格满足。比如永乐四年，别失八里王沙迷查干遣使来朝贡马，“礼部言其来非诚意，赐予宜杀等”，成祖则认为“朝廷柔远人，宁厚无薄，其同诸番使例给之”。[4]

厚往薄来其实在物质上也并非毫无收获。主要的收获是大量的香料。香

---

[1]《明太祖实录》卷一五四，第2401-2402页。

[2]张廷玉等撰《明史》卷三二四《三佛齐传》，第8407页。

[3]《明太宗实录》卷二四，第435页。

[4]《明太宗实录》卷六二，第892页。

料是贡品的主要品种，因为价差巨大，东南亚朝贡国频繁进贡。我们先看洪武一朝的情况。洪武十一年（1378），彭亨国王的贡物中有胡椒两千斤、苏木四千斤；洪武十五年（1382），爪哇的贡物中有胡椒七万五千斤；洪武十六年，占城贡檀香八百斤；洪武二十年，真腊贡香料六万斤，暹罗贡胡椒一万斤、苏木十万斤；洪武二十三年，暹罗又来朝贡苏木、胡椒、降真等十七万斤。[1]到了永乐年间，进贡频率更是达到“贡无虚月”的程度。仅永乐二十一年（1423）就有西洋、古里、忽鲁谟斯（忽里模子）、锡兰山、阿丹、祖法儿、剌撒、不剌哇（卜剌哇）、木骨都剌（木骨都束）、柯枝、加异勒、溜山、喃勃利（蓝无里）、苏门答剌、阿鲁、满剌加等十六国进贡香料。[2]

频繁入贡导致大明王朝的香料库存量迅速上升。郑和下西洋结束两三年后的正统初期，英宗曾“敕南京守备太监王景弘等，于官库支胡椒、苏木共三百万斤，委官送至北京交纳”[3]。一次支用达三百万斤，则南京这类香料库存可能在上千万甚至几千万斤的规模。

一边是香料堆积如山，另一边是国库迅速空虚。大明王朝在开国初期，财政体系就接近崩溃。朝廷实在无法，只好把胡椒和香料发给百官，充抵工资。“永乐二十年至二十二年，文武官俸钞俱折支胡椒、苏木”[4]。工资折成胡椒，请拿回家炖肉。至于拿什么买肉，国家无暇考虑。到了正统初期，就形成了“每岁半支钞半支胡椒、苏木”[5]的惯例。从永乐二十年（1422）到成化十七年（1481），大明帝国前期的六十年中，南北两京官员的俸禄中很大一部分都是胡椒和苏木。[6]

因此，大明一朝自开国之初，就陷入财政困局。“我国历朝财政，以宋朝

[1]皇帝皆“遣官厚报之”。其他没有具体数据记载的香料朝贡更是数不胜数。严小青、张涛：《郑和与明代西洋地区对中国的香料朝贡贸易》，《中国经济史研究》2012年第2期。
[2]《明太宗实录》卷二六三，第2403页。
[3]《明英宗实录》卷十五，“中研院”历史语言研究所，1962，第289页。
[4]《明宣宗实录》卷九，“中研院”历史语言研究所，1962，第239页。
[5]《明英宗实录》卷十九，第374页。
[6]赵中男：《明初下西洋的停止及其原因》，《清华大学学报（哲学社会科学版）》2017年第2期。

财政最为困难，其次是明朝。……明朝自太祖建国至穆宗时代，外患内忧，人民痛苦，国政已濒危难。”[1]而朝贡贸易是造成财政困难的重要原因之一。

由于实在承受不了朝贡导致的经济损失，从正统年间开始，明朝减少了对朝贡圈的投入，不但不再主动遣使到外国招徕朝贡，并且逐步降低赏赐标准。这样一来，周边国家的朝贡行为逐渐减少。史载“英宗幼冲，大臣务休息，不欲疲中国以事外蕃，故远方通贡者甚少”[2]，四夷来朝盛况不再。到了“隆庆开海”之后，由于废除了海禁，北边也与蒙古族进行互市，普通贸易迅速兴起，取代了朝贡贸易，各朝贡单位失去了朝贡动力，朝贡国数量更是直线下降到了个位数，到了明朝末期，大明帝国已经“门前冷落车马稀”了。

八

明代是中国历史上极为重要的一个朝代，正是在这个时期，全球化开始，西方崛起。因此陈支平说：“明代历史是中国历史从‘区域史’迈进‘世界史’的关键时期。”[3]明朝建立不久，从14世纪后期开始，欧洲探险家就开始了一系列重要的征服和探险。西方人不仅到达了美洲、东南亚，也在明朝中后期来到了中国沿海。“16世纪初叶，西方葡萄牙人、西班牙人相继东航，他们各以满剌加、吕宋为根据地，逐渐伸张势力于中国的沿海。……这一时期的海外贸易活动，实际上也是一场东西方对东南亚贸易权的竞争。”[4]

在这样的历史背景下，明朝独特的朝贡体制，对中国认识世界，介入全球化的经济循环，不但未能提供帮助，反而形成了极大的阻碍。

明朝时期的国际市场形势本来对中国十分有利。因为中国的丝织品、瓷器和其他手工业产品在海外深受欢迎，竞争力极强。海外贸易本来可以为中国民众带来巨大利润，增强中国的经济实力。但可惜的是，这些物品在明中前期大

---

[1]陈秀夔编著《中国财政史》，正中书局，1967，第424页。
[2]张廷玉等撰《明史》卷三三二《哈烈传》，第8611页。
[3]陈支平：《从世界发展史的视野重新认识明代历史》，《学术月刊》2010年第6期。
[4]同上。

多是通过朝贡贸易的方式，也就是赔本的方式流通到海外。比如明朝用于赏赐的绢帛，“皆精细鲜明”，质量极高，但是未能换来相应的回报。[1]因此明朝无法利用正常的国际贸易网络与海外市场接轨，不自觉地将自己摒除在即将到来的全球贸易时代之外。

一直到隆庆年间，明朝统治者在内忧外患之下，不得不顺应市场的力量，开放海禁，然而这一思路转变得太晚，明朝离灭亡已经不远了。

虽然明代的朝贡国如此众多，交往如此频繁，但是明朝朝野上下对世界的全球化、对西方崛起的趋势毫无察觉，甚至对中国周边国家的真实情况也基本不了解。成化、弘治年间，撒马儿罕使臣由陆路贡狮，又由海路回国，令明朝君臣惊愕不已，不明白内陆国家怎么可以由海路到达。这是因为明朝外交的目的是营造“万邦来朝”的盛况，满足民族自尊心理，巩固统治者的地位；因此中国派到域外的使者所做的报告，努力描绘的是当地的穷困、野蛮和落后，突出中国的文明、优越和强大，这个政治目的压倒了其他。因此刘祥学评论说，明代朝贡体制的特点是明朝谋名，“四夷”逐利。[2]这导致明朝统治阶层对周边国家的认知，一直停留在传统的“小、穷、弱”印象之中，与全球海洋贸易时代的发展大势背道而驰。

九

因此，明朝的朝贡国数量，可以引发我们多角度的思考。李云泉认为，像《明史》那样眉毛胡子一把抓，只要与中国发生过一点点联系就将其列为朝贡国的做法显然是不可取的。应该对明代的“朝贡国”进行区分，这样才能看清实际状态。他在《万邦来朝：朝贡制度史论》中，把明代的朝贡关系分为三种类型：

第一种是真正的朝贡国。也就是说，符合朝贡体制要求，向明朝明确称臣，定期遣使朝贡，采用明朝年号，即“奉大明正朔”的国家。这些国家包括

---

[1]晁中辰：《明朝对外交流》，南京出版社，2015，第46页。

[2]刘祥学：《“四夷来朝”与明初百年对外关系的变局》，《历史研究》2020年第6期。

朝鲜、琉球、安南、占城等。事实上，通过本书第四章的分析，我们可以知道，越南其实也并不真正满足朝贡体制的全部要求。

第二种是主要基于经济动机，打着朝贡的旗号与中国保持长期交往的国家。这些“朝贡国”并不是真心接受与中国的“君臣关系”。不过它们从形式上遵守中国关于朝贡关系的一些规定，比如接受明朝的封号，定期或不定期遣使朝贡。这类国家包括日本、暹罗、爪哇、满剌加、苏门答剌、真腊、渤泥、三佛齐、苏禄等。

第三种是纯粹为贸易利益前来的国家。这些国家对中国没有任何文化认同，朝贡完全是幌子而已。这些国家中，很多都只来了一两次就不再来了。比如郑和下西洋招徕来贡的海外三十余国，大多随着郑和下西洋活动结束断绝了与中国的往来。

因此李云泉总结认为，明代可以称得上货真价实的朝贡国，其实只有十几个，包括朝鲜、琉球、安南、占城（今越南南部）、暹罗（今泰国）、日本、爪哇（今印度尼西亚爪哇岛）、满剌加（今马来西亚马六甲）、苏门答剌（今印度尼西亚苏门答腊岛北部）、真腊（今柬埔寨和越南南部部分地区）、渤泥（亦作浡泥，今加里曼丹岛北部和文莱一带）、撒马儿罕（今乌兹别克斯坦撒马尔罕）。[1]其他所谓“朝贡国”，基本上都是“借朝贡之名，行贸易之实”。[2]

---

[1]李云泉：《万邦来朝》，第58页。
[2]同上书，第60页。

清代的朝鲜国王之印

清代的琉球国王之印

明代的日本国王之印（木制复制品），日本毛利博物馆藏

《西番贡狮图》，成化十九年，私人收藏

撒马儿罕正使帕六湾

琉球前往大明的进贡船，冲绳县立博物馆及美术馆藏

缅甸献给乾隆的银制表文（附象牙表筒），乾隆十五年制，台北故宫博物院藏

二龙戏珠纹长方攒盒，琉球国进贡清朝的贡品，18 世纪，北京故宫博物院藏

兀鲁伯天文台当中的帖木儿画像，本书作者摄

帖木儿墓，本书作者摄

帖木尔为他的爱妃修的比比哈内姆大清真寺，此为本书作者在清真寺前

第二编

亚朝贡体系

东亚历史上有一种叫『亚朝贡体系』的现象，就是一些朝贡国在向中国朝贡的同时，又努力营造以自己为中心的朝贡体系，接受他人向自己朝贡。

第十章
朝鲜“人臣无外交”的两面性

第一节　朝鲜又一次做了模范生

一

1589年，三十多名琉球商人乘坐海船出海贸易，不幸遭遇风暴，一路漂流到了朝鲜的珍岛。朝鲜乃文明之邦，对难民当然要全力救助，朝鲜政府将他们安顿下来后，就筹划如何把他们送回琉球。

琉球与朝鲜之间海路通畅，因此最方便的做法是帮他们将海船修好，让他们由海路返回故乡。

但是朝鲜选择了更为复杂的做法：先把这批琉球人送到中国，再由中国转交琉球。

朝鲜每年都要向中国派出祝贺冬至的使臣。这一年秋天，朝鲜冬至使一行将这三十多名琉球人千里迢迢“解送于中原”，送到北京，交给明朝政府。第二年，中国又将这批人交给来访的琉球使臣，由他们带回琉球。[1]这样一来，路程多了不止一倍，时间多了不止一年，手续更是繁杂数倍。

---

[1]杨雨蕾：《朝贡体制的另一面：朝鲜与琉球使臣在北京的交往》，《学术月刊》2014年第12期。

为什么要如此折腾呢？因为这是朝贡体制的规定。

在朝贡体系内部，不光存在宗主国与朝贡国的纵向关系，还存在朝贡国之间的横向关系。处理这些横向关系时要遵循一个基本原则，叫作“人臣无外交”。

什么叫“人臣无外交”呢？这句话出自《礼记》：“为人臣者无外交，不敢贰君也。”[1]就是说，一国的臣子不应当同别国君臣私下交往，否则可能被认为有二心。这是所谓“春秋大义”或者“君臣之义”的重要组成部分。在中国看来，所有藩属国都是中国的臣子，因此藩属国相互之间不能往来。朝贡国之间的一切事务都应该由中国做中介。

1600年，琉球和朝鲜使臣因为给中国皇帝祝贺正旦在北京相遇。[2]琉球使臣说，琉球国王对朝鲜的救助行为非常感激，给朝鲜国写了一封感谢信，同时准备了一批丰厚的谢礼，想约定一个日期送到朝鲜使臣下榻的馆舍。

朝鲜使臣一听，马上正色拒绝。为什么呢？因为这也违反了“人臣无外交”的原则。朝鲜使臣说，两国之间的一切交往，“必经禀（天朝）礼部，然后可以相授”[3]。必须经由明朝礼部决定，不可私下往来。

于是双方将此事汇报给明朝礼部官员，由礼部官员在使臣馆舍主持了双方的咨文和礼物转交仪式。

由此可见，在朝贡体系之内，藩属国之间的一切公务交往，大到遣返难民，小到递交公文，都不能直接进行，必须经由明朝这个中介，方为合法。

1601年，琉球和朝鲜使臣又一次因为朝贺会聚于北京。琉球使臣一到京，立刻派人把一道咨文送到朝鲜使臣馆舍，咨文内容非常重要。他们探知朝鲜的仇敌丰臣秀吉去世，想将这一天大喜讯第一时间告知朝鲜：“所属七岛山来报，关白于二十六年七月初六日身亡，尤为贵国深幸。”[4]

接到这个消息，朝鲜使团欢喜若狂。消息传回国内，朝鲜上下也举国欢

[1]《礼记·郊特牲第十一》，胡平生、张萌译注，中华书局，2018，第479页。

[2]之所以隔这么久，是因为中间发生了壬辰朝鲜战争。

[3]赵翊：《皇华日记》，转引自杨雨蕾《朝贡体制的另一面》。

[4]《历代宝案》第一集卷三九，转引自杨雨蕾《朝贡体制的另一面》。

腾。不过朝鲜事后仍然专行咨文，对琉球使臣特别指出，这类消息，不应该直接告知朝鲜。

朝鲜说："敝邦与贵国俱世守藩职，均沾圣化。地虽隔海万里，自来诚意相孚，交欢之情有同邻封。因此先前敝邦凡遇贵国漂流人口，俱即奏闻天朝转解回乡，而贵国亦如之。……烦乞贵国日后凡有□□，不拣缓急，需径报天朝，以转示敝邦。"[1]

你我两国都是明朝的藩属，同受天朝恩泽教化，应该谨慎供职。我们虽然相隔遥远，但是自来交好如同近邻，遇到双方有海难漂流之人，都是经过天朝再送回对方。所以请贵国日后凡是有此类消息，不论是紧急事项还是日常事件，都直接汇报给天朝，天朝自会转给我国。

二

从朝鲜与琉球的交往中我们看到，朝鲜不愧是大明的"模范藩属"，一举一动，都严守规章。朝鲜君臣说，只有这样，"朝廷庶知本国不曾私交之义"[2]。朝鲜希望通过自己的举动，向中国表明它对"人臣无外交"原则的恪守不懈。[3]

和朝鲜相比，另一个资深朝贡国越南就显得不那么守规矩了。

1687年，也就是康熙二十六年，二十多名本来要乘船从济州前往汉城的朝鲜人因为海难，一路漂流到了越南，得到了越南政府的救助。但如何打发他们回国，成了一个难题。

按理，在东亚文化圈，朝鲜和越南之间的关系应该是很亲近的。因为这两个国家汉化程度非常深，有共同的价值观和相近的生活方式，交流起来应该最无障碍。然而事实是，基于"人臣无外交"的原则，两国政府长期没有交往，从没直接打过交道。

---

[1]《历代宝案》第一集卷三九，转引自杨雨蕾《朝贡体制的另一面》。

[2]佚名：《燕山君日记》，韩国国史编纂委员会，1957，第288页。

[3]李明泽：《东亚视野下明代朝鲜与琉球的交往》，《三明学院学报》2017年第1期。

按照上文所说的规矩，越南应该借出使中国的机会，把这二十多名朝鲜人送到北京，再由中国礼部安排送交朝鲜。但是那样一来，就要产生多次政府间的正式往来，繁文缛节，旷日持久。和朝鲜比起来，越南在朝贡体系中“内帝外臣”，对各项规定遵守得并不严谨。一个更方便的办法是找一条商船，将这批朝鲜人送回。

可是越南和朝鲜之间并没有商船。就是说，虽然同处东亚文化圈，有大海可通，但是越南和朝鲜这两个重要的亚洲国家之间不仅没有外交关系，也没有商贸往来。因为两国都以“小中华”自期，以儒学为立国之本，重义不重利，不鼓励海外贸易。

好在中国和越南之间有商船往来。有一个福建船主很同情朝鲜人的遭遇，同意以六百包大米为酬劳，专程把他们送归朝鲜。

安全送达后，中国船主本以为自己做了好事，从朝鲜政府手中领取六百包大米后就可以顺利返航。没想到朝鲜朝廷做出了一个奇怪的决定。

《朝鲜王朝实录》记载：

> 上下其事于庙堂。睦来善、金德远以为：“此事殊可疑，然既约与米，则不可不与，而清人漂到我界，辄皆从陆领还，今不领还，则恐后日为清人所觉也。须许从陆，而且戒牧使，毋使自逃。”上可之。是夏自济州押商人朱汉源等二十八口，至都下，计其船直、米价、粮资。以银与之，仍命译官，领入燕京，胡皇曰：“何必押致也？”遂放遣之。仍使我国，凡遇漂到者，有船则从海放遣。无船则领付凤城，以为式。[1]

原来，按中国的规定，凡是中国人因海难漂流到朝鲜，朝鲜方面必须由陆路将这些人送到北京，再由清政府安排他们返回老家。虽然中国船主并非漂流难民，而是帮助朝鲜人返国的商人，但是朝鲜政府还是害怕让他们自行回家，会违反清政府的规定。

---

[1]《李朝肃宗实录》卷二〇，转引自陆小燕《17世纪朝鲜人赵完璧和金大璜的安南之旅》，《海交史研究》2021年第4期。

因此，朝鲜朝廷做出一个离奇的安排：首先，“既约与米，则不可不与”，既然谈好了六百包大米的价钱，人家也把难民送到了，当然不能不给。但是，不能让这些人直接坐船回福建老家。朝鲜政府没收了中国船只和船上的货物，把连船主带船员二十八人都抓起来，由陆路押送到了北京，交给中国官员。同时交给中国官员的，还有六百包大米、没收的船只和船上的货物折成的银两。

康熙皇帝接到汇报之后，认为朝鲜人小题大做，没事找事，马上下令把人放了。并且交代朝鲜人，以后遇有中国人遇海难漂流到朝鲜，如果船只完整，就直接从海上遣回。

虽然责怪朝鲜朝廷“小题大做”，但是康熙内心深处对朝鲜的“谨慎”其实是很满意的。朝鲜人也通过“没事找事”，再一次表达了自己对天朝的“恭顺”。因此这次遣返商人其实是一次成功的政治表演，代价只是中国商船船主和船员的旅程奔波。

第二节　朝鲜亚朝贡体系中的传统藩属：女真

一

东亚历史上有一种叫“亚朝贡体系”的现象，就是一些朝贡国在向中国朝贡的同时，又努力营造以自己为中心的朝贡体系，接受他人向自己朝贡。如我们在第一编越南一章中所讲过的那样，越南的“亚朝贡体系”建设就很成功，阮朝招徕了十来个东南亚政权向它朝贡，拥有的属国数量和同时代中国的清朝一样多。当然，这一切都是背着中国进行的，是不折不扣的“大逆不道”之举。

我们讲过，越南在宗藩关系中一直持“内帝外臣”的两面派心态，背着中国另搞一套并不让人意外。中朝关系才是东亚历史上宗藩关系的典范，如上文所说，朝鲜在与琉球、越南交往时，严守“人臣无外交”原则，谨慎小心，从不逾矩。

那么，朝鲜有没有自己的“亚朝贡体系”呢？其实也有。不光有，还搞得风生水起，有模有样，有滋有味。

朝鲜最重要的藩属，是介于朝鲜与中原王朝之间的女真部落。

女真是朝鲜的“传统藩属”，在高丽王朝时期，女真人就一直向其称臣进贡。中国史籍《金史・高丽传》说，“女真……旧属高丽”[1]。朝鲜的《高丽史》则说：“生女真……其地西直契丹，南直我境，故尝事契丹及我朝。”[2]也就是说，女真曾经同时向辽朝和高丽王朝朝贡。

女真人向高丽进贡的内容是黄金、貂皮和好马。“每来朝以麸金（即沙金）、貂皮、良马为贽”[3]，高丽也根据厚往薄来原则，对女真的“贡物”给予丰厚的“赏赐”。[4]此外，高丽还经常赐给女真首领一些职位，或者在边疆地区设置一些羁縻州县，任命他们为长官。[5]这些做法与中国对周边“蛮夷”的做法如出一辙。

朝鲜王朝建立之后，按理说这种局面应该有所改变。既然朝鲜王朝比高丽王朝更为发自内心地认同朝贡秩序，那么就应该断然改正高丽王朝的错误，终止和女真的交往。因为它们一个是明朝的属国，一个是被明朝授以官爵的少数民族，女真建州三卫的酋长，很多时候都是明朝封授的一品都督。朝鲜国王和女真酋长，都是明朝的“人臣”无疑。

但是事实并非如此。

朝鲜王朝建立之初，开国太祖李成桂虽然表面上对明朝极为恭谨，私下里

---

[1]脱脱等撰《金史》卷一三五《高丽传》，中华书局，1975，第2881页。

[2]李澍田主编《朝鲜文献中的中国东北史料》，吉林文史出版社，1991，第104-105页。当然，女真不光臣服于高丽。女真位于中国、蒙古、朝鲜之间，经常卑辞乞求三方，同时受三方官职，乞求三方赏赐粮食。

[3]李澍田主编《朝鲜文献中的中国东北史料》，第105页。

[4]高丽王朝“亦厚遗银币，岁常如此”。李澍田主编《朝鲜文献中的中国东北史料》，第105页。

[5]魏志江：《中韩关系史研究》，中山大学出版社，2006，第57页。

却趁着明朝初建无暇东顾之时，对女真诸部努力招抚。朝鲜王朝刚刚建立，就有一个叫兀良哈的女真部落前来“献方物”。[1]太祖李成桂热情接待，并“赐兀良哈十余人棉布衣”。[2]

为什么女真急于上门，而朝鲜又冒着被宗主国指责的风险积极接待呢？这是因为双方都有强烈的现实需要。

女真人迫切期望从邻近的朝鲜获得他们需要的生活物资，“献方物”当然是为了获得回报。

至于朝鲜，则有两方面的原因。一方面，历史上女真人经常寇掠朝鲜边境，威胁朝鲜的安全。也就是说，女真人叩门，有时候带着礼物，有时候则带着武器。所以朝鲜必须与女真保持交往，力争以和平方式维护自己边地的安全。

另一方面，则是基于朝鲜的虚荣心。虽然明朝认为各个藩属应该都是平等的，但实际上在儒家伦理当中，并不存在“平等”二字，一切事物总是要分出上下尊卑来。朝鲜王朝的“小中华意识”很强烈，面对中华时，它自居于“夷”；但是面对其他“夷人”时，它又自我升格为“华”。在明朝的“天下秩序”之内，在自己的周边，再组建起一个以朝鲜为核心的“亚朝贡体系”，在“事大”的同时“字小”，这是基于儒家伦理而产生的顺理成章的想法。

河内良弘说：“如从明朝的天下观角度出发，朝鲜国王也无非‘东夷’一位首领罢了，是与女真、安南、鞑靼等首领处于同一政治地位，均为明朝皇帝的臣下。但太过醉心于儒家德治思想的李朝世祖，一面以固有所谓‘东夷’首领这一身份，又将自身置于与其地位不同的一个层级，欲处于一个更高的政治立场中，令女真人屈膝于下，并以字小之义加以抚恤作为理想，欢迎女真人来朝并授予官职。”[3]

朝鲜很乐于有一个文化远远落后于自己的“蛮夷”经常前来朝拜，以凸显

---

[1]太祖刚刚开基，“兀郎（良）哈来献方物”。《朝鲜太祖实录》卷二，转引自线装书局编《明代基本史料丛刊·邻国卷11》，线装书局，2006，第32页。

[2]《朝鲜太祖实录》卷四，转引自刁书仁《明代女真与朝鲜的贸易》，《史学集刊》2007年第5期。

[3]河内良弘：《明代女真史研究》，赵令志、史可非译，辽宁民族出版社，2015，第380页。

自己的文明，彰显自己“一国之下万国之上”的优越地位。因此朝鲜在与女真人的交往中，处处模仿明朝。

明朝通过礼部来管理女真卫所，朝鲜则通过“礼曹”来管理女真事务。明朝皇帝给女真酋长的文书称“诏”或“旨”，朝鲜国王给女真酋长的文书则称为“教”或“谕”，这都是以上对下的体裁。这无疑是严重违反朝贡体系规定的。因为如前所述，建州三卫的酋长都是明朝封授的一品都督，从级别上看，和朝鲜国王是“平级”的。因此双方本应该行“敌礼”，也就是平等礼。

不光是文书体裁上采取了以上对下的方式，在接待女真使者时，朝鲜也摆出一副高高在上的宗主国态度。女真“来朝”过程中的朝觐、赏赐、宴饮等环节，朝鲜无不严格仿照明朝接待藩属国的做法。

甚至在与自己“平级”的女真酋长亲自访问时，朝鲜国王也摆出一副大国君主接见外臣的姿态。

弘治十一年（1498），女真建州三卫的酋长计划一起到访朝鲜，这是朝鲜历史上的第一次，朝鲜官员兴奋地说：“此祖宗朝所无之盛事。”[1]朝鲜君臣开会，郑重讨论怎么安排接待事宜。朝鲜大臣建议说：

> 观察使坐北壁，酋长坐东壁，于礼为便，但恐酋长等不肯坐东壁也。[2]

朝鲜官员竟然提出让朝鲜平安道的观察使坐在北壁，坐北朝南，而女真酋长坐在东壁。这个座次安排，明显是显示女真酋长的地位低于朝鲜官员。而朝鲜国王的态度是“从之”。

那么，女真酋长会不会接受这样的安排呢？不但接受，而且还很愿意。他们一入朝鲜境，就自觉地摆出“来朝”的架势，处处行礼如仪。朝鲜人说，女真首领从来不敢因为品级和朝鲜国王一样，就真的与朝鲜平等往来。事实上，他们对朝鲜的态度是恐惧屈服，而且相沿已久，“亦不敢自以官高抗衡，恐惧

[1]《燕山君日记》卷三一，转引自线装书局编《明代基本史料丛刊·邻国卷11》，第4821页。
[2]同上。

屈伏，久已成风”。[1]

二

女真人虽然文化上落后，但是毕竟武力强大。为什么对朝鲜，他们愿意做出“臣服”的姿态呢？

原因非常简单，贪图朝鲜的“赏赐”。

和天朝相似，朝鲜维护与女真的关系的实质也是以经济上的牺牲换取政治上的面子。女真与朝鲜之间朝贡贸易的主要内容是女真用马匹换朝鲜的棉布。对女真进贡的马匹，朝鲜用棉布给值，给出的价格一直是高于市场价格的。《朝鲜世宗实录》世宗八年（1426）记载：“野人进马者，其回赐，大马上等绵布四十五匹，中等四十匹，下等三十五匹，中马上等三十匹，中等二十五匹，下等二十匹，小马上等十五匹，中等十匹，下等六匹。以为恒式。”[2]不同的马价格不同，但都高于市价。当时上等马的市场价格是三十匹，朝鲜给女真的是四十五匹，高出50%。中马二十三匹，朝鲜给的是四十匹，高出约74%。下马十四匹，朝鲜给三十五匹，高出150%。[3]朝鲜作为“上国”，在这种经济交往中一直是吃亏的。

和藩属有时候会与中国就贡品价格发生争执一样，女真在朝贡过程中，也常和朝鲜朝廷讨价还价，朝鲜通常情况下也如中国一样非常宽容，尽量满足“蛮夷”所愿。比如明成化八年（1472），女真人朴豆弄吾进献豹皮一领，朝鲜官员“只从旧例，给绵布三匹”。朴豆弄吾认为太少，为这一件衣服的价格反复“上访”，最终一直闹到朝鲜国王那里，国王下令按时价以“绵布四匹

---

[1]《朝鲜世宗实录》卷一二四，转引自线装书局编《明代基本史料丛刊 · 邻国卷11》，第2078页。

[2]《朝鲜世宗实录》卷三一，转引自河内良弘《明代女真史研究》，第322页。

[3]朝鲜世祖十年（1464）七月庚申，上命承政院召咸吉道子弟问曰：“野人马匹，用绵布几匹可买？”对曰：“交易之事，皆随时贵贱，未可臆计。大率绵布三十匹，可买上马，二十三匹中马，十四匹下马。”（《朝鲜世祖实录》卷三三，转引自线装书局编《明代基本史料丛刊 · 邻国卷20》，线装书局，2006，第2879页）

加给"[1]。

除了绵布以外，朝鲜还经常"回赐"给女真人他们急需的药品和其他生活物资。《李朝太祖实录》记载，朝鲜方面曾"赐童猛哥帖木儿庆源等处管军万户印信一颗、清心元十丸、苏合元三十丸；兀良哈万户甫里段衣一，万户波乙所钑花银带一腰；童猛哥帖木儿管下人八十二、波乙所管下人二十，都赐木绵一百二十匹、白苎布三十匹。女真万户仇要老子辽河袭爵万户札付一道。赐童猛哥帖木儿所使千户河乙赤草笠帽、珠具、木绵夹衣一领，光银带一腰"。[2]

不仅在女真使臣到来后对其赐以厚赏，在朝贡的路上，朝鲜对女真使臣的接待也花费了大量资金。文宗国王曾经严厉批评一些地方官对女真人接待不周，威胁要治他们的罪：

> 前此野人来朝时，沿途馆驿不递马，或递以牛，或自负鞍徒行，又馈以粝饭，有违厚待远人之意。自今曲加厚待如旧，薄待则驿吏、察访及守令，并皆科罪。[3]

朝鲜还在会宁、庆源、稳城、钟城等"沿边巨镇野人宴享之处"专门设置女妓，用来"款待"女真的"贡使"。[4]

如此"厚往薄来"，女真人当然会迸发出巨大的朝贡热情。女真当时处于分裂状态，各个部落争先恐后，蜂拥而至，有的部落一年要来上十来回。时间

---

[1]《朝鲜成宗实录》卷一四，转引自线装书局编《明代基本史料丛刊·邻国卷22》，线装书局，2006，第3256页。因此和明朝限制朝贡国一样，为了限制女真的朝贡次数，朝鲜也想了很多办法。事实上早在高丽文宗时期，其朝廷就制定了女真朝贡仪制："凡东、西（女真）酋长欲来见者，兵马使申报取旨后，方许赴阙，以为永制。"《高丽史》卷九《文宗世家三》，转引自刁书仁主编；衣兴国副主编《中朝关系史研究论文集》，吉林文史出版社，1996，第102页。

[2]《李朝太宗实录》卷九，转引自王钟翰辑录《朝鲜〈李朝实录〉中的女真史料选编》，辽宁大学历史系，1979，第4-5页。

[3]《朝鲜王朝实录》第六册，国史编纂委员会，1970，第323页。

[4]《朝鲜王朝实录》第七册，国史编纂委员会，1970，第324页。

长了，朝鲜也支撑不住了，“驿路一度出现十分疲敝的景象”[1]。

于是，朝鲜针对不同的部落，制定了朝贡次数的标准，比如兀良哈部一年可以来十次；骨看部、吾都里部，一年七次；有些小的部落，一年只能来两次。并要求守关将领对那些“冒名来朝者”进行鉴别：“诸种野人，每年往来频数，驿路凋弊，若禁其来朝，有乖抚绥之义。自今定每岁来朝之数：兀良哈十行，骨看及吾都里七行……且忽剌温地壤隔绝，真亏直介亲朝者罕有之……一岁来朝不过五行。其近居边境林阿车亏未车大小居节南纳高说高漆等诸种亏知介来朝者，一岁不过二行。……其余女真人或诈称亏知介冒名来朝者，都节制使拒以不纳。”[2]

物以多为贱。因此，朝鲜人对女真人的态度越到后来越轻蔑。浪孛儿罕曾向朝鲜世宗抱怨：“今都节制使待我辈甚卑贱，视若狗彘，我辈深闷”。[3]所以朝鲜官员面对女真首领，才有令他们“恐惧屈伏”的信心。

日本学者河内良弘把女真与朝鲜的关系明确定义为藩属与宗主国的关系。女真诸部以侍奉上国的姿态侍奉朝鲜，朝鲜则以待藩邦的态度对待女真诸部。[4]也就是说，在以明朝为中心的大中华体系之下，朝鲜与女真的关系是以朝鲜为中心的小天朝体系的一部分。

然而女真人进贡是为了捞取好处，而不是因为他们发自内心认同儒家的政治伦理。通过战争和抢劫如果能得到更大好处，女真人也从来不会犹豫。因此女真人一直是“叛服不常”的，高兴时前来朝贡，不高兴时就抢掠一番。特别是明朝中叶，建州女真势力崛起，经常出兵明朝辽东、朝鲜，掠夺人口和财富，这在明朝和朝鲜史书当中都有大量记载。

因此虽然与女真人长期交往，但是高丽王朝和朝鲜王朝对女真的印象都

---

[1]王桂东：《明代朝鲜同女真人的交往——基于朝鲜通过“边疆地带”开展交往的视角》，《北京社会科学》2020年第11期。

[2]《朝鲜世宗实录》卷一一〇，转引自线装书局编《明代基本史料丛刊·邻国卷17》，线装书局，2006，第1986-1987页。

[3]《朝鲜世宗实录》卷九九，转引自河内良弘《明代女真史研究》，第383页。

[4]孙卫国：《从“尊明”到“奉清”：朝鲜王朝对清意识的嬗变，1627-1910》，台湾大学出版中心，2018，第151页。

极其恶劣。他们认为，女真在所有“蛮夷”当中是最低下的。高丽使臣李资谅在出使宋朝期间曾向宋徽宗奏称：“女真人面兽心，夷獠中最贪丑，不可通上国。”[1]

“人面兽心”是高丽王朝及朝鲜王朝史籍谈及女真时的固定用语。《高丽史》太祖十四年（931）相关条目称：“北蕃之人，人面兽心，饥来饱去，见利忘耻。”[2]这些人人面兽心，饿困之时就来到朝鲜，一旦危机过去就马上离开，只知利益，不知廉耻。

有些女真人进入高丽境内生活，受高丽管辖，高丽人对他们也严加防范。《高丽史》靖宗四年（1038）相关条目说：“此辈虽归化为我藩篱，然人面兽心，不识事理，不惯风教，不可加刑。”[3]他们虽然归化了我们，但是不懂人类的道理，没有文化，没办法用刑法管理他们。

在高丽、朝鲜文献中，“犬豕之辈”“人面兽心”“凶丑之徒”“丑类”“夷狄”“贪而多诈”“蕞尔小丑”等词语被反复用于描述这个族类。

三

对朝鲜和女真的这种“宗藩”关系，中国是什么态度呢？

是明确反对的。

朝鲜招徕女真，虽然历史久远，往来频繁，但一直都对中国严格保密。中国对双方关系的实际情况并不清楚，直到朝鲜世祖时期。

世祖是李氏朝鲜第七位国王，他是历代朝鲜国王中对构建“朝贡体系”最为热衷的一个。世祖四年（1458），他招徕建州右卫首领董山（又称“童仓”等）来朝，以上国之君的身份多次召见并赐宴，董山则以藩属的身份行礼如仪。世祖还授予女真首领董山“知中枢院使”这一官职。

---

[1]《高丽史》卷九五《李子渊传附资谅传》，转引自舒健、张建松《韩国现存元史相关文献资料的整理与研究》，上海大学出版社，2015，第144页。

[2]刘广铭：《朝鲜朝语境中的满洲族形象研究》，光明日报出版社，2013，第31页。

[3]同上。

天底下没有不透风的墙，朝鲜在首都大张旗鼓接待女真首领，连天累日，并授予官职，消息传到了明朝边关。

明英宗非常重视此事，专门发布敕书，批评朝鲜：

> 敕谕朝鲜国王李祹。近者边将奏报，有建州三卫都督古纳哈、董山等私谒国王，俱得赏赐而回。此虽传闻之言，必有形迹可疑。且国王为朝廷东藩，而王之先代以来，世笃忠贞，恪秉礼义，未尝私与外人交通。何至于王，乃有此事。今特遣人赍敕谕王。王宜自省，如无此事则已，果有此事，王速改之。如彼自来，亦当拒绝，谕以各安本分，各守境土，毋或自作不靖，以贻后悔。在王尤当秉礼守法，遂绝嫌疑，继承前烈，以全令名。王宜慎之。[1]

敕书说：边将奏报，建州三卫都督古纳哈、董山等人“私谒”了朝鲜国王，还得到了朝鲜国王的赏赐。这虽然是传闻之言，但肯定不是空穴来风。朝鲜国王是朝廷东边的藩篱，自从朝鲜王朝开国以来，代代忠贞，恪守礼义，从来没有私自与外人交通。怎么到了你这一代，出了这样的事？因此我特意派人到朝鲜告诫你，你要小心自省，没有此事便罢，果有此事，你一定要从速改过。如果是女真自己前来，并非你招徕所致，你也应该拒绝他们，并劝谕他们要安分守己，不要违规行事。朝鲜国王以后要更加秉礼守法，杜绝嫌疑，继承前代的忠贞，以保全名声。

明朝将此事定性为女真“私谒”朝鲜国王，朝鲜国王“私与外人交通”，双方都不合礼义。

在另一道敕书中，明英宗再次指责朝鲜国王授予女真首领官职，是更严重的错误：

> 彼既受朝廷官职，王又加之，是与朝廷抗衡矣。[2]

---

[1]《朝鲜世宗实录》五年四月己未条，转引自河内良弘《明代女真史研究》，第376-377页。

[2]《明英宗实录》卷三〇二，“中研院”历史语言研究所，1962，第6407页。

女真首领已经由明朝授予官职，朝鲜又授之，这是公开与朝廷抗衡。

两道敕书用语非常严厉，显示出明朝认为此事非常严重。

世祖国王没有其他选择，只得上表承认错误：

> 唯知安边之急，妄自行事，罪实难逃，悔于万死不及。然蒙既往不咎宽大之恩。臣更殚素节，痛改前愆……[1]

他说，因为自己急于安定边疆，所以采取了错误的方式，罪名难逃，悔恨不已，以后一定痛改前非。

不久之后，建州卫酋长李满住派他的儿子来到朝鲜边界，要求入境。朝鲜基于前车之鉴，严词拒绝。[2]

从此之后，双方的正式往来断绝，朝鲜再也不敢明目张胆地授予女真人官职，也不敢再大张旗鼓地举行朝贡仪式了。当然在事实上，双方“私下里”仍然频繁往来。努尔哈赤崛起后，曾经要求朝鲜赐予其官职，也曾在明万历三十六年（1608）向朝鲜献纳貂皮，朝鲜方面依例回赠绵布。[3]

第三节　朝鲜与日本

在朝鲜的“朝贡圈”中，除了女真，另一个重要的成员是东邻日本。

如前所述，世祖国王对建立朝贡圈最为努力。世祖三年（1457），世祖在一道谕书中这样得意地说：“野人、倭人，俱为我藩篱，俱为我臣民。王者等视无异，或用为力，或用为声，不可以小弊拒却来附之心。予即位以后，南

---

[1]《朝鲜世祖实录》五年七月丙午条，转引自河内良弘《明代女真史研究》，第380页。

[2]河内良弘：《明代女真史研究》，第378页。

[3]冯正玉：《17-19世纪朝鲜对清贸易研究》，博士学位论文，吉林大学世界经济（专业），2011，第25页。

蛮北狄，来附者甚众，皆愿为我子，此天所诱也，非予智力。”[1]

野人指的是女真人，倭人指的是日本人。谕书大意如下：女真人和日本人，现在都成了我的藩属和臣民，我对他们一视同仁，或者让他们为我效力，或者用他们为我增光，所以不要因为会带来小小弊端就不让他们来归附。我即位以后，南蛮北狄来归附者甚多，主动愿意当我的子民，这是因为天意，而不是因为我的能力。

每个字都透露出满满的“上国”气息。

日本何以成为朝鲜的属国呢？这说来话长。

高丽王朝时期，朝鲜和日本没有建立官方关系。原因是相互“看不起”。

日本认为，在朝鲜半岛的分裂时期，新罗、百济都曾经向日本朝贡，因此高丽自然也是日本的属国。但高丽王朝却不想向日本低头，所以双方互不往来。

1392年朝鲜王朝建立之后，成为明朝最忠诚的属国。日本则在明初屡次拒绝向明朝朝贡，由此更为朝鲜王朝所鄙视，认为日本不懂大义，双方继续互不往来。

1402年，日本室町幕府终于加入了明朝的朝贡圈，两国关系由此才真正建立。双方相互遣使，建立起了稳定的正式交往，使者称“通信使”，每次都兴师动众，使团规模动不动就达上百人。

“通信使”的往来，是背着明朝进行的，因此自然违反了“人臣无外交”的原则。那么朝鲜为什么要冒着被明朝批评的风险这样做呢？

第一，朝鲜和日本两国毕竟是邻国，长期互不交往，彼此猜忌，都担心对方威胁自己的安全，何况两国间更有贸易和漂流人口等实际问题必须解决。以前日本没有进入中国朝贡圈，是一个“蛮夷国家”，不方便来往。现在日本进入了“文明世界”，双方有了共同的宗主，有了共同的文明坐标，有了交往的前提。通信使出访，目的是沟通信息，处理一些重要的外交问题。

第二，女真与明朝接壤，有什么消息容易走漏给明朝。朝鲜和日本在海上往来，只要双方都注意保密，就可以确保不为明朝所知。

[1]《朝鲜世祖实录》三年七月庚寅条，转引自河内良弘《明代女真史研究》，第368页。

第三，事实上，“人臣无外交”只是一个大的原则，如果各藩属国能严格遵守固然好，但事贵从权，世界之大，各藩属政权之间的关系错综复杂，中国事实上不可能完全禁绝他们的直接交往。因此只要不危及中国利益，中国通常也会睁一只眼闭一只眼。比如明成祖时期，暹罗遣使琉球，被中国发现，明成祖却说：“暹国与琉球修好，是番邦美事。”[1]

因此朝鲜定下了“事大交邻”的外交方针，即事中国以“大”，交日本为“邻”，尽力与这个邻居建立和平友好的关系，以保证国家安全。

虽然是背着明朝“私下”往来，但是朝鲜毕竟是礼仪之邦，在中国不能监管到的地带也能够“慎独”，一举一动都严格遵守朝贡体制的要求。比如朝鲜在与日本来往的公文中一直采用大明国号和大明纪年，称对方统治者为“日本国王”。然而日本却经常有一些不合规矩的举动，比如对朝鲜的国书，有时不使用明朝年号，称对方为“朝鲜国王”，但不自称“日本国王”。[2]对于这些违礼之处，朝鲜一直据“礼”力争，要求日本改正。

不管怎么样，“朝鲜王朝前期与日本的确构建了一种表面和谐的交邻关系。据韩国学者韩文钟统计……自朝鲜太祖至宣祖时期，仅日本国王使共计来朝80余次，朝鲜遣使日本18余次，朝鲜王朝前期与日本在经济、文化等方面进行了广泛的交流”[3]。

这样说的话，日本和朝鲜是平等的外交关系，朝鲜怎么会将日本视为朝贡国呢?

这是因为，在与日本幕府建立关系之外，朝鲜还与日本地方豪强建立了关系。也就是说，朝日关系是双重的。

日本当时处于室町幕府时期，和后来的德川幕府不同，室町幕府对各地诸侯的控制力相当有限，很多诸侯并不听幕府的话。因此除了幕府之外，还有很多地方势力，比如日本西部的一些诸侯、地方豪强甚至海盗首领为了追逐利

---

[1]《明太宗实录》卷三四，“中研院”历史语言研究所，1962，第598页。

[2]赵莹波：《从明朝与日本之间国书中年号、称谓和国王印的变化看东亚关系》，《元史及民族与边疆研究集刊》2016年第2期。

[3]李蒙蒙：《壬辰倭乱前夕朝鲜王朝对明、日交往政策的“摇摆性”（1587-1592年）》，硕士学位论文，暨南大学中国史（专业），2015，第39页。

益，都直接与朝鲜展开交往，纷纷派出自己的使节前往朝鲜朝廷。“其中甚至有仅持一刀到朝鲜要求贸易的”[1]。

朝鲜也乐于用经济利益吸引这些人前来“朝贡”，“国王使及诸酋使来则接待”[2]。“在《朝鲜实录》的记载中，日本使者‘来朝’献上物品，朝鲜则馈赠于更为丰厚的物品以示‘上国’风度，朝鲜王朝一直为建立以自己为中心的小华夷秩序而极力经营。”[3]

因此在与幕府以平等方式交往的同时，朝鲜又以朝贡模式来处理与日本各地豪族和领主的关系。“太祖李成桂……对主动臣服的倭寇给予丰厚的物质赏赐，甚至赐予官爵名位，这一策略取得了很大成效，不仅使许多倭寇转变为商人，还吸引了大批的日本人来朝进行贸易。据朝鲜《太祖实录》记载，这些来朝的日本人多向朝鲜‘称臣奉书献礼物’……通过‘厚往薄来’换取日本方面的‘来朝’‘进献’，这一策略已初步显示出朝鲜王朝对日本的极强文化优越感，以及自我中心意识的形成。”[4]

很多日本豪强获得了朝鲜委任的官职，被朝鲜称为“受职倭人”。用今天的话来说，这实际上就是双重效忠——既效忠于日本领主并通过领主间接效忠于将军，又同时效忠于朝鲜国王。[5]

其中最大的一个“双重效忠”者，是对马岛的岛主。对马岛介于日本与朝鲜之间，土地贫瘠，物产不丰，因此对贸易极为依赖，对开展与朝鲜的贸易非常热情。因此对马藩主曾经接受朝鲜国王赐与的官职、官服和印鉴（朝鲜称“图书”），定期贸易。

“对对马岛及其他地域之有力倭人，由政府特颁发‘职帖’，称为‘受职

[1]田中健夫：《倭寇：海上历史》，杨翰球译，社会科学文献出版社，2015，第80页。

[2]申叔舟：《使船定数》，转引自李蒙蒙《壬辰倭乱前夕朝鲜王朝对明、日交往政策的“摇摆性”（1587-1592年）》，第22页。

[3]李蒙蒙：《壬辰倭乱前夕朝鲜王朝对明、日交往政策的“摇摆性”（1587-1592年）》，第23页。

[4]同上书，第22页。

[5]楼含松、金健人主编《人文东海研究》，浙江大学出社，2018，第56页。

倭人’。”[1]“按照岁遣船定约者看待被称为受职倭人的二十余人，由朝鲜国王授予官职，每年可以到朝鲜一次。”[2]

李朝时代，朝鲜在北方招徕女真人的同时，又在南部建立“倭馆”，接待日本人，日本人运来的货物都被认为是“贡物”。对马藩每年向朝鲜“进献”胡椒、明矾、苏木等东南亚特产，朝鲜朝廷则“回赐”以人参、虎皮、文房四宝、布匹等物。通过这种方式，努力营造出日本向朝鲜朝贡的氛围。所以世祖才俨然以为朝鲜是仅次于明朝的天下第二大中心国。

第四节　朝鲜与琉球

一

在朝鲜的朝贡体系中，第三大朝贡国是琉球。

我们在这一章开头，只讲述了朝鲜在与琉球的交往中严格遵守“人臣无外交”的关系的一面。其实两国关系还有另外一面。朝鲜与琉球杜绝私交，是嘉靖年间及以后的事。在此之前，两国的直接交往其实热络得很。

用今天的眼光看，琉球与朝鲜并不算远。从韩国济州岛到冲绳的直线距离不过七百多公里。但是这两个国家在明朝以前一直没有交往。原因很简单，朝鲜是一个性格内向的“隐士王国”，并无海外探索的欲望。而琉球在明代以前造船技术落后，无法远航。

1389年，两个国家实现了历史上第一次正式交往：琉球中山国派出使臣访问朝鲜。

为什么两国的首次交往发生在这一年呢？原因很简单：琉球有大船了。与

---

[1]李丙焘：《韩国史大观》，许宇成译，（台湾）正中书局，1979，第315页。

[2]田中健夫：《倭寇》，第80页。

明朝建立朝贡关系后，琉球收到了明朝赠送的多艘大船，遂利用这些船只积极四出经商。

琉球人到朝鲜的目的也是贸易。但是琉球人知道，朝鲜与中国一样耻于言利。所以他们为此次贸易找了一个很好的借口，那就是送还被倭寇掠卖到琉球的一批朝鲜人。当然，船上还载有一批货物，包括三百斤硫黄、六百斤苏木、三百斤胡椒、二十副盔甲。琉球人说，这是送给朝鲜国王的“礼物”。

此时朝鲜还处于高丽王朝末期。高丽君臣热情地接待了琉球使臣，他们认为万里之外的陌生国家首次遣使前来，是高丽崇高的国际威望所致，是一件喜事。于是高丽礼尚往来，也派遣使团，携带大批礼物回访琉球，感谢琉球送还人口之举。琉球国这次国际贸易或者说物资交换大获成功。双方的官方交往由此展开。

从这次开始，即从1392年到1524年，在一百多年的时间里，高丽王朝（不久后变为朝鲜王朝）与琉球王国双方保持着高频次的交往。粗略统计，琉球向朝鲜遣使四十次以上，而朝鲜方面也向琉球派遣使者三次。[1]

二

从表面上看，朝鲜和琉球的交往虽然不为明朝所知，却都谨守朝贡体制下藩属国的对等原则。双方的国书使用的体裁都是“咨文”。如前所述，咨文是同级政府之间往来用的文体。咨文中双方都称对方国王为国王殿下，称赠予对方的物品为“礼物”，而不是“赐”或者“贡”。这些都旨在表明双方政治地位是平等的。[2]

然而，在平等的国书往还之外，双方的交往还有另外一副面相。

高丽王朝在自己的史书中，毫不客气地将琉球首次遣使前来称为称臣进贡，把琉球的商品称为“方物”：

---

[1]李明泽：《东亚视野下明代朝鲜与琉球的交往》，《三明学院学报》2017年第1期。
[2]同上。

琉球国中山王察度遣玉之，奉表称臣，归我被倭贼虏掠人口，献方物：硫黄三百斤，苏木六百斤，胡椒三百斤，甲二十部。[1]

刚刚建立的朝鲜李朝也不例外。《朝鲜王朝实录》是这样记载琉球使者对李朝的首次到访的：

琉球国中山王察度称臣奉书，遣通事李善等，进贡礼物，并送还被虏男女八口。[2]

事实上每次琉球使臣的到来，在朝鲜史书中都被记载为朝贡，称为“夷人来附”。在朝鲜人的心目中，琉球、日本、女真甚至暹罗，都是朝鲜的属邦。《朝鲜王朝实录》常有“琉球、暹罗、倭国之人，莫不来附，诚千载之罕遇也”“若野人、若日本、若三岛、若琉球国四夷，皆来庭焉”之类的记载。[3]

因此，在接待琉球使臣时，朝鲜仿照明朝对待属国的方式，给琉球来使制定了“朝贺”位次。李朝时期琉球使者第一次赴朝鲜，朝鲜将其位于东五品之下。

琉球国使、吾良哈人等参朝。琉球位于东五品之下，吾良哈位于西四品之下，其从者位于六品之下。琉球献方物。[4]

不但把琉球视为蛮夷，而且置于女真之下，列为最边远最落后的蛮夷。

随着两国交往的增多，朝鲜对琉球的文明化程度有了更多的了解，知道琉

---

[1]郑麟趾：《高丽史》卷一三七，转引自池新宇《宗藩体系下的朝鲜与琉球关系研究（1644-1842）》，硕士学位论文，陕西师范大学中国史（专业），2021，第13页。

[2]赵成国、王静：《〈李朝实录〉所载朝鲜与琉球的使节往来》，《洛阳师范学院学报》2015年第12期。

[3]《朝鲜王朝实录·世祖实录》，韩国国史编纂委员会，1957，第172页。

[4]赵成国、王静：《〈李朝实录〉所载朝鲜与琉球的使节往来》。

球文明化程度较高，“其人具中朝冠服，稍知礼义”[1]，更何况琉球在明朝朝贡国中排位仅次于朝鲜，置其于女真之下显然是不合适的，所以将他们的接待标准从五品提高到三品。[2]

三

与此相对照的是，琉球国虽然在国书中十分注意体例上的“自尊”，但是在实际交往中则经常自降身份，表现出一副“趋附”之态。

比如琉球使臣新四郎在感谢朝鲜国王的问候时，曾说“天恩重大，感极无涯”。[3]另一位使臣耶次郎在朝见朝鲜国王时甚至用了“得拜龙颜，荣幸大矣”之语。[4]按照朝贡体制原则，“天恩”“龙颜”一类的词语只能用于明朝皇帝，用于朝鲜国王，属于严重的政治错误。

但是和指责日本不用中国年号不同，朝鲜国王欣然接受了使臣的恭维。不光欣然接受，朝鲜国王甚至还赐某些琉球使者以朝鲜官职，比如琉球国使臣上官人信重就曾被朝鲜国王授予二品官职。这本是中国皇帝的特权，更严重地违背了朝贡体制原则。

不仅使臣低三下四，琉球国王在朝鲜面前也甘于伏低做小。

成宗二年（1471），中山王尚德听说朝鲜睿宗国王病逝，立即派人前去吊唁。他还在吊唁信中很不得体地说，在朝鲜先王去世不久，自己的父亲也病死了，想来是“攀先王龙髯”，追随睿宗去了：

尚德诚惶诚恐，顿首奉书朝鲜国王殿下。先王晏驾吊礼，差遣使僧自端西堂，令梵妙兜楼，仰摅区区志万一云。……尚德之乃翁，亦成化五

[1]《朝鲜王朝实录·世宗实录》，第348页。

[2]朝鲜国王在与群臣商议接待琉球使者之礼时，有的朝鲜官员建议：“琉球国，乃皇帝锡命封爵之邦，非野人、倭客之比，与本国群臣同班行礼未便，宜于受朝之后，入序西班三品之列行礼。”（《朝鲜王朝实录·世宗实录》，第355页）

[3]《朝鲜王朝实录·成宗实录》，第555页。

[4]同上书，第126页。

年八月十八日薨，亦匪攀先王龙髯乎？且乃翁遗言云：“通好于贵国，则终始贞吉。”此言终身铭心不敢忘……[1]

四

为什么琉球如此趋附朝鲜，不惜表现出“属国”的姿态呢？

原因很简单，琉球需要朝鲜的程度，远大于朝鲜需要琉球。如前所述，从1392年到1524年，琉球向朝鲜遣使四十次以上，而朝鲜方面向琉球派遣使者三次。从以上的数字中我们可以看到，琉球在两国交往中处于绝对主动地位，朝鲜相对“矜持”得多。

以贸易立国的琉球在两国交往中当然更积极主动。每一次琉球使团的出使，实质上都是一次远洋贸易。和琉球向中国进贡时货物分为“贡品”和“附搭物货”一样，琉球使臣前往朝鲜所带货物也分为两类，一类是送给朝鲜国王的“礼物”，另一类是“附搭物货”，包括产自本土的硫黄以及产自东南亚的沉香、苏木、胡椒、象牙等物。[2]琉球历次致朝鲜的国书，主要内容都是要求朝鲜帮助琉球使臣尽快将所带货物销售完毕，以便及时回国。比如我们前面提到的1409年的国书中提到的“所据今去船人，附搭物货，仍乞容令买卖，早为打发回国，便益”[3]。

琉球在两国的交往当中并不掩饰其“好利之心”，经常在国书中直接对朝鲜的回赐之物提出要求。比如琉球国王尚德遣使时明确提出：“然则寡人所望《大藏经》一部，绵䌷（绸）木绵若干匹。”[4]

而朝鲜在两国交往中关注的重心与琉球明显不同。朝鲜虽然也有贸易上的

[1]《朝鲜王朝实录 · 成宗实录》，https：//sillok.history.go.kr/id/wia_10211002_003。

[2]李明泽：《东亚视野下明代朝鲜与琉球的交往》。

[3]《朝鲜王朝实录 · 太宗实录》，https：//sillok.history.go.kr/id/wca_10909021_001。

[4]《朝鲜王朝实录 · 成宗实录》，第29页。

收益，比如获得了产自东南亚的胡椒及象牙，[1]但是朝鲜并不重视这些东西。朝鲜重视的，是政治上的收获。

在高丽和琉球建交后的第三年，即1392年，朝鲜改朝换代，权臣李成桂建立朝鲜王朝，取代了高丽王朝。

从儒家伦理来看，李成桂此举是以臣篡君，大逆不道。不过这件事丝毫没有影响琉球与朝鲜的交往，因为琉球没有什么“纲纪观念”，别国改不改朝换不换代对它来说无所谓。因此，李朝开创当年，琉球国中山王就再次遣使朝鲜。

李成桂篡位之初，迫切需要国际承认，恰在此时有外国使节到访，自然大喜过望，非常热情地接待了来使。朝鲜官员赵浚马上以此事来论证李成桂的英明伟大：

> 文治既洽，武威远昭，扶桑之寇，奉珍来庭，琉球、南蛮，重译入贡……[2]

1409年，朝鲜太宗刚从“王子之乱”中胜出，夺取王位，琉球就遣使前来，此事也马上被朝鲜官员当成其即位具备正统性的证据：

> 殿下即位，崇文尚武，士励兵强，威加邻敌，琉球、暹罗、倭国之人，莫不来附，诚千载之罕遇也。[3]

所以朝鲜在国际交往中算的从来都是政治账，不是经济账。为了让琉球使臣更加“恭顺”，行礼更加到位，彰显朝鲜的大国地位，朝鲜自然不得不“厚往薄来”。每次琉球使臣前来，朝鲜都得进行大量赏赐，有时候一出手，就是

---

[1]琉球使者不至时，朝鲜曾向日本寻求此二物。日本使者答复其胡椒“琉球国常请于南蛮，本国又请于琉球国”；象牙则“本非我国土产，或以琉球之献，时得一二”。《朝鲜王朝实录·成宗实录》，第245页。

[2]《朝鲜王朝实录·太祖实录》，https：//sillok.history.go.kr/id/waa_10112016_001。

[3]《朝鲜王朝实录·世祖实录》，https：//sillok.history.go.kr/id/wca_10911014_002。

上万匹布帛。

最典型的一次“厚往薄来”发生在世祖十三年（1467）。如前所述，朝鲜世祖构建朝贡体系最为努力。琉球国抓住世祖好大喜功的心理，频繁遣使来朝，前后达十五次之多，有时一年会来两次。为了讨取世祖的欢心，琉球经常向他赠送各种珍禽异兽和外国特产，比如世祖十三年三月，琉球国王遣使“献鹦鹉”[1]。同年七月，又遣使“献鹦鹉、大鸡、胡椒、犀角、书籍、沉香、天竺酒等物”[2]。鹦鹉和天竺酒都非琉球所产，是从其他国家买来赠送给世祖的。

《朝鲜王朝实录》记载，世祖十四年（1468）七月十二日，朝鲜君臣在国宴上试饮了天竺酒，发现并不好喝：

> 召河东君郑麟趾……分赐饮之，乃琉球国所进天竺酒也。其味苦烈，人未易饮。[3]

琉球对世祖的讨好收获巨大。世祖四年（1458），朝鲜曾经答赐琉球二万余匹布；世祖十三年，又“赐”琉球木绵一万匹、绵绸五千匹。

有些朝鲜官员认为此举过于浪费国家资源，让朝鲜不堪重负，上书反对：

> 臣闻今以木绵一万匹、绵紬五千匹，送琉球国，臣窃以为未可。……今司赡、济用两司所储绵布，则二十余万匹，绵紬只二千余匹……自古未尝以千万匹赠琉球，其不可二十也。乞以十分之一，绵布一千匹、绵紬五百匹，送付其使。若彼使已闻，以廷臣未可而止，何如？[4]

[1]《朝鲜王朝实录 · 世祖实录》，https：//sillok.history.go.kr/id/wga_11303005_006。
[2]《朝鲜王朝实录 · 世祖实录》，https：//sillok.history.go.kr/id/wga_11307013_002。
[3]《朝鲜王朝实录 · 世祖实录》，https：//sillok.history.go.kr/id/wga_11407012_001。
[4]《朝鲜王朝实录 · 世祖实录》，https：//sillok.history.go.kr/id/wga_11308006_005。

但是世祖不为所动，不但仍持原议，还专门送了一大堆礼品给琉球国王：

赠琉球国王红细苎布十一匹，白细苎布、黑细麻布各四十匹，白细绵紬三十匹，人参一百五十觔，虎、豹皮各十张，满花席、彩花席、满花方席各十五张，坐子二事，鞍子二面，厚纸十卷，油纸席十五张，屏风一坐，石灯盏四事，短珠一贯，簇子二对，锡砚滴十事，白折扇子百把，毛鞭十事，册纸一百卷，黄毛笔二百枝，匣具紫石砚十面，油烟墨一百笏，栢子六百觔，烧酒三十瓶，蜡烛一百柄，三并刀子四部，清蜜三十斗……[1]

除了布匹等外，这一年世祖还送给琉球国王包括朝鲜《大藏经》在内的许多书籍：

（八月十七日赠琉球国王）《法镜论》《法华经》二部、《四教仪》《成道记》《大悲心经》《永嘉集》《圆觉经》《翻译名义》《金刚经五家解》《楞严义海》《法数》《维摩诘经》《水陆文》《碧严录》《楞伽经》《真实珠集》《高峰和尚禅要》《楞严会解》《金刚经》《冶父宗镜》《道德经》《涵虚堂圆觉经》《楞伽经》《阿弥陁经疏》《维摩经宗要》《观无量》《寿经义记》、赵学士所书石本《真草千字》、《证道歌》《高世帖》《八景诗帖》《浣花流水帖》《东西铭》《赤壁赋》《心经》《兰亭记》《王右军兰亭记》。[2]

史书记载，世祖如此慷慨，导致朝鲜“国用几竭”[3]。

---

[1]《朝鲜王朝实录 · 世祖实录》，https：//sillok.history.go.kr/id/wga_11308017_002。
[2]同上。
[3]李明泽：《东亚视野下明代朝鲜与琉球的交往》。

五

当然，朝鲜这些自高自大的行为，都是“暗戳戳”地进行的，在正式文件往来中，它一直严格遵守平等格式，这是因为朝鲜担心国书有被明朝截获的可能，不想留下任何把柄。所以朝鲜在国书问题上一直非常小心，坚持仅以图书相通而不用印章，原因是“我国以图书相通，出于偶尔，闻于中国，似为无妨。若用印章，则事关大体，中国闻之，则必以为私交”[1]。

朝鲜利用琉球的“贪利”心理，让它半明半暗地充当了自己的属国多年，享受了一百多年的“上国”地位。不过随着国际形势的发展，这种关系终于断绝了。明朝后期，虽然海禁仍然存在，但是私人海上贸易勃兴，所谓“奸民数千，驾造巨舶，私置兵器，纵横海上”[2]。不久明朝“隆庆开海”，明朝与东南亚有了更为广阔的贸易空间。琉球原本是依赖明朝的海禁对私人贸易的压制，在各国之间展开中介贸易以谋生的。私人海上贸易的兴起加上海禁开放，让国际商品价格大跌，琉球的中介贸易一落千丈，与朝鲜的贸易也赚不到钱了，于是到明朝后期，琉球不再耗费大量人力物力以遣使的方式亲赴朝鲜贸易。[3]而朝鲜本来也没有与琉球展开贸易的内生动力，因此两国官方商业往来在这一阶段断绝，只剩下偶尔的民间贸易。

因此1524年到1638年，朝鲜与琉球的交往进入第二阶段，也就是回到“人臣无外交”状态，直接关系基本断绝，依靠中国做外交中介。

官方商业往来断绝后，两国之间只有一种交往需要，那就是难民遣返问题。而这个问题通过明朝这个中介就可以解决。因此1524年到1638年间，两国所有的往来全部通过使臣在北京完成。而在一百余年的时间里，两国使臣在北京的交流不过十次左右。[4]在这一阶段，朝鲜的外交重点是通过“人臣无外交”的政治表演，来展示对明朝的忠诚。

---

[1]《朝鲜王朝实录·世宗实录》，韩国国史编纂委员会，1957，第288页。

[2]《明武宗实录》卷一一三，“中研院”历史语言研究所，1962，第2297页。

[3]李明泽：《东亚视野下明代朝鲜与琉球的交往》。

[4]同上。

因此，正如李明泽所总结的，朝鲜在建立亚朝贡体系的过程中经常采取变通手段，在明朝视野不及的地方充当“中华”，享受上国地位和尊严，而一旦为明朝所发现或者担心被明朝发现时，又会毫不含糊地迅速将自己的角色调整为“夷”。[1]

[1]李明泽：《东亚视野下明代朝鲜与琉球的交往》。

第十一章
日本的神国思想和朝贡体系

第一部分　日本的“神国”思想

一

除了中国之外，世界上还有很多国家自认为处于世界的中心，比其他国家优越。日本是其中最有代表性的一个。在第一编我们分析过丰臣秀吉出兵朝鲜与朝贡贸易的关系。除了贸易原因，日本人兴兵还有一个原因，那就是自己的“神国”思想。

日本人认为日本不是一个普通国家，而是“神国”。日本古语“加弥那加拉么弥哥拉希罗希眉斯窟尼”的意思就是“惟神之国”。[1]

为什么这么说呢?

日本的开国神话说，很久很久以前，世界只有一片汪洋，没有陆地。两位天神下凡，结成了夫妇，生下了日本列岛，又生出了“天照大神”。“天照大神”的第六代孙神倭伊波礼毗古命成为大和王朝的第一代天皇，即“神武天皇”，开始以神的身份统治人间。

[1]姚宝猷：《日本“神国思想”的形成及其影响》，载刘岳兵主编《南开日本研究（2017）》，天津人民出版社，2017，第302页。

基于古老的传说，日本人历来认为日本是世界上唯一的“神造国家”，自己是“天孙民族”，比世界上其他任何国家和民族都高贵和优秀。

元军远征日本的时候，日本答复元朝皇帝的国书中说：

> 窃我国自天照大神创业垂统，迄于今上，凡圣明之所及，莫不服属。左庙右稷之灵“得一无二之盟”，百王镇护孔昭，四夷修靖不紊，故以皇土永号神国，不可以智取，亦不可以力争！[1]

也就是说：我国皇统起自天照大神，一直有诸神护佑，周围蛮夷无不安伏，所以是不可能被征服的国家。

这一观念日本古已有之。由于日本地处海中，外敌入侵很难，因此平安朝以后（794年以后），日本人就坚信一个观念，就是日本是“大神镇护之邦”[2]，不会受外敌侵入。

神国思想也是足利义持拒绝向明朝朝贡的一个理由。他曾给明朝使臣发去了一道《谕明朝使臣书》，解释与明朝断交的原因：

> 本国开辟以来，百皆听诸神。神所不许，虽云细事，而不敢自施行也。顷年我先君，惑于左右，不详肥富（职官）口辩之愆，猥通外国船信之问。自后神人不合，雨阳失序，先君寻亦殂落，其易箦之际，以册书誓诸神，永绝外国之通问。孰辜先君告命，而犯诸神宪章哉。[3]

意思是说，日本是一个神国，从开国以来，一切事情都听从神的旨意。只

---

[1]姚宝猷：《日本“神国思想”的形成及其影响》，载刘岳兵主编《南开日本研究（2017）》，第303页。

[2]日本第46代天皇孝谦天皇（749-758年在位）饯别遣唐大使藤原清河的御制诗称：“天监大倭国，大神镇其方。”木宫泰彦：《日中文化交流史》，胡锡年译，商务印书馆，1980，第96页。

[3]田中健夫编《善邻国宝记》，转引自王来特《近世中日贸易中的政治问题》，博士学位论文，东北师范大学专门史（专业），2014，第55页。

要是神反对的，不论大事小事，都不能施行。他的父亲义满，接受了身边人的错误建议，与明朝交往，让神国日本向明朝称臣，这违反了神明的旨意，给日本带来了雨灾和旱灾，即所谓“神人不和，雨阳失序”，甚至义满的突然去世也与此有关，“先君寻亦殂落”。所以他遵照神明的旨意，同明朝断交。

二

“神国思想”不但坚定了日本人抵抗外来侵略的决心，给了它拒绝向明朝称臣的底气，也为日本向外侵略提供了思想资源。

丰臣秀吉侵略朝鲜，不只是要通过朝鲜来征服中国，还要征服全世界。在发动侵朝战争之初，丰臣秀吉与部下有过“七条”约定。其中第七条是：“秀吉以鞭影，先取高丽国八道，然后大明国四百余州，然后南蛮、切利支丹国（‘切利支丹’是基督教的日本译名，指菲律宾等当时处于西方天主教国家控制下的东南亚地区——作者注），其外则至于远岛，皆欲奋武运之所极而割取之。”[1]

也就是说，他的目标，第一步是征服朝鲜，第二步是征服中国，第三步是征服东南亚。这是一个粗略的计划。

后来，丰臣秀吉又宣布，征服明国后，他将继续征服南蛮和印度。

你没听错，印度是丰臣秀吉征伐的下一个目标。

日本古田良一所著《日本通史》说：“天正十八年所遣至罗马之使臣归国时，携卧亚印度太守（葡萄牙印度总督）书进谒秀吉，秀吉复太守书中一节云‘有伐大明之志，不日泛楼船至中华，便道或可奉访’等语。则又有进窥印度之志矣。”[2]

也就是说，1590年，日本派往罗马的使臣回国时，携带了一封葡萄牙印度卧亚总督的信，秀吉在回信当中表达了进窥印度的意图。

---

[1]韩东育：《丰臣秀吉的征伐计划》，《中国社会科学》2013年第4期。

[2]古田良一：《日本通史》，章钦亮译，国立编译馆，1941，第194页。从《毛利家文书》和《锅岛家文书》的记录中也可得知，在丰臣秀吉的宏大计划中，除朝鲜、明朝和南蛮等地外，印度也被纳入他的征伐对象中。

确实，这封复信至今犹存，内容是：

天下混一，如安盘石，及异邦遐陬，亦莫来不享，东南西北，唯命之从。当此时，传圣主敕于寰中，振良将威于塞外，四海悉通关梁，讨海陆贼徒，安国家人民，吾邦已晏然。虽然，一有欲治大明国之志，不日泛楼船，到中华者，如指掌矣。以其便路；可赴其地，何作远近异同之隔乎？夫吾国者，神国也。神者心也，森罗万象，不出一心，非神其灵不生，非神其道不成。[1]

大意是说：在我的治下，已经统一的日本，周边各国都来朝贡，无不听我的命令。接下来，我要统治大明国。等征服了中国之后，我将顺便访问印度，让印度也归于我这轮太阳的照耀之下。因为日本是神国，天下一切，都要由神来决定。

中世时期（日本镰仓、室町时代）日本人对世界的认识是，世界上只有“本朝、震旦、天竺”（即日本、中国、印度）三个主要国家。而日本是独一无二的“神国”，由日本统一全世界是理所当然的。这在室町时期“三国一”和“三国无双”等流行语里，表现得十分清楚。

三

丰臣秀吉侵朝失败，丝毫没有影响日本人的“神国”观念。到了江户时代，由于中国明清易代，日本学者又将原始而朴素的“神国”观念与中国式的“华夷”思想结合起来，形成了一种独特的“日本式中华主义”，即日本比中国更有理由自称“中华”。

满族入关对东亚文化圈的精神冲击甚至超过元朝灭宋，因为他们要求所有中国人剃发易服。朝鲜人李埦就说：“大抵元氏虽入帝中国，天下犹未剃发，今则四海之内，皆是胡服，百年陆沉，中华文物荡然无余，先王法服，今尽为

[1]辻善之助：《海外交通史话》，转引自刘岳兵主编《南开日本研究（2017）》，第322页。

戏子军玩笑之具，随意改易，皇明古制日远而日亡，将不得复见。”[1]

就是说元朝虽然统治中国，但是毕竟没有剃发，要求所有人都改成蒙古发型。今天则中华衣冠，全部变成了胡服，只有戏子才能穿过去的服装来供人取笑。

日本学者也普遍因此认为清朝的建立标志着过去的中国已经沦为“夷狄”。南京船“元顺号”遇到海难，清朝人漂流到日本，日本人这样记述：

> 漂人良贱皆髡形，顶上圆，存发少许，辫而结束，……其服窄袖无袂，邪幅为袴，以穿圆领衣，制如本邦袯襫，不设祛，长才至髀，而无裳，……大清太祖皇帝自鞑靼统一华夏，帝中国而制胡服，盖是矣。[2]

日本人由此认为，中国已经“华夷变态”：“崇祯登天，弘光陷虏。唐鲁才保南隅，而鞑虏横行中原。是华变于夷之态也。”[3]

既然过去的中华已经不存在了，日本自然就更有资格升格为真正的“中华”。

这一思潮的领头人是江户早期的学者山鹿素行（1622—1685）。他认为，中国被满族征服，说明了一个事实，即中国的地理环境不如日本。因为中国四周没有天然屏障，导致戎狄袭扰，不断改朝换代，“外朝易姓，殆三十姓，戎狄入王者数世”[4]。历史上换了三十多个家族统治，“戎狄”入主中原也发生了好几次。

上天更为眷顾作为神国的日本，因为宇宙间唯日本位处“中天之正道，得地之中国，正南面之位，背北阴之险，上西下东，前拥数州，有河海之利；

---

[1]《燕行纪事·闻见杂记上》，转引自葛兆光《中国宗教、学术与思想散论》，复旦大学出版社，2010，第145页。

[2]大庭修编《安永九年安房千仓漂着南京船元顺号资料》，转引自于逢春《17世纪中期以降中日韩（朝）诸国“华夷观”衍变与“华夷秩序”再构筑》，《新疆师范大学学报（哲学社会科学版）》2015年第6期。

[3]林春胜、林信笃编《华夷变态》上册，转引自杨洪俊《他者之境：日本人笔下的清末上海·南京·武汉》，江苏人民出版社，2022，第240页。

[4]山鹿素行：《中朝事实》，转引自于逢春《17世纪中期以降中日韩（朝）诸国“华夷观”衍变与“华夷秩序”再构筑》。

后据绝壁，濒临大洋，每州皆可漕运。故四海之广，犹如一家之约；万国之化育，同天地之正位，竟无长城之劳，无戎狄之膺”[1]。也就是说，日本居于天地之正中，大海环抱，列岛交通便利，又不忧外敌入侵。所以“自人皇迄于今日，经二千三百年，而天神之皇统竟不违”[2]。两千三百年，天皇家族的皇统一直延续不绝。

因此他说，如果以“水土沃”（自然条件优越）与“人物精”（出产杰出人物）这两个标准判定，天下本有两个国家可以称为“中国”，一个是“本朝”（日本），一个是“外朝”（中国）。他在代表作《中朝事实》中说：“中国（指日本）之水土，卓尔于万邦，而人物精秀于八纮，故神明之洋洋，圣治之绵绵，焕乎文物，赫乎武德，以可比天壤也。”[3]大陆上的那个“中国”也同样山河秀丽，人物精彩。但如果再加上一条，就是皇位“万世一系”，则大陆中国不足以称中国，只有日本可称“中国”。他说，中国“自开天辟地以迄大明，天下易姓，垂三十姓”，而日本“自人皇之初，神武帝……执政万万世以来”，至今已二千五百年……其间人皇正统相继，未尝易姓”。[4]

山鹿素行这一想法石破天惊，在日本引起巨大轰动，“从此，山鹿素行的名字便传播遐迩，尽人皆知了”[5]。他的这一“理论”也被后代的学者一代代重复，发扬光大。比如松宫观山说，中国不得称为“中华”，因为中国“国号数变，遂为北狄（满洲）所并，今岂足以称华乎？……皇统传道并得，与天壤无穷，国号不变，宗庙飨之子孙保之者，独我大日本而已矣”[6]。

---

[1]山鹿素行：《中朝事实》，转引自于逢春《17世纪中期以降中日韩（朝）诸国“华夷观”衍变与“华夷秩序”再构筑》。

[2]同上。

[3]山鹿素行：《中朝事实》，转引自中国日本史学会、东北师范大学东亚研究院编《日本社会变迁研究：纪念中国日本史学会成立四十周年论文拔萃》第一卷，江苏人民出版社，2021，第477页。

[4]信夫清三郎：《日本政治史》第一卷，周启乾译，上海译文出版社，1982，第49页。

[5]佐藤坚司：《孙子研究在日本》，高殿芳、杨强、贾福水、赵志民译，军事科学出版社，1993，第29页。

[6]松宫观山：《和学论》，载《松宫观山集》第二卷，（东京）国民精神研究所，1936，第192页。

因此，江户时代的日本学者经常使用“皇国”一词自称，取代过去经常使用的“本朝”“本邦”“和国”，对中国的称呼一般是“唐土”“汉土”“西土”，甚至偶尔出现“西夷”乃至“支那”的叫法。本居宣长（1730—1801）在外交史著作《驭戎慨言》中则用“戎国”“戎狄”“戎狄国”等来称呼中国。[1]他们普遍认为，日本“是万国中的一等国”，“优于夏周之体”，为“中华朝鲜所不及也”。[2]

日本是神国，天皇就是神的代表，因此在世界万国之中，只有日本是由“真天子”进行统治的，天皇是“万国总帝”。[3]日本民族由此是神的子孙，是世界上最优秀的民族。而其他国家则“唐国无治世”[4]，是“人品甚坏之国”[5]。朝鲜人则是“秽土猪犬”。因此日本神国应该成为万国的祖国。这一“逻辑”成为后来日本扩张论的基础。

第二部分　日本的朝贡体系

第一节　日本与东北亚

一

在“神国”思想的影响下，向中国学习之前，即大化改新之前，日本就以周边国家的领袖自居。

---

[1]信夫清三郎：《日本政治史》第一卷，第54页。

[2]李永晶：《分身：新日本论》，北京联合出版公司，2020，第77页。

[3]杨宁一：《了解日本人：日本人的自我认识》，天津人民出版社，2001年，第11页。

[4]渡边浩：《东亚的王权与思想》，区建英译，上海古籍出版社，2016，第125页。

[5]同上书，第123页。

日本距离最近的亚洲大陆部分是朝鲜半岛，正是通过朝鲜这个文化桥头堡，日本贪婪地汲取着大陆文化。因此从很早开始，日本就对朝鲜半岛的土地和财产产生了兴趣。历史资料证明，4世纪中叶，也就是中国东晋时期，大和国就曾经多次出兵攻打朝鲜半岛。

在日本的历史传说中，朝鲜半岛诸国很早就曾经被日本征服。我曾在东京杉并区文化馆看过一场“民间文艺汇演”，其中有一个节目是祭神时的舞蹈，讲的是神功皇后（170？—269？）征新罗的故事。该剧表现的是怀孕的神功皇后率领大军出征新罗，战争中出现严重的怀孕反应，用一块“镇怀石”压在胸口，终获成功的故事。

14世纪上半叶成书的《八幡宇佐宫御托宣集》《八幡愚童训》（甲本）中还这样叙述：

> 其时，皇后以弓筈于达磐石上书下“新罗国大王乃日本国犬也”。并将矛插于新罗王宫门前，之后归国。

据说神功皇后“征服”新罗后，连高句丽和百济也“主动叩头谢罪”，自称“西藩”，从此“不绝朝贡”。

不管这些传说和记载有多少真实的成分，日本确实是从很早开始便将朝鲜半岛上的三国（高句丽、百济、新罗）视为属国，将它们的遣使行为均视为朝贡。

朝鲜半岛上的各小国在激烈斗争的时候，确实经常求助于包括日本在内的外部力量，因此，特别是隔海与日本相对的百济，为了对抗来自新罗和高句丽的强大压力，多次借用日本的海上力量。397年，百济因与高句丽作战失败，以太子为人质主动朝贡，要求日本帮助，百济由此正式成了大和国的朝贡国。[1]所

---

[1]据说应神天皇十六年（285），五经博士王仁从百济到大和国，向天皇献上郑玄注的《论语》十卷和《千字文》一卷，有学者认为这是日本文字文化的开端。然而此说并不成立，因为《千字文》是6世纪的梁朝人周兴嗣所作。在那之后，还有大批朝鲜籍汉人陆续来到大和国，受到重用。无论如何，这种说法都说明了百济在中国文化传播进入日本道路上的重要性。

以日本大化元年（645）给百济的诏书中，有“始我远皇祖之世，以百济国为内官家”[1]之语。

因此在日本向中国南朝朝贡时，总是反复向中国强调它对朝鲜半岛的影响力，倭王在表文中多次自称他统领“倭、百济、新罗、任那、秦韩、慕韩六国”，宣称自己统治的这“六国”中除了倭国（即日本自身）之外，其余都在朝鲜半岛上，秦韩、慕韩也就是三韩中的辰韩、马韩。[2]因此到438年，倭王“珍”在遣使朝贡时专门上表称，中国赐给他的称号应该叫“使持节都督倭、百济、新罗、任那、秦韩、慕韩六国诸军事，安东大将军、倭国王”。但是当时的宋文帝并没有批准，只让他继承了前任日本统治者的称号，即“安东将军、倭国王”。直到451年，“珍”的儿子倭王“济”遣使朝贡，宋文帝才把倭王“珍”要求过的冗长称号赐与他。

王金林认为，大和国时代，日本之所以不断进兵朝鲜，除了可以借此获取铁资源外，还有一个重要原因，那就是为了效仿中国的朝贡体系，试图在自己周边建立一个“倭本位”的朝贡圈。[3]《隋书·倭国传》也说，“新罗、百济皆以倭为大国，多珍物，并敬仰之，恒通使往来”[4]。也就是说，新罗、百济都把日本当成大国，经常以敬仰的态度与日本往来。这一记载说明朝鲜半岛三国分立时期，日本在与三国的关系中确实占有相当优势。

二

大化改新之后，日本不但引进了中国的政治制度，还更全面地引进了中国人的世界观，即将世界分为“华”“夷”或者说“化内”和“化外”两部分。充分华夏化的地方，是“华”或者“化内”，其他地方，就是“夷”或者“化

[1]舍人亲王等撰《日本书纪》孝德天皇纪大化元年（645）七月丙子条，转引自蔡凤林《东亚历史视域下的日本天皇制形成过程探析》，《日本文论》2021年第1辑。

[2]姚大中：《姚著中国史3：南方的奋起》，华夏出版社，2017，第370页。

[3]王金林：《走向东亚国际舞台的大和王权》，载王金林、汤重南主编《走向国际化的日本》，天津人民出版社，1995，第8页。

[4]魏徵等撰《隋书》卷八一《倭国传》，中华书局，1973，第1827页。

外”。日本于702年颁布的《大宝律令》，也将世界分为“化内”与“化外”两部分。

不过这并不是说日本人自认为是“蛮夷”。日本人所说的“化内”不是指中国，而是指日本，而“化外”则分为三等：“邻国”“藩国”与“夷狄”。“邻国”是第一等，专指大唐一国。日本人屈尊地承认唐朝可以与自己平起平坐。“藩国”是第二等，指以新罗为首的朝鲜半岛（及中国东北）诸国。日本认为它们低自己一等，可称为“藩属”。而位于日本列岛南北端的虾夷、隼人、耽罗、舍卫，以及多褂岛等南岛人，则是“没开化”的野蛮人，只能被视为不受天皇恩泽感化的“夷狄”，位于世界边缘。这个世界图景显然是建立在中国思想基础，即儒家文化的“华夷之辨”之上的。

因此从这个时期开始，日本就开始偶尔自称“中国”和“华”了。奈良时代的藤原广嗣在740年上表圣武天皇，“北狄虾夷，西戎隼（隼人）俗，狼性易乱，野心难驯。往古已来，中国有圣则后服，朝堂有变则先叛”。[1]请注意，这里的“中国”，指的是日本中央地区。812年，嵯峨天皇诏书中有“今夷俘等归化年久，渐染华风”[2]之句。这个“华”也是指日本内地。

三

从那时候起，日本就以“中华”自居，试图在自己身边建立一个全面模仿中华朝贡体系的更为正式的小型朝贡体系：“日本在律令国家时代，模仿中华思想，构想了一个小型版的世界，（以）日本为中心，将新罗、渤海等国视为附属国（藩国）。……唐只是日本的一个需要特别对待的邻邦。”[3]甚至在日本的国史中，连唐朝有时都被视为日本的臣属。比如《续日本纪》记载，宝

[1]张玉梅、李柏令：《汉字汉语与中国文化》，上海人民出版社，2012，第174页。
[2]菅原道真编《类聚国史》卷一九〇《风俗浮囚》，转引自朱莉丽《何处是中华——历史上日本对“中华”概念的理解、阐释和运用》，《社会科学辑刊》2016年第6期。
[3]古濑奈津子：《遣唐使眼里的中国》，郑威译，武汉大学出版社，2007，第79页。

龟十年“唐使孙进兴、秦忿期等朝见，上唐朝书并贡信物”[1]，用的是“贡”字，而不是“进”或“献”字。

当时日本君主在写给新罗王和渤海王的国书中，公然自称“天皇”，称对方为“新罗王”与“渤海国王”。[2]703年，新罗国王去世，日本文武天皇下达诏书表示慰问，其中一段写道：

> 朕思，其蕃（藩）君虽居异域，至於覆育，允同爱子。虽寿命有终人伦大期，而自闻此言哀感已甚。[3]

诏书中公然将新罗国王称为“蕃（藩）君”，并视同“爱子”，显然是将新罗定位为日本的臣属。

772年，也就是唐代宗大历七年，日本天皇在给渤海国的国书中说：“昔高丽全盛时，其王高氏，祖宗奕世，介居瀛表，亲如兄弟，义若君臣，帆海梯山，朝贡相继。”[4]称日本与高丽的关系，是“君”与“臣”的关系，说高丽曾多次向日本朝贡。9世纪时日本称朝鲜半岛诸国为“藩”“藩国”“诸藩”“西藩”，已经成为惯例。918年，高丽王朝建立，日本仍称高丽王为“藩王”，将高丽看作“遐陬”的边境国家，而自称“上邦”。[5]

四

那么，百济、新罗和渤海这些国家承认日本是它们的宗主国吗？

百济确实正式向日本称臣，这毫无疑问。新罗国和渤海国的情况说起来就有点复杂了。

---

[1]禹硕基、刘毅、窦重山主编《渤海国与东亚细亚》，辽宁大学出版社，1995，第152页。

[2]德川光圀：《日本史记》第六册，安徽人民出版社，2013，第2353、2409页。

[3]王海燕：《日本古代史》，昆仑出版社，2012，第292页。

[4]菅野真道等撰《续日本纪》，转引自周方银、高程主编《东亚秩序：观念、制度与战略》，社会科学文献出版社，2012，第125页。

[5]罗丽馨：《19世纪以前日本人的朝鲜观》，《台大历史学报》2006年第38期。

新罗国确实很长时间是以臣属的姿态与日本交往的。

王海燕在《日本古代史》中说："在8世纪初期，新罗（对日本要求它称臣）不但没有在表面上流露出不快，而且从形式上满足日本对其提出的朝贡要求，以维持两国间的良好关系。"[1]

历史记载，从文武元年（697）到天平四年（732），新罗一共向日本派遣了十一批使节。每次新罗使臣到来，日本都模仿唐朝，以宗主国接待属国的仪式隆重迎接，新罗对此并没有提出反对意见。日本还曾明确规定新罗"三年一朝"，732年，"飧金长孙等于朝堂。诏：'来朝之期，许以三年一度。'"[2]

那么，新罗国为什么甘于向日本俯首呢？原因很简单，新罗与唐朝虽然一度结成了联盟，并借此灭亡了百济与高句丽，但是在那之后不久，即670年，唐新联盟就破裂了。此时距白江口之战的发生不过七年。新罗急于缓和与日本的关系，以避免腹背受敌，所以才以朝贡国的形式与日本交往。[3]

但是，新罗对日本称臣是不彻底的，它并不愿意老老实实给日本磕头。和日本与唐朝的关系相似，新罗使臣来到日本，从来没携带国书，也从来没有奉日本正朔。虽然新罗与唐朝的关系"阴晴不定"，但它一直使用着唐朝的年号。

而且一旦新罗与唐朝关系改善，没有内忧外患，它对日本马上就不再那么"恭顺"了。比如开元二十一年（733），唐朝与新罗再度联盟，新罗在与日本的交往当中，腰板就直了很多。因此两国就经常出现礼仪之争。比如新罗、唐朝关系改善两年后，735年，新罗改国号为"王城国"。日本认为新罗作为属国，不经日本同意就更改国号，是大逆不道的行为，一怒之下将新罗使臣驱赶回国。

日本一直将新罗所送的贡品统称为"御调"，所谓"调"，就是"租庸

---

[1]王海燕：《日本古代史》，第292页。

[2]《续日本纪》卷一一《圣武纪》，转引自葛继勇《〈续日本纪〉所载赴日唐人研究》，博士学位论文，浙江大学中国古典文献学（专业），2006，第153页。

[3]楼含松、金健人主编《人文东海研究》，浙江大学出版社，2018，第49页。

调”中的“调”，赋税之意，以显示日本对新罗享有主权。但是到了743年，新罗将所携礼物的名称，由“调”改为“土毛”，即土产之意。这显然表示不承认自己是日本的属国。日本大为光火，两国外交由此干脆中断。[1]

不过，以上我们所引用的记载全都出自日本史籍。日本史书中关于新罗遣使朝贡的记述非常多，非常详细。但是与此形成鲜明对照的是，同时期的朝鲜史籍中却极少提到遣使日本之事。记载当时历史最重要的一部朝鲜史籍是《三国史记》，其中关于朝鲜和日本的关系，只记载日本派使臣来新罗，或者日本派兵侵掠半岛，从来没有记载过新罗派遣使臣到日本朝贡。[2]而且日本使臣前来，在《三国史记》中有时候会被记载为“进贡”。比如《三国史记·新罗本纪第十一》记载：

> （宪康王）八年（882）夏四月，日本国王遣使进黄金三百两、明珠一十个。[3]

日本使节所携带的黄金、珍珠，在日本看来当然是对朝鲜国王的“赏赐”，但在朝鲜史官的笔下却变成了“进”。也就是说，朝鲜官方试图留下的，是日本向朝鲜进贡的历史记忆。

---

[1]王海燕：《日本古代史》，第293页。不过到了天平胜宝四年（752），新罗又一次恭谨地派出以王子金泰廉为首的一行共七百余人的庞大使团出使日本。据日本记载，金泰廉谒见日本天皇时，明确无误地承认了新罗的臣属地位。

泰廉又奏言：“普天之下，无匪王土，率土之滨，无匪王臣。泰廉幸逢圣世，来朝供奉，不胜欢庆。私自所备国土微物，谨以奉进。”诏报：“泰廉所奏闻之。”（池田温：《唐研究论文选集》，中国社会科学出版社，1999，第440页）

新罗此次为什么如此恭谨呢？历史学家分析是为了恢复与日本的贸易关系，获得朝贡贸易利益。

[2]任鸿章、马一虹：《渤日罗关系中的“与国”、“属国”问题》，载禹硕基、刘毅、窦重山主编《渤海国与东亚细亚》，第154页。

[3]金富轼：《三国史记》上册，杨军校勘，吉林大学出版社，2015，第158页。

五

渤海国与日本的关系和新罗与日本的关系类似，也就是根据外交需要而不断调整。

渤海国是横跨中国东北地区、朝鲜半岛东北部的一个重要的东北亚地方政权。它与唐朝和新罗的关系也经常在结盟与对抗之间反复。

为了对抗唐朝和新罗，渤海国多次努力与日本结成同盟。[1]特别是唐朝与新罗再度联盟形成了对渤海的夹击之势之后，日本神龟四年（727），渤海王大武艺派遣使节出使日本。

为了达到外交目的，渤海国依照与唐朝交往的方式，向日本致送了非常恭顺的国书：

> 武艺启：山河异域，国土不同，延听风猷，但增倾仰。伏惟大王天朝受命，日本开基，奕叶重光，本支百世。武艺忝当列国，监总诸藩，复高丽之旧居，有扶余之遗俗。但以天涯路阻，海汉悠悠，音耗未通，吉凶绝问。亲仁结援，庶叶前经；通使聘邻，始于今日。谨遣宁远将军、郎将高仁，义游将军果毅都尉德周、别将舍那娄等二十四人带状并附貂皮三百张奉送。土宜虽贱，用表献芹之试（诚）；皮币非珍，还惭掩口之诮。主理有限，披瞻未期，时嗣徽音，永敦邻好。[2]

这道国书文辞典雅、用语谦卑，有类进贡中国的表文。开篇说“山河异域，国土不同，延听风猷，但增倾仰”，意思是虽然两国相距遥远，国情不同，但是对日本的情况有所耳闻，十分倾仰。“伏惟大王天朝受命，日本开基，奕叶重光，本支百世。”这是臣属国恭维称颂宗主国的语气。“武艺忝当列国，监总诸藩”，则自认为渤海作为臣服于日本的诸国之一，不过是诸藩

---

[1]王海燕：《古代日本的都城空间与礼仪》，浙江大学出版社，2006，第114页。

[2]《续日本纪》神龟五年条，转引自禹硕基、刘毅、窦重山主编《渤海国与东亚细亚》，第135页。

之首。接下来又说，渤海立国于高句丽故土，表达了继续以前朝代的旧好的愿望，并逐项介绍使臣姓名、身份及聘礼内容。

对日本来说，“渤海来朝”，意味着一个新的“藩国”的出现，既可以满足日本的自尊心，又可以牵制新罗国，因此日本热情地接待了渤海使臣，欣然将渤海国纳入朝贡国行列。[1]圣武天皇在国书中用以上对下的口吻说道：

> 天皇敬问渤海郡王：省启具知。恢复旧壤，聿修曩好，朕以嘉之。宜佩义怀仁，监抚有境，沧波虽隔，不断住（往）来。便因首领高斋德等还次，付书并信物：彩帛一十匹、绫一十匹、绝二十匹、丝一百绚、绵二百屯。仍遣送使，发遣归乡。渐热，想平安好。[2]

自称天皇，称对方为渤海郡王。整篇的语气，都与唐王朝发给藩属的国书相类。

双方关系由此展开，并在不久之后，即唐朝安史之乱后达到了高峰。这是因为安史之乱导致交通断绝，渤海无法与唐朝交流和贸易，不得不进一步强化与日本的交往，以期获得文明化所需要的精神和物质资源。[3]

因为对日本的依赖增强，所以在与日本的礼仪关系中，渤海也不得不更多地受日本左右。在头两次出使日本携带有表示称臣之意的国书之后，天平胜宝五年（753），第三次出使日本的渤海使臣没有携带国书。这显然是想效仿日本与唐朝的关系，或者新罗与日本的关系，即只在口头上称臣，不在文字上留下把柄。日本对渤海国的这点心思当然看得一清二楚。日本天皇在致渤海王的国书中，把这件事挑明：

> 王僻居海外，遣使入朝，丹心至明，深可嘉尚，但省来启，无称臣

[1]王海燕：《古代日本的都城空间与礼仪》，第111页。

[2]《续日本纪》神龟五年条，转引自禹硕基、刘毅、窦重山主编《渤海国与东亚细亚》，第136页。

[3]王小甫主编《盛唐时代与东北亚政局》，上海辞书出版社，2003，第296页。

名……何其今岁之朝，重无上表。以礼进退，彼此共同，王熟思之。[1]

渤海国不得不在以后继续老老实实奉上国书。

日本还经常挑剔渤海的国书不符合朝贡体制规定。宝龟三年（772）渤海所呈的国书，没有在日期下注明渤海王的“官品、姓名”，渤海王又在国书的末尾自称“天孙”。[2]这让一向自命为“天孙”的日本天皇非常生气，天皇以“违例无礼”为由，拒收国书及“贡品”。渤海使臣只好规规矩矩按日本的要求“改修表文，代王申罪”，才平息了这次外交争端。[3]

---

[1]《续日本记》天平胜宝五年条，转引自禹硕基、刘毅、窦重山主编《渤海国与东亚细亚》，第148-149页。

[2]当时唐皇帝称为“天子”，渤海国臣属于唐朝，自称“天孙”。

[3]王海燕：《日本古代史》，第304-305页。不过，到了延历之后，随着国际关系的变化，日本对渤海国书的要求有所放松。“至延历年间，日本放弃以往通过渤海上表、称臣来确立君臣关系的外交方针，取而代之以要求采用上呈尊长格式的‘启’，达到建立一种虽未及君臣关系却尊日本为上的仪礼模式。”（广濑宪雄撰《日本与新罗、渤海名分关系研究——以〈书仪〉的礼仪范式为参照》，张鸿译，载杜文玉主编《唐史论丛》第二十六辑，三秦出版社，2018，第270页）

日本《类聚国史》中记录了一道796年渤海国给日本的国书：“渤海国遣使献方物。其王启曰：哀绪已具别启。伏惟天皇陛下，动止万福，寝膳胜常。嵩璘视息苟延，奄及祥制。官僚感义，夺志抑情。起续洪基，祗统先烈。朝维依旧，封域如初。顾自思惟，实荷顾眷。而怆溟括地，波浪漫天。奉膳无由，徒增倾仰。谨差匡谏大夫工部郎中吕定琳等，济海起居，兼修旧好。其少土物，具在别状。荒迷不次。”（菅原道真编《类聚国史》卷一九三《殊俗部·高丽渤海上》，转引自广濑宪雄撰《日本与新罗、渤海名分关系研究》，载杜文玉主编《唐史论丛》第二十六辑，第267页）

从文字内容上看，渤海国王称对方为“天皇陛下”，用语恭谨。这有类藩属国对宗主国的国书。但是他又自称王，而不是臣，同时这道国书的正式体裁是“启”而不是“表”。因此广濑宪雄在《日本与新罗、渤海名分关系研究》一文中认为，这反映出延历后的日渤关系模式乃“有君臣关系，但（日本）较常规更礼遇对方”，“不上表称臣，但尊对方为上”之关系”。（杜文玉主编《唐史论丛》第二十六辑，第282页）

六

亚洲大陆上的政权不断地前来朝贡，让日本获得了巨大的精神满足。但与唐朝一样，日本为了维系自己的朝贡体系，也付出了巨大代价。

首先是战争的失败。

将自己置于上位，有荣耀也有风险。

隋唐统一帝国出现后，日本在朝鲜半岛的影响衰减。唐高宗永徽六年（655），新罗与唐朝结盟进攻百济。日本对隋唐势力进入朝鲜半岛早就非常忧虑，决定抓住这个机会，将中国势力彻底驱逐出半岛，恢复自己的“势力范围”。661—663年，日本前后共派出约五万大兵来到朝鲜半岛，决心与唐朝决一死战。[1]双方在白江口相遇，展开了一场水陆大战。结果是日军大败，有生力量基本被全歼。这一战决定了当时东亚地区的政治格局，确立了唐朝在东北亚地区的中心地位。日本为维护自己的朝贡国，倾全国之力出战，结果却是日本势力彻底告别朝鲜半岛，退守本土九百余年。

其次，在与“朝贡国”的日常交往中，日本在经济上也吃了很大的亏。

渤海国向日本献上的一道道恭敬的表文，并不是不求回报的。为了政治上的虚荣，日本和唐朝一样，对于“贡使”总是要耗费巨资，热情而隆重地进行接待。

为了迎接渤海使臣，日本在他们登陆的加贺、能登一带专门建造了精美的“渤海客院”。每次渤海使臣到来之前，日本朝廷都要命令地方上维修道路，装修馆舍，甚至打扫沿途卫生，美化环境，以期给渤海使臣留下一个好印象：“令山城、近江、越前、加贺等国，修理馆舍、道桥，埋瘗路边死骸，以渤海客可入京也。”[2]

使臣上岸后，又要求沿途地方好好供应饮食，“又知越前、能登、越中国

[1]宋毅：《祖先的铁拳：历代御外战争史》，华中科技大学出版社，2013，第241页。

[2]《日本三代宗录》四三，阳成天皇元庆七年二月条，转引自禹硕基、刘毅、窦重山主编《渤海国与东亚细亚》，第161页。

送酒、肉、鱼、乌、蒜等物于加贺，为劳飧渤海客也”[1]。朝廷也会立即派存问使大老远地前往迎接，将渤海使臣接到首都，安排他们下榻于鸿胪馆，每天提供丰盛的饮食。为了让使臣领略日本文化，还要举行音乐会，令“林邑乐八百七十人于大安寺，令调习，以大和国正税充给其食，欲令渤海客徒观彼乐也”[2]。

然而这些花费还只是小头，大头是在“厚往薄来”的朝贡贸易过程中付出的代价。

渤海国“进贡”的东西，都是东北常见的动物皮、山货，比如大虫（虎）皮、豹皮、熊皮、貂皮、人参、蜜、麝香。如727年渤海首次遣使，只以貂皮三百张奉送圣武天皇。[3]第二次遣使，礼品是大虫皮七张、熊皮七张、豹皮六张、人参三十斤、蜜三升。[4]

而日本朝廷“赐”的内容，除了精美的丝织品，如彩帛、绫、絁、罗、绢、锦以及丝、绵等外，还有黄金、水银、金漆、海石榴油、水精念珠、槟榔扇等贵重物品。[5]

日本天皇对渤海国王答礼及对来使的赏赐是有定例的。《延喜式》记载品目与数额如下：

> 渤海王：绢三十匹、絁三十匹、丝二百绚、绵三百屯，并以白布裹束。大使：绢十匹、絁二十匹、丝五十绚、绵一百屯。副使：纯二十匹、丝四十绚、绵七十屯。判官：各絁十一匹，丝二十绚，绵五十屯……[6]

---

[1]《日本三代宗录》四三，阳成天皇元庆七年二月条，转引自禹硕基、刘毅、窦重山主编《渤海国与东亚细亚》，第161页。
[2]同上。
[3]《续日本纪》神龟五年条，转引自禹硕基、刘毅、窦重山主编《渤海国与东亚细亚》，第162页。
[4]《续日本纪》天平十一年十二月条，转引自禹硕基、刘毅、窦重山主编《渤海国与东亚细亚》，第162页。
[5]禹硕基、刘毅、窦重山主编《渤海国与东亚细亚》，第162页。
[6]《延喜式》卷三〇，大藏省《赐蕃客例》，转引自禹硕基、刘毅、窦重山主编《渤海国与东亚细亚》，第162-163页。

从国王到使臣，一直到水手，都有赏赐。因此渤海国获利甚丰。

和后来日本使臣到明朝索要“赏赐”一样，渤海使臣也经常对日本狮子大开口。“有的时候，除了定例的赐与（予）外，渤海使还特别提出要求赐与别的货物，如第9次渤海使史都蒙，曾特别乞求黄金小百两，水银大百两，金漆一罐，海石榴油一罐，水精念珠（真珠）四贯，槟榔树扇10把。”[1]

为了追求经济利益，渤海国“不惜屈尊受辱，并甘冒日本海的狂涛巨浪，虽屡遭船毁人亡之险仍踏百死而不辞”[2]。从771年到786年的十六年中，渤海连续遣使达六次之多，平均不足三年就有一次。

七

渤海使臣频繁前来，维护朝贡体系的经济负担也让日本感觉承受不起。日本官员说：“礼不逾节。渤海客……实是商旅，不足邻客，以商旅为客损国，未见治体。”[3]

礼仪应该有节制。渤海使团实际上是商旅，不足以称为国使。把商旅当成使臣，有损国体。

他们又抱怨说：“又顷年旱疫相仍，人物共尽，一度供给，正税欠少。况复时临农要，弊多逢送，人疲差役，税损供给。”[4]几年以来日本遇到旱灾和疾疫，经济上非常困难，迎送使臣，带来太大压力。

因此日本不得不限制渤海国前来磕头的次数。798年，桓武天皇派人出使

[1]马兴国主编《中日关系研究的新思考——中国东北与日本国际学术研讨会论文集》，辽宁大学出版社，1993，第23页。

[2]禹硕基、刘毅、窦重山主编《渤海国与东亚细亚》，第158页。也正是因为掌握了渤海国贪利的心理，日本才能迫使它以藩使之礼入朝，对聘使所赍国书横加挑剔，让渤海国不得不服服帖帖。

[3]《日本逸史》卷三四，转引自禹硕基、刘毅、窦重山主编《渤海国与东亚细亚》，第160页。

[4]同上。

渤海，告诉渤海国，“顾巨海之无际，非一苇之可航，惊风涌浪，动罹患害，若以每年为期，艰虞叵测，间以六载，远近合宜”[1]。也就是说，海洋广阔，风波重重，你们每年进贡一次，太不容易。所以我决定，改你们的贡期为六年一次。

以朝贡贸易为经济命脉的渤海国当然不会同意，它答复日本说，“六年为期，窃惮其迟”。渤海国专门派出王族出身的使臣出访日本，“重请聘期”，专门谈判贡期问题，说海路再艰难，也阻挡不了他们倾心向化的热诚。人家如此殷切，桓武天皇抹不开面子，不得不表示：“夫制以六载，本为路难，彼如此不辞，岂论迟促，宜其修聘之使，勿劳年限。”[2]

桓武天皇的“舍己从人”，导致日本财政压力越来越大。

到了824年，日本的耐心终于被财政窘迫的现实耗尽，它断然决定，把渤海入朝的频率改为一纪（十二年）一次。渤海国虽然无法再次更改日本的决定，却不顾日本的要求，仍然厚着脸皮不断前来。就在日方做出修改贡期决定后仅过了七个月，渤海国就再次遣使前来。这次渤海人找了一个很好的借口：渤海受日本留唐高僧灵仙大师所托，将“一万粒舍利、新经两部、造敕五通等”转送日本，故专门遣使赴日。[3]在那之后，渤海又向日本多次派出使团，除了一次因为日本怜悯其遇到海难，“船破物亡”，特许入境外，其他几次都被日本打发回去了。

为了冲破十二年一贡的限制，渤海国千方百计，寻找一切可能的借口。827年，唐王朝发生了一次小规模叛乱，渤海人认为日本可能对此消息感兴趣，于是派出使团进行通报，结果日本坚决不同意让他们入境，他们碰壁而归。861年，渤海以吊唁文德天皇之丧为名，派出使团，结果日本又不许其入京。[4]

---

[1]《日本逸史》卷七，转引自禹硕基、刘毅、窦重山主编《渤海国与东亚细亚》，第159页。

[2]《日本后记》延历十八年条，转引自禹硕基、刘毅、窦重山等主编《渤海国与东亚细亚》，第159页。

[3]王小甫主编《盛唐时代与东北亚政局》，第299页。

[4]禹硕基、刘毅、窦重山主编《渤海国与东亚细亚》，第160-161页。

第二节 江户时代日本的朝贡体系

一

丰臣秀臣侵朝失败，让德川家康成了战争的唯一受益者，战争结束后，他成了日本最有权势的大名，并灭亡了丰臣家，开创了江户时代。

侵朝战争导致日本受到国际社会的孤立。“1600年，德川家康夺取了权力以后，日本在外交上陷于孤立。丰臣秀吉入侵朝鲜切断了日本与其他国家的外交联系，让日本被国际社会遗弃，被剥离在东亚的外交网络之外。”[1]

但是日本人并没有因此放弃统一世界的梦想。德川家族建立江户幕府后，为了确立自己新政权的合法性，一度积极开展外交活动。“德川家康为了在其权力范围之内重建日本在外交中的中心地位，采取了积极行动。”[2]

江户幕府首先试图恢复和朝鲜之间的外交关系。为了表示诚意，德川家康释放了五千多名壬辰战争中的朝鲜俘虏。经过双方的中介对马岛岛主的艰难努力，日朝两国关系全面恢复到壬辰战争之前的交邻状态。[3]每当幕府有新将军继位时，朝鲜都会派出通信使前往祝贺。

朝鲜通信使在江户呈递国书时，对幕府将军行四拜礼。因为按照明朝礼制，“四拜礼”是广泛的见上礼。《大明会典》载：四拜者，百官见东宫、亲王之礼，见其父母亦行“四拜礼”。[4]但日本认为，这是朝鲜承认日本建立的“华夷秩序”的象征。“德川幕府欢迎朝鲜使臣偶尔来到江户（实际上是应他们的请求前去的），因为幕府可以告诉民众，他们是来自属国朝鲜的朝贡使，

---

[1]亚当·克卢洛：《公司与将军：荷兰人与德川时代日本的相遇》，朱新屋、董丽琼译，中信出版社，2019，第59页。

[2]同上。

[3]李永春：《简论朝鲜通信使》，《当代韩国》2009年第1期。

[4]金禹彤、张雨雪：《论德川时代日本对朝鲜通信使的宾礼仪——以《海行总载》记录为中心》，《东疆学刊》2014年第4期。

从而彰显将军在海外的权威。”[1]在德川时代，日本国内对朝鲜通信使的到来有一种普遍认识，即将其视为朝鲜国王对德川将军的“御礼”或入贡。

二

除了让朝鲜成为日本朝贡体系中的一员外，1609年，日本萨摩藩出兵征服琉球，琉球从此成为一个失去了大部分自主权的国家。日本征服琉球，一方面是为了借它的外壳，打着它的旗号向中国朝贡，以获得“争贡之役”后失去的朝贡利益；另一方面，是以此扩展自己的朝贡体系。因此在向中国称臣的同时，琉球还要经常遣使前往日本谒见幕府将军，此举被称为“上江户”。

从1634年至1850年的二百余年，琉球先后以所谓“谢恩使”和“庆贺使”的名义，前后十八次派遣“上江户”的使节。在谒见将军时，担任正使的琉球王子要行“九拜”大礼。而日本也模仿中国，对琉球进行册封。

日本人得意洋洋。他们虽然自认为并不亚于中国，但是很久以来没有人向他们进过贡。现在，他们终于也有了自己的“属国”，体验到“天下中心”的虚幻感觉。为了让这种感觉更加强烈，日本人对琉球进贡使团做出了许多特殊规定，要求他们在各种细节中突出异国风情。琉球与日本以前虽然没有封贡关系，但因为地理距离近，历来交往频繁，社会生活方方面面深受日本影响，上层社会在服饰、语言、生活方式等很多方面已经出现了不同程度的“日本化”。日本人却要求派往日本的琉球使团身上必须去除所有日本元素。使臣宿幕（住所周围围上的帐幕）不能有日本风格的装饰；琉球士兵手持的长矛，样式要仿照中国风格置办；使者在拜见萨摩藩藩主时，要身着汉式冠服。“上江户”时琉球使臣还要带一个乐团，以“唐音”进行演唱。看着这样一支“唐式”队伍在自己面前行大礼，日本将军似乎看到了中华帝国在对自己卑躬屈膝。德川将军认为，由此他已经成就了“第一日本之御威光”。

---

[1]塞缪尔·霍利：《壬辰战争》，方宇译，民主与建设出版社，2019，第432页。

三

在江户时代日本建立的朝贡体系中，最有意思的成员是荷兰。

大航海时代来临后，葡萄牙、西班牙、荷兰相继来到亚洲，都试图与日本建立贸易联系。葡萄牙、西班牙和日本的贸易关系没能持续多久，因为这两个国家都是天主教国家，在贸易的同时，还致力于传教，这让力图禁教的日本无法接受。而荷兰是新教国家，不组织传教团进入日本，这一点让江户幕府很放心。[1]

因此在锁国之后，日本人在西洋诸国中给予荷兰特殊待遇，允许它在长崎保留荷兰商馆。不过，这一待遇需要付出代价，那就是荷兰必须成为日本的"海外大名"。在今天留下的日文的文件中，荷兰确实被定位于一个日本的谱代大名。[2]既然成为日本的大名，荷兰人自然每年都要"参觐交代"，即前往江户向幕府将军表达敬意。"江户参府或对幕府将军宫廷的年度访问，将从1634年一直持续到1850年，基本上没有间断。"[3]在参觐的同时，荷兰人还要献上贡品，以表达对将军的臣服。

由于被定位为将军座下的一个大名，所以荷兰人在访问江户的过程中受到的待遇与朝鲜使臣和琉球使臣截然不同。如果荷兰被定位为外国藩属，那么使臣到达日本后，其前往江户的费用本来是会由幕府承担的（因为中国也承担朝贡使到达中国后的差旅费用），但是由于荷兰人被当成谱代大名，"荷兰长官在前往日本途中的所有开销均由自己负担"[4]。这是一笔沉重的负担。

---

[1]北岛正元：《江户时代》，米彦军译，新星出版社，2019，第33页。

[2]松浦隆信曾改写来自巴达维亚的文件，修改后的信件对荷兰人在日本的地位毫无疑义，信中荷兰人请求幕府将军"把荷兰人当作陛下自己的子民（eijgen volck te houden），并安排我们为陛下服务。如果你承认我们是这样的，那么我们将永远感激，因为我们希望为陛下服务至死"。在这两份文件中，谱代作为"下属"关系最常见的名称出现。虽然无法肯定地说，荷兰人长期使用谱代这个词是故意的，但是它与日本制度如此相配以至于无法立刻被取消。（克卢洛：《公司与将军》，第114页）

[3]克卢洛：《公司与将军》，第122页。

[4]同上书，第126页。

荷兰商馆馆长按谱代大名的待遇，必须乘坐八人大轿，轿夫则穿着印有东印度公司徽章的藏青号衣。此外参觐队伍中还包括1到2名书记和1名馆医，荷兰人定员3到4名，加上参府途中负责监督和护卫工作的警卫和翻译等日本人，一次江户参府达到50至60人的规模。运送贡品则需要“85位搬运工人和46匹马……加上住宿（包括在路上和在江户）、食物，以及诸如茶和烟等各种项目的费用。所有花费都包括在内，瓦赫纳尔的江户参府费用总额达到了15 893荷兰盾”[1]。

除了高昂的费用，更令人难以接受的是屈辱性的仪式。拜谒将军一般在上午，荷兰商馆馆长带领其他商馆馆员步行前往将军的城堡，进入宽敞的接见大厅，需平伏在指定的位置，礼物整齐地堆放在两旁。等候良久，将军出现，“坐在大厅尽头对面的阴暗处”[2]。

然后礼仪官员发出号令。一听见“进”的声音，商馆馆长应声“是！是！”，然后向前膝行，直到被高呼一声“荷兰甲比丹”便停止。

> 当荷兰商馆馆长出现时，立刻有人很夸张地大声喊道：“荷兰甲比丹。”接着他上前去表示敬意。然后他就在进献礼品摆放处和幕府将军高高的座位之间，用手和膝盖匍匐着向前爬，直到他们提醒他。他用膝盖跪拜着，把头贴在地板上，然后像龙虾一样，爬回到原来的位置，其间没有任何交流。这个简短的、悲惨的程序，就是这次著名接见的所有内容。[3]

“在经过几个星期的等待后，真正的接见只持续了几秒钟。”[4]由于无法抬起头，荷兰人甚至没能看清楚幕府将军的样子，因此每次都是没来得及瞥见一下他们的崇拜对象就必须离开。

众所周知，在欧洲强国中，荷兰人的“身段”是最柔软的。为了继续赚

---

[1]克卢洛：《公司与将军》，第126页。

[2]同上书，第109页。

[3]Engelbert Kaempfer，*Kaempfer's Japan*（University of Hawaii Press，1999），p.359.

[4]克卢洛：《公司与将军》，第128页。

钱，荷兰人欣然接受了这个定位。17世纪30年代，荷兰总督在一封写给江户幕府的信中甚至表示：他和他的下属们十分愿意“为将军服务，并用我们的最后一滴血来保护日本王国”。[1]事实上他们也确实帮助日本平定过叛乱。

江户幕府的外交图谋是非常远大的。“1601年至1614年间，幕府官员共向12个不同的国家发出了76封公函，其中有48封直接来自幕府将军。这些国家包括周边的中国和朝鲜，也包括多元化的新外交合作伙伴，比如帕塔尼、交趾支那（Cochinchina）、柬埔寨、占婆、泰国、英国、菲律宾，以及荷兰联合省。”[2]通过努力，日本建立起了北起朝鲜，南到琉球，西及荷兰的外表看起来颇为雄伟的朝贡圈。不过，日本人自认为他们的朝贡圈比这个还大。1610年，幕府将军在致中国福建总督转中国皇帝的信中曾说：日本“德化所及，朝鲜入贡，琉球称臣，他如安南、交趾、占城（以上即越南），暹罗（即泰国），吕宋（即菲律宾），西洋（即新加坡以西各国），柬埔寨（即柬埔寨）等蛮夷之君主酋长，莫不献表纳贡”。[3]

至于日本在某种程度上甚至把清朝也纳入了它的朝贡圈，第一编有详细叙述，此编不再重复。

[1]Tokyo daigaku shiryō hensanjo，*Dagregisters gehouden door de Opperhoofden van de Nederlandse Faktorij in Japan*，6：204，转引自克卢洛《公司与将军》，第22页。

[2]克卢洛：《公司与将军》，第59页。

[3]信夫清三郎编《日本外交史》上册，商务印书馆，1992，第23页。

总 结

世界史视角下的朝贡体系

一

古代世界存在过几种世界秩序，除了西方的罗马帝国秩序外，还有中国文化圈的朝贡秩序、阿拉伯世界的伊斯兰秩序、东南亚的曼陀罗秩序。[1]

不同的世界秩序基于不同的文化和信仰。罗马人认为，他们之所以能统治世界，是因为罗马文明是世界上最伟大的文明，罗马不仅武力强大，其法律体系的周密和详尽也是举世难匹的。朱利安在《诸恺撒》中赞美道，罗马的力量既来源于善战的将士，也来自伟大的立法者："我要问，世上还有哪个城邦以三千公民起家，在不到六百年内把她胜利的军队开到大地的尽头呢？还有哪个民族孕育出这么多勇武善战的将士和这样的立法者呢？"[2]

当然，多神教也是罗马人的力量之源。朱利安继续问道："哪个民族曾像他们这样敬畏诸神？"[3]他认为，罗马在同世上各种邪恶敌人的较量中都取得了胜利，至今仍用宙斯赐予的神盾保卫自己。[4]信仰基督教后的罗马人则认为

[1]长期以来，国际学术界对历史上国际关系的论述是以欧洲为中心的，国际关系的起点经常会被追溯到古希腊和古罗马。但事实上，以欧洲为中心的国际关系仅仅是古代世界国际关系体系之一种。

[2]吕厚量：《再造罗马：晚期罗马多神教知识精英的历史叙述》，《历史研究》2011年第4期。

[3]同上。

[4]同上。

罗马统治世界是上帝的意志。奥古斯丁说："上帝建立罗马城，其目的是通过它去征服世界，把世界统一于单一的社会和法律之下。"[1]

阿拉伯世界的国际关系准则基于《古兰经》。《古兰经》宣称，"天地的国权归真主所有"，"一切权势全是真主的"。[2]因此伊斯兰秩序一开始就具有世界性。它以二元对立的思维方式把世人简单地区分为穆斯林与非穆斯林，把世界分为"伊斯兰世界"（Dar al-Islam）和"战争世界"（Dar al-Harb）。中国虽然也认为自己的文明具有普世性，但并不以武力强行传播，中国文化影响东亚是浸润式的，过程相当缓慢。穆斯林则以向全世界传播伊斯兰教并不断扩大伊斯兰世界的土地为己任，扩张非常迅速。[3]

东南亚印度文化圈国家间的秩序叫"曼陀罗体系"。曼陀罗由梵文翻译而来，有"圆圈""坛城"之义。印度教认为世界的中心是须弥山，围绕着须弥山的是四块大陆，更外围则由环形大海和山脉包围。深受印度文化影响的东南亚大国几乎都把自己想象成宇宙的中心。这些国家的统治者几乎都宣称自己是宇宙最高神毗湿奴、湿婆或者佛陀的化身。他们通常会将国中的某座大山神化，在山顶建起庞大的寺庙，以象征宇宙的中心须弥山，而视其他国家为曼陀罗的边缘地区。由于东南亚地区不像东亚有中国这样一个超级稳定的中心，这里战争频繁，各国争相成为曼陀罗中心，竭力将周围的国家纳入曼陀罗体系。因此，和其他体系比起来，曼陀罗体系的突出特点是多中心重叠，边界变动不居，"在曼陀罗体系中，小的公国拥有重叠的宗主权是很正常的，如两领主（songfaifa）或三领主（samfaifa）"[4]。

---

[1]詹姆斯·布赖斯：《神圣罗马帝国》，商务印书馆，1998，第6页。

[2]《古兰经》，马坚译，中国社会科学出版社，1996，第53、71页。安拉对人间的统治是通过他选定的代理人来实施的，正如《古兰经》所说的"我必定在大地上设置一个代理人"。（《古兰经》，第3页）

[3]郭依峰：《外交的文化阐释·阿拉伯国家卷》，知识产权出版社，2012，第111页。

[4]格兰特·埃文斯：《老挝史》，郭继光、刘刚、王莹译，东方出版中心，2011，第38页。

二

古代的世界体系有明显的共性，那就是民族自我中心主义和等级性。

民族自我中心主义是人类的一种文化本能。“可见，古代文明时期各个地区的民族自我中心主义观念影响之深远普遍。这种观念成为支配和制约古代文明时期各国各地区相互关系的重要意识形态因素。”[1]“溥天之下，莫非王土”的思想并非中国一家独有。罗马皇帝、阿拉伯哈里发、缅甸国王都认为自己是理所当然的世界主人，波斯国王居鲁士也给自己戴上“世界之王、伟大的国王、巴比伦国王”[2]等桂冠。

所有的古代世界体系都是不平等的。罗马人的世界由内及外大致可以分成三部分：第一部分是帝国本身，对这一部分，帝国享有治权。第二部分是附属国，罗马享有宗主权。第三部分则是罗马能影响到的世界其他地区，罗马对这些地区拥有霸权。曼陀罗体系同样分为核心圈、控制圈和朝贡圈三层：核心圈是国王直接统辖的领域；控制圈则是指国王有能力基本掌控的政治实体；朝贡圈则是指最外围的周边国家和政权，它们需要向国王进贡，以保证不受攻击。

不同的世界秩序之下，宗主国控制属国的方式也有类似之处。比如中国皇帝要对藩属国的国王册封，以赋予其合法性。而罗马元老院也要授予属国国王一项专门称号“rex socius et amicus populi Romani”，即“作为罗马人民盟友和朋友的国王”。这一称号和中国皇帝的册封一样，都是属国国王在国内合法性的重要保障。再比如，汉唐时代的中国和罗马帝国一样，要求藩属国派王子到帝国来充当人质。中华帝国与罗马帝国类似的另一点，是这两个帝国都把藩属国作为自己的军事缓冲区：中国皇帝视属国为“藩篱”，而罗马帝国则称藩属国为“帝国的城墙”。

不过，除了这些共性之外，中国的朝贡体系又表现出自己鲜明的特点。

---

[1]默父：《试论近代国际关系的特点》，《湛江师范学院学报（哲学社会科学版）》1997年第3期。

[2]尚伟：《世界秩序模式研究》，博士学位论文，吉林大学国际政治（专业），2005，第68页。

三

第一，中国将国际关系比拟为家庭关系，以“拟血缘原则”处理国际关系。这在传统国际关系中是独一无二的。

罗马和属国的关系虽然是控制和被控制的关系，但在表面上却是“平等”的，罗马称呼属国为“朋友”，在罗马帝国政治体系中，附属国王的正式地位是“罗马人民之友”（amicus populi Romani）。[1]

而中国则通过朝贡体系将世界编织成一个“国际大家庭”。儒家的思维特点是由小及大，以家族伦理比拟世界伦理，因此在朝贡体系中，中国是一个慈爱的大家长，而各国则是这个国际大家庭的孩子。

朝鲜人明确地说，朝鲜与大明的关系，如同儿子之于父母。朝鲜李氏王朝第十四代国王（宣祖）李昖更说，“中国父母也……我国孝子也”[2]。越南国王阮光平在接受中国册封后，上表称要以乾隆皇帝“为师为父”，既当作自己的老师，又当作自己的父亲。乾隆则回信说：“王既以父视朕，朕亦何忍不以子视王。”[3]

第二，中国在朝贡制度中并不追求经济利益，相反却承担经济损失。

按理说，在朝贡过程当中，贡品应该是由朝贡国心甘情愿地献给天朝，不要求任何回报的，但是中国总是依照所谓“厚往薄来”原则进行回馈。在“国际关系血缘化”的背景下，所谓“朝贡”，就如同晚辈带着贺礼，定期来给大家长拜年、贺节、过生日，天朝上国作为天下的家长，自然不能占后辈的便宜，要回赠给他们厚厚的红包，而且红包的金额要比晚辈贺礼的价值更高，以此来表明在这个过程中，天朝只是欣赏属国的恭顺，并不想对其进行经济榨取。“宗主国回赐的物品价值常常要超出贡品的几倍，甚至几十倍。”[4]这种

[1]王瑶瑶：《古罗马附属国政策研究》，硕士学位论文，曲阜师范大学世界古代史（专业），2020，第14页。

[2]《宣祖实录》卷三七，转引自杨雨蕾《燕行与中朝文化关系》，上海辞书出版社，2011，第209页。

[3]《高宗实录》卷一三五三，收入《清实录》第二十六册，中华书局，1986，影印本，第126页。

[4]谢俊美：《东亚世界与近代中国》，上海人民出版社，2011，第142页。

政策导致“朝贡贸易”在朝贡圈中非常发达，各国得以互通有无，但是中国在这个过程中通常承担了巨大的损失。

其他世界体系则不是如此。在曼陀罗体系中，进贡国进贡的负担往往是沉重的，并受到武力的威胁。经济利益是伊斯兰世界和罗马世界扩张的重要动机。

第三，中国朝贡体系建立在严格的礼仪规范之上。

中国的传统礼仪，本来是因调节家族内部关系而产生的，后来又扩大到社会各阶层的关系，乃至国际关系。荀子说：“礼者，贵贱有等，长幼有差，贫富轻重皆有称者也。”[1]儒家说，圣人制礼，目的就是明上下，别贵贱，定尊卑，序长幼，崇人伦，循天理。

古代世界的各种国际关系本质上都是不平等的，儒家文化则为这种不平等找到了充分的理论依据。儒家认为，只有建立在等级制度基础上的世界，才是稳定的。任何存在“敌体”“对等”“平等”“多中心”的世界，早晚都会倾覆。因为平等就意味着相互竞争、侵凌、吞并，最终还是要演化出一个金字塔式的等级世界，才能安定下来。因此，要想世界太平，所有政权都要明确上下关系，各安其分。《汉晋春秋》载《晋文王与皓书》把这个原则表述得很好：“有君臣然后有上下礼义，是故大必字小，小必事大，然后上下安服，群生获所。”[2]有了君臣之义，才有了上下之分，大国要善待小国，小国要侍奉大国，这样上下相安，关系才能稳定。因此，朝贡事务由中国礼部管理。朝贡体系之所以要建立在一系列烦琐复杂的礼仪程序之上，目的就是强化国际间的等级意识，以保证各国各安其分。[3]

---

[1]王先谦撰《荀子集解》卷第六《富国篇第十》，中华书局，1988，第178页。

[2]陈寿撰《三国志》卷四八《孙皓传》，裴松之注，中华书局，1982，第1163页。

[3]我们仅举一例，即清代外国使臣到达中国后，到礼部递交表文，其过程非常烦琐：使臣需穿上朝服，到了礼部要三跪九叩，表文要由外国正使交给四译馆卿，再转交礼部尚书，再交给仪制司官，最后才送交内阁：“凡（外国）贡使至京，先于礼部进表，……贡使暨从官各服本国朝服，由馆赴部……引贡使以次升阶立，皆跪。正使奉表举授（四译）馆卿，转授礼部堂官。……正使以下行三跪九叩礼……仪制司官奉表退。次日送交内阁。”（光绪《钦定大清会典事例》卷五〇五《礼部·朝贡·朝仪》，转引自万明《中国融入世界的步履：明与清前期海外政策比较研究》，故宫出版社，2014，第348页）

相比之下，罗马与附属国之间的关系，就没有严格的礼仪规定，罗马皇帝访问藩属国，与藩属国的国君以朋友相称。宗主国与附属国的关系建立在条约基础上，而不是礼仪基础上。其他世界秩序比如伊斯兰秩序或者曼陀罗秩序对礼仪的要求也远没有中国这样严格明确和繁复细致。

四

第四，朝贡体系中，中国对藩属国以“怀柔”为主，充分尊重其领土和主权，实际控制力不强。

罗马帝国的附属国则要受到罗马的诸多制约。在军事方面，附属国王要事先得到皇帝的允许，才能在王国边界以外作战。在内政方面，国王要受到毗邻的行省总督制约。罗马甚至要求个别王国纳税。比如公元前63年，在庞培征服犹太人后，犹太国和耶路撒冷城都要向罗马纳税。很多附属国都在帝国越来越深入的控制之下被罗马吞并，成为罗马帝国的行省，比如犹太国。

但中国通常并不贪图属国的领土和赋税。中国的大一统理论认为，“中国居内以制夷狄，夷狄居外以奉中国”[1]是一种理想的天下状态。宗主国与属国疆域分明，并长期保持稳定。

对自己的国境之外，中华帝国唯一的希望就是保持秩序与和平。著名学者费正清、邓嗣禹和卫思韩都注意到了朝贡体系的“防御性”本质。斯塔夫里阿诺斯也说，“这种纳贡制度的主要目的是，保证中国漫长的边疆一带的和平与秩序；实际上，它通常是成功的”[2]。

之所以如此，是因为中华帝国在漫长的历史中，通过反复试错，确认了自己的合理边界。汉武帝曾经一度试图控制草原地区，但是最终发现，中原王朝的统治方式不适合这里，因为一方面，控制面积广大的草原需要花费巨大的军费；另一方面，对流动的游牧民族很难实行“编户齐民制”和“什伍之制”，

[1]陈建：《皇明通纪》，中华书局，2008，第104页。
[2]斯塔夫里阿诺斯：《全球通史——1500年以后的世界》，吴象婴、梁赤民译，吴象婴校，上海社会科学院出版社，1999，第75页。

即很难控制和征税。所以，中原对草原的认识逐渐固定为“荒外无用之物，得其地不可耕而食，得其民不可臣而使，轻疾无常，难得而制”[1]。耗费巨大国力，占领和控制一块不能耕种的土地，对中原王朝来说是得不偿失的。因此在中国历史上，只有由游牧民族或者“胡化”的汉族统治者建立的王朝，才可能兼覆中原与草原，汉族建立的王朝，一般都止步于农耕地带的边缘。

另一些地区，虽然适合农耕，但是因为地理阻隔，同样难以长期征服和控制。隋炀帝和唐太宗都多次出征高句丽未果，唐高宗虽然倾尽国力灭了高句丽，不久却被迫从朝鲜半岛撤退。在那之后，中国历代统治者都只满足于与朝鲜半岛上的政权保持朝贡关系。明太祖朱元璋干脆以祖训的方式明确要求他的子孙不要试图征服包括朝鲜在内的域外国家，理由是“得其地不足供给，得其民不足使令”[2]。

因此，中原王朝满足于藩属国通过表文和礼物表示恭顺，不觊觎其领土，也不贪图其民力，通常情况下，也不会干预其内政，而是听其自主。明代的万历皇帝曾对朝鲜国王说，“朕之视王虽称外藩，然朝聘礼文之外，原无烦王一兵一役”，“尺寸之土，朕无与焉”，“存、亡、治、乱之机，在王，不在朕”。[3]晚清中国曾经向西方列强这样解释它与朝鲜的关系：“修其贡赋，奉我正朔，朝鲜之于中国应尽之分也；收其钱粮，齐其政令，朝鲜之所自为也，此属邦之实也。纾其难，解其纷，期其安全，中国之于朝鲜自任之事也，此待属邦之实也。不肯强以所难，不忍漠视其急，今日中国如是，伊古以来，所以待属国皆如是也。”[4]

也就是说，朝鲜对中国的义务就是称臣进贡，别无其他。朝鲜的国内政治，从来都是自主的，中国并不干预。保护朝鲜的安全，帮助它在国际上排忧解难，是中国这个宗主国的责任。所以中国对朝鲜，既不会强加自己的意志，也不会漠视对方的困难。

---

[1]魏收撰《魏书》卷三五《崔浩传》，中华书局，1974，第816页。

[2]薛应旂撰《宪章录校注》卷二〇，凤凰出版社，2014，第259页。

[3]《明神宗实录》卷二六四，“中研院”历史语言研究所，1962，第4929-4930页。

[4]《清光绪朝中日交涉史料》卷一，转引自李云泉《万邦来朝：朝贡制度史论》，新华出版社，2014，第223页。

高程从区域公共产品供求关系的视角，对朝贡体系与其他体系进行对比。他认为，在朝贡关系中，中国的需求只是形成周边国家对其遵从的一个稳定秩序，而并非借此攫取霸权收益；周边国家的需求主要在于获得中国对其内政合法性的承认和不受帝国征伐与掠夺的承诺。双方通过朝贡等仪式不断确认各自在体系中的位置和权力边界。[1]

中国宗藩政治之所以在很长时间内为众多属国所接受，“真正的原因在于中国名义上的上国地位为属国的人民保留了最大的自由，和对于他们的钱袋的最小的损失”[2]。对属国来说，加入朝贡体系，内可以增强其统治的合法性，外可以保证国家安全，“得以号令其国人，别国不敢欺侮”[3]，同时又可以保证自主，何乐而不为？

第五，朝贡体系下的国际关系最具和平性。

作为宗主国，中国坚持“属国无外交”的原则，要求各藩属国之间不得建立直接的外交关系，所有外交事务，必须由宗主国作为中介进行沟通。这一原则虽然并不是总能得到严格执行，但是和世界其他区域比起来，东亚各国之间的交往确实最为稀少，越南和朝鲜这两个汉文化圈的重要成员几千年间居然没有任何正式的官方交往。这在一定程度上减少了这一地区的矛盾和冲突。

作为天下的大家长，中国在维持这个大家庭和谐的过程中，一直提倡以和为贵，百忍成家，既尽力协调各国内部的矛盾，也努力承担起“协和万邦”的职责。正常情况下，中国首先会通过调节的方式，力求和平解决争端。比如永乐十一年，朱棣给帖木儿帝国君主沙哈鲁写信，调节他与其侄的冲突，劝双方不要再交兵：“比闻尔与从子哈里构兵相仇，朕为恻然。一家之亲，恩爱相厚，足制外侮。亲者尚尔乖戾，疏者安得协和？自今宜休兵息民，保全骨肉，共享太平之福。”当劝导不发挥作用的时候，中国偶尔也会以军事手段平息混

---

[1]高程：《区域公共产品供求关系与地区秩序及其变迁——以东亚秩序的演化路径为案例》，《世界经济与政治》2012年第11期。

[2]卫斐列：《论甲午战争的起因》，载中国科学院近代史研究所资料编译组编译《外国资产阶级是怎样看待中国历史的（资本主义国家反动学者研究中国近代历史的论著选译）》第一卷，商务印书馆，1961，第664页。

[3]黄纯艳：《朝贡体系维护了古代东亚和平》，《历史评论》2021年第2期。

乱。比如明代壬辰朝鲜战争，中国费帑金七百余万，前后动员四五十万人，终于帮助朝鲜击退了日本的侵略，复国成功。

朝贡体系的和平属性在所有世界体系中是最突出的。康灿雄对比中欧历史，认为从1368年明代建立到清朝后期的1841年，中国、日本、朝鲜和越南这些国家之间只发生了两次征服战争，即1407—1428年明朝与越南的战争和1592—1598年间的壬辰朝鲜战争。而根据杰克·列维的研究，1648—1789年间，在欧洲基督教各国之间，有92年处于战争状态，包括法国-西班牙战争、北方战争、奥格斯堡联盟战争、三次继承战争（西班牙、波兰和奥地利）、七年战争和北美的独立战争。通过比较希腊世界、阿拉伯地区、欧洲基督教世界和东亚儒家地区，罗伯特·凯利发现欧洲的战争和冲突最为频繁，而东亚地区国家间战争很少，和平程度最高。[1]高程也认为，古代东亚地区各国之间的战争与冲突相对较少，波及整个区域的战乱局面更为罕见。由于中国力量的存在，古代东亚国家之间的战争和冲突无论在数量还是规模上都远不似同期欧洲地区那样频繁和激烈，整个地区在绝大多数时间里处于有序状态，这种状态可以被称为“中华帝国治下的和平”。[2]

第六，朝贡体系的结构最稳定，延续性最强。

罗马帝国秩序只持续了几百年，伊斯兰秩序起自伊斯兰教创立之后，印度文化向东南亚传播也是公元1世纪之后的事。

相比之下，中国朝贡体系是人类历史上持续时间最长的国际秩序。如果从周代算起，持续了三千余年。如果从汉武帝时算起，也有两千余年。在这两千余年间，虽然中国内部朝代不断更替，中国周边的国家也有分有合，但朝贡秩序的制度原则和基本面貌从来没有发生变化，一直保持着高度的稳定。中国文化的开放性和示范性，使周边国家深受中国文明的影响，朝鲜和越南因此都被浸润成儒家文化圈的模范生，日本和琉球也使用汉字，进入汉字文化圈。这为

---

[1]任晓：《论东亚“共生体系”原理——对外关系思想和制度研究之一》，《世界经济与政治》2013年第7期。

[2]高程：《区域公共产品供求关系与地区秩序及其变迁》。

朝贡体系的有效运行奠定了观念基础，提升了古代东亚国际体系的稳定性。[1]朝贡体系下的世界使用同一种语言，拥有同一个时间坐标，认同同一种政治秩序，各国的交往拥有一套明确的规章制度。和西方世界、伊斯兰世界、印度教文化圈比起来，这个世界最为和谐安定，文质彬彬。

“东亚朝贡体系是当时世界上覆盖面最大、人口最多、结构最稳定的区域性国际体系。”[2]何芳川认为，东亚地区自汉代直至晚清的“华夷秩序”，是古代世界国际关系格局中发展得最为完整的一个。在人类历史的所有国际关系体系中，没有一个有如“华夷秩序”那样源远流长，一以贯之。[3]

朝贡体系为什么寿命如此之长?

第一个重要原因，是东亚文化圈独特的地理结构和文化结构。中国北部、西北和西南的草原、沙漠、戈壁、高原以及横断山脉，对东亚文化圈构成了有效的地理保护。亚历山大的征服因此不能波及中国，伊斯兰世界的扩张也只触及了中国边缘，其他世界的纷扰通常不会影响到东亚。在东亚文化圈，中国文化的发展程度远高于周边，国力也一枝独秀，长期处于绝对的中心，这些都是朝贡体系稳定性的基础因素。

第二个重要原因，则是本书所致力于分析的朝贡世界井井有条的外表下的复杂与“弹性”。黄纯艳认为，朝贡体系兼具理念的绝对性和实践的灵活性。一方面，朝贡体系表面上具有强大的刚性，宗主国直辖区域外一切政权和民族的关系，都必须被纳入朝贡体系之中，不允许有其他可能。但另一方面，在现实交往中，朝贡体系又体现为多层次、多制度的圈层结构，具有很大的“弹性”。很多朝贡国都努力营造以自己为中心的亚朝贡体系，中国甚至放任一些属国国王“私下”拥有皇帝称号。[4]在这个体系中，各国都可以自取所需，甚至可以和曼陀罗秩序兼容，这些都体现了朝贡体系灵活、务实的一面。这是朝贡体系得以长期存在的重要原因。

---

[1]高程:《区域公共产品供求关系与地区秩序及其变迁》。

[2]金香海:《东亚和谐社会的构建与日本的历史认同》,《中国人民大学学报》2008年第2期。

[3]何芳川:《“华夷秩序”论》,《北京大学学报(哲学社会科学版)》1998年第6期。

[4]黄纯艳:《朝贡体系维护了古代东亚和平》。

图书在版编目（CIP）数据

简读中国史．3 / 张宏杰著．-- 长沙：岳麓书社，2024.6

ISBN 978-7-5538-1753-8

Ⅰ．①简… Ⅱ．①张… Ⅲ．①中国历史—通俗读物 Ⅳ．① K209

中国国家版本馆 CIP 数据核字（2023）第 009952 号

JIAN DU ZHONGGUO SHI .3

简读中国史 .3

著　　者：张宏杰
责任编辑：李伏媛
监　　制：秦　青
策划编辑：曹　煜
文字编辑：王　争
营销编辑：陈睿文　柯慧萍
版式设计：李　洁
封面设计：利　锐
岳麓书社出版
地址：湖南省长沙市爱民路 47 号
直销电话：0731-88804152　88885616
邮编：410006
2024 年 6 月第 1 版　2024 年 6 月第 1 次印刷
开本：680 mm × 955 mm　1/16
印张：22
字数：408 千字
书号：ISBN 978-7-5538-1753-8
定价：68.00 元
承印：三河市鑫金马印装有限公司

若有质量问题，请致电质量监督电话：010-59096394
团购电话：010-59320018